北印传媒管理文库

传媒管理论道之
企业·流程·员工

王关义 李治堂 主编

RESEARCH ON THE MEDIA MANAGEMENT
ENTERPRISE, PROCESS AND STAFF

前　　言

科教兴国战略和可持续发展战略的实施，推动了我国高等教育的快速发展，2013 年我国研究生计划招生人数 60.8 万人，十年之间研究生招生数实现了翻番，在校生规模达到 160 多万人。研究生层次的人才培养，直接服务于我国经济社会发展对高层次人才的需要，也是实现创新型国家建设和人力资源强国建设目标的重要途径。与国内其他高校一样，北京印刷学院的研究生教育近年来也得到快速发展。学校坚持特色发展，着力建设传媒科技、传媒文化、传媒管理、传媒艺术四大特色学科专业群，目前拥有 4 个北京市重点建设学科，7 个一级学科硕士学位授权点，2 个专业硕士授权点，19 个二级学科硕士学位授权点，26 个本科专业。

企业管理学科是学校的重点建设学科之一，担负着为我国新闻出版业培养高层次管理人才的重任。企业管理学科于 2006 年获得硕士学位授权资格，2007 年开始正式招生。企业管理硕士点下设管理理论与财务管理、市场营销、人力资源管理、信息资源管理四个研究方向，培养具有坚实的企业管理理论基础、较强的企业管理技能、能胜任各类企业管理工作的高级应用型管理人才。

本学科现有教授和兼职教授 10 多人，副教授 16 人，具有和正在攻读博士学位的教师 26 人。有国家新闻出版行业领军人才 2 名，北京市新闻出版行业领军人才 1 名，北京市拔尖创新人才 1 名。原新闻出版署署长于友先、机械工业出版社社长王文斌等一批知名专家为本学科校外兼职导师。该学科依托北京出版产业与文化研究基地、现代传媒产业经济与管理重点实验室等科研机构，完成了包括国家社科基金、国家自然科学基金、科技部软科学项目、新闻出版总署重大科研项目、教育部人文社科项目等高层次课题 15 项，出版学术专著和教材 50 多部，《中国印刷业发展研究报告》获教育部高等学校科学研究优秀成果奖，《现代企业管理》等 5 部教材获北京市精品教材奖。高等教育出版社、机械工业出版社、电子工业出版社、人民邮电出版社等一批著名出版企业为校外实习基地。

近年来，企业管理硕士点大力加强基础和规范建设，不断探索新形势下研究生培养和教育模式，坚持理论与实际相结合、校内学习与校外实践相结合、一般问题研究与行业特色研究相结合的教育理念，坚持高标准、严要求，夯实学科基础、强化实践能力、加强学科训练，研究生培养质量稳步提升，毕业研究生大多选择出国留学深造、考取公务员以及到国内著名出版单位就业，得到了用人单位的好评。

硕士学位论文是研究生培养的综合教学环节。硕士论文水平的高低，反映了研究生的基础理论水平和从事科学研究的潜力。一篇好的硕士论文，从选题、文献准备、文献综述、研究设计、研究过程、研究结果到论文写作，体现了作者对问题的认识与理解、对前人研究的学习与借鉴、对研究内容的把握和研究过程的控制、对研究结果的思考与阐释、对问题的回答与未来研究的展望等。一篇硕士论文，凝结着研究生和指导教师的辛勤付出，也代表着一个学科建设的成果。知识的价值在于分享和传播，为了分享已毕业研究生在论文阶段的探索和思考，也为了激励后来者更好地投身学术研究，提高水平，我们遴选比较优秀的企业管理专业研究生论文结集出版。本论文集收录了企业管理专业 2008 级、2009 级 8 名研究生的学位论文，主题涉及企业社会责任、平衡计分卡与绩效管理、出版供应链与物流管理、科技人力资源与人才素质、知识型员工激励、出版社网络营销等一般和特殊管理问题。

本书的出版，得到了北京印刷学院企业管理学科建设和研究生培养专项资金的资助，得到了经济管理出版社的大力支持，在此，对一直关心企业管理学科建设的学校领导和业界的朋友表示衷心的感谢，对企业管理学科全体研究生和硕士生导师的辛勤付出表示诚挚敬意。由于作者和编者的水平有限，书中错漏之处敬请专家、同行不吝指正。

编者
2014 年 3 月

目 录

第一篇 企业社会责任与绩效关系研究 ... 1
  一、绪 论 ... 1
  二、理论基础与文献综述 ... 5
  三、企业社会责任及其成长性关系的理论分析 ... 15
  四、企业社会责任与企业成长性实证分析 ... 22
  五、研究结论与展望 ... 50

第二篇 基于平衡计分卡的企业绩效管理研究 ... 55
  一、绪论 ... 55
  二、绩效管理理论 ... 59
  三、平衡计分卡 ... 70
  四、基于平衡计分卡的绩效管理体系设计 ... 80
  五、案例分析研究 ... 92
  六、研究结论与相关建议 ... 109

第三篇 出版发行企业物流运作模式研究 ... 114
  一、绪论 ... 114
  二、研究范围与相关理论 ... 119
  三、出版业物流特征与我国出版业物流发展历程 ... 126
  四、我国出版物流现状调查与分析 ... 129
  五、国外书业物流现状与启示 ... 147
  六、我国出版业物流运作模式构建 ... 151
  七、结论与展望 ... 161

第四篇 企业科技工作者职业技能提升需求研究 ... 164
  一、绪论 ... 164
  二、我国企业科技工作者现状分析及评估 ... 175
  三、我国企业科技工作者职业技能结构分析 ... 182
  四、企业科技工作者职业技能提升意愿、通道调查分析与设计 ... 192

五、满足我国企业科技工作者职业技能提升需求建议和对策 ………… 200
　　六、研究局限与展望 ………………………………………………………… 204

第五篇　基于心理契约视角的知识型员工激励研究 ……………………… 208
　　一、绪论 ……………………………………………………………………… 208
　　二、基于心理契约视角的知识型员工激励的理论基础 ………………… 212
　　三、心理契约视角下知识型员工激励的实证研究 ……………………… 222
　　四、知识型员工激励存在的问题与成因 ………………………………… 231
　　五、心理契约视角下知识型员工的激励机制 …………………………… 234
　　六、结论及展望 …………………………………………………………… 245

第六篇　我国中小出版社网络营销策略研究 ……………………………… 253
　　一、绪论 …………………………………………………………………… 253
　　二、网络营销理论概述 …………………………………………………… 259
　　三、我国中小出版社网络营销现状分析 ………………………………… 266
　　四、我国中小出版社网络营销策略 ……………………………………… 277
　　五、结论与展望 …………………………………………………………… 290

第七篇　我国图书出版业供应链构建与管理研究 ………………………… 294
　　一、绪论 …………………………………………………………………… 294
　　二、供应链管理的基本理论 ……………………………………………… 299
　　三、我国图书出版业供应链现状分析 …………………………………… 307
　　四、国内图书出版业供应链模型优化与管理探讨 ……………………… 318
　　五、总结与展望 …………………………………………………………… 332

第八篇　数字出版管理人才胜任素质研究 ………………………………… 336
　　一、绪论 …………………………………………………………………… 336
　　二、胜任素质理论综述 …………………………………………………… 339
　　三、我国数字出版人才现状分析 ………………………………………… 347
　　四、某公司数字出版管理人才胜任素质模型构建 ……………………… 351
　　五、数字出版管理人才胜任素质模型的应用 …………………………… 362
　　六、研究局限与展望 ……………………………………………………… 366

第一篇　企业社会责任与绩效关系研究*

一、绪　论

（一）研究背景

20世纪80年代以来，企业社会责任运动由西方发达国家发起并迅速波及全球。企业社会责任（Corporate Social Responsibility，CSR），从广义上讲是指企业对股东这一利益群体以外的、与公司发生各种联系的其他利益相关群体及政府公共利益应负有的责任，包括维护股东、雇员、供应商、顾客、消费者的利益以及政府代表的税收利益、环保利益等。这种对企业社会责任内涵的理解在企业社会责任研究过程中得到普遍认同。

长期以来，企业应当承担什么样的社会责任一直是学术界关注的一个热点话题。传统企业社会责任理论以古典经济学的"经济人"假设为基础，认为企业存在的目的就是追求自身利润最大化，实现股东价值最大化。这一理论的典型代表弗里德曼强调："企业仅具有一种社会责任——在法律和规章制度许可的范围内，利用它的资源和从事旨在增加它的利润的活动。"在这种社会大思潮的影响下，绝大多数企业不愿意承担增加利润之外的其他社会责任。然而，随着社会的发展和进步以及消费者意识的提高，在高度全球化的世界经济体系中，企业已经不能单一追求利润而不顾社会影响，已经不能将企业经营活动带来的环境污染、偷税漏税、商业欺诈、假冒伪劣等问题置之度外了，越来越多的人意识到企业承担社会责任的重要性。以往企业对社会近乎冷漠的态度，已经受到越来越多人的质疑。现代企业社会责任理论认为企业作为一个商业组织，不再独立于公众利益之外的实体，"企业的经营行为必须具有社会意义，就像企业的社会行为必须具

---

* 作者简介：赵睿，北京印刷学院企业管理专业2008级硕士研究生，论文指导教师为王关义教授。

有经济意义一样。"因此，企业承担社会责任已经成为企业持续经营的主要趋势和方法，企业要想获得市场主动并且确保长久发展，必须在关注利润最大化目标的同时承担相应的社会责任。

1997年，美国经济优先权委员会（CEPA）发起并联合欧美跨国公司和其他国际组织制定了SA8000企业社会责任国际标准（Social Accountability 8000 International Standard，简称SA8000标准）。它作为全球第一个可用于第三方认证的社会责任管理体系标准，任何企业或组织都可以向消费者、投资者和社会公众展示其履行社会责任的表现和承诺，这标志着企业社会责任运动进入到规范化、标准化阶段。SA8000自其诞生起，很快就选择在世界上人口最多、最需要开展劳工保护的中国着陆，也从此引发了我国理论界企业社会责任研究的热潮。

（二）研究目的及研究意义

1. 研究目的

目前中国企业界对企业承担社会责任存在着两种针锋相对的看法：一种观点认为企业应追求利润最大化，以确保其在竞争中立于不败之地，甚至垄断地位是企业天经地义的首要职责，标榜企业社会责任就是要回到"企业办社会"的模式上，会增加企业成本，削弱企业的竞争力；另一种观点则认为，在市场经济条件下，企业有目的、有计划地主动承担对员工、对顾客以及对社会的社会责任，其结果是企业在创造利润的同时获得了良好的品牌形象和社会赞誉，实现了企业与社会的可持续发展，实现企业稳定成长与社会得到利益的"双赢"。

有专家指出，企业最重要的是为社会做出贡献，尽到社会责任后，利润将是很自然的事情。众所周知，企业的持续经营是其一切经济活动的基础，而市场经济中企业实现持续经营和稳步发展的关键是保持企业持续稳定的成长。尽管从表面上看，企业获取利润与承担社会责任是存在矛盾的，但从内在来看，却是相辅相成的，不履行社会责任就失去了创造利润的源泉和活力。只有做到利润与责任有机协调，企业才能取得双丰收。从企业利益看，需要承担社会责任，从国家利益看，更需要承担社会责任。因此，研究企业的社会责任与企业的可持续发展能力对维护整个社会的全面可持续发展具有重要意义！

本章通过梳理企业社会责任形成的理论和现实背景，在利益相关者理论基础上建立企业社会责任的分析框架，引入变量模型，重点用实证分析的方法研究企业承担社会责任与其成长性之间的关系。

2. 研究意义

企业履行社会责任是其实现可持续发展的客观必然要求。企业的可持续发展指的是企业在追求自我生存和永续发展的过程中，既要考虑企业经营目标的实现和提高企业市场地位,又要保持企业在已领先的竞争领域和未来扩张的经营环境中始终保持持续的盈利增长和能力的提高,保证企业在相当常的时间内长盛不衰。而企业的成长性正是反映企业持续发展的能力,它不仅可以反映企业未来的经营效益和发展趋势,还能为企业制定长期战略规划提供参考信息。

企业履行社会责任,不仅有利于调整企业与职工、消费者、政府、社区之间的关系,还可以激发员工的生产积极性和创造性,提高劳动生产率和经济效益,使公众了解企业,从而树立可信赖的企业形象,提高企业的知名度,为企业的生产经营活动创造一个良好的社会发展环境。所以,企业履行社会责任与企业可持续发展、稳定成长是协调统一的,有利于维护企业长远利益,与社会发展要求是一种互利行为。企业履行社会责任的行为对企业不仅只是付出,同时也是一种收获。因此,本章旨在通过研究企业履行社会责任以及企业的成长性之间的关系,进一步揭示企业社会责任及其可持续发展的内在联系。

(三) 研究内容及研究方法

1. 研究内容

本章回顾了企业社会责任理论的演变,总结了企业社会责任的科学内涵。通过系统介绍企业社会责任及成长性的理论基础,结合实证分析,系统地论证企业承担社会责任的成长性理论依据,初步探讨了企业社会责任及其成长性的关系,以期提高企业履行社会责任的积极性,提高中国企业社会责任的总体水平,促进社会和谐发展。同时,针对我国企业履行社会责任的现实需要,提出针对政府及企业对解决企业社会责任问题的可行性建议。全章共分为五个部分:

第一部分是绪论。在这一部分中,主要介绍本章的研究背景、研究意义、研究思路、研究内容以及研究方法、文献综述等内容。

第二部分是对企业社会责任与企业成长理论的综述,由需求理论、利益相关者理论出发,回顾了企业社会责任理论的演变;由规模经济理论、范围经济理论出发,解析了企业成长理论的发展。总结了企业社会责任与企业成长在国内外的发展史及其科学内涵,阐述了企业承担社会责任与企业成长性的理论交叉点。

第三部分通过探讨企业需求模型以及利益相关者理论,研究企业社会责任与企业持续成长所呈现出的客观内在联系,进而总结出企业履行社会责任是企业持续成长的客观必然要求,企业持续成长有利于推动企业履行社会责任,二者相辅相成,协调统一。

第四部分实证分析企业社会责任及其成长性的关系。由于我国在社会责任方面缺少相关数据,在总结前人经验的基础上,本部分用财务报表里的数据支撑企业社会责任各项指标与企业成长的各项指标。选择沪、深两市500多家企业为研究目标,充分研究企业履行社会责任与企业可持续成长的相关性。总结出企业履行社会责任是企业持续成长的客观要求。

第五部分是研究结论与展望。通过总结文章的研究结果,指出研究中发现的问题,进而提出相应的建议。提出政府应通过积极引导企业树立社会责任观念、制定企业社会责任的法律制度、制定企业社会责任的披露制度等方面加强对企业履行社会责任的引导和支持。提出企业应将企业社会责任纳入企业可持续发展战略中,并切实履行对员工、顾客、竞争对手、社会、政府等利益相关者的责任。

2. 研究方法

本章的研究是在目标上市公司年度财务报告的前提下,在理论分析的基础上,通过因子分析、相关分析等方法对我国目标上市公司的相关财务数据进行实证检验,来研究企业社会责任与其成长性之间的相关性。主要的研究方法有:

(1) 文献研究法。根据本章研究的主要内容与目的,通过收集、整理大量有关企业社会责任方面的文献,比较分析国内外学者关于企业社会责任方面的成果,深入研究并系统的总结其内容。

(2) 比较分析法。在广泛阅读国内外研究文献的基础上,通过比较分析国外及国内实施企业社会责任的历史与现状,借鉴国外履行社会责任的成功经验,运用规范分析的方法探讨企业社会责任的理论和现实背景、企业社会责任的界定、从利益相关者角度研究企业承担社会责任与经济绩效的关系,总结出我国在企业履行社会责任方面应采取的对策。

(3) 实证分析法。实证研究企业社会责任及其成长性的相关性,在对企业社会责任与企业成长性的关系进行理性分析的基础上,提出企业社会责任与企业成长性正向相关的结论。运用因子分析法构建企业成长性的相关指标,并从企业对供应商、股东、员工、债权人、消费者、社会公众以及政府的社会责任七个方面构建企业社会责任的指标体系,采取一定的实证方法:样本的选择、描述性统计、因子分析、相关分析以及回归分析,研究企业社会责任对企业成长性的影响、前期企业社会责任的履行对企业成长性的影响以及企业规模对企业成长性的影响。

3. 创新点

本章从全方位、多角度、深层次地阐述了企业社会责任对企业成长性的重要作用,通过提出企业履行社会责任及其成长性正相关的假设,运用实证分析验证了企业履行社会责任与企业利润最大化是相辅相成、有机统一的,有利于提升企业长期业绩、降低生产经营成本,是实现企业可持续发展、提高企业成长性的重要途径。在前人研究的基础上从以下几个方面开展创新性研究:

（1）从财务角度对企业社会责任进行分析。由于国内缺少国外诸如财富社会名誉调查和 KLD 这样的企业社会绩效评价指标，这就给我国学者对企业社会责任与成长性的相关性研究带来了很大的难度。曾有学者采用内容分析法对企业社会责任的好坏进行分析，但具有明显的局限性。本章试图利用目标上市公司的年度财务报告构建分析企业社会责任及企业成长性的财务指标体系。鉴于年报上所披露的企业社会责任信息的有限性，笔者主要从供应商、股东、员工、债权人、消费者、社会公众以及政府七方面对企业的社会责任进行量化。

（2）利用因子分析法构建企业社会责任以及企业成长性的财务指标体系。目前，我国理论界对企业社会责任的研究大多停留在定性分析上，多数学者对企业社会责任做评价研究时采用问卷调查法、专家打分法或层次分析法等，在查阅的文献中还几乎没有采用因子分析法对企业社会责任进行评价的。

（3）实证研究分析企业社会责任与企业成长性的相关性。本章以深圳以及上海证券交易所的制造类上市公司作为样本，选择相应的财务指标衡量企业社会责任，研究得出企业社会责任与企业成长性是正向相关的。也就是说，企业高度的财务行为会引起企业高度的社会行为，反过来，企业高度的社会行为将导致企业高度的财务行为。

本部分研究的难点在于数据的收集和指标体系的建立。由于国内对企业社会责任及其成长性的研究还很少，因此，我们可以借鉴参考的资料较少。另外，由于现行的财务报告体系对企业社会责任的信息披露还很不完善，笔者无法很直接地从企业财务报告中获得企业对环境、供应商以及消费者履行的社会责任的相关信息，从而给本部分的研究带来很大的不便。因此，笔者只好采取一些学者使用的间接指标对企业在这三方面的责任进行衡量。

二、理论基础与文献综述

（一）理论基础

1. 需要理论

1943 年，美国心理学家马斯洛（A. Maslow）在其所著的《人的动机理论》一书中，提出了需要层次论。他把人的需要归结为五个层次，由低到高依次为生理需要、安全需要、社交需要、尊重需要和自我实现需要（见图 1-1）。

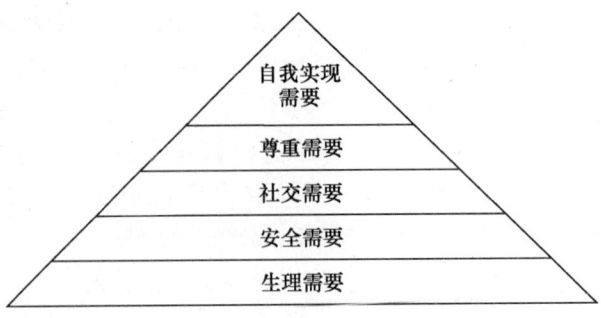

图1-1 马斯洛需要层次图

他认为，人的需要是分等分层的，呈阶梯式逐级上升；需要的存在是促使人产生某种行为的基础；当某种需要得到满足以后，这种需要也就失去了对行为的唤起作用。学术界对马斯洛的理论也存在不少争议，但由于他对人的需要进行了系统的研究，为以后各种激励理论的提出奠定了基础，所以需要层次论是激励理论中的主要理论。根据马斯洛的需求理论，我们说企业也有需求，而需求是发展成长的动因，社会责任正是为了满足企业发展的需求而产生的，我们可以利用需要理论来分析研究社会责任。许晓明、陈啸（2006）则利用了人类需求理论提出了企业需求层次模型，并将企业需求归纳为企业履行社会责任的动力，从而分析两者的关系。

2. 利益相关者理论

利益相关者理论产生于20世纪60年代，发展于80年代之后。利益相关者（Stakeholder）是从股东（Shareholder）一词套用而来的。1963年，美国上演了一出名叫"股东"（Shareholder）的戏，于是斯坦福研究院的一些学者受此启发，用另外一个与之对应的词"利益相关者"（Stakeholder），来表示所有与企业有密切关系的人。安索夫最早将利益相关者问题引入学术界，他主张企业社会责任必须考虑利益相关者，"要制定出一个理想的企业目标，必须综合平衡考虑企业的诸多利益相关者之间相互冲突的索取权，他们可能包括管理人员、工人、股东、供应商以及分销商"（Ansoff，1965）。

在所有关于利益相关者的定义中，弗里曼（Freeman，1984）的观点最具有代表性，他认为"利益相关者是能够影响一个组织目标的实现，或者受到一个组织实现其目标过程影响的所有个体和群体"。弗里曼不但将影响企业目标达成的个体和群体看作是利益相关者，同时也将受企业目标达成过程中所采取的主动影响的个体和群体视为利益相关者，并正式将当地社区、政府部门、环境保护主义者等实体纳入利益相关者管理研究的范畴，这一观点大大丰富了利益相关者的内涵。

进入20世纪90年代后,英国学者Clarkson则认为,那些对企业的过去、现在或未来的活动享有或者主张所有权、权利或利益的自然人或社会团体属于利益相关者。他又根据相关者群体与企业关系的密切程度将利益相关者分为一级利益相关者(Primary Stakeholders)和二级利益相关者(Secondary Stakeholders)。前者指没有其参与企业就无法持续生存的人,包括股东、投资者、雇员、顾客、供应商以及为公司提供基础设施与市场、对公司制定法律与规则、对公司享有征税权和其他权利的政府与社区;后者指那些影响公司或受公司影响的,但与公司之间没有商事关系,且不是公司生存的必要条件的社会团体,如媒体和众多的特定利益集团等。

米切尔和伍德(Mitchell & Woods,1997)曾深入研究了利益相关者理论产生和发展的演变历史,总结了自1963年斯坦福研究院涉足利益相关者问题开始,至20世纪90年代中期前后30多年时间里,西方学术界共给出的27种利益相关者的典型定义。总体上,西方学者对于企业利益相关者的界定可谓形式多样,"没有一个定义得到普遍的赞同"(多纳德逊、邓非,2001)。但是,我们基本上能通过对上述定义的分析来把握利益相关者的真正内涵,即利益相关者与企业之间是相互影响的,企业如果离开利益相关者其发展必将受到影响,反之亦然;利益相关者对企业有投入,这种投入的形式是多样化的,有物质资本、技术资本、人力资本、社会资本等(刘长喜,2005)。

随着利益相关者理论的不断发展和完善,该理论普遍认为企业是由各个相关利益者构成的"契约联合体"。企业的资本不仅仅来自于股东,还来自于企业的员工、消费者、政府、社区和社会公众等。股东提供的仅仅是物质资本,而其他利益相关者也提供相应的资本来维持企业的运行和发展。因此企业不仅承担经济责任,还承担对各利益相关者的社会责任。目前,已有很多研究企业社会责任的学者引入利益相关者理论,这为企业履行社会责任提供了较为明确的负责对象,即使目前学者对于企业究竟应为哪些利益相关者负责还有争议,但其已经基本达成一致的观点是企业不但要为股东负责,还要对员工、消费者、社会共同利益及其他利益相关者负责。这也是本文研究企业社会责任的主要理论基础。

3. 规模经济及范围经济理论

企业成长的思想可以追溯到古典经济学,古典经济学家们认为分工的规模经济利益是企业成长的主要诱因——企业中生产作业的分工和专业化提高了劳动效率,同时也促进了企业生产规模的扩大,而这又进一步"神话"了企业的分工协作,如此循环往复,最后通过企业规模经济的获得实现了企业的成长。

经济学中,规模经济(Economics of Scale)又称"规模利益",是指随生产能力的扩大,使单位成本下降的趋势,即长期费用曲线呈下降趋势。从亚当·斯密的著作开始，人们认识到劳动分工可以提高企业的工作效率，规模越大的企业其分工也必然越详细，因此便产生了最早的规模经济概念。规模经济的研究是从单个工厂开始的，一个工厂的生产效率往往与其生产规模有一定的联系。在相同生产技术水平下生产同类产品，生产规模越大，工厂的生产效益在某一阶段内不断增长，产生规模经济。但是，生产效率的增长趋势是有限度的，当生产规模扩大到一定程度时，生产效率反而会随着规模的扩大而逐步下降，产生规模不经济。规模是指生产的批量，规模经济概念中的规模指的是生产设备条件即生产能力变化时的生产批量变化，即伴随着生产能力扩大而出现的生产批量的扩大。规模经济存在的原因主要有以下几点：①专业化程度提高。随着企业规模的扩大，其分工必然更详细，员工们各司其长，能够提高生产效率。②学习效应。工人的熟练程度会随着产量的增加而增加。③规模的扩大可以有效地分摊费用，例如当规模扩大后，分摊到每一件产品的固定成本就会随之减少，这有利于加快资金的周转。④原材料的运输、采购等方面存在的批量的经济性。

范围经济（Economics of Scope）指由厂商的生产范围扩大而非生产规模扩大所带来的经济，即把同时生产两种产品的费用低于分别生产每种产品的状况就称为范围经济。范围经济认为，只要把两种或更多的产品整合在一起生产就比分开来生产的成本要低，因此很多企业进行多样化或多元化经营，这不仅可以通过范围经济来更好地利用现有资源、降低成本，同时，可以挖掘潜在机会产生新的经济增长点，还有利于企业分散经营风险。总之多元化经营都是为了追求更多的经济性。

无论规模经济还是范围经济无疑有益于生产成本的节约，对企业而言，规模增大以及经营多元化的增强不仅得到了经济性，并且有助于公司治理的完善、企业形象的提升和企业文化的认同等。规模经济和范围经济在企业成长中在各自发挥着潜在的作用，两种经营方式不仅优化了企业资源配置，也对企业成长产生了推动作用，是促使企业持续成长的根本动力。

（二）企业社会责任概述

企业社会责任观念提出于 20 世纪初的美国，这一概念是在美国经济萧条、企业（公司）大型化引发的社会问题日益严重、经济民主运动日趋高涨的时代背景下产生的。企业社会责任这一概念提出之后便广受争论，目前也尚无统一定义。《开普斯顿商务百科》中就采用了世界商业委员会的观点，把企业社会责任描述为："商业企业的一种长期持续的承诺，在改善员工与家庭以及地方社区和中期社会的生活质量的同时，要对经济发展做出贡献，并在行为上符合道德标准。"《布莱克韦尔商业伦理百科辞典》中的定义："具体来讲，社会责任是指公司的社会责任，这一概念的含义是，企业的责任不仅仅局限在对所有者和股东的义务上，它还要对社会负有一定的责任。"

1. 企业社会责任含义演变史

早在1924年，欧利文·谢尔顿（Oliver Sheldon）就"把企业（公司）社会责任与企业（公司）经营者满足产业内外各种人类需要的责任联系起来，并认为企业（公司）社会责任含有道德因素在内"。1953年，H. Bowen 则认为"商人按照社会的目标和价值，向有关政策作出靠拢，做出相应的决策，采取理想的具体行动的义务"。1960年 Davis 提出"企业社会责任是企业做出的那些至少部分超越了其经济或技术利益的决策和行动"。1975年，他又进一步指出"'扩展圈'理论认为，企业社会责任有内、中、外圈，内圈是能有效完成公司经济功能的最基本责任；中圈包括行使经济功能必须保持的对改变社会价值和优先权的敏感知觉；外圈是公司应承担的新出现的和未明确的责任"。1961年，Eells 和 Walton 指出"公司社会责任涉及的是由于企业对社会的影响所产生的问题，以及应如何确立适当的伦理原则来约束公司和社会的关系"。西方理论界对企业是否应该履行企业责任也存在较大争议：

一方面，20世纪60年代以来，倡导和支持企业社会责任的观点逐渐增多。被誉为"社会良心的维护者和社会问题的解决者"的美国管理学家安德鲁斯（Andrews）认为，"企业对社会福利科学的、长远的关切，这种关切限制个人或企业具有破坏性结果的行为，即使这种行为能迅速地带来利润，同时，这种关切应使企业为改善人类福利水平作出自己的贡献"；"利润最大化是公司的第二位目标，而不是第一位目标，公司的第一位目标是保证自身的生存"。里奇·W. 格里芬认为，"企业的社会责任是指提高本身利润的同时，对保护和增加整个社会福利方面所承担的责任"。彼得·F. 德鲁克认为，"企业首要的社会责任是经济责任，但利润不是企业的目的，而只是一个限制因素，满足社会需要才是企业永恒的目的，利润只不过是企业社会责任的回报"。而管理学家斯蒂芬·P. 罗宾斯（Stephen P. Robbins）认为，"企业的社会责任是一种工商企业追求有利于社会的长远目标的义务，而不是法律和经济所要求的义务，它要求工商企业决定什么是对的，什么是错的，从而找出基本的道德真理"。

另一方面，进入70年代以后，经济学诺贝尔奖得主米尔顿·弗里德曼对企业社会责任进行了公开的系统批评。在《资本主义和自由》的著作中他坚决反对企业在利润最大化之外还负有企业社会责任的观点。弗里德曼总结道，"企业只有一种且是唯一的社会责任，就是在游戏规定的范围内，利用其资源并参加所有增加利润的活动，即无欺骗地参加公开自由的活动"。他认为，企业承担这种超过"股东利润"之外的社会责任，有人就必须为这种资产的再分配付出代价：

如果社会行为降低了利润和股息，那么股东受损失；如果必须降低工资和福利来支付社会行为，那么雇员受损失；如果用提价来补偿社会行为，那么消费者受损失；如果市场不接受更高的价格，销售额便下降，那么企业也许就不能生存，在这种情况下，组织的全部成员要素都将受到损失。另一位反对企业社会责任的诺贝尔经济学奖获得者是哈耶克，他是自由秩序的著名倡导者，他认为，"企业社会责任是有悖于自由的，因为企业参与社会活动的日渐广泛必导致政府干预的不断强化，企业履行社会责任的结果将是不得不按照政府的权威行事从而损害自由"。

我国学者对企业社会责任的研究虽然只有十几年的时间，但也形成了比较具有代表性的几种说法。如刘俊海博士认为："所谓公司社会责任，是指公司不仅能以最大限度地为股东们营利或赚钱作为自己的唯一存在目的，而应当最大限度地增进股东利益之外的其他所有社会利益。这种社会利益包括雇员（职工）利益、消费者利益、债权人利益、中小竞争者利益、当地社区利益、环境利益、社会弱势群体及整个社会公共利益等内容，既包括自然人的人权尤其是《经济、社会和文化权利国际公约》中规定的社会、经济、文化权利（可以简称为社会权），也包括自然人之外的法人和非法人组织的权利和利益。其中，与公司存在和运营密切相关的股东之外的利害关系人（尤其是自然人）是公司承担社会责任的主要对象。"著名的法学家卢代富认为："所谓企业社会责任，乃指企业在谋求股东利润最大化之外所负有的维护和增进社会利益的义务。"他还进一步指出，"企业社会责任包括对雇员的责任、对消费者的责任、对债权人的责任、对环境资源的保护与合理利用的责任、对所在社区经济社会发展的责任及对社会福利和社会公益事业的责任六种周延内容"。广东社科院赵琼女士的说法也较为流行：企业社会责任就是企业在创造利润、对股东利益负责的同时，还要承担对员工、消费者、对社区和环境的社会责任，包括遵守商业道德、生产安全、职业健康、保护劳动者的合法权益、保护环境、支持慈善事业、捐助社会公益、保护弱势群体等。可见，企业社会责任超越了以往企业只对股东负责的范畴，强调对包括股东、员工、消费者、社区、客户、政府等在内的利益相关者的社会责任。企业社会责任最基本的是企业的法律责任，包括遵守国家的各项法律，不违背商业道德。在高层次上是企业对社区、环境保护、对社会公益事业的支持和捐助。芮明杰、袁安照则认为企业所承担的社会责任是现代企业特有的企业精神："企业社会责任是指企业为所处社会的福利而必须关心的道义上的责任。"两人也指出了企业社会责任的对象范围：企业应承担的社会责任一般认为包括六个方面的内容：对政府的责任、对企业所有者或股东的责任、对顾客的责任、对供应商或债权人的责任、对雇员或职工的责任、对居民的责任。中国劳动科学研究所定义

"企业社会责任是指企业在为股东谋取最大利润的同时,应当充分利益关系人的利益"。著名的经济学与管理学家高尚全先生提出:"企业对社会的责任有两类:第一类是基础责任;第二类是在第一类基础上所连带产生的其他责任。"金乐琴教授也多次提及企业社会责任的定义有不同表述,但其基本含义是"一定时期社会富裕企业的经济、法律、伦理以及人道主义的期望。它使企业在追求自身利益的同时,关注消费者、股东、雇员、政府和社区等相关利益者的需要,扮演社会角色"。这都说明企业需要从"经济人"定位转变为"社会人"的定位,尤其是某种程度上"扮演社会角色"。

尽管到目前为止企业社会责任还没有一个统一的定义,但通过仔细剖析40多年来企业社会责任理论的发展史,我们还是可以发现一个值得关注的趋势,许多学者开始探索结合利益相关者概念来界定企业社会责任。"利益相关者"概念的出现为界定企业社会责任提供了一种新的思考方法。综合各家观点,笔者认为,从利益相关者角度来界定企业社会责任是非常有益的。本文把企业社会责任定义为:企业在追求、创造利润的同时,不仅要对股东负责,还应当最大限度地保护和增进非股东——员工、消费者、供应商、债权人、社区、环境、政府等其他利益相关者的权益。这些行为要在自愿、自觉的基础上,企业应努力成为好的"企业公民",实现自身的可持续发展,进而实现自身的高效成长。这是当今背景下企业社会责任的本质所在。综上所述,本文根据利益相关者理论将企业社会责任界定为企业对政府、股东、员工、消费者、供应商、债权人、环境以及社会公众的社会责任。

2. 企业社会责任社会学分析

随着社会的发展和进步,人们对企业与社会环境的认识逐渐加深,企业履行和承担社会责任已经成为大势所趋和客观必然。但是,到目前为止,我国仍有许多企业不愿或者没有承担社会责任,这主要有两方面的原因:一方面,部分投资者短视近利,他们只关心企业的经济效益,企业的经营管理者迫于这种压力而不去承担社会责任。他们没有意识到企业承担社会责任其本质上也是一种能够提高经营绩效的投资。另一方面,部分企业的经营管理者对履行社会责任不感兴趣,在这部分企业中,企业社会责任从未被作为企业组织核心价值的一部分、未纳入企业长期经营战略考量。由于承担社会责任的投入转化成实质性回报需要相当长一段时间,因此企业承担社会责任意味着即时提高经营成本。单纯以股东利益最大化为经营目标的企业,更容易由于经营运作压力而采取短期行为。这里,我们主要是从社会学的角度出发,对企业履行社会责任的必要性进行论述。

如果把社会看作是一个有机整体,那么企业则是构成这个有机整体的最基本元素,可以说企业是社会的一部分。而同时,企业又是一定社会中的企业,它不能脱离社会而孤立地存在。企业与社会之间，彼此相互作用、相互影响，同时又受到各自发展规律制约，是对立统一的关系。

从企业与社会的联系看，一方面，企业是社会的组成部分，企业活动是社会生产的单位形式，社会的发展离不开各企业的发展壮大；另一方面，由于企业还是一定生产关系的产物，因此企业不能孤立地存在于社会。企业中的劳动者是以一定的生产关系结合在一起的，这就要求企业必须在一定生产关系的约束下对劳动者的利益负责，为企业劳动者的生存、发展承担责任，而这种责任恰恰是企业社会责任中对员工负责的体现。

从企业与社会的区别看，企业只是社会的一种组织、一个单元，它肯定不等同于社会。企业利益具有独立性和排他性，而社会利益具有公众性和共享性。企业发展的目标在于企业自身利益最大化；而社会发展的目标则在于社会成员共同利益的提高。然而，企业活动是以社会为背景的，因此，企业利益就必然受社会利益的约束，企业目标也必然受社会目标的约束，这种约束使得企业利益、企业目标在某种程度上要服从于社会利益和社会目标。另外，企业经营活动的经济外部性所导致的各种如环境污染、资源开发等负效应，其实质是将企业部分成本转嫁到了社会。这些由企业经营活动所带来的各种负效应，对社会生活的质量和可持续发展产生了负面影响，因此企业利益与社会利益产生的冲突，客观上就要求企业以承担在环境、资源方面的责任的形式服从社会目标。

从社会整体运行角度看，政府代表了现代社会公共利益，它是社会的公共管理机构，而政府行使政府职能及社会运行本身都是需要社会成本的。然而，政府本身不具有直接创造价值的功能。从这个意义上讲，企业作为社会生产的基本组织形式和单元，也应当分担社会运行成本，对政府方面承担责任。

目前，与优秀跨国公司相比，中国企业无论是在硬实力上还是在软实力上都有很大的差距。软实力是指企业在市场信用、社会责任意识和由此凝聚而成的社会声誉、市场信用和品牌影响力。在西方国家，软实力已经逐渐成为大型公司竞争力的灵魂。但在中国，由于受体制和发展阶段的影响，软实力成为很多企业的软肋，增强软实力正是中国企业必须做出的努力。从这个意义上说，企业履行社会责任的好坏已成为影响企业竞争力与成长性的重要因素。

（三）企业成长原理概述

企业成长理论的思想起源于古典经济学家对大规模生产规律的研究，企业成长理论的开山之作为伊迪丝·彭罗斯（Edith T. Penrose）于1959年出版的《企业成长理论》一书，该书正式奠定了企业成长理论的基础，彭罗斯也因此被认为是现代企业成长理论的奠基人。

1. 企业成长的内涵

成长的概念来源于生物学,是指有机体由小到大的发展机制和过程。企业成长通常可以表述为两种不同的内涵:一是外延量的成长,指的是单纯数量上的增加;二是内涵质的成长,这是从它的本意引申出的发展过程导致质量上的提高,这类似于自然界生物生长的过程,生物相互作用的一系列内部变化导致体型的不断变大,同时伴随着成长物体外部的不断变化。

量的成长,指的是企业规模的扩大以及企业组织功能方面在量上的增加。可以从以下四个方面来考虑:①随着生产技术的不断发展以及生产过程和劳动分工的专业化,企业生产能力不断扩大,产值不断提高,进一步扩大规模以实现规模效益;②企业自有资本、所有者拥有的资本以及企业运营过程中所涉及的资本规模都在越来越大;③随着企业主营业务不断扩展,营业收入水平开始逐渐提高;④企业开始实施多样化经营,逐渐涉足不同领域。

质的成长意味着企业效率和管理水平的提高,可从四个方面来衡量:①企业生产过程的技术创新和产品创新;②组织结构、经营制度和管理方法的创新和效率的提高;③企业营销方面的创新和营销能力的提高;④塑造优秀的企业文化,使企业在员工高度凝聚力和积极性、创造性的基础上高速成长。量的成长与质的成长是企业成长的两个方面,量的成长是企业成长的表象特征,质的成长是企业成长的内在特征,量的成长和质的成长相互作用、相互联系。

2. 企业成长性的概念

对于企业成长性的概念,国内外学者给予了不同的解释,有人甚至还赋予其一些新的名词,如企业成长、企业发展、企业演进等。有些人将上述名词相互通用,有些人则认为它们有本质区别。针对其定义,较具代表性的主要有:科斯(Coase,1937)认为,企业成长性表现为企业功能的扩展;彭罗斯(Penrose,1959)认为,企业成长性是规模的扩张与获取资源能力的增强;斯达巴克(Starbuck,1965)认为,成长乃组织规模之改变,发展乃组织年岁之改变;托斯(Tosi,1976)认为,成长是指成长指标(主要是销售额、资产规模、员工等)的绝对增长;特瓦沙和纽波特(Trewatha & Newport,1979)认为,成长乃涉及一个组织在其环境中生存与繁荣能力的不断增强;钱德勒(Chandler,1992)则认为成长是企业组织能力的增强与市场范围的扩大。

笔者比较认同的观点是:企业成长性是一个规模扩展和结构转换的互动过程,由于企业如同有生命的机体一样要经历诞生、成长、成熟和衰亡等阶段,企业持续成长也就意味着这几个成长阶段的顺利延续与递进。现实中,不少企业只能停留在某个成长阶段,而无法顺利地过渡到下一阶段,也就不能实现持续成长目标。

3. 国内外企业成长性研究综述

对于企业成长性的问题，国外学者进行了大量研究。自从 Jensen 和 Meckling (1976) 提出了代理问题影响公司价值的理论之后，众多学者纷纷运用权益代理成本及负债代理成本来探讨各种可能影响公司价值及经营业绩的因素。其中 Myers 和 Turnbull (1977) 认为当公司的负债比率高时，其破产风险也会相应地提高，一旦破产公司则会完全丧失成长机会；而当公司有较多的成长机会时，则会采取较保守的财务杠杆政策，因此他们预测成长机会与负债比率间应呈反向关系。

Titman 和 Wessels (1988) 在研究公司资本结构时认为处于成长的公司对未来投资机会有更多的选择，但由于存在负债代理问题，所以他们推测负债比率应与公司的成长呈反向关系。他们选取 469 家公司作为样本进行研究，运用 Liserel 的线性结构方法进行分析，并以总资产增长率作为衡量公司成长性的因变量，但其实证结果显示负债比率与成长性间并未出现反向关系。

Benoit Gaills (2004) 等对高增长型公司的成长类型的研究，讨论了刚成立的公司存在的不同成长轨迹。他们以 1992～2002 年比利时 152064 家公司为研究样本，得出 741 家在微型公司水平上成长年限少于 10 年的公司，并运用主成分分析法分析其成长轨迹。他们的研究克服了 Delmaretal (2003) 以部门为基础的研究方法的不足，代之以更为复杂、指标体系更为多元化的成长分类方法。但是他们的研究也存在两点不足：一是没有区分公司自身的有机成长和通过并购而进行的成长；二是数据资料都是二手资料，影响了研究的准确性。

Ardisshvili 和 Delma 等人 (1997) 对可能的成长性评价指标进行了归类，认为分别有资产额、雇员人数、市场份额、产出量、利润额和营业收入等。由于营业收入指标操作容易，并适用于所有类型的公司，不受行业资本密集度和一体化等因素的影响，因此，成为反映企业成长性的最为广泛的指标，其缺点容易受到通货膨胀和汇率变动的影响。

国外学者对如何选取企业成长性评价指标进行了大量的实证研究。他们对于上市公司的价值评估方法已相当成熟，并提供了丰富的上市公司评估价值模型用于充分挖掘上市公司成长性。我国学者在成长性指标选取方面的研究主要有：

张炳坤 (1998) 根据企业成长性的特征及影响因素，选取了若干财务指标：用"净资产收益增长率"反映公司收益增长的成长能力、用"主营利润比例"来反映主营收益稳定性的成长能力、用"主营收入与主营利润增长同步率"来反映公司成本控制水平的成长能力、用"资本保值增值率"来反映公司资本完整性和保全性的成长能力、用"利润保留率"来反映公司扩展潜力的成长能力，等等。

1999年财务部等五部委联合发布《国有资本金效绩评价操作细则》，该细则从财务效益、资产营运、偿债能力和发展能力4个方面对企业的业绩进行综合评价，并于2002年进行了修改，加强了对成长性的评价。

吴世农、李常青和余玮（1999）做了实证研究，他们以我国深、沪两个证券市场1996年200家上市公司为研究对象，使用影响上市公司成长性的资产周转率、销售毛利率、主营业务收入增长率、负债比率和期间费用率指标，建立了上市公司成长性的判定模型。其研究结果表明：由上述五个变量构成的判定模型能够有效地判定或预测我国上市公司的成长性。

上述各种指标体系都有其各自的优点，然而在并没有一种指标体系模型被权威的使用。本章选取的是2006~2009年568家上市公司的经营毛利率、成本费用利润率、主营业务收入增长率、资产增长率、单位员工主营业务收入以及单位员工占用资产这几项指标来研究上市公司的企业成长性。

三、企业社会责任及其成长性关系的理论分析

（一）需要理论下企业社会责任与成长性关系分析

1. 企业需求模型

从企业生态学的角度讲，企业可以看作是在社会生态系统中的一个独立的生物，其产生和发展均遵循着一定的规律。作为一个营利性经济性组织，企业需要在不同的成长发展阶段订立不同的战略目标，并通过具体的战术行为去实现这些目标。从这个层面看，企业的成长和人的成长阶段相似，企业目标与人的努力目标相类似，这说明企业也有需求。企业需求是指企业在生态系统中对外部物质和精神回报的需求。出于对生存和成长的渴望，企业在需求的基础上制定并实施它的战略。

与人的需求一样，企业需求同样是有层次的，本文依照组织行为学中马斯洛的需要层次理论和ERG理论的内容，将企业和个人进行了同一级别生态系统中的类比，如图1-2所示。图中左边第一列为ERG理论，中间列为马斯洛的需要层次理论，右边一列为企业需求模型。企业的需求模型与人的需求层次比较接近，可分为三层，分别与中间的人的需要相对应。最底层为企业的生存需求，与人类相同，企业从事一切活动其根本目的都是为了生存；在中间层，企业谋求自身的成长与发展，同时增加各利益相关者的利益，该层次所包含的内容和企业行

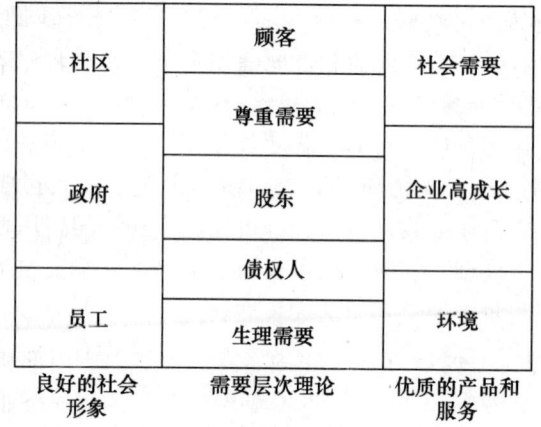

图1-2 企业需求与人的需求对比图

为相对较广，这与人类需求差别较大；在顶层，企业已经发展到相当规模，实现了规模经济。此时他们开始不拘泥于纯粹经济利益的追求，试图扩大其社会效益，在主观上追求"社会归属感"，无偿行为会增多，这与人的"自我实现"需要较为接近。

2. 需要理论下企业成长各阶段的社会责任

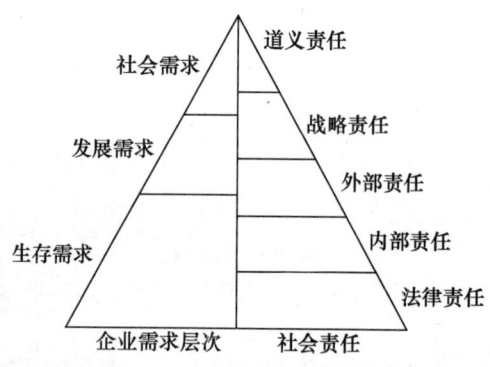

图1-3 企业各成长阶段的需求层次与社会责任层次的对比

如图1-3所示，企业不同的成长阶段，其需求层次与企业履行社会责任的层次是密切相关的，企业存在怎样的需求，就必须履行相关的社会责任与之相适应。企业责任的履行是一种比较特殊的企业行为，而企业需求又是一切企业行为的内在动因。一方面，不同正常阶段的企业存在不同需求，需要通过一定的企业行为去实现，而企业社会责任的履行是企业行为中比较特殊的，且又涵盖了所有的企业行为；另一方面，企业通过履行社会责任，才能得到社会的认可和支持，从而为满足企业生存、发展的各阶段需求铺平道路，进而推动企业的不断成长，使得企业高成长性的目标有意义。因此，企业满足自身需求的过程必然成为企业履行社会责任的过程。

（1）企业生存需求与法律、内部、外部责任。企业要生存，首先，必须履行法律所规定的责任与义务。法律责任是企业必须承担的最基本社会责任和义务，企业拒绝履行或者没有能力履行法律责任，其生存则无法得到保障。其次，企业的内部责任是企业对股东、员工等内部环境的利益相关者所需承担的责任。股东为企业带来资金，而员工为企业付出劳动。不能保证内部相关者的利益，企业的经营活动则不能正常进行，其生存会受到威胁。最后，企业的外部责任是企业对供应商、债权人、消费者及政府部门等外部环境利益相关者所需承担的责任。外部市场、消费者是企业收入的来源，供应商是企业产品生产的保障。企业不能很好地履行其外部责任，也是很难生存的。

（2）企业发展需求与外部责任、战略责任。企业进入新的成长期，企业需求就由生存需求转变为发展需求。进入新时期，企业仍会履行低层次的社会责任，并会更加规范。在这一阶段，企业进行着资源和能力的积累，因此相对会较重视外部责任和战略责任。企业为了进一步的发展，需要通过一定途径进行扩张，企业对外部竞争环境的合理分析以及其树立的良好外部形象，有利于企业获得更好的竞争。于是企业外部责任成为该阶段企业行为的重点。此外，企业开始做一些不能直接取得经济回报的"无偿行为"，如公益广告、冠名赞助等。此时企业开始根据自身成长发展的需要真正制定未来发展战略，开始从战略意义上关注企业的投入产出和经济效益。战略责任的履行会为企业持续发展与成长锦上添花。

（3）企业社会需求与战略责任、道义责任。企业进入最高层次的成长阶段，其物质财富积累到了相当雄厚的程度。与人的成长发展相类似，此时企业产生了社会需求，开始在一定程度上追求社会归属感。这是因为企业是由人来领导的，而处于领导团队的管理者此时已经有了较高的成就感，他们需要通过一定的行为来体现"自我实现"的需求，并同时履行企业的道义责任。当然企业仍会履行战略责任，由于迫切想要得到社会的认可，企业战略责任会逐渐带有一定道义责任的色彩。此时，企业的价值、声誉、影响，都处于发展的顶峰，这为企业持续成长打下了坚实的基础。

（二）利益相关者理论下企业社会责任与成长性关系分析

1. 利益相关者理论与企业社会责任

国外很多学者认为，可以在企业社会责任的研究中引入利益相关者这一概念，即从利益相关者角度出发研究企业社会责任。Carroll（1991）认为应该将利益相关者理论应用于企业社会责任的研究中，借用它可以为企业社会责任"指明方向"，针对每一个主要的相关利益群体就可以界定企业社会责任的范。Clarkson（1995）也曾经说利益相关者理论可以为企业社会责任研究提供"一种理论框架"，在这个理论框架里，企业社会责任被明确界定在"企业与利益相关者之间的关系"上。正如 Evan 和 Freeman（1993）所说："利益相关者理论虽然不能取代企业社会责任，但是它可以被看作是企业社会责任研究的一个重要条件，它可以把企业承担社会责任的对象具体化。"从这个在利益相关者方法看来，企业的发展前景有赖于管理层对公众不断变化的期望的满足程度，也就是说依赖于企业管理层对利益相关者的利益要求的回应质量，企业对于社会负有包括经济责任、法律责任、道德责任和慈善责任在内的多项社会责任。

企业社会责任与利益相关者两大理论的结合，产生了基于利益相关者理论的企业社会责任观，它是社会责任规范性研究最重要的成果之一，也是社会责任领域实证研究的理论基础。在这一理论下，企业不再只对股东负责，片面追求股东利益的最大化；而是对包括股东在内的所有利益相关者，如员工、政府、社区、环境等均承担相应的责任。正是基于利益相关者理论，企业的社会责任（包括企业社会绩效），才能够按满足各利益相关者要求的程度进行评估。

2. 利益相关者视角下企业社会责任与成长性关系

（1）投资者。这里所指的投资者包括股东和债权人。股东是企业的所有者，对企业进行直接投资，承担了企业的各种风险，是企业的直接利益相关者。债权人也是企业的投资者之一，借与企业资金方便其周转，也承担了很大的风险。股东可以通过直接投资决定了企业的资金能力和发展潜力，也可以通过买卖股票的行为影响股价，进而影响企业的市场价值和融资能力；最终作用于企业的财务绩效及成长能力。企业对股东承担的社会责任主要是经济责任，要在股东可接受的风险范围内尽可能地增加收益。企业对债权人则需承担按照债务合同的要求支付利息并按期还款的责任，并为债权人提供借贷安全的责任，以避免因出现财务风险过高、偿债能力较弱，而导致企业成长能力下降的状况。

（2）员工。企业对员工的责任包含两个方面，即不仅要满足员工的物质需求，还应该满足其精神需求。在物质需求方面，根据马斯洛的需求层次理论，要想员工全心全意为企业工作就必须先满足其最基本的生理需求和安全需求。另外在精神需求方面，根据赫茨伯格的"双因素理论"，如果企业希望能给员工带来归属感并使其将企业目标视为个人目标，就必须用激励因素才能使员工感到满意。即要寻找到企业和个人间共同拥有的目标——"企业社会责任"。企业社会责任将员工目标与企业社会责任目标联系起来，共同的目标使得员工归属感和自我实现的自豪感等较高层次的需求得到满足;员工拥有了归属感会将自己真正看作企业的一部分,将企业的其他目标(经济目标)也作为自身的工作目标,同时较高层次的需求得到满足能够更大程度上激励员工的积极性;当企业的其他目标(如收益目标)得以实现,将促使企业加大社会责任的投入力度,进而实现员工更高层次的需求,于是企业与员工的成长都进入良性循环。这样,社会责任提升了员工的归属感,实现了员工与企业的其他目标相统一,通过不断循环,最终让员工与企业融为一体,发挥企业员工的整体效应。

(3)消费者、供应商以及竞争者。从企业经营环境的角度看,消费者、供应商均是企业的中观环境中的因素。消费者位于企业的销售终端,消费者对企业商品的购买直接影响了企业的经营绩效;供应商为企业提供生产经营必需的材料,位于企业生产链的上游,一旦上游枯竭下游也必将断流,因此供应商与企业的经营息息相关;竞争者的存在有助于企业改进产品工艺,更新产品。企业对中观环境利益相关者的责任,代表了企业对其所处行业所承担的责任。离开消费者企业就不可能生存,更别提成长了,因此企业履行对消费者的责任,不仅保护了消费者的利益,也为企业持续发展、良性成长提供了必要的保障;企业对供应商主要承担的义务是严格遵守合同的规定,按期付款,保持企业的良好的信用与商誉;恶性竞争,只会对企业自身甚至整个行业造成毁灭性的影响。只有整个行业中的所有企业共同努力,才能拓展市场,每个企业才能分得更多的利润,才能在市场中生存与发展。

(4)政府。政府为企业提供日常经营的宏观环境,并通过宏观调控来促进经济的发展。对企业来说,政府的法律、法规、税收等具有政策性导向的工具都会对企业未来的发展方向和成长规模等产生影响,其作用范围一般会涉及整个行业。企业履行对政府的责任,是企业生存和发展的必然条件;企业依法缴纳的税款将成为政府建设各项公共设施的来源,而政府通过社区服务为企业提供各种生存与发展的条件。

(5)其他。企业的其他利益相关者主要包括社区和自然环境。企业是社区的一分子,应当主动地承担所属社区的社会责任,如减少社区噪声污染,为社区提供就业机会。此外,企业还应当承担对自然环境的责任,转变经济增长方式,节约能源资源,减少污染物的排放,保护生态环境等,通过自身的科学发展,维护生态环境的可持续性,繁荣社区的经济生活,促进人与自然和谐的发展。

(三)企业履行社会责任与企业成长相辅相成

可持续发展战略是站在一个地区、一个国家,甚至是全人类利益的高度来看待发展,是一种新的发展观,它的出现对企业提出了新的要求——即企业要想连续不断地成长,具有高的成长性,已经不能再单纯地以追求利润最大化为发展目标了，而必须在追求经营业绩与股东权益的同时兼顾企业的声誉及社会影响力。这意味着，新时期企业要想做大做强，优秀发展茁壮成长，必须在履行社会责任的前提下实现其经济责任，必须有新的或追加的投入。其实质是在经济和社会发展过程中既要考虑当前发展的需要，又要考虑未来发展的需要，关注全社会及子孙后代的利益，不以牺牲后代人的利益为代价来换取当代人的利益。企业承担社会责任成本是企业成长的客观必然要求，企业社会责任是通向企业高成长性的重要途径。企业只有确实地履行了对社会的相应责任，可持续发展战略才能得以实施，连续的高成长性方可实现。

1. 企业履行社会责任是企业成长的客观前提

（1）企业履行社会责任为企业的成长性提供了物质基础。企业在获取盈利的同时，必须以保护和改善生态环境为前提，节约资源，保护人类赖以生存和发展的环境，从而达到企业长久稳定的成长与发展的长期目标。企业通过履行对生态环境的责任，一方面地球生命系统得以得到保护，另一方面企业生产所需的各种燃料、原材料供给充足，物种多样而丰富。总之，企业履行社会责任不仅为企业的持续生产、连续经营提供了丰富的自然资源，而且还能使企业避免因原材料不足引起工厂停产，正常的生产活动被迫中断，以及企业职工身心健康受损的消极影响。如果连正常的生产经营都难以维系，企业何谈成长与发展？

（2）企业履行社会责任能够为企业的成长性提供良好的外部环境。企业是社会经济的基本组成，企业应该追求的是长期发展，而非短期盈利。企业履行环境责任，主要是指公司在盈利过程中与其他社会成员之间的利益冲突与摩擦的调整。它可以帮助企业获取和保持持续的生存能力和成长能力，同时，这也是企业兼顾自然资源、生态环境的协调发展的有效途径。从利益相关者的角度来看，企业履行社会责任，能够使得职工工作生活条件得到改善，生态环境得以保护，社会弱势人群各安其所，企业与供应商、顾客之间诚信友善，进而为企业的持续生产经营创造良好的外部环境和安定团结的政治局面。

（3）企业履行社会责任是实现企业高成长性的重要保障。企业在追求自我发展的过程中，不断成长发展是其努力的方向，而社会责任的履行与否则直接关系到企业的生死存亡。企业社会承担责任，不仅能使员工在心理上产生一种凝聚力，而且还符合社会的道德观和价值观，与社会文明发展的方向同步并协调一致。首先，企业履行社会责任要求企业要有人性化，保障劳动者生产安全，职业健康和其他合法权益。其次，越来越多的消费者，会从企业文化及社会声誉的方面来考虑接受一件商品。最后，在现代企业人才的激烈竞争中，一个没有良好社会责任和商德声誉的企业，难以吸引并留住人才。同时，经济全球化和日常商务往来要求企业必须遵循共同的游戏规则和伦理价值观，认同并践行企业社会责任。此外，企业绝对承受不起让社会失望的代价，以安然、安达信、世通为代表的一些国际大公司在诚信方面所引发的地震，引起了全世界的震撼，更是给企业带来了不可估量的重大损失。

(4) 企业履行社会责任有利于树立良好的形象，从而促使企业快速发展。随着企业环境保护意识、公众意识、社会责任意识的不断增强，公众对企业承担社会责任的呼声也越来越高。积极参与支持社会公益和社会福利事业，应对社会突发事件所做的社会捐助以及在生态环境及资源保护方面有过特殊贡献的企业，必定会获得社会公众对其企业文化、产品、服务的好感，从而达到提高企业的公众形象的目的。企业通过履行社会责任树立良好形象，不但可以减少企业与顾客间不必要的摩擦，还可以得到忠实用户并充分利用群众舆论的作用开辟新的顾客群，这不仅节省了广告费等支出，还提高了产品的市场占有率。

2. 企业成长有利于推动企业履行社会责任

企业履行社会责任在推动企业持续成长方面发挥着独特的作用。引导企业积极履行社会责任，将可持续发展的理念贯穿到企业日常的经营活动与管理活动之中，有利于推动企业的连续成长。企业履行社会责任表面上看起来会引起企业短期成本费用的增加和利润的减少，但从长远考虑，却恰恰相反，企业履行社会责任有利于得到社会公众和顾客的认可，有利于促进企业扩大产品销路，提高销售收入。企业的高成长为企业改进设备和提高劳动生产率，扩大生产规模提供了良好的外部条件。因此，企业履行社会责任与企业利润的实现并不是直接的反向关系，而有利于企业现利润的增加，企业承担社会责任成本与企业成长是辩证统一的，其关系如图1-4所示。

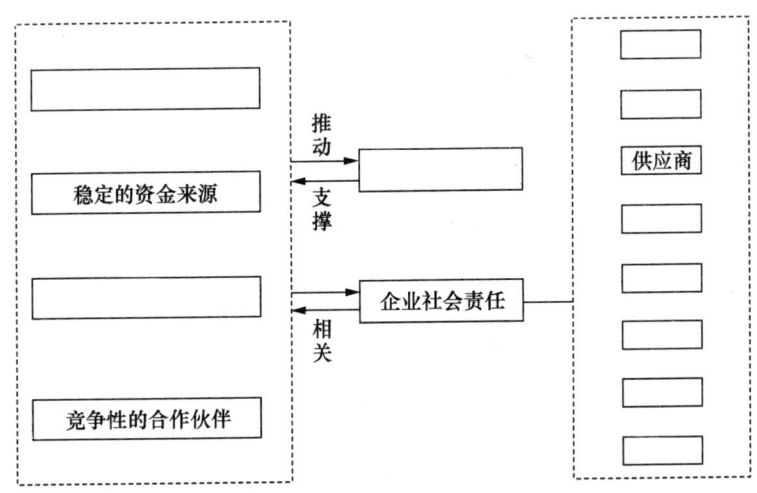

图1-4 企业社会责任与企业成长性间的关系

目前，很多跨国公司每年都会发布社会责任CSR报告，研究结果表明，这一做法不是传统的公共关系宣传，而是跨国公司新的经营战略，或者说是新的国际市场竞争规则。因为，实践社会责任能给企业的发展带来巨大的推动力和市场竞争优势。甚至有学者认为，企业的责任竞争力是继人才、技术、管理等要素之外，企业需要锻造的一个新的重要的竞争力。可见，企业履行社会责任已经成为企业持续成长的重要组成部分。持续高效的成长为企业提供了丰厚的物质基础，使得企业能有足够的人力、物力、财力资本去更好地履行社会责任。因此，企业承担社会责任与企业成长性之间存在着辩证统一、相辅相成的关系。

通过上述分析，笔者认为企业承担社会责任与企业的成长之间存在正相关关系。企业承担社会责任，一方面对内增加企业的凝聚力并赢得股东的支持，保证企业的核心竞争力；另一方面对外树立优秀的企业社会形象，保证企业的长远成长、持续发展。目前，学术界鲜有关于企业承担社会责任与其成长性关系的研究。多数研究都集中在探讨企业社会责任的履行与公司绩效间的关系，并且研究的结论各不相同。笔者认为，公司持续的发展能力是其成长的根本保证，通过对公司经营绩效的透析可以反映出公司的成长能力。

四、企业社会责任与企业成长性实证分析

（一）公司成长性

1. 研究方法

笔者在对现有的企业成长理论和相关的实证研究成果进行总结和回顾后发现：各种多指标综合评价方法在揭示成长能力的本质内涵方面优于单一指标方法，但至今仍未有最佳的评价方法。因此，本文在总结现有文献中所涉及的公司成长性分类方法基础上，试图通过因子分析中的主成分法来提取公因子，即将反映公司成长能力的错综复杂因素综合为"成长因子"，以其再现原始变量和因子之间的相互关系。

因子分析最初是由英国心理学家C. Spearman提出的，这是一种主要用于数据简化和降维的多元统计方法，它试图使用少数几个随机变量来描述许多变量所体现的一种基本结构。

因子分析与主成分分析有很大不同，主成分分析不能作为一个模型来描述，它只能作为一般的变量变换，主成分分析是可观测变量的线性组合；而因子分析

需要构造一个因子的模型，公共因子一般不能表示为原始变量的线性组合。因子分析中的因子一般能够找到实际意义，而主成分分析的主成分综合性太强，一般找不出实际意义。

因子分析的一般模型如下：

(1) 先将原始变量 X_i 标准化为 X_i^*。

$$X_i^* = \frac{X_i - \overline{X_i}}{S_i}, \tag{1.1}$$

其中，$\overline{X_i} = \frac{\sum_k x_{ik}}{n}$，$k=1,2,\cdots,n$，$x_{ik}$ 表示第 k 家公司的第 i 个变量，$S_i^2 = \frac{\sum_k (x_{ik} - \overline{X_i})^2}{(n-1)}$。

(2) 因子分析的数学模型：

$$X_i^* = \mu_i + \sum a_{ij} F_j + \varepsilon_i \tag{1.2}$$

其中，$\mu = (\mu_1, \mu_2, \cdots, \mu_p)^T$ 为均值，$F_1, F_2, \cdots, F_m$ 为公共因子，$\varepsilon_1, \varepsilon_2, \cdots, \varepsilon_p$ 为特殊因子，它们都是不可观测的随机变量。矩阵表示为：

$$X = \mu + AF + \varepsilon \tag{1.3}$$

$A = (a_{ij}): p \times m$，A 为因子的载荷矩阵。a_{ij} 是 X_i^* 与 F_j 之间的协方差，因为 X 为标准化后的随机变量，则 a_{ij} 是 X_i^* 与 F_j 之间的相关系数。

通常假定 $E(F) = 0$，$E(\varepsilon) = 0$，$COV(F, F) = E$，$\varepsilon_1, \varepsilon_2, \cdots, \varepsilon_p$ 与 F 相互独立，E 为单位阵：

$$COV(\varepsilon, \varepsilon) = D = \begin{bmatrix} \sigma_1^2 & \cdots & 0 \\ \vdots & & \vdots \\ 0 & \cdots & \sigma_p^2 \end{bmatrix} \tag{1.4}$$

(3) 相关阵 R。X^* 的协方差矩阵 Λ 可进行如下分解：

$$\begin{aligned} COV(X^*, X^*) &= COV(AF + \varepsilon, AF + \varepsilon) = E(AF + \varepsilon)(AF + \varepsilon)^T \\ &= AE(FF^T)A^T + AE(F\varepsilon^T) + E(\varepsilon F^T)A^T + E(\varepsilon \varepsilon^T) \\ &= AA^T + D \end{aligned} \tag{1.5}$$

即可得：$\Lambda = AA^T + D$，这是 X^* 的一个分解，又因为 X^* 是已经标准化了的随机变量，则 Λ 就是相关阵 R，即有：

$$R = AA^T + D \tag{1.6}$$

(4) 用主成分法估计因子载荷矩阵 A。对于随机观测向量 $X^* = (X_1^*, X_2^*, \cdots, X_p^*)^T$，若其相关阵的特征根为：$\lambda_1 \geqslant \lambda_2 \geqslant \cdots \geqslant \lambda_p > 0$，对应的特征向量矩阵为 $A = (a^{(1)}, \cdots, a^{(p)})$，且 $A^T A = E$，E 为单位阵，则主成分的向量为：

$$Y = A^T X^*$$

且 Y 的方差：$D(Y) = diga(\lambda_1, \lambda_2, \cdots, \lambda_p)$，由于 A 是一个正交阵，所

以若用主成分向量表示原始观测向量则有：

$$X^* = AY$$

且 $D(X^*) = A \begin{bmatrix} \lambda_1 & & 0 \\ & \ddots & \\ 0 & & \lambda_p \end{bmatrix} A^T$

令 $\tilde{A} = A \begin{bmatrix} \sqrt{\lambda_1} & & 0 \\ & \ddots & \\ 0 & & \sqrt{\lambda_p} \end{bmatrix}$，并令 $F = \begin{bmatrix} \dfrac{1}{\sqrt{\lambda_1}} & & 0 \\ & \ddots & \\ 0 & & \dfrac{1}{\sqrt{\lambda_p}} \end{bmatrix} Y$，则有：

$$X^* = AY = \tilde{A} F$$

$$D(X^*) = \tilde{A} \tilde{A}^T$$

且 $D(F) = E$，于是便形成一个不包含任何特殊因子的因子分析模型。

由于有约束条件 $A^T A = E$，所以这时公因子数目 m 可达到 p 个。因子载荷矩阵为：

$$\tilde{A} = (a^{(1)}\sqrt{\lambda_1}, a^{(2)}\sqrt{\lambda_2}, \cdots, a^{(p)}\sqrt{\lambda_p}) \tag{1.7}$$

其中，$a^{(i)}(i=1,2,\cdots,p)$ 是对应于特征根 λ_i 的单位特征向量，即标准化后的观测变量的第 i 个主成分的系数向量。

对因子载荷矩阵进行旋转（本例用方差最大化旋转方法），从而确定和解释主因子。如果因子载荷矩阵中的权重系数大小相近，就会使得每个因子的实际意义模糊，对因子的解释就比较困难。旋转后的因子载荷矩阵具有这样的特点：每个列向量仅在一个或少数几个因子上有较大的载荷，在其余因子上的载荷比较小。这样可对因子做出明显有实际意义的解释。主因子（公共因子）的经济意义，由组合中权数较大的一个或几个指标的意义来确定。

(5) 汤姆生法的因子得分。设公共因子向量 $F = (F_1, F_2, \cdots, F_m)$ 关于 p 个变量 $X^* = (X_1^*, X_2^*, \cdots, X_p^*)$ 的线性模型为：

$$\begin{bmatrix} F_1 \\ F_2 \\ \vdots \\ F_m \end{bmatrix} = \begin{bmatrix} \beta_{11} & \beta_{21} & \cdots & \beta_{p1} \\ \beta_{12} & \beta_{22} & \cdots & \beta_{p2} \\ \vdots & \vdots & & \vdots \\ \beta_{1m} & \beta_{2m} & \cdots & \beta_{pm} \end{bmatrix} \begin{bmatrix} X_1 \\ X_2 \\ \vdots \\ X_p \end{bmatrix} + \begin{bmatrix} \mu_1 \\ \mu_2 \\ \vdots \\ \mu_p \end{bmatrix} \tag{1.8}$$

对于样本容量为 n 的样本，记：

$$\underset{n \times p}{X} = \begin{bmatrix} x_{11} & x_{12} & \cdots & x_{1p} \\ x_{21} & x_{22} & \cdots & x_{2p} \\ \vdots & \vdots & & \vdots \\ x_{n1} & x_{n2} & \cdots & x_{np} \end{bmatrix} \quad \underset{n \times m}{f^T} = \begin{bmatrix} f_{11} & f_{12} & \cdots & f_{1m} \\ f_{21} & f_{22} & \cdots & f_{2m} \\ \vdots & \vdots & & \vdots \\ f_{n1} & f_{n2} & \cdots & f_{nm} \end{bmatrix} \quad \underset{p \times m}{\beta} = \begin{bmatrix} \beta_{11} & \beta_{21} & \cdots & \beta_{p1} \\ \beta_{12} & \beta_{22} & \cdots & \beta_{p2} \\ \vdots & \vdots & & \vdots \\ \beta_{1m} & \beta_{2m} & \cdots & \beta_{pm} \end{bmatrix}$$

则:
$$f^T = X\beta + \mu \tag{1.9}$$
由多元回归的最小二乘法估计,有:
$$\hat{\beta} = (X^T X)^{-1} X^T f^T \tag{1.10}$$
因为样本变量和公因子均已标准化,所以 $\frac{1}{n-1}X^T X$ 即为变量的样本矩阵 R,$\frac{1}{n-1}X^T f^T$ 即为变量与公共因子的样本相关矩阵,由因子载荷的统计意义知因子载荷即为原始变量与公共因子的相关矩阵,因此有:
$$\frac{1}{n-1}X^T X = R, \quad \frac{1}{n-1}X^T f^T = A$$
从而,求得因子得分的估计值矩阵为:
$$\hat{f}^T = X\hat{\beta} = XR^{-1}A = X(A^T A + D)^{-1}A \tag{1.11}$$

2. 变量设计

本部分以制造业的上市公司为研究对象,主要选用财务报表中的六项财务指标,主要有经营毛利率、成本费用利润率、主营业务收入增长率、资产增长率、单位员工主营业务收入以及单位员工占用资产,详见表1-1。

表1-1 本研究使用的衡量企业成长性的变量

变量	变量类型	指标名称	计算公式
因变量	企业成长性	经营毛利率	S年主营业务利润/S年主营业务收入
		成本费用利润率	S年净利润/S年营业成本费用
		主营业务收入增长率	(S年主营业务收入-上年主营业务收入)/上年主营业务收入
		资产增长率	(S年资产总额-上年资产总额)/上年资产总额
		单位员工主营业务收入	S年主营业务收入/S年员工总数
		单位员工占用资产	S年总资产均值/S年员工总数

对所选指标的说明:

(1) 本研究考虑了成长变量的时滞效应的长度。不少学者在研究企业成长问题时都没考虑到时滞效应。本研究在考虑到企业的社会责任对经营活动所发挥的作用一般会延迟几个年度,本研究收集了制造业上市公司从2006~2009年连续四年的成长数据。

(2) 本章对成长指标的选择。成长指标的选择是一个仍旧存在争议的问题。Ardishvili 和 Delmar 等(1998)曾对成长性评价指标进行了归纳,包括资产、雇员、市场份额、物质产出、利润和营业收入等。从实际看，最广泛的应用是资产、营业收入和雇员人数指标。

(3) 本章使用多个指标的相对数对企业成长进行衡量：主要是考虑到不同公司的经营管理模式的选择导致了成长性的外在表现不同，如有些公司在销售增长方式表现很好，另一些公司更关注经营效率的提升。而绝对数的适应容易使结果失真。为了确保更加全面地测量出成长的差异性，有必要从多个维度用相对数进行考察。

(4) 本章没有选择权益净利率指标。是因为在国内学者对我国上市公司的研究中，发现存在"配股生命线"等问题，这就使得权益净利率度量企业真实成长能力的可靠性值得商榷，故本研究未选用该指标。

3. 数据来源及处理

本研究选取 2006~2009 年我国沪、深两市制造业公司为样本进行实证分析。在本文成长性分类中所用到的数据，全部来源于巨潮资讯网，以及中国上市公司资讯网、中经网和中国证券监督委员会官方网站等。

(1) 剔除制造业中，三年里所有的 ST 公司以及任意变量缺失值的公司。

(2) 对符合条件的制造业公司进行数据处理：

首先，计算各指标分年度相应的相对数 Y_i，分别为六个原始变量，其中 $i=1,2,\cdots,6$，表示的是某一公司的经营毛利率，成本费用利润率，主营收入增长率，总资产增长率，单位员工主营业务收入，单位员工占用资产。

其次，为消除宏观经济的影响，对各指标 Y_i 进行中位数调整，即得到新的数据组 Y_i'。

再次，对 Y_i' 进行标准化处理，得到标准化的数组 Y_i^*。

最后，对 Y_i^* 指标进行因子分析，采用主成分法对因子载荷矩阵进行估计，并使用方差最大化对因子矩阵进行旋转，得出主成分因子以及因子得分。

本研究涉及的数据处理和假设检验全部通过 EXCEL 和 SPSS16.0 完成。

4. 实证分析结果

以计算 2006 年的成长指数 IOG 为例：

(1) 在进行因子分析之前，本研究对各指标 Y_i 进行了标准化，即 zscore 处理得到 Y_i^*。

(2) 对标准化处理后的变量 Y_i^* 进行 KMO 和 Bartlett's 检验。KMO 统计量的取值在 0 和 1 之间，当所有变量之间的简单相关系数平方和远远大于偏相关系数平方和时，KMO 值接近 1。

KMO 值越接近 1，越适合作因子分析；而 KMO 越接近于 0，则越不适合作因子分析。一般的 KMO 的度量标准：0.5 以上适合；0.5 以下不适合。

通过检验,我们发现各年度指标的 KMO 测度都大于 0.5,所以适合做因子分析。另外我们发现 Bartlett's 球体检验的 sig 的值为 0.000,即 p = 0.000 < 0.05,这说明标准化后的变量之间有着显著的相关性,即满足因子分析的前提条件。

(3) 总方差解释(见表 1-2)。

表 1-2 提取公因子的方差解释

Total Variance Explained									
Component	Initial Eigenvalues			Extraction Sums of Squared Loadings			Rotation Sums of Squared Loadings		
	Total	% of Variance	Cumulative %	Total	% of Variance	Cumulative %	Total	% of Variance	Cumulative %
1	1.993	33.225	33.225	1.993	33.225	33.225	1.990	33.175	33.175
2	1.865	31.082	64.307	1.865	31.082	64.307	1.866	31.094	64.269
3	1.020	16.994	81.302	1.020	16.994	81.302	1.022	17.033	81.302
4	0.977	16.281	97.582						
5	0.136	2.266	99.848						
6	0.009	0.152	100.000						

Extraction Method: Principal Component Analysis

表 1-2 说明,提取的三个主成分(即 Extraction Sums of Squared Loadings 横栏)其累计的方差贡献率(Cumulative%)为 81.302%,说明解释度很好(一般认为,累计方差解释率在 70% 以上即为很好的解释度),所以可用三个主成分来代替原来的六个原始变量。

(4) 旋转后的因子负荷矩阵(见表 1-3)。

表 1-3 旋转后的引子负荷矩阵

	Component		
	1	2	3
经营毛利率 06	-0.007	0.813	-0.012
成本费用利润率 06	-0.001	0.814	0.088
主营收入增长率 06	-0.013	-0.116	0.822
单位员工主营业务收入 06	0.997	-0.007	0.011
单位员工占用资产 06	0.997	-0.002	0.021
资产增长率(06)	0.032	0.158	0.585

注:Extraction Method: Principal Component Analysis.
Rotation Method: Varimax with Kaiser Normalization.

对表 1-3 的解释：采用主成分（Principal Component Analysis）法提取公因子；运用方差最大（Varimax）法进行直交转轴，表中的系数可视为三个因子的加权矩阵。第一列是原始各指标 Y_i^*，第二行的 1、2、3 是提取的主成分（公因子）。

（5）因子分析主成分法的数学模型是将变量（或样本）表示为公共因子的线性组合：

$$Y_i^* = a_{i1}F_1 + a_{i2}F_2 + \cdots + a_{im}F_m \quad (i=1,2,\cdots,p) \tag{1.12}$$

由于有时用公共因子代表原始变量，更有利于描述研究对象的特征，因而往往需要反过来将公共因子表示为变量（或样本）的线性组合，即：

$$F_j = \beta_{j1}X_1 + \cdots + \beta_{jp}X_p \quad (j=1,2,\cdots,m, m<p) \tag{1.13}$$

称上式为因子得分的函数。用它来计算每个样本的公共因子得分。比如 $m=2$，则将每个样本的 p 个变量带入上式即可算出每个样本的因子得分 F_1 和 F_2。因子得分函数中方程的个数 m 小于变量个数 p，故不能精确计算出因子得分，只能对因子得分进行估计。估计因子得分的方法有很多，这里使用的是最常用的汤姆生（最小二乘）法，表 1-4 为因子得分矩阵。

由表 1-4 可以得出：

$F_1 = 0.000 \times Y_1^* + 0.001 \times Y_2^* - 0.023 \times Y_3^* + 0.501 \times Y_4^* + 0.501 \times Y_5^* + 0.005 \times Y_6^*$

同理，F_2、F_3 相应的值为：

$F_2 = 0.599 \times Y_1^* + 0.595 \times Y_2^* - 0.120 \times Y_3^* - 0.002 \times Y_4^* + 0.002 \times Y_5^* + 0.092 \times Y_6^*$

$F_3 = -0.046 \times Y_1^* + 0.051 \times Y_2^* + 0.809 \times Y_3^* - 0.008 \times Y_4^* + 0.001 \times Y_5^* + 0.565 \times Y_6^*$

表 1-4　因子得分矩阵

	Component		
	1	2	3
经营毛利率 06	0.000	0.599	-0.046
成本费用利润率 06	0.001	0.595	0.051
主营收入增长率 06	-0.023	-0.120	0.809
单位员工主营业务收入 06	0.501	-0.002	-0.008
单位员工占用资产 06	0.501	0.002	0.001
资产增长率（06）	0.005	0.092	0.565

注：Extraction Method: Principal Component Analysis.
Rotation Method: Varimax with Kaiser Normalization.

定义主成分名称：

第一主成分 F_1，主要支配的是原始指标中的单位成员主营业务收入和单位员工占用资产（由 $0.501 \times Y_4^*$，$0.501 \times Y_5^*$ 看出），可以把这个指标定义为营运效率；

第二主成分 F_2，支配着经营毛利率和成本费用利润率，可以把这个指标定义为经营绩效；

第三主成分 F_3，支配着主营业务收入增长率以及资产增长率，可以把这个指标定义为扩张速度（主成分支配哪一个指标是看，不同的公因子等式中，哪个原始指标系数的绝对值相比较大）。

(6) 计算各公司分别的综合得分（即计算加权平均得分，作为 IOG——成长指数）。

$$IOG = S_j = \sum F_{jk} D_j \tag{1.14}$$

说明：S 表示综合得分，F 为某一主成分的因子得分，j 为第 j 个主成分，k 为第 k 家公司，D 为与主成分相对应的方差贡献率作为的权重（权重具体值见表 1-2 中，Extraction Sums of Squared Loadings 中的"% of Variance"一列），于是：

$$IOG_k 06 = 0.3323 \times F_{1k} + 0.3108 \times F_{2k} + 0.1699 \times F_{3k} \tag{1.15}$$

因此可得所有样本公司的成长指数 IOG06。

（二）企业的社会责任对公司成长性影响的实证分析

在对企业成长指数进行加权汇总的基础上，为验证本章研究涉及的企业社会责任各要素对企业成长能力的影响，本研究利用多元回归模型对所有选中的样本验证各个假说。

1. 研究假设

本章包括如下两个假设：

H₁：履行社会责任的企业，其财务可持续增长能力可能较强、企业可持续成长能力较强，符合社会影响假说。

根据社会影响假说，高度的社会行为，将导致高度的财务行为。而此假说认为企业需借着满足利益相关者的需求，来增加财务行为的表现。倘若不能满足利害关系者的显著需求，将导致市场的不信任感，进而影响企业的财务状况，增加企业的财务风险溢酬，使企业财务可持续增长能力减弱。Pava and Krausz (1996) 与 Preston and O'Bannon (1997) 的实证研究支持此假说。

H₂：企业履行社会责任后，对其可持续成长能力的影响可能会持续 1~2 年，符合时间滞后效应理论。

根据时间滞后效应理论，企业高度的社会行为，会使企业树立良好的社会形象，增加其名声指数，即为企业注入了更多的无形资产，使企业在未来一段时间内享受其社会行为带来的财务影响。

2. 研究方法设计

在实际经济问题中，一个变量往往受到多个变量的影响。例如，家庭消费支出，除了受家庭可支配收入的影响之外，还受诸如家庭所拥有的财富、物价水平、金融机构存款利息，甚至广告、就业状况等多种因素的影响，表现在线性回归模型中的解释变量有多个。这样的模型即为多元线性回归模型。

（1）多元线性回归模型的一般形式：

$$Y_i = \beta_0 + \beta_1 X_{1i} + \beta_2 X_{2i} + \cdots + \beta_k X_{ki} + \mu_i (i = 1, 2, \cdots, n) \quad (1.16)$$

其中 β_j 被称为偏回归系数，表示 X_j 的单位变化对 Y 均值的"直接"或"净"（不含其他变量）影响。

上式可表示为 n 个随机方程的矩阵表达式：

$$Y = X\beta + \mu \quad (1.17)$$

其中，

$$Y = \begin{pmatrix} y_1 \\ y_2 \\ \vdots \\ y_n \end{pmatrix}_{n \times 1}, \quad X = \begin{pmatrix} 1 & X_{11} & X_{21} & \cdots & X_{k1} \\ 1 & X_{12} & X_{22} & \cdots & X_{k2} \\ \vdots & \vdots & \vdots & & \vdots \\ 1 & X_{1n} & X_{2n} & \cdots & X_{kn} \end{pmatrix}_{n \times (k+1)}, \quad \beta = \begin{pmatrix} \beta_0 \\ \beta_1 \\ \vdots \\ \beta_k \end{pmatrix}_{(k+1) \times 1}, \quad \mu = \begin{pmatrix} \mu_1 \\ \mu_2 \\ \vdots \\ \mu_n \end{pmatrix}_{n \times 1},$$

μ 为 n 维随机向量，各分量相互独立且服从标准正态分布 $N(0, \sigma^2)$。

（2）最小二乘估计：

在多元回归中，常使用最小二乘法估计模型中的未知参数。设 $\hat{\beta} = \begin{pmatrix} \hat{\beta}_0 \\ \hat{\beta}_1 \\ \vdots \\ \hat{\beta}_k \end{pmatrix}$ 为

参数 β 的最小二乘估计，则多元线性回归方程为：

$$\hat{Y}_i = \hat{\beta}_0 + \hat{\beta}_1 X_{1i} + \hat{\beta}_2 X_{2i} + \cdots + \hat{\beta}_k X_{ki} (i = 1, 2, \cdots, n) \quad (1.18)$$

根据最小二乘原理，$\hat{\beta}$ 应使全部观察值与回归值 $\hat{y}_i$ 的残差平方和达到最小，即使

$$Q = \sum_i (y_i - \hat{y}_i)^2 = \sum_i [y_i - (\hat{\beta}_0 + \hat{\beta}_1 X_{1i} + \hat{\beta}_2 X_{2i} + \cdots + \hat{\beta}_k X_{ki})]^2 = \min$$

则 $\hat{\beta}_0, \hat{\beta}_1, \cdots, \hat{\beta}_k$ 是下面正规方程组的解：

$$\begin{cases} \dfrac{\partial Q}{\partial \hat{\beta}_0} = -2 \sum_i [y_i - \hat{\beta}_0 - \hat{\beta}_1 X_{1i} - \cdots - \hat{\beta}_k X_{ki}]^2 = 0 \\ \dfrac{\partial Q}{\partial \hat{\beta}_j} = -2 \sum_i [y_i - \hat{\beta}_0 - \hat{\beta}_1 X_{1i} - \cdots - \hat{\beta}_k X_{ki}]^2 X_{ij} = 0 (j = 1, 2, \cdots, k) \end{cases}$$

整理后，正规方程组可化为矩阵：$(X^T X)\hat{\beta} = X^T Y$，其中 $(X^T X)$ 为正规方程

组的系数矩阵。在系数矩阵 (X^TX) 满秩的条件下可解得参数 β 的最小二乘估计为：

$$\hat{\beta} = (X^TX)^{-1}X^TY \tag{1.19}$$

$\hat{\beta} = (\hat{\beta}_0, \hat{\beta}_1, \cdots, \hat{\beta}_k)^T$ 为回归方程 (1.18) 的系数。

(3) 回归方程显著性检验：对多元回归分析，如果变量 Y 与 $X_1, X_2, \cdots, X_k$ 之间不存在线性相关，则模型 (1.16) 中一次项的系数全应为零，因此要检验的原假设为：

$$H_0: \beta_1 = \beta_2 = \cdots = \beta_k = 0 \tag{1.20}$$

总偏差平方和 S_r 可分解为回归平方和 S_R 与残差平方和 S_E。

$$S_r = \sum_i (y_i - \overline{y}_i)^2 = \sum_i (y_i - \hat{y}_i)^2 + \sum_i (\hat{y}_i - \overline{y}_i)^2 = S_R + S_E \tag{1.21}$$

当 H_0 为真时，统计量

$$F = \frac{S_R/k}{S_E/(n-k-1)} \sim F(k, n-k-1) \tag{1.22}$$

在给定水平 a 下，如果 $F > F_a(k, n-k-1)$，就拒绝原假设 H_0，说明回归方程是具有显著意义；反之则无意义。

(4) 回归系数的显著性检验：在多元回归中，回归方程显著的结论仅表明模型中的各个参数 $\beta_j (j=1, 2, \cdots, k)$ 不全为零，但是回归方程显著并不能保证每个解释变量 $X_1, X_2, \cdots, X_k$ 都对被解释变量 Y 有重要影响。如果模型中含有对 Y 无显著影响的变量，就会降低回归方程的稳定性，因此需要对每个解释变量的作用进行检验。如果某个解释变量 X_k 对 Y 的作用并不显著，则模型中该变量的一次系数 β_k 就应当为零。故检验变量 X_k 的作用是否显著就是检验原假设：

$H_{0j}: \beta_j = 0; j=1, 2, \cdots, k$ 是否为真。

当 H_{0j} 为真时，统计量

$$t_j = \frac{\hat{\beta}_j}{\sqrt{c_{j+1,j+1}S_E/(n-k-1)}} \sim t(n-k-1)$$

其中，$c_{j+1,j+1}$ 是矩阵 $(X^TX)^{-1}$ 对角线上第 $j+1$ 个元素。在给定的水平 a 下，如果

$$|t_j| > t_{\frac{a}{2}}(n-k-1)$$

就拒绝原假设 H_{0j}，说明 X_k 的作用是显著的；反之，则称 X_k 不显著。

3. 变量选取及模型设计

(1) 变量设计。本研究着眼于企业社会责任中各变量对公司成长能力的影响作用。企业社会责任变量涵盖的内容很多，基于上文对现有文献的研究，以及

考虑到数据的可获得性,本文仅限于考察所有者权益支付率、利息支付率、税收贡献率、员工获利水平、应付账款周转率、高管女性比例、就业贡献率、主营业务成本比例这八个较有代表性的指标作为自变量（X_i, $i = 1, \cdots, 8$）。此外,考虑到公司规模可能会对公司成长能力产生一定影响,因此本文将在控制这一因素的作用下,仅对上述8个指标与因变量企业成长指数的相关性进行研究。

因此,本部分所涉及的主要变量包括公司指数因变量、企业社会责任自变量以及企业规模控制变量三部分,各变量设计、定义式等,详见表1－5。

表1－5　变量设计详表

变量	指标名称	计算公式
因变量 Y	企业成长指数	加权平均综合值
自变量 X	所有者权益支付率	股利和现金支出/股东权益平均总额
	利息支付率	利息支出额/负债平均总额
	税收贡献率	支付的各项税费/平均资产总额
	员工获利水平	支付给员工及为员工支付的现金/主营业务收入总额
	应付账款周转率	（主营业务成本＋期末存货－期初存货）/平均应付账款
	就业贡献率	企业员工总数企业所在地区就业人数
	主营业务成本比例	主营业务成本/主营业务收入
	单位耗材创收比	主营业务收入/（存货减少＋购入商品或劳务支付的现金）
控制变量 Z	企业规模	期末总资产的自然对数

（2）回归模型。本章利用多元线性回归考察企业社会责任对公司成长性的影响,为了全面地考虑公司成长能力的影响因素,笔者还引入控制变量——资产规模。总体函数的回归模型设计如下：

$$Y_{kt} = \alpha + \sum \beta_i X_{ik} + \gamma Z_k + \mu_{kt} \qquad (1.23)$$

其中,k 为第 k 家公司；i 为第 i 个自变量,$i = 1, \cdots, 8$；Y_{it} 为成长指数 IOG；Z_k 为控制变量；μ_{it} 为随机变量；t 为数据收集年度。

需要说明的是,考虑到企业社会责任对公司成长能力的影响具有滞后效应,故模型中的成长因子为时间跨度从2006～2009年连续四年的成长指数,对应的均是相应的2006年企业社会责任变量。因此,自变量的选择仅为2006年数据。

4. 数据来源

本章选取 2006~2009 年我国上市公司为样本进行实证分析。样本以前面章节中上市公司成长能力分类结果为基础。在上文剔除部分制造业上市公司基础上，继续对剩余公司中自变量的缺失值进行筛选，从而形成最终样本数据。

在本章实证研究中所用到的数据全部来源于巨潮资讯网，以及中国上市公司资讯网、中经网和中国证券监督委员会官方网站等。

本部分涉及的数据处理和假设检验全部通过 Excel 2003 和 SPSS 16.0 完成。

（三）企业社会责任综合指标 CSR 对企业成长指数 IOG 的检验

1. 指标设计

基于上述企业社会责任单变量的分析，可以看出一些指标与企业成长的关系并不显著，而且还有部分指标对企业成长有负的影响作用。为了验证企业社会责任对企业成长的稳定性作用，本研究通过与上文相同的因子分析主成分法，构造出一个企业家社会责任的综合性指标，即 CSR（Corporate Social Responsibility）指标，以 CSR 为自变量、企业规模作为控制变量，使用多元线性回归分析法，客观地检测 CSR 与各年度企业成长之间的关系。

2. CSR 实证结果分析

（1）KMO 检验值和 Bartlett 球度检验值。表 1-6 列示了用于检验因子分析适用性的 KMO 检验和 Bartlett 球度检验的数值。KMO 值为 0.616，表明研究中使用的指标变量间信息具有一定的重叠程度，符合因子分析的要求；Bartlett 球度检验的相伴概率为 0.000，小于显著性水平 0.05，表明研究中使用的指标变量间具有一定相关性，采用因子分析法降维是有效的。

表 1-6 KMO and Bartlett's Test

Kaiser-Meyer-Olkin Measure of Sampling Adequacy.		0.616
Bartlett's Test of Sphericity	Approx. Chi-Square	673.485
	df	28
	Sig.	0.000

（2）公因子的确定。通过计算得出指标特征值及累计解释率，见表 1-7，通常应尽量选取特征根大于 1 的因子，因此提出 4 个公因子。

表1-7 方差解释

Component	Initial Eigenvalues			Extraction Sums of Squared Loadings			Rotation Sums of Squared Loadings		
	Total	% of Variance	Cumulative %	Total	% of Variance	Cumulative %	Total	% of Variance	Cumulative %
1	2.194	27.426	27.426	2.194	27.426	27.426	1.827	22.841	22.841
2	1.371	17.133	44.559	1.371	17.133	44.559	1.646	20.569	43.410
3	1.038	12.972	57.531	1.038	12.972	57.531	1.106	13.827	57.237
4	1.001	12.509	70.040	1.001	12.509	70.040	1.024	12.803	70.040
5	0.918	11.471	81.511						
6	0.673	8.407	89.919						
7	0.448	5.596	95.515						
8	0.359	4.485	100.000						

注：Extraction Method：Principal Component Analysis.

利用各公因子对应的方差贡献率为权数进行加权平均计算，可以建立上市公司企业社会责任评价模型，计算整理后的评价模型的表达式为：

$$CSR = 0.2743 \times U_1 + 0.1713 \times U_2 + 0.1297 \times U_3 + 0.1251 \times U_4 \qquad (1.24)$$

其中，CSR 表示企业社会责任的综合指标，$U_1 - U_4$ 表示提取公因子的得分。

（3）企业社会责任的综合评价。为了对企业社会责任进行综合描述，研究中采用回归方法求出因子得分函数，spss 输出的函数系数矩阵为表1-8。

表1-8 因子得分矩阵

	Component			
	1	2	3	4
所有者权益支付率	-0.129	0.568	0.012	-0.014
利息支付率	-0.024	0.520	-0.098	-0.045
税收贡献率	0.465	-0.022	0.165	0.044
员工获利水平	0.432	-0.229	-0.116	-0.196
应付账款周转率	-0.015	-0.030	-0.021	0.913
单位耗材创收比	0.030	0.022	-0.521	0.243
就业贡献	0.097	-0.056	0.773	0.171
主营业务成本比例	-0.403	-0.083	0.016	-0.111

$$U_1 = -0.129 \times X_1^* - 0.024 \times X_2^* + 0.465 \times X_3^* + 0.432 \times X_4^* - 0.029 \times X_5^* + 0.03 \times X_6^* + 0.097 \times X_7^* - 0.403 \times X_8^*$$

同理可得因子得分：U_2、U_3、U_4。

3. CSR 对 IOG 影响的实证结果分析

（1）综合变量相关分析。从表 1-9 可以看出，企业社会责任综合指标 CSR 与 2006~2009 年三年的企业成长指数 IOG06、IOG07、IOG08、IOG09，在 1% 的置信水平显著正相关，且相关系数分别为 0.233、0.300、0.322、0.312。

表1-9　CSR 与各年度成长指数相关分析

		IOG06	IOG07	IOG08	IOG09
Pearson Correlation	CSR	0.233***	0.300***	0.322***	0.312***
	企业规模06	0.133***	-0.062*	-0.037	-0.026***

注：***、* 分别表示在 1%、10% 水平上显著。

说明企业承担社会责任对企业自身的成长有显著的正向作用。综合指标相关性的稳定性检验，验证了前文的研究假设 H_1，企业承担社会责任与企业成长性之间的正相关性，即企业承担社会责任越多，越有利于该企业自身的成长。

（2）综合变量多元线性回归分析。本节利用多元线性回归，考察企业社会责任综合指标 CSR 自变量对公司成长性的影响。为确保公司成长能力影响因素的全面性，同时引入资产规模作为控制变量。总体函数的回归模型与样本函数的估计模型分别如下：

$$Y = \beta_0 + \beta_1 X + \gamma Z + \mu \quad \mu \sim N(0, \sigma^2) \qquad (1.25)$$

$$\hat{Y} = \hat{\beta}_0 + \hat{\beta}_1 X + \hat{\gamma} Z \qquad (1.26)$$

其中，Y 表示成长指数 IOG（06、07、08），X 表示企业社会责任综合指标 CSR，Z 表示控制变量企业规模 size，回归结果见表 1-10。

从表 1-10 可以得到企业社会责任综合指标 CSR 与 2006~2009 年三年的企业成长指数 IOG06、IOG07、IOG08、IOG09，所构成的三个回归模型（model06、model07、model08、model09）及这三个模型的显著性检验结果分别如下。

连续三年的回归模型如下：

$$\begin{cases} I\hat{O}G06 = -1.143 + 0.268 * CSR + 0.053\, size\,(\text{model06}) \\ I\hat{O}G07 = 0.758 + 0.390 * CSR - 0.035\, size\,(\text{model07}) \\ I\hat{O}G08 = 0.412 * CSR\,(\text{model08}) \\ I\hat{O}G09 = 0.279 + 0.212 * CSR - 0.040\, size\,(\text{model09}) \end{cases} \qquad (1.27)$$

表 1-10　CSR 与各年度成长指数回归分析

显著性检验		model06	model07	model08	model09
回归方程	F 值	21.431***	30.517***	34.359***	45.881***
	R^2	0.069	0.096	0.107	0.187
	Adjusted R^2	0.066	0.093	0.103	0.183
回归系数	(Constant)	-1.143***	0.758*	0.510	0.279
	CSR	0.268***	0.390***	0.412***	0.212***
	企业规模06	0.053***	-0.035*	-0.024	-0.040

注：***、*分别表示在1%、10%的水平上显著。

回归方程的显著性检验：连续四年的 F 值分别为 21.431、30.517、34.359、45.881，并均在置信水平为 1% 的水平下显著，说明回归方程是显著的；2006～2008 年连续三年的 R^2 逐年递增，说明自变量对因变量的解释程度是逐年增强的；方程拟合优度逐年好转，说明企业社会责任对企业长期的发展和成长具有显著的积极作用。这同样验证了前文的假设，企业当期所履行的社会责任对企业的长期发展是有利的！

回归系数的显著性检验：四个模型中在 1% 水平上，自变量的回归系数 β_1 的估计值分别为：0.268、0.390、0.412、0.212，说明自变量与因变量间是高度显著的；各模型中控制变量的回归系数 γ，远小于自变量的回归系数 β_1，并且 γ 数值逐年递减、显著性越来越低；2006 年、2007 年两年常数项 β_0 的值为：-1.143、0.758，但显著性也逐年下降。综上所述可得：自变量综合的企业社会责任指标是对因变量企业成长指数最主要的影响因素。

（四）企业社会责任单变量对公司成长能力影响的实证结果分析

为验证企业社会责任单变量与公司成长力之间的相关性，根据上文的研究设计，以 2006 年我国制造业符合条件的 568 家上市公司为研究样本。通过收集所有者权益支付率、利息支付率、税收贡献率、员工获利水平、应付账款周转率、就业贡献率、主营业务成本比例、单位耗材创收比以及其他相关财务资料，使用科学有效的统计分析方法，对相关研究变量的定义，建立有效的研究方法、研究模型和具体指标，验证前文提出的假设的成立性。

1. 成长指数 IOG 与企业社会责任各指标的单变量分析

（1）分年度相关分析。企业各年度的成长指数与企业社会责任各个衡量指标的相关性分析表（见表 1-11、表 1-12、表 1-13、表 1-14）涵盖了所有变量间的相关矩阵及其相应的显著性水平。

表1-11 2006年成长指数IOG06与各自变量相关关系

	Correlations								
	IOG06	所有者权益支付率	利息支付率	税收贡献率	员工获利水平	应付账款周转率	就业贡献率	主营业务成本比例	单位耗材创收比	企业规模
IOG06	1.000	0.175	0.234	-0.100	0.120	0.039	-0.010	-0.619	0.218	0.033
所有者权益支付率	0.175	1.000	0.545	-0.062	-0.071	-0.024	0.093	-0.223	0.112	0.239
利息支付率	0.234	0.545	1.000	-0.286	0.084	-0.030	0.035	-0.353	0.151	-0.024
税收贡献率	-0.100	-0.062	-0.286	1.000	-0.026	-0.065	-0.088	0.208	-0.065	0.085
员工获利水平	0.120	-0.071	0.084	-0.026	1.000	-0.048	-0.103	-0.292	0.104	-0.371
应付账款周转率	0.039	-0.024	-0.030	-0.065	-0.048	1.000	-0.012	-0.046	-0.054	-0.027
就业贡献率	-0.010	0.093	0.035	-0.088	-0.103	-0.012	1.000	0.020	-0.003	0.333
主营业务成本比例	-0.619	-0.223	-0.353	0.208	-0.292	-0.046	0.020	1.000	-0.352	0.176
单位耗材创收比	0.218	0.112	0.151	0.065	0.104	-0.054	-0.003	-0.352	1.000	-0.094
企业规模	0.033	0.239	-0.024	0.085	-0.371	-0.027	0.333	0.176	0.094	1.000
IOG06	0.000	0.000	0.000	0.009	0.002	0.176	0.402	0.000	0.000	0.216
所有者权益支付率	0.000	0.000	0.000	0.070	0.045	0.285	0.013	0.000	0.004	0.000
利息支付率	0.000	0.000	0.000	0.000	0.022	0.236	0.206	0.000	0.000	0.281
税收贡献率	0.009	0.070	0.000	0.000	0.272	0.062	0.018	0.000	0.062	0.022
员工获利水平	0.002	0.045	0.022	0.272	0.000	0.126	0.007	0.000	0.007	0.000
应付账款周转率	0.176	0.285	0.236	0.062	0.126	0.000	0.383	0.137	0.098	0.264
就业贡献率	0.402	0.013	0.206	0.018	0.007	0.383	0.000	0.318	0.470	0.000
主营业务成本比例	0.000	0.000	0.000	0.000	0.000	0.137	0.318	0.000	0.000	0.000
单位耗材创收比	0.000	0.004	0.000	0.062	0.007	0.098	0.470	0.000	0.000	0.012
企业规模	0.216	0.000	0.281	0.022	0.000	0.264	0.000	0.000	0.012	0.000
IOG06	568	568	568	568	568	568	568	568	568	568
所有者权益支付率	568	568	568	568	568	568	568	568	568	568
利息支付率	568	568	568	568	568	568	568	568	568	568
税收贡献率	568	568	568	568	568	568	568	568	568	568
员工获利水平	568	568	568	568	568	568	568	568	568	568
应付账款周转率	568	568	568	568	568	568	568	568	568	568
就业贡献率	568	568	568	568	568	568	568	568	568	568
主营业务成本比例	568	568	568	568	568	568	568	568	568	568
单位耗材创收比	568	568	568	568	568	568	568	568	568	568
企业规模	568	568	568	568	568	568	568	568	568	568

表1-12 2007年成长指数IOG07与各自变量相关关系

		Correlations								
		IOG07	所有者权益支付率	利息支付率	税收贡献率	员工获利水平	应付账款周转率	就业贡献率	主营业务成本比例	单位耗材创收比	企业规模
Pearson Correlation	IOG07	1.000	0.143	0.195	-0.068	0.210	0.006	-0.054	-0.525	0.218	-0.100
	所有者权益支付率	0.143	1.000	0.545	-0.062	-0.071	-0.024	0.093	-0.223	0.112	0.239
	利息支付率	0.195	0.545	1.000	-0.286	0.084	-0.030	0.035	-0.353	0.151	-0.024
	税收贡献率	0.068	-0.062	-0.286	1.000	-0.026	-0.065	-0.088	0.208	-0.065	0.085
	员工获利水平	0.210	-0.071	0.084	-0.026	1.000	-0.048	-0.103	-0.292	0.104	-0.371
	应付账款周转率	0.006	-0.024	-0.030	-0.065	-0.048	1.000	-0.012	-0.046	-0.054	-0.027
	就业贡献率	-0.054	0.093	0.035	-0.088	-0.103	-0.012	1.000	0.020	-0.003	0.333
	主营业务成本比例	-0.525	-0.223	-0.353	0.208	-0.292	-0.046	0.020	1.000	-0.352	0.176
	单位耗材创收比	0.218	0.112	0.151	-0.065	0.104	-0.054	-0.003	-0.352	1.000	-0.094
	企业规模	-0.100	0.239	-0.024	0.085	-0.371	-0.027	0.333	0.176	-0.094	1.000
Sig. (1-tailed)	IOG07		0.000	0.000	0.000	0.000	0.053	0.000	0.442	0.100	0.000	0.009
	所有者权益支付率	0.000		0.000	0.070	0.045	0.285	0.013	0.000	0.004	0.000
	利息支付率	0.000	0.000		0.000	0.022	0.236	0.206	0.000	0.000	0.281
	税收贡献率	0.049	0.070	0.000		0.272	0.062	0.018	0.000	0.062	0.022
	员工获利水平	0.000	0.045	0.022	0.272		0.126	0.007	0.000	0.007	0.000
	应付账款周转率	0.442	0.285	0.236	0.062	0.126		0.383	0.137	0.098	0.264
	就业贡献率	0.100	0.013	0.206	0.018	0.007	0.383		0.318	0.470	0.000
	主营业务成本比例	0.000	0.000	0.000	0.000	0.000	0.137	0.318		0.000	0.000
	单位耗材创收比	0.000	0.004	0.000	0.062	0.007	0.098	0.470	0.000		0.012
	企业规模	0.009	0.000	0.281	0.022	0.000	0.264	0.000	0.000	0.012	
N	IOG07	568	568	568	568	568	568	568	568	568	568
	所有者权益支付率	568	568	568	568	568	568	568	568	568	568
	利息支付率	568	568	568	568	568	568	568	568	568	568
	税收贡献率	568	568	568	568	568	568	568	568	568	568
	员工获利水平	568	568	568	568	568	568	568	568	568	568
	应付账款周转率	568	568	568	568	568	568	568	568	568	568
	就业贡献率	568	568	568	568	568	568	568	568	568	568
	主营业务成本比例	568	568	568	568	568	568	568	568	568	568
	单位耗材创收比	568	568	568	568	568	568	568	568	568	568
	企业规模	568	568	568	568	568	568	568	568	568	568

表1-13 2008年成长指数IOG08与各自变量相关关系

		Correlations								
		IOG08	所有者权益支付率	利息支付率	税收贡献率	员工获利水平	应付账款周转率	就业贡献率	主营业务成本比例	单位耗材创收比	企业规模
Pearson Correlation	IOG08	1.000	0.112	0.196	-0.069	0.095	0.000	-0.054	-0.514	0.251	-0.059
	所有者权益支付率	0.112	1.000	0.545	-0.062	-0.071	-0.024	0.093	-0.223	0.112	0.239
	利息支付率	0.196	0.545	1.000	-0.286	0.084	-0.030	0.035	-0.353	0.151	-0.024
	税收贡献率	0.069	-0.062	-0.286	1.000	-0.026	-0.065	-0.088	0.208	-0.065	0.085
	员工获利水平	0.095	-0.071	0.084	-0.026	1.000	-0.048	-0.103	-0.292	0.104	-0.371
	应付账款周转率	0.000	-0.024	-0.030	-0.065	-0.048	1.000	-0.012	-0.046	-0.054	-0.027
	就业贡献率	-0.054	0.093	0.035	-0.088	-0.103	-0.012	1.000	0.020	-0.003	0.333
	主营业务成本比例	-0.514	-0.223	-0.353	0.208	-0.292	-0.046	0.020	1.000	-0.352	0.176
	单位耗材创收比	0.251	0.112	0.151	-0.065	0.104	0.054	0.003	0.352	1.000	0.094
	企业规模	-0.059	0.239	-0.024	0.085	-0.371	-0.027	0.333	0.176	-0.094	1.000
Sig. (1-tailed)	IOG08		0.000	0.004	0.000	0.050	0.012	0.498	0.099	0.000	0.081
	所有者权益支付率	0.004		0.000	0.070	0.045	0.285	0.013	0.000	0.004	0.000
	利息支付率	0.000	0.000		0.000	0.022	0.236	0.206	0.000	0.000	0.281
	税收贡献率	0.045	0.070	0.000		0.272	0.062	0.018	0.000	0.062	0.022
	员工获利水平	0.012	0.045	0.022	0.272		0.126	0.007	0.000	0.007	0.000
	应付账款周转率	0.498	0.285	0.236	0.062	0.126		0.383	0.137	0.098	0.264
	就业贡献率	0.099	0.013	0.206	0.018	0.007	0.383		0.318	0.470	0.000
	主营业务成本比例	0.000	0.000	0.000	0.000	0.000	0.137	0.318		0.000	0.000
	单位耗材创收比	0.000	0.004	0.000	0.062	0.007	0.098	0.470	0.000		0.012
	企业规模	0.081	0.000	0.281	0.022	0.000	0.264	0.000	0.000	0.012	0.000
N	IOG08	568	568	568	568	568	568	568	568	568	568
	所有者权益支付率	568	568	568	568	568	568	568	568	568	568
	利息支付率	568	568	568	568	568	568	568	568	568	568
	税收贡献率	568	568	568	568	568	568	568	568	568	568
	员工获利水平	568	568	568	568	568	568	568	568	568	568
	应付账款周转率	568	568	568	568	568	568	568	568	568	568
	就业贡献率	568	568	568	568	568	568	568	568	568	568
	主营业务成本比例	568	568	568	568	568	568	568	568	568	568
	单位耗材创收比	568	568	568	568	568	568	568	568	568	568
	企业规模	568	568	568	568	568	568	568	568	568	568

表1-14 2009年成长指数IOG09与各自变量相关关系

	Correlations									
	IOG09	所有者权益支付率	利息支付率	税收贡献率	员工获利水平	应付账款周转率	就业贡献率	主营业务成本比例	单位耗材创收比	企业规模
Pearson Correlation IOG09	1.000	-0.019	-0.006	0.007	0.014	-0.248	-0.064	-0.019	0.042	-0.065
所有者权益支付率	-0.019	1.000	0.545	-0.062	-0.071	-0.024	0.093	-0.223	0.112	0.239
利息支付率	-0.006	0.545	1.000	-0.286	0.084	-0.030	0.035	-0.353	0.151	-0.024
税收贡献率	0.007	-0.062	-0.286	1.000	-0.026	-0.065	-0.088	0.208	-0.065	0.085
员工获利水平	0.014	-0.071	0.084	-0.026	1.000	-0.048	-0.103	-0.292	0.104	-0.371
应付账款周转率	-0.248	-0.024	-0.030	-0.065	-0.048	1.000	-0.012	-0.046	-0.054	-0.027
就业贡献率	-0.064	0.093	0.035	-0.088	-0.103	-0.012	1.000	0.020	-0.003	0.333
主营业务成本比例	-0.019	-0.223	-0.353	0.208	-0.292	-0.046	0.020	1.000	-0.352	0.176
单位耗材创收比	0.042	0.112	0.151	-0.065	0.104	-0.054	-0.003	-0.352	1.000	0.094
企业规模	-0.065	0.239	-0.024	0.085	-0.371	-0.027	0.333	0.176	-0.094	1.000
Sig. (1-tailed) IOG09	0.000	0.322	0.448	0.435	0.367	0.000	0.063	0.327	0.159	0.061
所有者权益支付率	0.322	0.000	0.000	0.070	0.045	0.285	0.013	0.000	0.004	0.000
利息支付率	0.448	0.000	0.000	0.000	0.022	0.236	0.206	0.000	0.000	0.281
税收贡献率	0.435	0.070	0.000	0.000	0.272	0.062	0.018	0.000	0.062	0.022
员工获利水平	0.367	0.045	0.022	0.272	0.000	0.126	0.007	0.000	0.007	0.000
应付账款周转率	0.000	0.285	0.236	0.062	0.126	0.000	0.383	0.137	0.098	0.264
就业贡献率	0.063	0.013	0.206	0.018	0.007	0.383	0.000	0.318	0.470	0.000
主营业务成本比例	0.327	0.000	0.000	0.000	0.000	0.137	0.318	0.000	0.000	0.000
单位耗材创收比	0.159	0.004	0.000	0.062	0.007	0.098	0.470	0.000	0.000	0.012
企业规模	0.061	0.000	0.281	0.022	0.000	0.264	0.000	0.000	0.012	0.000
N IOG09	568	568	568	568	568	568	568	568	568	568
所有者权益支付率	568	568	568	568	568	568	568	568	568	568
利息支付率	568	568	568	568	568	568	568	568	568	568
税收贡献率	568	568	568	568	568	568	568	568	568	568
员工获利水平	568	568	568	568	568	568	568	568	568	568
应付账款周转率	568	568	568	568	568	568	568	568	568	568
就业贡献率	568	568	568	568	568	568	568	568	568	568
主营业务成本比例	568	568	568	568	568	568	568	568	568	568
单位耗材创收比	568	568	568	568	568	568	568	568	568	568
企业规模	568	568	568	568	568	568	568	568	568	568

由表 1-11 可知：

IOG06（2006 年成长指数）在置信度为 95% 的水平上，与所有者权益支付率（$p=0.000$）、利息支付率（$p=0.000$）、税收贡献率（$p=0.009$）、员工获利水平（$p=0.002$）、主营业务成本比例（$p=0.000$）以及单位耗材创收比（$p=0.000$）有显著的相关性（$p<0.05$），相关系数分别为：0.175、0.234、-0.1、0.12、-0.619、0.218。

除税收贡献率以及主营业务成本比例与成长指数为负相关外，其余四个指标均与成长指数为正相关。

因变量 IOG06 与自变量主营业务成本比例的相关性最高，相关系数的绝对值为 0.619。

由表 1-12 可知：

在置信度为 95% 的水平上，所有者权益支付率（$p=0.000$）、利息支付率（$p=0.000$）、税收贡献率（$p=0.049$）、员工获利水平（$p=0.000$）、主营业务成本比例（$p=0.000$）、单位耗材创收比例（$p=0.000$）、企业规模（$p=0.009$）上述变量 p 值均小于 0.05，所以 IOG07 在置信度为 95% 的水平上，与所有者权益支付率、利息支付率、税收贡献率、员工获利水平、主营业务成本比例、单位耗材创收比例、企业规模存在显著相关性存在显著相关性，相关系数分别为：0.143、0.195、0.68、0.21、-0.525、0.218、-0.1。

在置信度为 90% 的水平上与就业贡献率一般显著相关，相关系数为 -0.054。

本年度成长指数与主营业务成本比例，就业贡献率以及企业规模相关系数为负。与其余五个指标相关系数为正。

因变量 IOG07 与自变量税收贡献率的相关性最高，相关系数的绝对值为 0.68。

由表 1-13 可知：

IOG08 在置信度为 95% 上，与所有者权益支付率（$p=0.004$）、利息支付率（$p=0.000$）、税收贡献率（$p=0.045$）、员工获利水平（$p=0.012$）、主营业务成本比例（$p=0.000$）、单位耗材创收比（$p=0.000$）显著相关，相关系数分别为：0.112、0.196、0.069、0.095、-0.514、0.251。

在置信度为 90% 的水平上与就业贡献率（$p=0.099$）、企业规模（$p=0.081$）一般显著相关，相关系数分别为：-0.054、-0.059，其中本年度企业成长指数与主营业务成本比例、就业贡献率以及企业规模为负相关，与其余五个指标正相关。

因变量 IOG08 与自变量主营业务成本比例的相关性最高，相关系数的绝对值为 0.514。

由表 1-14 可知：

IOG09 在置信度为 95% 上，与应付账款周转率（$p=0.000$）存在显著相关性，相关系数为 -0.248。

在置信度为 90% 的水平上，与就业贡献率（$p=0.063$），企业规模（$p=0.061$）存在显著相关，相关系数分别为：-0.064、-0.065。

本年度企业成长指数与应付账款周转率，就业贡献率以及企业规模为负相关。

因变量 IOG09 与自变量应付账款周转率的相关性最高，相关系数的绝对值为 0.248。

(2) 相关性的综合分析：

1）所有自变量间的相关系数，绝对值最大为 0.545，未大于 0.8 以上，所以自变量间的共线性问题不严重。

2）多数企业的社会责任指标，如，所有者权益支付率、利息支付率、员工获利水平，单位耗材创收比，在 2006~2008 年不管对当期还是后期的成长指数都表现出同向的相关性。这说明企业在当期对所有者、债权人、企业员工以及社区所作的贡献都对当期以及后期的企业成长呈现积极的影响作用。

3）税收贡献率这项指标表示的是企业对政府的贡献率，2006~2008 年这个指标与前三期的成长指数显著相关性，同时对当期的成长指数表现出显著性的消极影响，但对后两期成长指数呈现出显著的积极影响。分析其原因应该是，制造型企业当期所交税款增加了制造类企业当期的财务成本从而影响了企业的财务绩效。但后期，税款的支出对企业的成长性还是表现出明显的积极作用的。

4）主营业务成本，这项表示企业对顾客贡献的指标，在 2006~2008 年三期都表现出明显的负相关，分析原因应该是制造型的企业不够重视对新产品的开发或者对新技术的使用，所以投入成本过多的企业，其成长性反而受到限制。

5）就业贡献率，也就是企业对当地社区的贡献，在当期表现不甚明显，而在后期表现出显著的负相关性。分析其原因，应该是由于宏观经济影响所致，2008 年的金融危机对不同行业的制造业均有不同程度的影响，很多公司到现在都没恢复元气，因此不同企业在员工数量上的变化可能比较明显。但这也仅是猜测，具体原因还有待于深入分析。

6）应付账款周转率，是企业对供应商的贡献，这一指标在 2006~2008 年三期，对企业成长指数均无显著性相关，但在 2009 年度，应付账款周转率与该年度企业成长指数表现出显著相关性,且相关系数为负,即表示应付账款周转率对2009年的企业成长指数产生消极的影响。分析其原因,应该是企业的应付账款应该控制在一个合理比例,从而不仅保证在近三年企业发展成长的拥有充裕的资金,还要保证企业在长期的成长中拥有充裕的资金。

综上可知,这部分验证了研究假设 H_2,企业承担社会责任,对企业成长性具有滞后 1~2 年的影响。

2. 多自变量回归分析

(1) 可决系数 R^2 分析。表 1-15、表 1-16、表 1-17 和表 1-18 分别为 2006~2009 年的总结表。

表 1-15 IOG06 与各自变量总结

Model Summary[b]

Model	R	R Square	Adjusted R Square	Std. Error of the Estimate	Durbin-Watson
1	0.639[a]	0.408	0.398	0.37673	2.001

注:a. Predictors:(Constant),企业规模,利息支付率,应付账款周转率,单位耗材创收比,税收贡献率,就业贡献率,员工获利水平,主营业务成本比例,所有者权益支付率。

b. Dependent Variable:IOG06。

表 1-16 IOG07 与各自变量总结

Model Summary[b]

Model	R	R Square	Adjusted R Square	Std. Error of the Estimate	Durbin-Watson
1	0.534[a]	0.285	0.274	0.41109	2.037

注:a. Predictors:(Constant),企业规模,利息支付率,应付账款周转率,单位耗材创收比,税收贡献率,就业贡献率,员工获利水平,主营业务成本比例,所有者权益支付率。

b. Dependent Variable:IOG07。

表 1-17 IOG08 与各自变量总结

Model Summary[b]

Model	R	R Square	Adjusted R Square	Std. Error of the Estimate	Durbin-Watson
1	0.529[a]	0.280	0.269	0.41444	2.031

注:a. Predictors:(Constant),企业规模,利息支付率,应付账款周转率,单位耗材创收比,税收贡献率,就业贡献率,员工获利水平,主营业务成本比例,所有者权益支付率。

b. Dependent Variable:IOG08。

表 1-18　IOG09 与各自变量总结

Model Summary[b]

Model	R	R Square	Adjusted R Square	Std. Error of the Estimate	Durbin-Watson
1	0.267[a]	0.271	0.256	0.46495	1.961

注：a. Predictors：(Constant)，企业规模，利息支付率，应付账款周转率，单位耗材创收比，税收贡献率，就业贡献率，员工获利水平，主营业务成本比例，所有者权益支付率。

b. Dependent Variable：IOG09。

上述四表结果显示：

8 个自变量与各年度因变量的 R^2 分别为：0.408、0.285、0.280、0.271，表示 8 个自变量对各年企业成长指数的总体解释度分别达到 40.8%、28.5%、28.0%、27.1%。

尽管调整后的 R^2 仅为：0.398、0.274、0.269、0.256，这一值在相似研究中也算比较高，模型拟合程度较好的。

DW 值分别为：2.001、2.037、2.031、1.962，即这三个值都非常接近于 2，表示观察体之间几乎没有自相关情形，而且本样本的资料不是时间序列数据，故自相关的影响不大。

（2）回归方程显著性检验。表 1-19、表 1-20、表 1-21、表 1-22 分别表示各年回归方程的方差表。

表 1-19　2006 年回归模型显著性检验

ANOVA[b]

	Model	Sum of Squares	df	Mean Square	F	Sig.
1	Regression	54.552	9	6.061	42.707	0.000[a]
	Residual	79.195	558	0.142		
	Total	133.747	567			

注：a. Predictors：(Constant)，企业规模，利息支付率，应付账款周转率，单位耗材创收比，税收贡献率，就业贡献率，员工获利水平，主营业务成本比例，所有者权益支付率。

b. Dependent Variable：IOG06。

表 1-20　2007 年回归模型显著性检验

ANOVA[b]

Model		Sum of Squares	df	Mean Square	F	Sig.
1	Regression	37.649	9	4.183	24.753	0.000[a]
	Residual	94.301	558	0.169		
	Total	131.951	567			

注：a. Predictors：(Constant)，企业规模，利息支付率，应付账款周转率，单位耗材创收比，税收贡献率，就业贡献率，员工获利水平，主营业务成本比例，所有者权益支付率。

b. Dependent Variable：IOG07。

表 1-21　2008 年回归模型显著性检验

ANOVA[b]

Model		Sum of Squares	df	Mean Square	F	Sig.
1	Regression	37.310	9	4.146	24.136	0.000[a]
	Residual	95.842	558	0.172		
	Total	133.152	567			

注：a. Predictors：(Constant)，企业规模，利息支付率，应付账款周转率，单位耗材创收比，税收贡献率，就业贡献率，员工获利水平，主营业务成本比例，所有者权益支付率。

b. Dependent Variable：IOG08。

表 1-22　2009 年回归模型显著性检验

ANOVA[b]

Model		Sum of Squares	df	Mean Square	F	Sig.
1	Regression	9.226	9	1.025	4.742	0.000[a]
	Residual	120.627	558	0.216		
	Total	129.853	567			

注：a. Predictors：(Constant)，企业规模，利息支付率，应付账款周转率，单位耗材创收比，税收贡献率，就业贡献率，员工获利水平，主营业务成本比例，所有者权益支付率。

b. Dependent Variable：IOG09。

通过上述四表（回归分析的摘要表），能对回归方程的显著性进行验证，即可用 F 值或 p 值的大小来验证回归方程的显著性。

F 值验证：

显著性水平为 0.01 时，各回归模型的回归部分自由度 $k=9$，残差自由度 $n-k-1=558$ 查表可知，$F_a(k, n-k-1) = F_{0.01}(9, 558) = 2.432$。且上述

四表所得到的 F 值分别为：42.707、24.753、24.136、4.742，故每年的 F 值都满足拒绝原假设 $H_0: \beta_1 = \beta_2 = \cdots = \beta_8 = 0$ 为真的条件：$F > F_a(k, n-k-1)$。

p 值检验：

上述四表中的 sig，即 p 值均为 0.000，远小于 0.01。得出各年的回归方程的显著性为 0.01，也说明表中 R 与 R^2 不是因为概率造成。

显著性检验的结果表明：整体回归系数不全为零，至少即至少有一个企业社会责任的自变量与企业成长指数因变量的相关性达到显著水平，即这四个回归方程均显著。

（3）回归系数显著性检验。表1-23、表1-24、表1-25、表1-26 分别表示各年回归方程的回归系数表。

表1-23　各自变量与 IOG06 的回归系数

Coefficients[a]

Model	Unstandardized Coefficients		Standardized Coefficients	t	Sig.	Correlations		
	B	Std. Error	Beta			Zero-order	Partial	Part
1 (Constant)	0.193	0.424	—	0.456	0.648	—	—	—
所有者权益支付率	-0.314	0.647	-0.020	-0.485	0.628	0.175	-0.021	-0.016
利息支付率	0.184	0.261	0.030	0.704	0.481	0.234	0.030	0.023
税收贡献率	0.045	0.062	0.025	0.729	0.466	-0.100	0.031	0.024
员工获利水平	-0.176	0.356	-0.018	-0.494	0.621	0.120	-0.021	-0.016
应付账款周转率	2.462E-5	0.000	0.015	0.447	0.655	0.039	0.019	0.015
就业贡献率	-0.643	0.449	-0.050	-1.433	0.152	-0.010	-0.061	-0.047
主营业务成本比例	-2.347	0.141	-0.648	-16.659	0.000	-0.619	-0.576	-0.543
单位耗材创收比	0.004	0.022	0.007	0.204	0.838	0.218	0.009	0.007
企业规模	0.078	0.019	0.162	4.166	0.000	0.033	0.174	0.136

注：Dependent Variable：IOG06。

表1-24　各自变量与 IOG07 的回归系数

Coefficients[a]

Model	Unstandardized Coefficients		Standardized Coefficients	t	Sig.	Correlations		
	B	Std. Error	Beta			Zero-order	Partial	Part
1 (Constant)	1.135	0.462	—	2.455	0.014	—	—	—
所有者权益支付率	0.514	0.706	0.033	0.728	0.467	0.143	0.031	0.026
利息支付率	0.022	0.285	0.004	0.078	0.938	0.195	0.003	0.003

续表

Model	Unstandardized Coefficients		Standardized Coefficients	t	Sig.	Correlations		
	B	Std. Error	Beta			Zero-order	Partial	Part
税收贡献率	0.864	0.067	0.036	1.951	0.042	-0.068	0.040	0.034
员工获利水平	0.648	0.389	0.067	1.667	0.096	0.210	0.070	0.060
应付账款周转率	-1.370E-5	0.000	-0.008	-0.228	0.820	0.006	-0.010	-0.008
就业贡献率	-0.557	0.490	-0.044	-1.137	0.256	-0.054	-0.048	-0.041
主营业务成本比例	-1.781	0.154	-0.495	-11.584	0.000	-0.525	-0.440	-0.415
单位耗材创收比	0.722	0.024	0.036	1.942	0.047	0.218	0.040	0.034
企业规模	0.009	0.020	0.019	0.444	0.657	-0.100	0.019	0.016

注：Dependent Variable：IOG07。

表 1-25　各自变量与 IOG08 的回归系数

Coefficients^a

Model		Unstandardized Coefficients		Standardized Coefficients	t	Sig.	Correlations		
		B	Std. Error	Beta			Zero-order	Partial	Part
1	(Constant)	1.009	0.466	—	2.164	0.031	—	—	—
	所有者权益支付率	-0.672	0.712	-0.043	-0.943	0.346	0.112	-0.040	-0.034
	利息支付率	0.279	0.287	0.045	0.973	0.331	0.196	0.041	0.035
	税收贡献率	0.573	0.068	0.041	1.779	0.081	-0.069	0.046	0.039
	员工获利水平	0.680	0.392	-0.060	1.681	0.039	0.095	-0.063	-0.053
	应付账款周转率	-3.078E-5	0.000	-0.018	-0.508	0.612	0.000	-0.021	-0.018
	就业贡献率	-0.750	0.494	-0.058	-1.820	0.098	-0.054	-0.064	-0.055
	主营业务成本比例	-1.855	0.155	-0.513	-11.967	0.000	-0.514	-0.452	-0.430
	单位耗材创收比	0.350	0.024	0.080	2.081	0.038	0.251	0.088	0.075
	企业规模	0.021	0.021	0.044	1.027	0.305	-0.059	0.043	0.037

注：Dependent Variable：IOG08。

与检验回归方程显著性相似，回归系数的显著性也能通过 t 值和 p 值的大小加以验证：

在显著水平 $a=0.01$、残差自由度为 $n-k-1=558$ 时，查表可知

$t_{0.005}$ (558) = 2.585。故 8 个自变量中,当第 j 个自变量回归系数的 t 值满足:$|t_j| > t_{\frac{\alpha}{2}}(n-k-1)$ 时,才说明该回归系数是显著的。

表 1-26 各自变量与 IOG09 的回归系数

Coefficients^a

Model	Unstandardized Coefficients		Standardized Coefficients	t	Sig.	Correlations		
	B	Std. Error	Beta			Zero-order	Partial	Part
1 (Constant)	0.722	0.523	—	1.380	0.168	—	—	—
所有者权益支付率	-0.094	0.799	-0.006	-0.117	0.907	-0.019	-0.005	-0.005
利息支付率	-0.138	0.322	-0.023	-0.429	0.668	-0.006	-0.018	-0.018
税收贡献率	-0.016	0.076	-0.009	-0.210	0.834	0.007	-0.009	-0.009
员工获利水平	-0.331	0.440	-0.034	-0.754	0.451	0.014	-0.032	-0.031
应付账款周转率	-0.418	0.000	-0.254	-6.154	0.000	-0.248	-0.252	-0.251
就业贡献率	-0.635	0.554	-0.050	-1.748	0.052	-0.064	-0.049	-0.047
主营业务成本比例	-0.107	0.174	-0.030	-0.613	0.540	-0.030	-0.026	-0.025
单位耗材创收比	0.012	0.027	0.019	0.436	0.663	0.042	0.018	0.018
企业规模	-0.028	0.023	-0.059	-1.217	0.224	-0.065	-0.051	-0.050

注:Dependent Variable:IOG09。

表 1-23 中第四大栏中:在置信度为 99% 时,选择 t 值绝对值大于临界值 2.585 的自变量及控制变量:主营业务成本比例及企业规模。三个变量的回归系数 t 值分别为:-16.659、4.166,t 值绝对值越大越容易达到显著水平。

第五大栏 sig 表示 t 值的几率,它称为 p 值。自变量税收贡献率及主营业务成本比例的回归系数的 p 值均为:$p = 0.000 < 0.01$,说明这两个指标的显著性水平达到 0.01。

第二大栏表示原始回归系数及其标准误差。上述回归系数显著性检验表明,仅有自变量税收贡献率、主营业务成本比例及控制变量企业规模,与因变量企业成长指数显著相关。在(B)栏里可得各变量的原始回归系数分别为:-2.347、0.078,说明在履行企业社会责任当期的自变量与企业成长负相关,与假设一致。因此原回归方程可化为:

$$IOG_{06} = -2.347 \times X_7 + 0.078 \times Z + \mu_{06} \tag{1.28}$$

在显著性为 0.01 和 0.1 的水平上,t 的临界值分别为:$t_{0.005}$ (585) = 2.585,$t_{0.05}$ (585) = 1.648。根据上表中第四大栏数据,选择:

1) 在置信度为99%时,选择 t 值绝对值大于临界值2.585的自变量:主营业务成本比的回归系数 t 的绝对值: $t = 11.584 > t_{0.005}(585) = 2.585$。

2) 在置信度为90%时,选择 t 值绝对值大于临界值1.648的自变量:税收贡献率、员工获利水平、单位耗材创收比。其对应的回归系数 t 值分别为:1.951、1.667、1.942;t 值绝对值越大,表示越容易达到显著水平。

第五大栏为 p 值。自变量主营业务成本比、税收贡献率、员工获利水平及单位耗材创收比例的回归系数的 p 值分别为:$p_7 = 0.000 < 0.01$,$p_3 = 0.042 < 0.1$,$p_4 = 0.096 < 0.1$,$p_8 = 0.047 < 0.1$。说明这四个指标中,只有主营业务成本比的显著性为0.01,其他三个指标的显著性为0.1。

第二大栏表示原始回归系数及其标准误差。上文回归系数显著性检验表明,极为显著的自变量为主营业务成本比例,一般显著的自变量分别为税收贡献率、员工获利水平及单位耗材创收比例。故在(B)栏里可得四个自变量的原始回归系数分别为:−1.781、0.864、0.648、0.722,系数的正负表示了相应自变量与因变量相关性的正负。且与IOG07正相关的自变量与前文假设相一致。原回归方程可化为:

$$IOG_{07} = 0.864 \times X_3 + 0.648 \times X_4 - 1.781 \times X_7 + 0.722 \times X_8 + \mu_{07} \quad (1.29)$$

在显著性为0.01和0.1的水平上,t 的临界值分别为 $t_{0.005}(558) = 2.585$,$t_{0.05}(558) = 1.648$。在上表中第四大栏数据中:

1) 在置信度为99%时,选择 t 值绝对值大于临界值2.585的自变量:主营业务成本比例,其回归系数 t 值为−11.967。

2) 在置信度为90%时,选择 t 值绝对值大于临界值1.648的自变量:税收贡献率、员工获利水平、就业贡献率,单位耗材创收比其回归系数 t 分别为1.779,1.681,−1.820,2.081;t 值绝对值越大,表示越容易达到显著水平。

第五大栏 p 值数据中:自变量主营业务成本比例、税收贡献率、员工获利水平、就业贡献率,单位耗材创收比的回归系数的 p 值分别为:0.000、0.081、0.039、0.098、0.038。说明这五个指标中,主营业务成本比例的显著性为0.01,税收贡献率、员工获利水平、就业贡献率、单位耗材创收比的显著性为0.1。

第二大栏表示原始回归系数极其标准误差。上文回归系数显著性检验表明,极为显著自变量分别为主营业务成本比例,一般显著的自变量分别为收贡献率、员工获利水平、就业贡献率、单位耗材创收比,故在(B)栏里可得五个自变量的原始回归系数分别为:−1.855、0.573、0.68、−0.75、0.35。原方程可转化为:

$$IOG_{08} = 1.009 + 0.573 \times X_3 + 0.680 \times X_4 - 0.750 \times X_6 - 1.855 \times X_7 + 0.350 \times X_8 + \mu_{08}$$
$$(1.30)$$

在显著性为0.001和0.1的水平上,t 的临界值分别为 $t_{0.005}(558) = 2.585$,

$t_{0.05}$（558）=1.648。在表 1-26 中第四大栏数据中：

1）在置信度为 99% 时，选择 t 值绝对值大于临界值 2.585 的自变量：应付账款周转率，其回归系数 t 值为 -6.154。

2）在置信度为 90% 时，选择 t 值绝对值大于临界值 1.648 的自变量：就业贡献率其回归系数 t 分别为 -1.748。t 值绝对值越大，表示越容易达到显著水平。

第五大栏 p 值数据中：自变量应付账款周转率、就业贡献率的回归系数的 p 值分别为：0.000、0.052。说明这两个指标中，应付账款周转率的显著性为 0.01，就业贡献率的显著性为 0.1。

第二大栏表示原始回归系数极其标准误差。上文回归系数显著性检验表明，极为显著自变量分别为应付账款周转率，一般显著的自变量分别为就业贡献率故在（B）栏里可得两个自变量的原始回归系数分别为：-0.418、-0.635。原方程可转化为：

$$IOG_{09} = -0.418 \times X_5 - 0.635 \times X_6 + \mu_{09} \tag{1.31}$$

五、研究结论与展望

（一）研究结论

1. 理论研究

企业的需求层次模型表明，企业需求层次与企业履行社会责任的层次密切相关，企业存在怎样的需求，同时就必须相应地履行相关的社会责任。企业需求是企业行为的内在动因，而企业履行责任又是一种比较特殊的企业行为。一方面，企业存在需求，就需要通过一定的企业行为去实现它们；另一方面，企业通过履行社会责任这一特殊的企业行为，才能得到社会的认可和支持，从而为企业的生存、发展与成长，即满足企业需求铺平道路，从而推动企业的不断发展持续成长。

利益相关者理论认为，企业目标不再是利润最大化或者股东利益最大化，即企业不再是仅对股东负责，而是对包括股东在内的，如员工、政府、社区等其他利益相关者均承担相应的责任。从利益相关者的角度出发研究企业履行社会责任对企业成长性产生的影响，使企业认识到履行社会责任不仅是企业的义务与责任，更能为企业的持续良性发展提供正确的方向和不竭的动力。企业履行对利益相关者的社会责任不仅是企业持续成长的必要条件，而且还会促进经济、社会、生态的和谐发展，具有重要的理论意义和现实意义。

2. 实证发现

本章以我国沪深两市 568 家上市公司为样本,对企业社会责任与企业成长性之间的关系进行了实证研究。在研究中,考虑到企业社会责任对企业成长能力的影响具有时滞效应,其效应会在一个较长的期间内得到反映,因此模型中的因变量成长因子,为时间跨度从 2006 ~ 2009 年连续四年的成长指数,对应的自变量为是 2006 年企业社会责任变量,从而检验企业社会责任对企业成长能力的影响。本章通过研究,主要得到了以下结论:

(1) 企业社会责任综合指标对企业成长性影响的实证分析表明,二者在 1% 的置信水平下显著正相关,说明企业承担社会责任对企业自身的成长有显著的正向作用,即企业承担社会责任越多,越有利于该企业自身的成长。且当企业的业绩提高时,两者之间的正相关关系更强。因此,实证结论与理论研究中的企业需求理论分析的结论相一致:当企业履行经济责任满足自身的生存需求后,应该参与更多的社会活动,以满足其发展需求与社会需求,即企业会更多地履行相应的金字塔较高层次的社会责任,从而增强企业的持续成长能力。

(2) 企业社会责任单变量对成长性影响的实证分析表明,大部分企业社会责任变量与企业成长性之间呈正相关关系,其中所有者权益支付率、利息支付率、单位耗材创收比,不管对当期还是之后 1 ~ 2 期的成长指数都表现出相关性,这说明企业对所有者、债权人以及环境所做的贡献对企业当期及以后的 1 ~ 2 期成长都呈现积极的影响作用;员工的获利水平这一指标与当期成长指数相关性不显著,但对后期的成长指数表现出显著性的积极影响,说明企业对员工履行社会责任会在以后的成长中获得价值回报;税收贡献率这个指标表示的是企业对政府的贡献率,2006 ~ 2008 年这个指标与前三期的成长指数显著相关性,同时对当期的成长指数表现出显著性的消极影响,但对后两期成长指数呈现出显著的积极影响,其原因应该是,制造型企业当期所交税款增加了制造类企业当期的财务成本从而影响了企业的财务绩效。但后期,税款的支出对企业的成长性还是表现出明显的积极作用的;主营业务成本,这项表示企业对顾客贡献的指标,在 2006 ~ 2008 年三期都表现出明显的负相关,原因应该是制造型的企业不够重视对新产品的开发或者对新技术的使用,所以投入成本过多的企业,其成长性反而受到限制;就业贡献率,也就是企业对当地社区的贡献,在当期表现不甚明显,而在后期表现出显著负的相关性。其原因,应该是由于宏观经济影响所致,2008 年的金融危机对不同行业的制造业均有不同程度的影响,很多公司到现在都没恢复元气,因此不同企业在员工数量上的变化可能比较明显。但这也仅是猜测,具体原因还有待于深入分析;应付账款周转率,是企业对供应商的贡献,这一指标在 2006 ~ 2008 年三期对企业成长指数均无显著性相关,但在 2009 年度,应付账款周转率与该年度企业成长指数表现出显著相关性,且相关系数为负,即表示应付账款周转率对2009年的企业成长指数产生消极的影响。其原因,应该是企业的应付账款应该控制在一个合理比例,从而不仅保证在近三年企业的发展成长拥有充裕的资金,还要保证企业在长期的成长中拥有充裕的资金。

(二) 研究的局限性

由于笔者能力和思维的限制,本部分研究还存在以下不足之处:

(1) 实证研究中一些替代变量的选择不够完美,主要是由于我国在社会责任的披露方面缺乏必要的强制性约束,企业对相关信息的披露不够全面,造成本文在变量选取方面受到了很大的制约,会对分析结果产生一定的影响。

(2) 以传统的会计计量为基础,选择财务指标来衡量企业社会责任,无法与企业社会责任理论下的概念完全契合,二者之间存在的差异会对实证研究的结果产生一定的影响。企业社会责任理论下的许多投入未能在传统的财务数据中得到体现,传统的财务数据难以衡量社会责任中隐性的、难以量化的部分,当前的研究尚未建立起以社会责任理论和利益相关者理论为基础的财务计量模型,可以预计,如果所选择的衡量指标能够更加符合理论的要求,那么实证检验的结果也会更加符合理论推出的假设。

(3) 由于受到金融危机的影响,本章运用2008年的数据进行研究可能会对分析结果产生一定的影响,导致回归的效果产生一定的偏差。

(三) 政策建议

本章的研究表明企业是否履行社会责任不仅关系到各利益相关者的经济利益,也影响着企业自身的健康成长,已成为企业获得持续发展潜力的战略选择。一个缺少社会责任意识的企业不可能永续经营,而企业是社会经济系统的单元和细胞,企业的成长才能带动经济和社会的成长,由一个个缺少社会责任意识的企业构成的社会也不可能健康和谐地发展。因此,笔者提出以下建议:

(1) 企业应积极承担社会责任,将传统的股东至上的观念转变为关注所有利益相关者的利益。在现代企业理论中,企业的定义是一系列契约的有机组合,企业的要素投入者不仅包括股东、债权人,还包括供应商、客户、员工、政府等其他与企业有利益关系的相关者。因此,企业不能只满足某一类要素投入者的利益需求,更不能以损害其他利益相关者的利益来实现某一类利益相关者的短期收益。为了达到企业长期持续发展的战略目标,企业应该综合考虑各利益相关者的利益,平衡各利益相关者的利益冲突,使企业成长的目标与社会和谐发展的目标相一致。

(2) 立法推动企业履行社会责任。诸多西方发达国家已经在其公司法中加入了企业社会责任的内容,强制要求企业必须履行某些社会责任,借鉴西方发达国家的经验,我国可通过立法的形式推动企业履行社会责任。

(3) 建立完善的企业社会责任信息披露制度,规范上市公司社会责任披露制度的内容与口径。规范的披露制度有助于形成衡量企业履行社会责任程度的统一标准,能够客观公正对企业包括社会责任在内的绩效进行评价,引导企业转变观念,根据这一评价结果对企业及其高管实施必要的奖惩,促进企业健康的成长,从而达到促进社会和谐、持续成长的目标。

参考文献

[1] 许晓明,陈啸. 企业需求、企业能力与企业社会责任的匹配探讨. 中国企业社会责任报告 [M]. 北京:中国财政经济出版社,2006:117-137.

[2] [英] 伊迪丝·彭罗斯. 企业成长理论 [M]. 上海:上海人民科学出版社,2007.

[3] 北京专家翻译网组织. 开普斯顿商务百科 [M]. 北京:中国工商出版社,2004:111.

[4] [英] Patricia H. Werhane, Edward Freeman. 布莱克韦尔商业伦理百科辞典 [M]. 北京:对外经济贸易大学出版社,2004:644-666.

[5] 马力等. 西方公司社会责任界说评述 [J]. 江淮论坛,2005 (4):51.

[6] 刘俊海. 公司的社会责任 [M]. 北京:法律出版社,1999.

[7] Carroll, Archie B. The Pyramid of Corporate Social Responsibility: Toward the Moral Management of Organizational Stakeholders [J]. Business Horizons, July – August 1991.

[8] 刘长喜. 利益相关者、社会契约与企业社会责任——一个新的分析框架及其应用 [D]. 上海:复旦大学,2005.

[9] 斯蒂芬·罗宾斯. 管理学 (第四版) [M]. 北京:中国人民大学出版社,1997:96-100.

[10] 邓健,任文举. 企业社会责任的内涵辨析 [J]. 商场现代化,2005 (10下):50.

[11] Milton Friedman. The Social Responsibility of Business is to Increase its Profits [N]. The New York Times Magazine, September 13, 1970.

[12] Milton Friedman. Capitalism and Freedom [M]. Chicago University Press, 1962:133-136.

[13] F. A. 哈耶克. 致命的自负 [M]. 冯克利,胡晋华译. 北京:中国社会科学出版社,2002:132-133.

[14] 刘俊海. 公司的社会责任 [M]. 北京:法律出版社,1999.

[15] 卢代富. 企业社会责任的经济学与法学分析 [M]. 北京:法律出版社,2002.

[16] 卢代富. 企业社会责任的经济学与法学分析 [M]. 北京:法律出版社,2002.

[17] 赵琼. 《经济日报》关于企业社会责任的对话 [EB]. http://www.dajun.com.cn.

[18] 芮明杰,袁安照. 现代公司理论与运行 [M]. 上海:上海财经大学出版社,2003.

[19] 劳动科学研究所课题组. 企业社会责任运动应对策略研究 [J]. 新华文摘, 2004 (24): 48-49.

[20] 高尚全. 企业社会责任和法人治理结构 [N]. 学习日报, 2004-10-25.

[21] 金乐琴. 企业社会责任与可持续发展: 理论与对策 [J]. 绿色中国, 2004 (2): 50-52.

[22] 金乐琴. 企业社会责任: 推动可持续发展的第三种力量 [J]. 中国人口. 资源与环境, 2004 (2): 121-124.

[23] 赵大翔, 李晓丽. 高新技术创业企业的成长性评价 [J]. 华北电力大学学报, 2003: 86-90.

[24] Jensen, Michael C. and William H. Theorem of the Firm: Manage Behavior Agency Cost and Ownership Structure [M]. Journal of Financial Economics, 1976: 117-135.

[25] Myers, 5. C. and 5. M. Turnbull. The Capital Budgeting and The Capital Asset Pricing Model - Good New sand Bad News [M]. Journal of Finance, 1977: 321-333.

[26] Titman and Wessels. The Determinants of Capital Structure Choice [M]. Journal of Finance, 1988: 1-19.

[27] Benoit Gaily, Damien Franeois, Mahamadon Biga Diambeidon, Michel Verleysen, Vincent Wertz. The growth rajeetories of start-up firms [M]. an exphratory study, 2004.

[28] Ardisshvili, Delmar. Technology, Enviroment and the Structure Organization [M]. Academy of Management Review, 1997.

[29] 张炳坤. 论企业的成长性及其财务评价 [J]. 经济师, 1998 (1): 39-40.

[30] 吴世农, 李常青, 余玮. 我国上市公司成长性的判定分析和实证研究 [J]. 南开管理评论, 1999 (4): 49-57.

[31] 许晓明, 陈啸. 企业需求、企业能力与企业社会责任的匹配探讨引自: 中国企业社会责任报告 [R]. 北京: 中国财政经济出版社, 2006: 126-130.

[32] Carroll A. B.. The Pyramid of Corporate Social Responsibility: Toward the Moral Management of Organizational Stakeholders [J]. Business Horizons, 1991, 34 (4): 39-48.

[33] Clarkson Max B. E.. A Stakeholder Framework for Analyzing and Evaluating Corporate Social Performance [J]. Academy of Management Reviw, 1995, 20 (1): 92-117.

[34] Dirk Marten, Andrew Crane, Wendy Chapple. Behind the Mask: Revealing the True Face of Corporate Citizenship [J]. Journal of Business Ethics, 2003 (45): 109-120.

[35] 徐光华, 张瑞. 企业社会与财务绩效相关性研究 [J]. 财会通讯（学术版）, 2007 (12): 70-73.

[36] Pava M. L., Krausz J.. Criteria for Evaluating the Legitimacy of Corporate Social Responsibility [J]. Journal of Business Ethics. 1997, 16 (3): 337-348.

[37] Preston L. E., O'Banner P.. The Corporate Social - Financial Performance Relationship: A Typology and Analysis [J]. Business and Society, 1997, 38: 109-125.

[38] 王关义. 现代企业社会责任的与永续经营 [C]. 中国企业社会责任问题学术研讨会暨中国企业管理研究会 2005 年会会议论文集, 2005: 356-364.

[39] 王关义. 论现代企业社会责任 [J]. 经济管理与研究, 2006 (3): 58-61.

第二篇 基于平衡计分卡的企业绩效管理研究*

一、绪　论

(一) 研究背景

全球经济一体化的发展,使得企业面临更严峻的挑战,其一就是竞争的加剧。竞争已不仅仅局限在某一特定的时空范围之内,企业面临的是全球化大市场上的众多竞争者。竞争的范围也不再局限于产品和服务,而是扩展到经营理念、核心能力、信息技术、交易方式等诸多方面。企业传统的基于静态稳定环境的"强势战略逻辑"和与之相应的、以权责发生制为基础、事后控制的绩效管理系统虽能总结过去决策活动的执行结果,却不能很好地对活动进行管理并对未来进行预测,无法支持对新技术和新市场的投资,是战略思维短期化和短期行为的重要诱因。从长远来看,这势必会导致企业核心竞争力的丧失,导致企业在激烈的竞争中被淘汰。绩效管理是企业人力资源管理中最重要的一环,也是企业管理体系的基础。对企业员工进行有效的绩效管理,不仅能够提升企业整体绩效水平,增加企业的经营利润,促进企业的成长,而且能够提升企业在市场中的竞争力,形成竞争对手难以模仿的核心竞争力。

企业要想生存和发展,就必须根据环境和企业经营状况的变化,动态调整企业的战略和战略实施方法,以实现企业绩效的持续改善。因此,企业迫切需要一套符合公司长期成长、能促使业绩持续提升的绩效管理体系,以实现对各项活动

＊ 作者简介:李洪涛,北京印刷学院企业管理专业 2008 级硕士研究生,指导教师为乔东亮教授、吴仁群副教授。

的管理。随着企业管理逐渐从面向流程、面向业务到面向绩效的管理模式过渡,绩效管理模式的创新问题已经成为企业管理者探索的重点。绩效管理体系犹如企业的中枢神经,在企业的正常运转中起着至关重要的作用,同时也是招聘、培训、薪酬、激励等人力资源管理工作的保障。绩效管理不同于传统的绩效考核,绩效考核仅是绩效管理的一部分,绩效考核只注重对员工的绩效水平进行考核,并根据考核结果做出相应的处理;绩效管理不仅关注员工的绩效考核水平,更注重帮助员工找出工作中的不足之处,提升其绩效水平。企业管理的需求促进了管理理论及工具的发展,一些新的绩效管理理论和工具不断出现。平衡计分卡是一个比较全面、动态的战略管理体系,它以竞争和贡献为基准,将展开方法和实施结果相结合,实现了对经营环境和活动的实时评测与控制。由于具有强有力的理论基础和便于操作的特点,基于平衡计分卡的战略绩效管理方法已经得到了广泛的应用,逐渐成为了企业全球化竞争战略成功的基石。对我国企业而言,以此为契机,变革传统的以控制为导向的绩效管理体系,强化战略沟通、规范运作,对企业未来竞争力的形成将产生深远的影响。

本章把人力资源中的绩效管理作为主要研究对象,并为此做了大量的研究、调查、收集、学习、消化工作,在评析国内外一些理论、规范,总结国内外优秀企业经验的基础上,本章运用平衡计分卡的原理制定了一套有效的企业绩效管理体系,以期为人力资源开发与建设工作打好坚实的基础。

(二) 国内外研究现状

1. 国外研究现状

1992年,哈佛商学院罗伯特·卡普兰教授和复兴公司总裁戴维·诺顿出版了以平衡计分卡作为绩效管理系统的论文。这篇刊登在《哈佛商业评论》上的论文是根据他们为期一年来对绩效管理一个新模式的研究结果而编写的。

平衡计分卡的初衷是作为一个绩效管理的工具,在此后的10年里,两位学者继续探讨了这个方法,同时也有许多善于创新的公司将这个方法延伸至战略层面。最终,平衡计分卡成为了一个战略实施的工具:将公司的战略落实到可操作的目标、衡量指标和目标值上。2003年,《哈佛商业评论》将平衡计分卡评为75年来最伟大的管理理论。在世界著名的战略咨询公司Bain & ComPany针对大型公司所做的一项关于管理实践的大型调查中显示:2001年,在北美,财富1000强公司中约有50%正在使用平衡计分卡,在欧洲这个数字为45%~50%;2005年,平衡计分卡全球财富1000强的960家被调查企业中的使用率为57%。

从1992年被提出到现在,平衡计分卡共经历了以下几个演变阶段。

(1) 平衡计分卡用于绩效考核（1992 年）。其标志是卡普兰和诺顿在《哈佛商业评论》1/2 月上发表的关于平衡计分卡的第一篇文章《平衡计分卡——业绩衡量与驱动的新方法》(The Balanced Scorecard：Measures that Drive Performance)。

(2) 平衡计分卡初步提升至战略层面（1993 年）。其标志是卡普兰和诺顿发表在《哈佛商业评论》9/10 月上的第二篇论文，题目为《在实践中运用平衡计分卡》(Putting the Balanced Scorecard to Work)。

(3) 平衡计分卡在管理层面的延伸（1996 年）。1996 年，《哈佛商业评论》1/2 月上发表了《将平衡计分卡用作战略管理系统》（Using the Balanced Scorecard as a Strategic Management System）。出版了关于平衡计分卡的第一本专著《平衡计分卡：化战略为行动》（The Balanced Scorecard：Translating Strategy into Action），标志着这一理论的成熟，由此平衡计分卡这一业绩衡量工具转变为战略实施工具。

(4) 使用平衡计分卡关注战略（2000 年）。2000 年，《哈佛商业评论》发表了《战略中心型组织：实施平衡计分卡的组织如何在新的竞争环境中立于不败》(The Strategy Focused Organization：How Balanced Scorecard Companies Thrive in the New Competitive Environment)。这篇文章提到了很多在设计与企业战略相符的平衡计分卡过程中所出现的问题，以及如何使用平衡计分卡来实施战略。

(5) 注重平衡计分卡在战略绩效管理中的实施（2002 年）。保罗·尼文在 2002 年出版了《实施平衡计分卡的具体步骤》一书。尼文是 Novia Scotia Power 平衡计分卡项目的领导人，在该书中，他采用循序渐进的方法向人们提示如何运用平衡计分卡。

2006 年，卡普兰和诺顿在《哈佛商业评论》上发表《平衡计分卡以及团队协作》一文（Alignment：Using the Balanced Scorecard to Create Corporate Synergies)。从 20 世纪 90 年代初期开始，经过了包括罗伯特·卡普兰以及戴维·诺顿在内的许多学者的共同努力，平衡计分卡理论得到了长足的发展，已经将其从绩效考核转移到了绩效管理，并提升到一个全面战略管理系统的高度，最终将其从绩效衡量工具发展为一种战略执行工具。

2. 国内研究现状

随着企业改革的不断深入，绩效管理越来越受到管理层的重视，平衡计分卡的提出与应用推广也对国内产生了较大的影响。目前国内有众多专家、学者、企业界人士在讨论平衡计分卡的推广与运用问题，研究平衡计分卡的学者也由最初的管理会计发展到人力资源管理领域、战略管理领域。在我国，平衡计分卡理论最早是由各大国际咨询公司在 1996 年之后引进的，但是由于当时国内的咨询业刚刚起步，平衡计分卡的应用寥寥无几，影响也很小。数年后，随着人力资源管理成为国内工商界的热门话题，绩效考核的概念为人们普遍接受，大家才开始了解平衡计分卡，并且尝试使用平衡计分卡进行考核指标的设计。

1998年，王丙飞等学者翻译了《综合记分卡：一种革命性的评估和管理工具》一书，首次将平衡计分卡引入我国。在接下来的几年中，中国学者在平衡计分卡方面的研究逐渐从对外文资料的翻译工作转变到自己的独立研究方面。2002年，姜定维和蔡巍合著了《奔跑的蜈蚣——如何依靠和促进成长》一书，指导了国内的平衡计分卡操作使用；2003年，美国学者毕意文和中国学者孙永玲合著了一本《平衡计分卡中国战略实践》，介绍了适合于中国国情的平衡计分卡的内容；2003年，林俊杰先生结合中国国情延伸了中国平衡计分卡的理论知识，撰写了《平衡计分卡导向战略管理》一书。随后的2004年和2005年，国内学者对于平衡计分卡的研究逐渐从理论转型到实际的操作问题上来了。金燕等学者所著的《平衡计分卡应用事务》一书介绍了朴实的有关于平衡计分卡的引用操作指导；姜定维和蔡巍也撰写了《"平衡计分卡"保证发展》，阐述了平衡计分卡的精髓；秦杨勇主编的《平衡计分卡在绩效管理——中国企业战略制导》一书阐述了有关中国本土原创的平衡计分卡操作实践步骤、方法和工具。

佐佳国际咨询集团中国区首席管理顾问秦杨勇先生号称中国平衡计分卡集团管控领域最权威的专家，在业内享有较高声誉。他是成功推动中国企业集团战略执行变革的管理咨询项目最多的咨询顾问之一，曾率先整合平衡计分卡体系并将其运用于集团管控。其个人专著有《平衡计分卡与战略管理》、《平衡计分卡与绩效管理》、《平衡计分卡与流程管理》、《平衡计分卡与薪酬管理》、《平衡计分卡与能力素质模型》、《战略绩效管理》、《控制力》等。

（三）研究目的和方法

本章试图从以下几个方面进行深入研究，以解决企业在运用平衡计分卡进行绩效管理时在理论和实践上遇到的盲点和误区。

（1）基于平衡计分卡的绩效管理与其他绩效管理模式相比有哪些特点和优越性？

（2）中国企业如何构建适合自己的平衡计分卡绩效管理系统？

（3）试图对其中关键环节的操作技术进行探讨。

（4）绩效管理系统与其他相关系统的链接。

（5）对基于平衡计分卡的绩效管理系统进行合理拓展，以期扬长避短，探索新形势下更加有效的绩效管理模式。

二、绩效管理理论

(一) 绩效管理概述

对于绩效的看法，众说纷纭，在不同的情境之下通常有不同的理解。绩效是一个多义的概念，从管理实践的历史来看，人们对于绩效的认识是不断发展的：从单纯的强调数量到强调质量再到强调满足顾客需要；从强调"即期绩效"发展到强调"未来绩效"。实际上绩效的含义是非常广泛的，不同的时期、不同的发展阶段、不同的对象，绩效有它不同的含义（见表 2-1）。

表 2-1 绩效定义适用情况对照

绩效的含义	适用的对象	适应的企业或阶段
完成了的工作任务	体力劳动者，事务性或例行性工作的人员	
结果或产出	高层管理者和销售、售后服务等可量化工作性质的人员	高速发展的成长型企业强调快速反应，注重灵活、创新的企业
行为	基层员工	发展相对缓慢的成熟型企业，强调流程、规范，注重规则的企业
结果+过程（行为/素质）	普遍适用各类人员	
做了什么（实际收益）+能做什么（预期收益）	知识工作者如研发人员	

绩效是指具有一定素质的员工围绕职位的应负责任所达到的阶段性结果以及在达到过程中的行为表现。绩效管理是对绩效实现过程中各要素的管理，是基于企业战略基础之上的一种管理活动。绩效管理是通过对企业战略的建立、目标分解、业绩评价，并将绩效成绩用于企业日常管理活动中，以激励员工持续改进业绩从而最终实现组织战略及目标的一种管理方法。

从企业绩效管理的历史看，企业绩效管理是从粗到细、从低级到高级的发展过程。

1900 年初，杜邦三兄弟倡导财务比率金字塔的杜邦分析法和投入产出分析法（ROI），通过考察企业投入资源与获得收益之间的关系来评价企业的绩效。

1920 年，GeoffreyChandler、H. Thomas Johnson 提出传统财务概念，即用现金流量、资产负债、利润率等基本的财务指标来衡量企业的绩效。当时的企业正处于以生产为导向的工业时代。

1980年，企业间竞争日益激烈，市场上供过于求，企业的营销导向转向依靠高质量的产品来占领市场，于是出现了质量控制（ISO900/TQM/EFQM）等企业绩效管理方法。这种方法适合于操作层，缺乏绩效度量。

1989年，Keegan、Eiler、Jones提出了价值矩阵/成本和非成本、考虑企业内部和外部平衡的方法。

1990年后期，强调知识资产驱动、无形价值的管理。

1991年，Lynch R.、Cross K.提出战略度量和报告技术（SMART金字塔），这是一种跨部门度量的技术方法。

1992年，Kaplan、Norton提出平衡计分卡的概念。

1996年，Kaplan、Norton把平衡计分卡发展到重视发展战略和经营活动上。

2001年，Neely、Adamas C.和Kennerley提出了绩效棱镜的概念。绩效棱镜的内容包括五个方面，即利益关系人的满意度、战略、流程、能力、利益关系人的贡献。企业会根据这五个方面的排列顺序来选择评估指标。

绩效管理是现代企业人力资源管理的中枢和关键。人力资源管理系统由六大模块组成，这六大模块分别是人力资源战略与规划体系、任职资格体系、潜能评估体系、培训与开发体系、绩效管理体系和薪酬福利体系。在这六大模块中，绩效管理体系是人力资源管理系统的中枢和关键，其他五个模块与绩效管理体系是密切相关的，离开了这个模块，人力资源的价值链就断了，也就不完整了（见图2-1）。

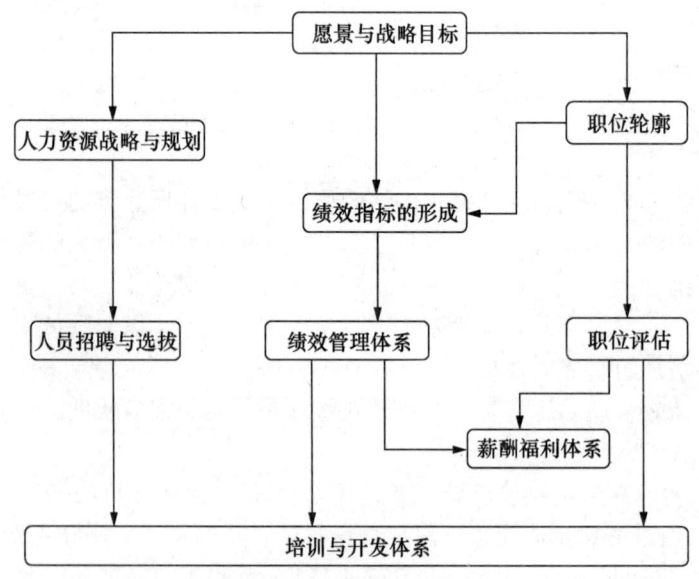

图2-1 绩效管理在人力资源系统中的核心地位

在绩效管理体系中,绩效评估是整个绩效管理系统的中介与核心环节,通过有效的绩效评估,可以促进人类自由管理不同组成部分的一体化,并使它们与公司目标紧密地结合起来(见图2-2)。

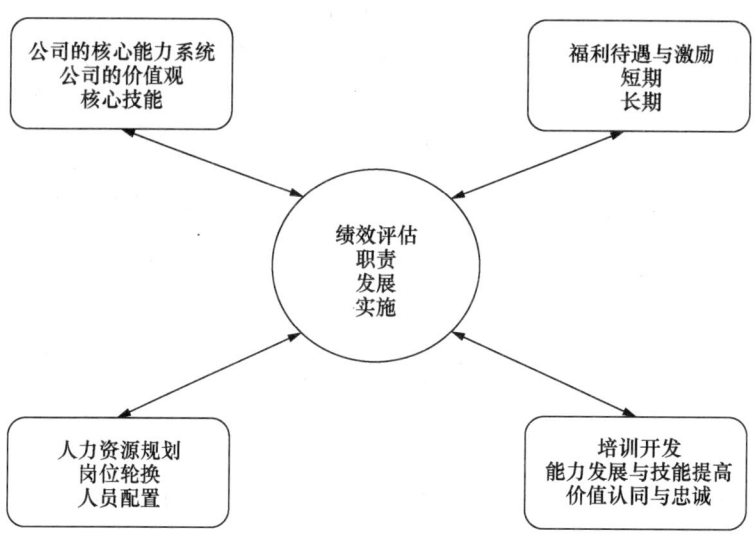

图2-2 绩效评估推动人力资源管理的一体化

1. 绩效管理过程

绩效管理过程包括绩效计划、绩效实施、绩效评估和绩效反馈。绩效管理是通过管理者与员工之间持续不断地进行的业务管理循环过程来实现业绩的改进,所采用的手段为PDCA循环,如图2-3所示。

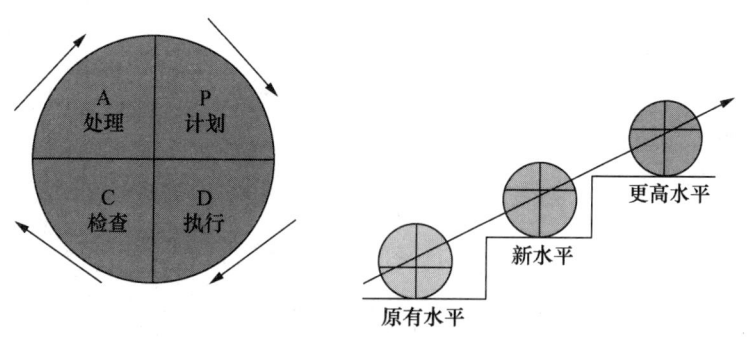

图2-3 绩效管理的PDCA循环

PDCA 即计划（Plan）、实施（Do）、检查（Check）、处理（Action）的缩写，是质量管理的基本思想，主要应用于质量的保证与控制（见图 2-4）。

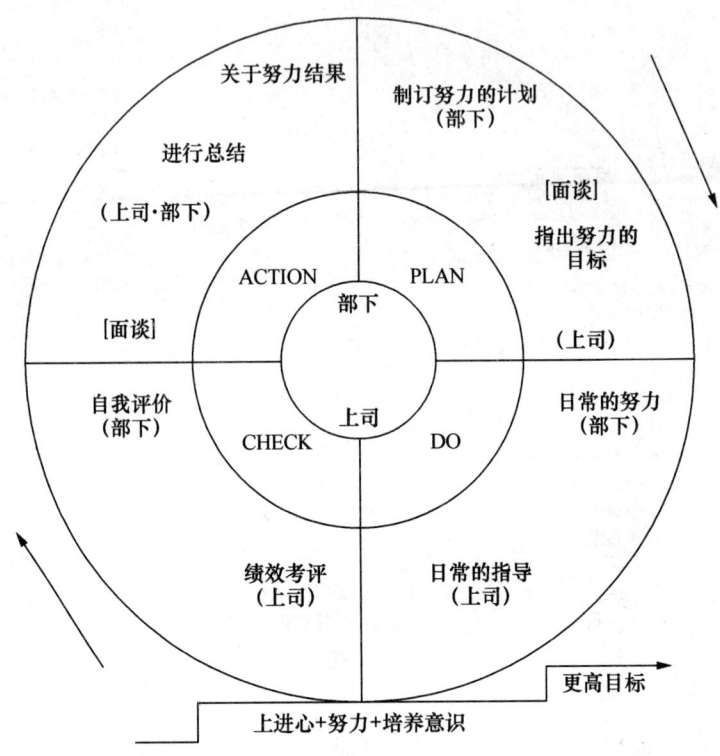

图 2-4 绩效考评的 PDCA 过程

在计划（P）阶段，管理者与员工应确立绩效目标计划及衡量标准，在这一阶段里应明确：

（1）目标是否切实可行（SMART 原则），并具有挑战性？
（2）目标是否能激发与调动部属的工作积极性与潜能？
（3）管理者与员工是否建立了有效的面谈与沟通，双方是否达成了有效的沟通与承诺？

在实施（D）阶段，确定了阶段性的 SMART 目标和通过会议明确了各自的目标之后，管理者应积极引导、激励员工，从而调动起下属的工作主动性、能动性与创造性。在这一阶段里，应重点分析：

（1）上司是否为下属提供了必要的工作指导、条件或支持？
（2）下属是否具有与执行工作相对应的授权以及理解对工作任务的责任？

(3) 下属是否拥有完成工作任务的动力？

在检查（C）阶段，管理者应进行信息收集，尤其是对实现目标过程的信息收集。通过检查、监督、考评，以及员工的自我评价等，帮助下属发扬工作中的成绩，消除工作中的缺失，在这一阶段里，应该分析：

(1) 上司考评过程是否客观、公正与公开？
(2) 是否有有效的投诉体系作为保障？
(3) 绩效检查是否成为连续性的工作？
(4) 绩效检查是否伴随着绩效辅导与改进？

在处理（A）阶段，管理者与员工应该对工作中的成绩与失误进行有效的总结，并做出相应的处理结果。在这一过程中，上下级也需要进行深入的面谈，这既是让下属理解处理结果，同时又是推动新一轮绩效启动的开始。在这一阶段中，应该分析：

(1) 绩效总结是否全面反映了工作中的成绩与缺失？
(2) 处理结果是否体现了公平与公正？
(3) 绩效总结是否为新一轮创造高绩效做好了铺垫？

绩效管理过程作为企业不断提高绩效的一种连续行动，应成为一个持续循环的周期，在这个持续的循环周期中，形成了一个管理闭环系统，在内在形成的不断有效反馈与强化机制下，实现绩效的不断强化与提升，从而实现绩效考评的效果。可见，绩效管理周期的良性运转与否直接影响到绩效考评的效果。从组织层面上看，PDCA 表现为一种员工与企业之间的管理循环，即通过计划、实施、辅导、检查和报酬来引导员工实现组织绩效目标和提升组织绩效水平；从个人层面上看，PDCA 表现为不断提升的员工绩效改进循环，通过员工和企业管理者的共同参与，以及绩效辅导、监察等几个环节，实现员工技能的不断提高和绩效的不断提升。

2. 绩效管理的目的

绩效管理的目的实际上并不是一成不变的。人们对绩效管理的目的理解有一个不断变化的过程，而且各个企业根据它们不同的情况和需要所运用的绩效管理系统也可能有不同的目的或侧重于不同的目的。归纳起来，绩效管理的目的一般有以下三个：

(1) 战略目的。绩效管理系统将员工的工作活动与组织的战略目标联系在一起。在绩效管理系统的作用下，组织通过提高员工的个人绩效来提高组织的整体绩效，从而实现组织的战略目标。从这一点看，组织战略的实现离不开绩效管理系统作用的发挥；而绩效管理系统也必须与组织的战略目标密切联系才具有实际意义。

（2）管理目的。组织在多项管理决策中都要使用绩效管理信息。绩效管理的目的在于对员工的绩效表现给予评估，并给予相应的奖惩以激励员工。绩效管理中绩效评估的结果是企业进行薪资管理决策、晋升决策、保留/解雇决策、临时解雇决策、承认个人绩效决策等主要的人力资源管理决策时的重要依据。

（3）开发目的。绩效管理的过程能够让组织发现员工中存在的不足之处，以便对他们进行针对性培训，从而使他们能够更加有效地完成工作。当一位员工的工作完成情况没有达到预期的水平时，绩效管理就试图改善他的绩效。然而，绩效管理系统并不仅仅是要指出员工绩效不佳的方面，同时还要找出导致这种绩效不佳的原因所在，这样才能更有效地提高员工的知识、技能和素质，促进员工个人发展，实现绩效管理的开发目的。

3. 绩效管理的意义

（1）绩效管理的核心目的是通过提高员工的绩效水平来提高组织或者团队的绩效，以有助于组织结构的优化。在绩效管理过程中，我们达到了许多目的，如员工的参与管理，使员工通过参与设定自己的工作目标而具有自我实现的感觉；组织目标的统一，通过自上而下的分解目标，避免团队与员工目标偏离组织目标；一年中多次的评估与奖惩，实现组织对目标的监控实施，保证工作目标的按时完成。以上这一切都是为了提高组织或团队的效率，保证实施组织目标。在系统的绩效管理过程中，可使员工充分参与，增强其主动性、协作性，减少组织的内耗，弱化监管、控制在管理中的作用，使组织的层级关系向扁平化方向发展，更具灵活性和适应性。

（2）绩效管理提供了一个规范而简洁的沟通平台。绩效管理改变了以往纯粹的自上而下发布命令和检查成果的做法，要求管理者与被管理者双方定期就其工作行为与结果进行沟通、评判、反馈、辅导，管理者要对被管理者的职业能力进行培训、开发，对其职业发展进行辅导与激励。这在客观上为管理者与被管理者之间提供了一个十分实用的平台。绩效管理的思想精髓是以人为本，让员工充分参与企业的管理过程，重视员工的发展，在完成企业组织目标的同时，实现员工个人价值。绩效管理非常重视员工的"参与"，从绩效目标的制定、绩效计划的形成、实行计划中的信息反馈和指导到绩效考核、对考核结果的运用以及提出新的绩效目标等都需要员工的参与，需要管理者与员工的相互沟通。这种"参与式"的管理方式体现了对员工的尊重，同时满足了员工的尊重需要和自我实现的需要，为组织创造了一种良好的氛围。

（3）绩效管理为企业的人力资源管理与开发等提供了必要的依据。通过绩效管理，实施绩效考核，为企业员工的管理决策，如辞退、晋升、转岗、降职等提供了必要的依据，同时也解决了员工的培训、薪酬、职业规划等问题，使之行之有据。通过系统的绩效管理，可以使各级主管随时检核工作的执行情况，经常与员工进行交流与沟通，将公司的战略意图传达至员工，增强员工的使命感和责任感；同时可以使主管随时掌握员工的工作状况，准确把握每个员工的适应性，合理调整和配置人员，把握教育培训方向，随时给予必要的辅导和帮助，使员工快速成长；还可以帮助管理者提升管理水平和综合素质，使之逐步成长为既懂业务又懂管理的结构型管理人才和整合型经营人才。这也是绩效管理为什么成为人力资源管理各个环节中最重要环节的原因。

（二）几种绩效管理工具理论和方法

绩效管理是企业战略管理的重要组成部分，是管理中的管理，绩效的持续改进是落实企业发展战略、实现企业发展目标的关键推动力。绩效管理是一个系统的管理过程，与企业管理理念、管理基础、管理人员的水平、员工素质等有着非常密切的联系。如何根据企业现状和未来发展目标选择适用的绩效管理工具，科学地设定、衡量绩效指标，周期性地评估绩效状态，不断改进绩效，并推动完成绩效目标、提高效益，是绩效管理过程中的重点，也是企业管理者面临的难题。

1. 目标管理

目标管理（Management by Objective，MBO）被管理学界喻为像哥白尼日心说一样具有划时代意义的管理工具，其与学习型组织和企业流程再造并称为20世纪最伟大的三大管理思想。目标管理是由管理学大师彼得·德鲁克在1954年首先提出来的，并率先在通用电气公司（GE）实行，取得了巨大成功。MBO的特点在于以人为本，强调员工参与管理，能有效调动员工的积极性。它基于员工所完成工作来评价员工的工作表现。

提出"目标管理"这一概念的管理大师彼得·德鲁克认为："并不是有了工作才有目标，是因为有了目标才能确定每个人的工作。"目标管理是根据重成果的思想，先由企业确定在一定时期要达到的理想总目标，然后由各个部门和全体员工根据总目标确定各自的分目标并积极主动、想方设法使之实现的一种管理方法。如果一个领域没有目标，那么这个领域里的所有工作都将被忽视，这些工作也将是没有意义的。因此，领导者必须通过目标对下级进行管理，在确定组织目标后，通过一系列的设计和分解过程，将目标和责任落实到部门和个人，以便到最后督促组织目标实现和控制员工绩效的过程。这就是所谓的目标管理。

MBO实施步骤：寻找目标，明确目标的要求，检查目标是否达成。

MBO的主要缺陷如下：

（1）目标难以制定。随着经济的发展，企业内外环境变化越来越快，导致企业面临的外部可变因素越来越多，企业的内部活动日益复杂，企业活动的不确定性也越来越大。这使得企业原来的许多目标难以定量化、具体化；很多团队工作在技术上联系非常紧密，甚至可以说是不可分解的。这些都使得企业的许多活动要制定数量化的目标是非常困难的。

（2）目标之间的权重难以确定。由于市场环境的复杂性和多变性，企业往往难以确定目标之间的权重，常常会出现顾此失彼的现象。

（3）MBO虽然强调合作和参与等人际因素，但在设定目标的过程中，却存在较多的强制和命令成分，其发明者最初提出的广泛授权、全员参与在范围上和层次上没有达到。

（4）有的企业为了降低难度，目标分解仅局限于公司和部门层次上，没有形成整个公司范围内的目标联结。

（5）目标商定可能会带来管理成本的增加。目标商定需要上下沟通、统一思想，这很费时间。并且在具体目标确定的时候，每个单位、个人都关注自身目标的完成，很可能忽略了相互协作和组织目标的实现，滋长本位主义、临时观点和急功近利倾向。

（6）MBO思想要求做事方式和思维方式的根本转变，要把对员工的认识从"劳动力"向"人"转变，组织权力分配上从"集权"向"分权"转变，而在实践中，这种理想化的状态很难实现。我国很多企业在运用MBO时都陷入了一个误区：把目标管理用成了计划管理。一般都是企业老板制定年度目标，然后将工作任务强行分摊给各部门，部门再分摊到每个员工。在这个过程中，始终没有员工的参与。因而，目标难以得到认同，执行起来自然大打折扣。

2. 关键绩效指标

关键绩效指标（Key Performance Indicator，KPI）是指在制定员工的考核项目时，把对绩效的评估简化为对几个关键指标的考核，将关键指标当作评估标准，把员工的绩效与关键指标作出比较的评估方法，其在一定程度上可以说是目标管理法与帕累托定律的有效结合。

KPI被称为第二代目标管理，它是用来衡量某岗位任职者工作绩效表现的具体量化指标，是对目标完成效果最直接的衡量依据。关键绩效指标的制定是在公司高层领导对企业战略达成共识之后，通过价值树或者任务树或者鱼骨分析来分解成关键成功因素（KSC），再分解为关键业绩指标（KPI），再将KPI按部门和岗位向下分解。制定KPI的主要目的是明确引导经营管理者将精力集中在能对绩效产生最大驱动力的经营行为上，及时了解判断企业营运过程中产生的问题，及时采取提高绩效水平的改进措施。

KPI是衡量企业战略实施效果的关键指标，其目的是建立一种机制，将企业战略转化为内部过程和活动，以不断增强企业的核心竞争力和持续地取得高效益。KPI不仅使评估体系成为激励约束手段，更成为战略实施工具。

KPI体系的建立流程：

KPI指标的提取可以用"十字对焦、职责修正"一句话来概括。但在具体的操作过程中，要做到在各层面都从纵向战略目标分解、横向结合业务流程"十"字提取，也不是一件容易的事情。以下通过图2-5来说明KPI指标的提取流程。

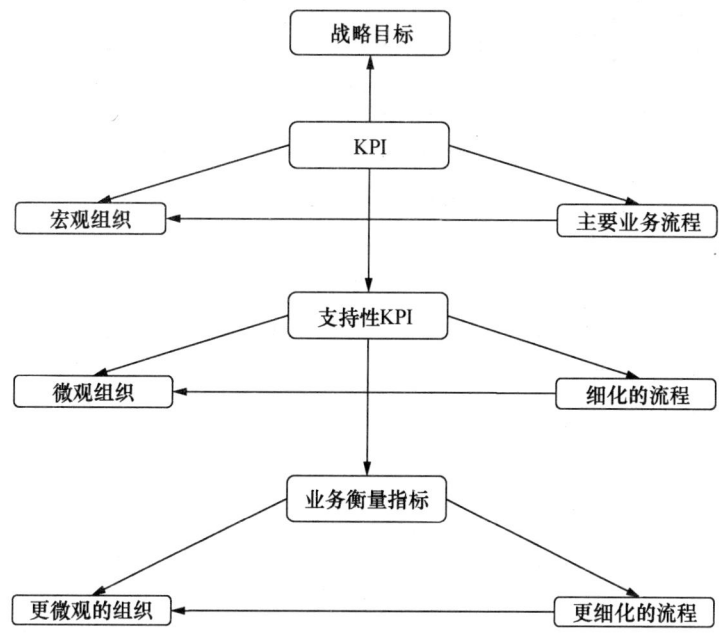

图2-5　KPI提取总示意图

（1）分解企业战略目标，分析并建立各子目标与主要业务流程的联系。企业的总体战略目标在通常情况下均可以分解为几项主要的支持性子目标，而这些支持性的、更为具体的子目标本身需要企业的某些主要业务流程的支持才能在一定程度上达成。

（2）确定各支持性业务流程目标。在确认对各战略子目标的支持性业务流程后，需要进一步确认各业务流程在支持战略子目标达成的前提下流程本身的总目标，并运用九宫图的方式进一步确认流程总目标在不同维度上的详细分解内容。

（3）确认各业务流程与各职能部门的联系。本环节通过九宫图的方式建立流程与工作职能之间的关联，从而在更微观的部门层面建立流程、职能与指标之间的关联，为企业总体战略目标和部门绩效指标建立联系。

（4）部门级 KPI 指标的提取。在本环节中，将从通过上述环节建立起来的流程重点、部门职责之间的联系中提取部门级的 KPI 指标。

（5）目标、流程、职能、职位目标的统一。根据部门 KPI、业务流程以及确定的各职位职责，建立企业目标、流程、职能与职位的统一。

关键绩效指标（KPI）的缺陷：

（1）KPI 未能提供一套完整的对操作具有指导意义的指标框架体系，各指标间缺乏必然的内在逻辑联系；KPI 方法只明确了"考什么"，即用哪些指标来考核，而对"如何考"和"谁来考"关注不够，所以必须得和其他考核方法共同使用才能取得好的效果。如与平衡计分卡结合，做基于 BSC 的 KPI 考核。

（2）指标多定位在个人、部门绩效上，忽视了与组织战略的关系，没能跨越职能障碍，缺乏高度的系统化和结构化，战略对员工绩效行为改进的导向牵引作用没有大的突破。

（3）KPI 方法是客观考核方法，而在实际绩效考核工作中有些指标是无法定量的，所以它必须和一些定性的考核方法一起使用，扬长避短，相互弥补不足，从而提高绩效考核的有效性。

3. 平衡计分卡

平衡计分卡（Balanced Score Card，BSC）是由哈佛商学院教授罗伯特·卡普兰和大卫·诺顿在总结多家绩效测评处于领先地位公司经验的基础上，于1992年发明并推广的一种战略绩效管理工具。它与 KPI 最大的不同在于，BSC 是以总体战略为核心，分层次、分部门设置的，更具有战略管理意义。

BSC 反映了财务与非财务衡量方法之间的平衡、长期目标与短期目标之间的平衡、外部和内部的平衡、结果和过程的平衡、管理业绩和经营业绩的平衡等多个方面。所以能反映组织综合经营状况，使业绩评价趋于平衡和完善，利于组织长期发展。

BSC 与以往的绩效工具不同，它不再以单纯的财务指标为衡量标准，而是加入了未来驱动因素（即客户因素、内部运营因素、学习成长因素），即在保证短期效益的同时，更保证了组织未来发展的驱动力，包括良好的财务现状、良好的客户关系、简单和高效的内部流程、优秀的人才梯队建设。也可以说 BSC 保证的是财务指标和非财务指标的平衡，或者说保证企业四个方面最大化之间的平衡，即股东价值最大化、顾客价值最大化、任务价值最大化、员工价值最大化。但是 BSC 的实施难度大。首先，要求企业有明确的组织战略，高层管理者具备分解和沟通战略的能力和意愿，中高层管理者具有指标创新的能力和意愿。其次，BSC 的工作量极大。除了对战略的深刻理解外，需要消耗大量精力和时间把它分解到部门，并找出恰当的指标。最后，BSC 不适用于个人。相较于成本和收益，没有必要把平衡计分卡分解到个人层面。对于个人而言，要求绩效考核易于理解、易于操作、易于管理，而BSC并不具备这些特点。

平衡计分卡的不足之处：

（1）实施成本比较高。平衡计分卡要求企业从财务、客户、内部经营过程、学习和成长四个方面考虑战略目标的实施，并为每个方面制定详细而明确的目标和指标。这是一项复杂而艰巨的工作，需要为此投入大量的人力、财力和物力。

（2）执行难度比较大，指标难以量化。平衡计分卡中的评价指标在创建时要考虑其与原有的企业日常绩效指标系统的关系，它们之间可能存在重叠和矛盾的地方，这就出现该如何取舍和如何分配权重的问题，而有些指标是很难量化的。

（3）不适用于个人。这并不是说平衡计分卡不能分解到个人层面，而是相较于成本和收益，没有必要把它分解到个人层面。对于个人考核而言，要求考核易于理解、易于操作、易于管理，而BSC并不具备这些特点。

从以上的分析中可以看出，无论是目标管理（MBO）、关键绩效指标（KPI）还是平衡积分卡（BSC）都有其本身的缺点和局限性，它们所适用的公司类型和规模也是不同的。另外，不同的文化背景对其有效性也有所影响。在实践中，目标管理（MBO）、关键绩效指标（KPI）、平衡积分卡（BSC）实际上代表了不同的管理水平，这三者之间实际存在一个层层递进的发展关系。目标管理和关键绩效指标是实施平衡计分卡的两大基石：企业要成功实施平衡计分卡，必须首先引入目标管理，将员工的工作方向统一到为达成公司总目标而展开，并且控制关键点。对于企业而言，没有必要刻意去追求或模仿那些世界先进企业的绩效工具，关键是吃透企业自身的管理实际，选择最适合自己的绩效管理工具。

（三）企业绩效考核的难点和问题

传统的绩效考核关注的是以事为中心，而忽略了人和机器设备等物是有差别的，人会主动思考，有自己的追求。随着经济的发展，人的因素越来越引起了管理学界的重视，其中最有代表意义的就是目标管理，它体现了以人为本的思想。

传统的绩效考核基于这样一种经济假设，员工和机器设备、厂房一样，仅仅是一种创造利润的工具。因此，在企业看来，员工和机器设备一样是一种成本，必须尽量节约成本，严格控制成本。在员工看来，他认为自己仅仅是一个打工者，他和企业之间是完全的雇佣关系，他不会也不愿意去主动关心企业的发展。

传统绩效评价由于局限于财务领域，不能及时地对经营情况进行反馈，如利润、投资报酬率等指标的数值要等到期末才能提供，削弱了信息的及时性。但是，作为管理和控制的手段，绩效指标必须能够及时地收集和反馈。如果绩效评价不局限于财务领域,而进一步向其他领域扩展,则可大大提高信息报告的频率和及时性。例如,产出率、预算差异可用日报形式报告、交货准确率、顾客投诉率可用周报形式报告等,这样就可大大提高信息反馈的及时性和有效性。

三、平衡计分卡

(一) 平衡计分卡的发展历史

1. 平衡计分卡的萌芽时期 (1987~1989年)

在 Robert S. Kaplan 和 David P. Norton 研究平衡计分卡之前,Analog Device,Inc. (ADI) 公司最早于1987年就进行了平衡计分卡的实践尝试。

ADI 是一家半导体公司,主要生产模拟、数字及数模混合信号处理装置,其产品广泛应用于通信、计算机、工业自动化领域。同其他大多数公司一样,ADI 每5年进行一次战略方案调整,在制定新的战略方案的同时检讨原方案的执行情况。但是,如同管理者们经常遇到的战略问题一样,"制定战略方案"被当作一项"任务"完成后,形成的文件便被束之高阁,并不能在公司的日常生产经营工作中得以执行。

1987年,ADI 公司又开始了公司战略方案的调整。与以前不同的是,这次战略方案制定中公司决策层意识到战略不仅要注重制定过程本身,还要更加注意战略实施。他们希望通过与公司员工面对面的交流与沟通,使他们充分理解并认同公司的战略。同时,公司高层还希望将战略紧密落实到日常管理中来推动战略的执行。此次 ADI 公司的战略文件在形式上发生了重大的变化,他们摒弃了以往那种长达几十甚至几百页的战略文件,将全部的战略文档资料精简到几页纸的长度。在制定战略的过程中,ADI 公司首先确定了公司的重要利益相关者为股东、员工、客户、供应商和社区,然后 ADI 公司在公司的使命、价值观与愿景下,根据上述利益相关者的"利益"分别设定了战略目标并明晰了三个战略重点。

为了确保战略目标特别是三个战略重点目标的实现,ADI 推行了一个名为"质量提高"的子项目 (Quality Improvement Process, QIP)。在该项目进行的同时,ADI 公司继续将战略目标实现的关键成功要素转化为年度经营绩效计划,并由此衍生出了世界上第一张平衡计分卡的雏形,如表2-2所示。

在 ADI 公司实施全面质量管理的过程中,公司为了推行作业成本法 (Activity Based Costing) 特地邀请了一部分管理学者参与,哈佛商学院的教授 Robert S. Kaplan

表 2-2　ADI 公司第一张 "平衡计分卡"

	××年		第一季度		第二季度		第三季度		第四季度	
	标杆	实际	标杆	实际	标杆	实际	标杆	实际	标杆	实际
财务指标										
资本收益率										
营业收入增长										
利润										
……										
客户服务										
及时交货										
供货时间										
次品率										
……										
内部流程										
生产周期										
流程错误率										
产能										
……										
新品开发										
新品导入										
新品订货量/率										
员工流动比率										
……										

就是其中的一位，他本人是这样描述他是如何发现 ADI 公司计分卡过程的："在参观和整理案例的过程中，我们也将一个公司高层用来评价公司整体绩效的计分卡加以文本化。这个计分卡除了传统的财务指标外，还包括客户服务指标（主要涉及供货时间、及时交货）、内部生产流程（产量、质量和成本）和新产品发展（革新）。"

在帮助 ADI 公司推行 ABC 的过程中，Kaplan 发现了 ADI 的平衡计分卡，并认识到它的重要价值。尽管 Kaplan 与 Nolan - Norton 在后期又做了学术上的深化，并把它推广到全球的企业中，但是 ADI 公司对平衡计分卡的贡献仍是我们不能回避和忽视的。

2. 平衡计分卡的理论研究时期（1990~1993年）

在 Robert S. Kaplan 教授发现 ADI 公司的第一张平衡计分卡后的日子里，他与复兴全球战略集团（Nolan Norton）总裁 David P. Norton 开始了平衡计分卡的理论研究。

平衡计分卡的研究课题首先是从公司绩效考核开始的。1990 年美国的复兴全球战略集团专门设立了一个为期一年的新的公司绩效考核模式开发，其执行总裁 David P. Norton 任该项目的项目经理，Robert S. Kaplan 担任学术顾问，参加此次项目开发的还有通用电气、杜邦、惠普等 12 家著名的公司。项目小组重点对 ADI 公司的计分卡进行了深入的研究并将其在公司绩效考核方面扩展、深化，最终将研究出成果命名为"平衡计分卡"（Balanced Score Card）。该小组的最终研究报告详细地阐述了平衡计分卡对公司绩效考核的重大意义，并建立了平衡计分卡的四个考核维度：财务、顾客、内部运营与学习发展。

1992 年初，Kaplan 和 Norton 将平衡计分卡的研究结果在《哈佛商业评论》上进行了总结，这是他们所公开发表的第一篇关于平衡计分卡的论文。论文的名称为《平衡计分卡——驱动绩效指标》。该论文发表后 Kaplan 和 Norton 很快就受到了几家公司的邀请，由此平衡计分卡开始得到企业界的关注。

1993 年 Kaplan 和 Norton 将平衡计分卡延伸到企业的战略管理之中，这是平衡计分卡理论研究的第二个重要里程碑。在最初的企业平衡计分卡实践中，Kaplan 和 Norton 发现平衡计分卡能够传递公司的战略。他们认为平衡计分卡不仅仅是公司绩效考核的工具，更为重要的是它还是一个公司战略管理的工具。Kaplan 和 Norton 为此发表了在《哈佛商业评论》的第二篇关于平衡计分卡的重要论文：《在实践中运用平衡计分卡》在这篇文章中他们明确指出企业应当根据企业战略实施的关键成功要素来选择绩效考核的指标。

3. 平衡计分卡的推广应用时期（1994 年至今）

1993 年 Kaplan 和 Norton 将平衡计分卡延伸到企业的战略管理系统之后，平衡计分卡开始得到全球企业界的广泛接受与认同，越来越多的企业在平衡计分卡的实践项目中受益，同时平衡计分卡还延伸到非营利性的组织机构中。

以美国为例，有关统计数字显示，到 1997 年，美国财富 500 强企业已有 60% 左右实施了绩效管理，而在银行、保险公司等所谓财务服务行业，这一比例则更高，这与美国企业在 20 世纪 90 年代整体的优秀表现不能说毫无关系。再看政府方面，BSC 在 90 年代初提出，到了 1993 年美国政府就通过了《政府绩效与结果法案》（The Government Performance and Result Act）。今天，美国联邦政府的几乎所有部门、各兵种及大部分州政府都已建立和实施了绩效管理，目前的重心已转入在城市及县一级的政府推行绩效管理。

平衡计分卡首先是在美国的众多企业得到实施，如今已经推广到全球很多国家的企业。在行业上，平衡计分卡几乎涉足了各个行业，全球各个行业的企业（甚至包括一些非营利性机构）对平衡计分卡的需求每年也以成倍的速度增长（见图2-6）。

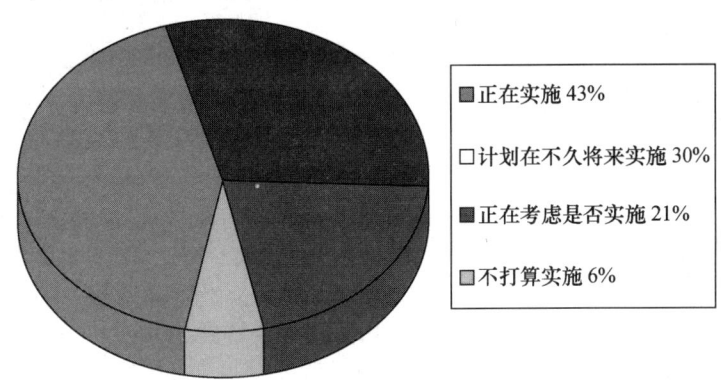

图 2-6 全球范围内企业平衡计分卡使用情况

资料来源：Balaoced Scorecard Collaborative Ptg Ltd. Clobal BSC Treods - 2003 Clobal Surveg Results.

平衡计分卡在美国乃至全球的企业得到广泛的认同，标志着平衡计分卡已经进入了推广与应用的时代。在平衡计分卡推广与应用的过程中，其理论的体系也在不断地丰富与完善：

1996年，Kaplan和Norton在《哈佛商业评论》上发表了第三篇关于平衡计分卡的论文，他们一方面重申了平衡计分卡作为战略管理工具对于企业战略实践的重要性；另一方面从管理大师彼得·德鲁克的目标管理中吸取精髓，在论文中解释了平衡计分卡作为战略与绩效管理工具的框架，该框架包括设定目标、编制行动计划、分配预算资金、绩效的指导与反馈及连接薪酬激励机制等内容。1996年，他们还出版了第一本关于平衡计分卡的专著《平衡计分卡》，该著作更加详尽地阐述了平衡计分卡的上述两个方面。

2001年，随着平衡计分卡在全球的风靡，Kaplan和Norton在总结众多企业实践成功经验的基础上，又出版了他们的第二部关于平衡计分卡的专著《战略中心组织》。在该著作中，Kaplan和Norton指出企业可以通过平衡计分卡，依据公司的战略来建立企业内部的组织管理模式，将企业的核心流程聚焦于企业的战略实践。该著作的出版标志着平衡计分卡开始成为组织管理的重要工具。

2002年，保罗·尼文——一个成功实施平衡计分卡的管理顾问，出版了导入BSC的操作纪实性著作——《平衡计分卡实用指南——战略经营时代的管理系统》（Balanced Scorecard step by step：Maximizing Performance and Maintaining

Results)。在这本书中,尼文先用两章阐述导入平衡计分卡的需求和作用;然后用十章说明了完全导入 BSC 的步骤和过程,包括制订导入计划、提炼使命、价值观、愿景和战略,制定绩效目标,找到因果关系链,规划行动措施,逐级建立 BSC,将预算和 BSC 结合,将报酬与 BSC 结合,BSC 结果报告,后期维护 BSC;最后又用两章讲述非营利组织 BSC 的导入与实施 BSC 的总结。

2004 年 2 月,卡普兰和诺顿出版了《战略地图——把无形资产输出为有形成果》(Strategy Maps: Converting Intangible Assets into Tangible Outcomes),从而把平衡计分卡的应用再次推向新的高度。

现代平衡计分卡的内涵已经远远超越了传统平衡计分卡的概念,用一个公式来表达,就是"BSC + MAP + SFO"的综合体。其中,BSC(Balanced Score Card)为传统四个角度概念的平衡计分卡;MAP(Strategy Map)为用于明晰战略和沟通战略的战略地图;SFO(Strategy Focused Organization)是把平衡计分卡作为战略执行工具来使用时的实施原则和实施过程。

(二) 平衡计分卡的特点

平衡计分卡方法打破了传统的只注重财务指标的业绩管理方法。平衡计分卡认为,传统的财务会计模式只能衡量过去发生的事情(落后的结果因素),但无法评估组织前瞻性的投资(领先的驱动因素)。在工业时代,注重财务指标的管理方法还是有效的。但在信息社会里,传统的业绩管理方法并不全面,组织必须通过在客户、供应商、员工、组织流程、技术和革新等方面的投资,获得持续发展的动力。正是基于这样的认识,平衡计分卡方法认为组织应从四个角度审视自身业绩:学习与成长、业务流程、顾客、财务。

平衡计分卡采用了衡量未来业绩的驱动因素的指标,弥补了仅仅衡量过去业绩的财务指标的不足。计分卡的目标和指标来源于企业的愿景和战略。这些目标和指标从四个层面来考察企业的业绩,即财务、客户、内部业务流程、学习与成长。这四个层面组成了平衡计分卡的框架(见图 2-7)。

平衡计分卡反映了财务、非财务衡量方法之间的平衡,长期目标与短期目标之间的平衡,外部和内部的平衡,结果和过程的平衡,管理业绩和经营业绩的平衡等多个方面。所以能反映组织综合经营状况,使业绩评价趋于平衡和完善,利于组织长期发展。

平衡计分卡是一个全面的框架,它帮助高级管理层把公司的愿景和战略转变为一套连贯的业绩指标。平衡计分卡提供一个框架、一种语言,以传播使命和战略,它利用衡量指标来告诉员工当前和未来成功的驱动因素。高级管理层通过计分卡阐述企业渴望获得的结果和这些结果的驱动因素,借此凝聚企业员工的精力、

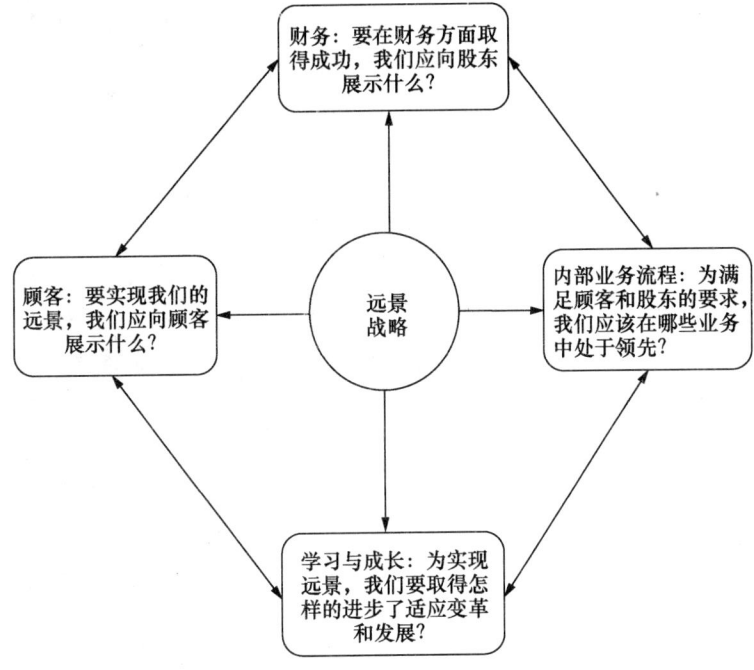

图 2-7 平衡计分卡框架

能力和知识来实现长期目标。平衡计分卡的四个层面使企业能够在短期目标和长期目标、结果和动因、硬性客观指标和软性主观指标之间达到平衡。平衡计分卡四方面具有依次保障促进的关系:"学习及创新"是长期、基础和过程型关键成功因素,其保障促进"内部运营";"内部运营"是改进企业业绩的重点,相对为半基础、间接和过程型关键成功因素,其保障促进"满足客户需求";"满足客户需求"是速效、直接和过程型关键成功因素,其保障促进"财务绩效";"财务绩效"是企业结果型关键成功因素,是企业经营管理最直观、最重要的绩效指标。

(1) 财务层面。平衡计分卡保留了财务层面,因为财务指标概括了过去的容易衡量的经济结果,自有它存在的价值。财务业绩指标可以显示企业的战略及其实施和执行是否对改善企业盈利做出了贡献。财务指标通常和获利能力有关,其衡量指标有营业收入、资本报酬率、经济增加值(EVA)等,也可能是销售额的迅速提高或创造现金流量。

(2) 客户层面。在平衡计分卡的客户层面,管理者确立了其业务单位在竞争的客户和市场,以及业务单位在这些目标客户和市场中的衡量指标。客户层面指标通常包括客户满意度、客户保持率、客户获得率、客户盈利率,以及在目标市场中所占的份额。客户层面使业务单位的管理者能够阐明客户和市场战略，从而创造出出色的财务回报。

（3）内部业务流程。在内部业务流程层面，鼓励层要确认组织必须擅长的关键的内部流程。这些流程帮助业务单位提供价值主张，以吸引和留住目标细分市场的客户，满足股东对卓越财务回报的期望。内部业务流程指标重视的是对客户满意度和实现企业财务目标影响最大的那些内部流程。

内部业务流程层面揭示了传统业绩衡量和平衡计分卡业绩衡量方法的基本差异。传统方法试图监督和改进现有的业务流程，它们可能包括质量和实效指标，从而超出财务指标的范围，但是他们重视的仍然是改善现有流程；而计分卡方法通常确认全新的流程，企业要想实现客户和财务目标，就必须善于采用这些流程。

平衡计分卡与传统业绩衡量方法的第二个不同在于把创新流程引入内部业务流程层面之中（如图2-8所示）。传统的业绩衡量系统所关心的是向当前的客户提供当前的产品和服务的流程，它们试图控制和改善目前的经营，这些经营所标志的是价值创造过程的"短波"。价值创造的"短波"从接到现有客户购买现有产品或服务的订单开始，到把产品交付客户为止。企业创造价值是通过以低于售价的成本生产产品，将其交付使用并提供服务。

但是，为了获得长期的财务成功，企业可能需要创造全新的产品和服务，以满足现有的和未来客户的新需求。创新过程代表价值创造的"长波"，对许多企业而言，创新过程在推动未来财务业绩方面比短期经营周期更为有效。对这些公司而言，成功管理一个历时多年的产品开发过程或开发另类客源的能力，对于未来经营业绩来说，同高效、稳定地和灵敏管理好现有经营相比，可能更为重要。

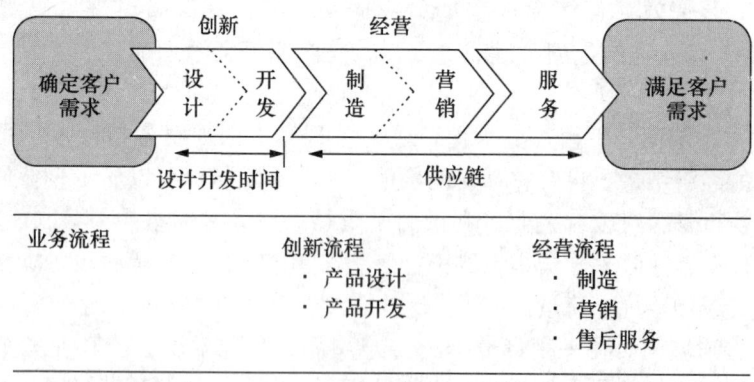

图2-8　内部业务流程价值链的层面

(4) 学习与成长层面。平衡计分卡的第四个层面是学习与成长，它确立了企业要创造长期的成长和改善就必须建立的基础框架。客户和内部业务流程层面确立了目前和未来成功的关键因素，企业利用目前的技术和能力不大可能达到客户和内部业务流程层面的长期目标；此外，激烈的全球竞争也迫使企业必须不断改善其向客户和股东提供价值的能力。

企业的学习与成长有三个主要来源——人、系统和组织程序。平衡计分卡的财务、客户、内部业务流程一般会揭示人、系统、持续的实际能力和实现突破性业绩所必需的能力之间的巨大差距。为了弥补这个差距，企业必须投资于员工技术的再造、信息技术和系统的加强、组织程序和日常工作的理顺，这些都是平衡计分卡学习与成长层面追求的目标。与客户层面一样，涉及员工的指标也包括以下概括性的指标，如员工满意度、员工保持率、员工培训和技能等，以及这些指标的特定驱动因素，如为应对竞争环境而拟定的企业特定技能的具体指数。信息系统可以通过精准的、关键的客户和内部业务信息的适时可获得性来衡量，这些信息指导一线员工的决策和行动。组织程序可以检验员工激励是否与组织总的业绩保持一致，并可衡量最关键客户和内部业务层面的改进情况。

总之，平衡计分卡以一套平衡的框架，把愿景和战略转变为目标和指标，包括预期成果指标和驱动这些预期成果的流程。

（三）平衡计分卡的适用原则

平衡计分卡不适用于那些不求发展的企业。换句话说，只有在相当长一段时间内有稳定追求目标的企业或企业内组织，才可以设计和导入平衡计分卡系统。要使用平衡计分卡必须有三个条件：高层支持、学会并习惯用指标衡量工作、有一套保证实施BSC的工作流程。另外，导入和实施平衡计分卡还需要有一定的资源和成本，这就需要权衡付出与收获。学习和了解平衡计分卡，并非让我们不择时机地导入平衡计分卡系统，而是要我们从中体会出一些管理思想，把它们应用到实际工作中。

平衡计分卡是增强公司长期战略计划编制和战略沟通的一个工具，因此其最佳的用途在于战略管理方面，用于识别和监控企业各个层级上的关键衡量标准，目的是将管理层制定的战略与运作层面的活动整合起来，从财务、顾客、业务流程和内部学习这四个方面帮助管理层对所有具有战略重要性的领域作全方位的思考，确保日常业务运作与企业管理高层所确定的经营战略上下一致。

平衡计分卡是一个较之传统绩效评价体系更为复杂的系统，其实施需要具有相当完备的管理基础,包括计划预算管理系统、财务核算系统、管理信息系统、内部业务流程系统等。仅举数据采集的一个方面为例,由于平衡计分卡对企业、市场和外部环境接受和反馈信息的要求很高,在数据采集过程中面临两个突出问题:外部数据的可靠性和内部数据处理的繁杂性。虽然说不需要对每个指标的数据进行跟踪报告,但在作分析的时候,却需要把每个指标数据的分析汇总在一起,以更好地说明公司平衡计分卡的完成情况。

所以说平衡计分卡更适用于那些处于生命周期成熟阶段的企业,那些处于初创和发展阶段的企业不应盲目应用,要待发展时机成熟后再行使用。总之,引进与否和引进的时机,还需量体裁衣。

企业在考虑采用平衡计分卡之前,最好先仔细考虑以下几个问题:

(1) 企业是否对外面临一定的竞争压力。竞争压力是企业谋求发展的内在动力,这正好是平衡计分卡得以实施的内在原因。但采取行动必须以竞争被企业所感知为前提条件。如果竞争压力较大,但企业尚未感知,这种竞争也是不会形成发展动力的。对于这样的企业,员工不可能很好地配合。如果管理者为了赶时髦而引入平衡计分卡,是不会起到应有的积极作用的。

(2) 企业是否已经具备了一个较为完整的价值链基础。企业的活动范围需要遍及整个价值链——创新、经营、营销、分销、服务,这也是为什么倡导实施平衡计分卡的最理想平台是战略业务单位,要拥有自己的产品与客户、自己的营销渠道与自己的生产设施。

(3) 企业是否以目标战略为导向。当企业树立了长远发展目标后,战略的作用就是为解决"如何才能达到这个目标"的问题提供思路。如果不以战略为导向,平衡计分卡就和其他的考核方法没什么区别,平衡计分卡的成功之处就是将企业战略置于管理的中心,当企业决定实施平衡计分卡时,一定要关注一个关键问题,即找出并改进与公司战略和平衡计分卡不一致的结构和流程。应当根据战略制定实施—评估—调整的流程,重新整合企业的职能资源,把企业设计成战略中心型和流程导向型组织,这样才能让平衡计分卡在各级组织中顺利地运行起来,真正达到平衡计分卡应有的功效。

(4) 企业的战略目标是否能够层层分解。战略决定了组织,组织则支撑企业的战略实现,平衡计分卡作为战略管理的工具,更需要组织的保障。从组织层次上来看,企业绩效还可以划分为员工个人绩效、团队绩效和总体绩效三个层次来度量。所以平衡计分卡必须将公司、部门和个人三者的利益结合起来,即能够把组织内部的部门、工作组、个人的目标达成一致,其中个人利益能够服从组织的整体利益,这是平衡计分卡研究的一个重要前提。我们可以以平衡计分卡为经,以个人绩效发展为纬,促使个人绩效发展与组织目标战略相联结,以建构一套客观的量化指标，将企业的愿景与使命透过平衡计分卡的财务、顾客、内部流程、学习成长四大板块构成整合。

（5）企业是否兼具了"绝对的集中"与"绝对的民主"的管理风格。在激烈的竞争中，采用平衡计分卡要求企业必须采取"四轮驱动"（前轮是员工的积极参与，后轮是管理者的管理）模式，唯有这样，才能使企业机动灵活、反应快速地运行于市场经济之中，而不会陷入经营管理失败的泥潭之中。首先，理想的平衡要求企业的最高管理层、决策层能够绝对控制全局；其次，平衡计分卡又必须在一个民主式管理风格的企业平台上运行，使员工能够充分参与企业战略的制定与实施。

（6）企业是否具备了较高的成本管理水平。平衡计分卡要求衡量出一位顾客给企业带来的利润是多少，这个要求在传统的成本管理方法下是不能实现的。如果一个管理成本较高的企业实行平衡计分卡后成本管理水平没有变化，则势必增加管理成本，有可能得不偿失。只有引入新的成本管理方法，诸如作业成本法，才能真正发现每一位顾客所能给企业带来的利润情况。当然，除了成本之外，企业还需要注重产品的质量及其他一些影响顾客的因素。

因此，虽然平衡计分卡是一种较为全面的绩效考核系统，但它并不能解决企业的一切问题，由于不同的企业有不同的特点，处在不同的发展阶段，如果无视企业自身实际的条件，不做好充分的准备，不能看到其存在的不足，而盲目跟进或模仿，反而会适得其反。因此说，是否引进或建立平衡计分卡绩效系统，要结合自身的具体情况对企业做了一个基本的、客观的、公正的剖析之后，再决定是否要引进平衡计分卡。

（四）平衡计分卡的管理优势

平衡计分卡为战略绩效管理和企业战略管理提供强有力的支持。平衡计分卡分析设立四方面关键成功因素，通过建立各级业务单元乃至各岗位的关键绩效指标，并与企业战略目标紧密相连，形成有机统一的企业战略保障体系和绩效评价体系，可以促进各岗位工作的有序和效率，明显节约企业管理者的时间，提高企业管理的整体效率和业绩。

平衡计分卡作为平衡财务指标和非财务指标的绩效评价工具，平衡是其最突出的优势，主要表现在以下四个方面：

（1）财务指标与非财务指标的平衡。平衡计分卡不仅包括财务指标，而且包括非财务指标。通过从财务、客户、内部业务流程、学习和成长四个纬度全面考察企业绩效，平衡计分卡体现了财务指标与非财务指标（客户、内部业务流程、学习与成长)之间的平衡。

(2) 长期目标与短期目标的平衡。平衡计分卡将企业的长期战略目标层层分解至部门和个人，部门和个人根据企业总计分卡制定出自己的分计分卡。部门和个人计分卡既体现了长期目标，也包括阶段性目标以及行动方案。通过这种从上到下的分解和联结，平衡计分卡在关注企业长期发展的同时也关注了近期目标的完成，从而使长期目标和短期目标之间达到一种平衡。

(3) 领先指标与滞后指标的平衡。财务、客户、内部业务流程、学习和成长这四个方面既包括领先指标，也包括滞后指标。财务指标就是一个滞后指标，只能反映过去经营情况的结果，不能告诉结果的原因以及怎样改善业绩。而客户、内部业务流程、学习和成长属于领先指标，对领先指标的关注使企业更关注过程，关注未来能力的提高，而不仅仅是事后的结果。平衡计分卡通过对结果和过程的同时关注，达到了领先指标和滞后指标的平衡。

(4) 内部和外部的平衡。在平衡计分卡的指标体系中，股东与客户属于外部群体，员工和内部业务流程属于内部群体。为了有效地解决这些不同群体之间的矛盾和冲突，平衡计分卡综合考虑这些内外群体的不同需求，寻找他们之间的利益共同点，利用因果关系链把他们不同的利益需求协调起来，从而达到了内部和外部的平衡。

平衡计分卡改进了传统绩效评价的不足，能提高企业激励作用。传统的绩效评价方法要么单通过财务指标评价，其覆盖面适用部门和岗位过窄；要么是对定性的分散的工作任务设立和评价，难以保障公平性、系统性以及战略目标的实现。平衡计分卡通过四方面指标的系统分解和评价，更加体现出管理的系统性和评价的公平性，明显改进了传统绩效评价的不足。平衡计分卡有利于促进企业凝聚力和员工参与管理的热情。平衡计分卡通过指标分解让员工参与管理指标的设立，让员工了解到企业战略，让员工认识到自身工作对企业战略及整体业绩的作用，有利于促进团队合作和企业凝聚力，增强员工参与管理的热情，有利于战略的更好执行。

四、基于平衡计分卡的绩效管理体系设计

(一) 前期准备工作

1. 转化战略为可执行的方案

通过战略地图的展开与平衡计分卡的导入，将使命愿景与战略转化为可提供

执行的语言,来理清目标值与行动方案,并以此作为具体的目标与行为准则,以及绩效衡量的指标。也就是说,目标值、行动方案与绩效衡量指标都必须与战略紧密联结才行。

2. 高层主管的支持与参与投入

高层主管的全力支持与参与投入是实施平衡计分卡能否成功的关键因素。通过平衡计分卡所发展的新的管理模式,让经营团队能够将资源运用在与战略相关的方案上,并将战略权责明确,以与战略联结的绩效衡量指标来落实绩效导向的企业文化,以利于组织追求与战略相关的成果。这些动作都需要在高层主管的严加规范要求下才能完成,要以实际行动证明,而非仅精神支持、口头说说而已。当组织上下都能将此精神加以落实,平衡计分卡的作用很快就能实现。

3. 使组织协调一致

不论是企业的总部,还是战略性事业部门,或是战略性支持部门,延伸至战略合作伙伴,从组织内到组织外,都必须清楚该企业的战略方向是什么,并让所有行为都能与组织战略相符,资源分配优先级都能俨然有序,这样才能使组织内外成为战略聚集,且目标一致、行动协调的生命共同体。

4. 将战略落实为每个人的日常工作

让组织所有相关成员都明白企业的战略是什么;同时也要让每个人清楚地知道他对组织战略的贡献是什么;他在战略中扮演的角色是什么;他要怎样做才能帮助组织实现目标;等等。通过领导者有效地沟通创造内部激励制度,并配合激励制度让员工的行为与认知能够与战略息息相关,最终落实在企业文化中,成为每个人在行动时参考的行为准则。

5. 持续性的循环流程

平衡计分卡要能与各种管理制度加以联结,如预算制度、作业管理等,同时它也是一个需要不断反馈与学习的过程。战略需要通过这样的机制不断地修正,行动方案也需要不断地随实际情况来检讨并加以改善。管理可因此而与战略相联系。同时,战略在通过验证与改进的循环下将可以更加精细。此外,平衡计分卡可以协助组织从董事会、总公司、事业部门、运营部门到员工各层次落实战略,并使治理流程协调一致,提高透明度;它也提供了一个描述战略及将战略落实的战略管理架构与沟通平台,创造出持续改善的企业文化。

另外,高层主管要能清楚地描绘出对股东及顾客来说最重要的目标,同时,也要能够找出对创造股东及顾客价值的重要流程。当然,也必须要找出可以改善这些重要的内部流程的相关人力资本、信息技术、组织文化等,这些都是成功导入平衡计分卡所不可缺少的。

（二）编制绩效计划

绩效计划是绩效管理的起点，在绩效计划阶段，企业的战略从平衡计分卡的四个角度在公司层面、部门层面和个人层面展开和分解，形成具体的、可衡量的目标、指标、目标值，并根据战略重要性为每一个指标配备权重。平衡计分卡作为绩效管理的工具，在绩效计划的编制过程中起到十分重要的作用。为确保公司各个层面的绩效计划与公司战略相一致，可借助平衡计分卡将公司的战略最终落实到公司层面的平衡计分卡上，再进一步将绩效目标层层分解，进而构建部门层面和个人层面的计分卡。

平衡计分卡与绩效计划制订流程：

（1）战略研讨，绘制《战略地图》。战略研讨是平衡计分卡与绩效计划编制的第一步。在该步骤推进小组应当与公司的高级管理层组织公司战略的研讨会议，以此来确定公司的使命、价值观、愿景及战略目标；还应当对战略实现的关键流程与指标结合价值树模型进行讨论；最后在此基础上绘制出《战略地图》。《战略地图》将是构建公司平衡计分卡的重要依据。

《战略地图》一般可分为公司、部门等层面的战略地图，其层级划分可与公司组织架构的层级相互对应。《战略地图》的成果文件不仅仅是一张图，还包括与战略地图周期相对应的3~5年《平衡计分卡》、《单项战略行动计划表》。

（2）构建公司平衡计分卡，编制公司《经营绩效计划》。战略目标的转化及流程指标在公司层面称为公司KPI指标体系，公司KPI指标体系中有两种类型：一是考核指标；二是分解指标。考核指标是指考核整个公司经营绩效水平的重要指标，它们的直接责任人就是公司的总经理（也可分解至副总经理、总监甚至部门、员工层面）；而分解指标则不考核整个公司，分解到副总经理，总监及部门层面甚至员工层面的指标。

选择公司的考核指标应当尽量是《战略地图》中那些滞后/结果性的KPI指标。在公司考核KPI指标转化出来后，还要对这些指标进行检视，以剔除一些数据获取成本较高等原因而不能衡量的指标；在指标确定后，还要根据公司经营预算等计划确认指标的值；随后推进小组应当组织各个职能领域的负责人收集公司经营计划，并将这些计划与预算资金的分配结合起来，并最终选择部分计划落实到公司层面的平衡计分卡上。当这些工作全部完成后，就可以得到一个完整的公司层面的平衡计分卡。接下来要做的就是让公司董事会确认计分卡（还需对这些指标进行书面解释，填写《考核指标解释表》），公司整体年度《平衡计分卡》与年度平衡计分卡的《单项行动计划》、《绩效考核表》共同构成了公司的绩效计划——《公司经营绩效计划》。另外，还可以把其他高管人员的个人平衡计分卡与绩效计划也纳入在公司层面。

（3）构建部门平衡计分卡，编制部门《经营绩效计划》。在完成第二个步骤的工作后，推进小组就要组织相关人员进行部门平衡计分卡的构建。这项工作的前提是检查、改进原有组织架构设置存在的问题，并对部门的职能进行描述；随后，就可以对公司的 KPI 指标体系进行分解，在分解的同时要注意根据各个部门的职能对分解的指标进行修正、补充，并兼顾其与部门分管上级的指标关联度；在得到部门的 KPI 指标体系后，同样要根据部门策略的重点选择出考核指标与分解指标。如有必要还可绘制出《部门策略规划图》，它能比较直观地反映出公司部门策略的重点；然后要对部门的考核指标进行检验，剔除一些不符合实际情况的 KPI 指标；此外还要让分管领导和部门经理共同确认部门的考核指标并对这些指标进行解释，填写《部门指标解释表》，并让相关部门提供指标值，在公司的经营计划中找出部门指标对应的单项行动计划。

当完成上述工作后，就可以得到部门层面的《平衡计分卡》了，它和各个部门的《单项行动计划》、部门经理的《绩效考核表》共同构成公司部门层面的《经营绩效计划》。经总经理的确认、审批后，这些部门的经营绩效计划就可以付诸实施了。

（4）构建个人平衡计分卡，编制员工《个人绩效计划》。当推进小组完成部门层面平衡计分卡与绩效计划的编制后，就可以开始构建员工个人层面的平衡计分卡了。和部门平衡计分卡与绩效计划编制一样，这些工作的前提是职位梳理，明晰岗位的职责并建立任职资格体系。岗位职责是设定个人 KPI 指标的依据，而任职资格体系则是确定个人学习发展计划的重要前提条件。

首先，应当将部门 KPI 指标体系在部门内部各岗位之间进行分解，并结合岗位职责进行补充、修正以选择考核指标；其次，在完成对上述指标的检视后，还需要对各个指标进行解释，填写《指标解释表》；最后，在获得岗位的 KPI 指标后，就可以组织个人平衡计分卡的填写工作，并指导各级主管与员工编制学习发展计划。员工个人《平衡计分卡》和《绩效考核表》构成了员工《个人绩效计划》的主要内容，在实际操作中，为了实现简单有效管理也可将两表合一，只设计《绩效考核表》。

（三）平衡计分卡的绩效指标设计

1. 指标分解

平衡计分卡指标体系包括四种，即财务指标、顾客指标、企业内部运作流程指标和学习、创新与成长指标。平衡计分卡绩效管理系统不仅仅为企业提供了一种全新的绩效管理系统框架,同时也为企业的战略与绩效考核之间的联系提供了思路与方法,其方法主要是通过企业关键成功因素(CSF)和关键绩效指标(KPI)相结合来设置绩效管理体系,描述企业的战略框架。并通过财务、顾客、内部运作流程、学习、创新与成长四个方面的指标之间相互作用来表现组织的战略管理轨迹。由于指标体系较多,可以把四个部分的指标进一步细分,这样便于对不同层面进行更为细致的考察(见表2-3、表2-4、表2-5、表2-6)。

表2-3 财务指标构成

1	第二层指标	第三层指标
财务指标	盈利指标	总资产报酬率
		净资产收益率
		经济增加值(EVA)
		销售利润率
		成本费用利润率
		人均收益
	资产营运	总资产周转率
		流动资产周转率/存货周转率
		应收账款周转率
		不良资产比率
		现金流量
	偿债能力	资产负债率
		流动比率
		速动比率
		已获利息倍数/利息保障倍数
	增长能力	销售增长率
		资本积累率
		总资产增长率
		利润增长率
		投资增长率
		固定资产更新率

表2-4 顾客指标构成

2	第二层指标	第三层指标
顾客指标	成本	顾客购买成本
		顾客使用成本
		顾客处置成本
		顾客服务成本
	质量	质量控制体系
		服务速度及效率
		顾客抱怨频率/比例/类型
	及时性	准时交货率
		产品生产周期
	顾客忠诚度	顾客终身价值
		流失顾客人数
		挽留顾客成本
	吸引新顾客能力	顾客开发成本
		新顾客比率
		新顾客占潜在顾客的比例
	品牌	品牌认知度
		品牌美誉度
	市场占有率	以客户数量计算的占有率
		以销售额计算的占有率

表2-5 企业内部运作流程指标构成

3	第二层指标	第三层指标
内部运作流程指标	创新流程	R&D占总销售额的比例
		新产品开发周期
		新产品销售收入百分比
		新产品的投资回报率
	内部运作流程	单位作业成本
		管理成本
		次品数量
		运作流程周期
		业务流程顺畅

续表

3 内部运作流程指标	第二层指标	第三层指标
	客户服务流程	服务成本/次
		服务质量
		客户投诉响应时间
		订货交货时间
		顾客对服务的满意率
	供应链管理流程	供应商/渠道关系
		渠道密度

表2-6 学习、创新与成长指标构成

4 学习、创新与成长指标	第二层指标	第三层指标
	员工素质	员工的知识结构/层次
		人均培训费用
		员工经验/态度
		年培训时数
		技能改进
	员工生产力	人均产出
		人均专利/专有技术
		新的专利/这专有技术数量
	员工士气	员工流动率
		抱怨数量
	员工满意度	员工满意度
		员工获提升比率
		管理者的内部提升比率
	竞争力	适应性
		专有技能

2. 用 ANP 方法确定 BSC 的指标权重

网络分析法（Analytic Network Process，ANP）是美国匹兹堡大学的 T. L. Saaty 教授于1996年提出的一种适应非独立的递阶层次结构的决策方法，它是在层次分析法（Analytic Hierarchy Process，AHP）的基础上发展而形成的一种新的实用决策方法。

ANP 首先是将系统的元素分为两部分：第一部分为控制因素层，包括问题目标及决策准则。所有的决策准则是相互独立的，且只受目标元素的支配。控制因素中可以没有决策准则，但应有一个目标，控制层中每个准则的权重均可由 AHP 层次分析法得到。第二部分为网络层，是由所有受控制层支配的元素组成的，其内部是相互影响的网络结构。图 2-9 就是一个典型的 ANP 结构。

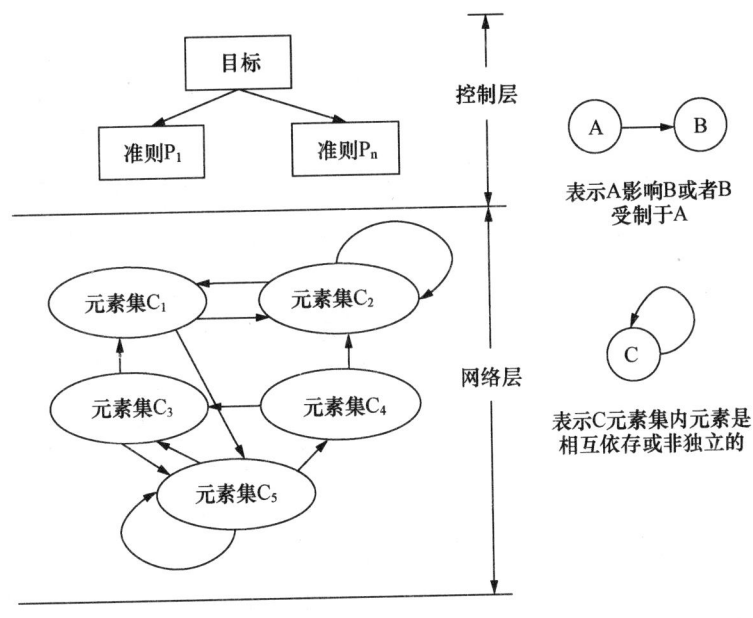

图 2-9　ANP 的典型递阶层次

AHP 的一个重要步骤就是在一个准则下，受支配元素进行两两比较由此获得判断矩阵，但在 ANP 中被比较元素之间可能不是独立的，而是相互依存的，因此这种比较将以两种方式进行：

A. 直接优势度：给定一个准则，直接比较两元素对于该准则的重要程度；

B. 间接优势度：给定一个准则，在准则下比较两元素对于第三个元素（称为次准则）的影响程度。

A 比较适用于两元素间相互独立的情形，B 比较适用于两元素间互相依存的情况。优势度量化可按表 2-7 所示的 1~9 标度表进行。

（1）超矩阵 W 的建立。设 ANP 的控制层中有元素 p_1，p_2，$\cdots$，p_m，控制层下网络层有 C_1，C_2，$\cdots$，C_N，其中 C_i 中有元素 e_{i1}，e_{i2}，$\cdots$，e_{in_i}（$i=1$，2，$\cdots$，N）。以控制层元素 p_s（$s=1$，2，$\cdots$，m）为准则，以 C_j 中元素 e_{jk}（$k=1$，2，$\cdots$，n_j）为次准则，将元素组 C_i 中元素按其对 e_{jk} 的影响力大小进行间接优势度比较，即在准则 p_s 下构造判断矩阵：

表2-7 1~9标度表

标度	定义
1	两个子准则同样重要
3	一个子准则比另一个子准则略重要
5	一个子准则比另一个子准则较重要
7	一个子准则比另一个子准则非常重要
9	一个子准则比另一个子准则绝对重要
2, 4, 6, 8	为以上两判断之间状态对应的标度值 若两个判断应素的位置颠倒,则标度值互为倒数

e_{jk}	$e_{i1}, e_{i2}, \cdots, e_{in_i}$	归一化特征向量
e_{i1}		$w_{i1}^{(jk)}$
e_{i2}		$w_{i2}^{(jk)}$
$\vdots$		$\vdots$
e_{in_i}		$w_{in_i}^{(jk)}$

并由特征根法得权重向量 $w_{i1}^{(jk)}$, $w_{i2}^{(jk)}$, $\cdots$, $w_{ini}^{(jk)}$。对于, $k=1, 2, \cdots, n_i$ 重复上述步骤,得到式(2.1)所示矩阵 W_{ij}。

$$W_{ij} = \begin{pmatrix} w_{i1}^{(j1)} & w_{i1}^{(j2)} & \cdots & w_{i1}^{(jn_j)} \\ w_{i2}^{(j1)} & w_{i2}^{(j2)} & \cdots & w_{i2}^{(jn_j)} \\ \vdots & \vdots & \ddots & \vdots \\ w_{in_i}^{(j1)} & w_{in_i}^{(j2)} & \cdots & w_{in_i}^{(jn_j)} \end{pmatrix} \quad (2.1)$$

这里 W_{ij} 的列向量就是 C_i 中的元素 e_{i1}, e_{i2}, $\cdots$, e_{in_i} 对 C_j 中元素 e_{j1}, e_{j2}, $\cdots$, e_{jn_j} 的影响程度排序向量。若 C_j 中元素不受 C_i 中元素影响,则 $W_{ij}=0$。对于 $i=1$, $2, \cdots, N$ 和 $j=1, 2, \cdots, N$ 重复上述步骤,最终可获得准则 p_s 下的超矩阵 W。对于元素组之间存在相关关系的,需对 W_{ij} 做加权处理,权重通过把元素组整体作为元素用基本 AHP 法求得。超矩阵的个数与准则数 m 相同,它们都是非负矩阵。当然,如果在某一准则下指标体系结构为内部独立的递阶层次结构,则该超级矩阵退化为一般矩阵。

$$W = \begin{matrix} C_1 \\ C_2 \\ \vdots \\ C_N \end{matrix} \begin{pmatrix} W_{11} & W_{12} & \cdots & W_{1N} \\ W_{21} & W_{22} & \cdots & W_{2N} \\ \vdots & \vdots & \ddots & \vdots \\ W_{N1} & W_{N2} & \cdots & W_{NN} \end{pmatrix} \quad (2.2)$$

(2) ANP 法确定局部权重向量。在超矩阵 W 中，元素 W_{ij} 反映元素 i 对元素 j 的一步优势度；还可以计算 W^2，其元素 w_{ij}^2 表示元素 i 对元素 j 的二步优势度，W^2 仍然列为归一化矩阵，以此类推，可以计算 W^3，W^4，…，当 W^∞ 存在时，W^∞ 的第 j 列就是准则 p_s 下网络层中各元素对于 j 的极限相对权重向量。将上式写成式 (2.2) 的结构，则：

$$W^\infty = \begin{pmatrix} W_{11}^\infty & W_{12}^\infty & \cdots & W_{1N}^\infty \\ W_{21}^\infty & W_{22}^\infty & \cdots & W_{2N}^\infty \\ \vdots & \vdots & \ddots & \vdots \\ W_{N1}^\infty & W_{N2}^\infty & \cdots & W_{NN}^\infty \end{pmatrix} \tag{2.3}$$

其中每一行的数值，即为相应元素的局部权重向量；当某一行全部为 0 时，则相应的局部权重为 1。将局部权重按元素顺序排列即得到局部权重向量。

$$Q = [q_{11}, \cdots, q_{1n_1}, q_{21}, \cdots, q_{2n_2}, \cdots, q_{N1}, \cdots, q_{Nn_N}]^T \tag{2.4}$$

运用 ANP 确定 BSC 的指标权重时，首先运用 KPI 的方法设定评价指标体系，然后由 BSC 的因果关系链及指标之间的具体关系构造出合适的网络结构，进行元素的相互比较后，将结果输入 ANP 软件，利用 ANP 软件进行计算，求出超矩阵，从而得到指标的权重。

3. 分级实施平衡计分卡

分级是企业组织的每一个层次都运用平衡计分卡的流程。通过确定各种战略目标和指标，使这些平衡计分卡与企业组织的最高层次平衡计分卡相匹配。低层次的部门和小组将用这些平衡计分卡作为行动指南，共同完成平衡计分卡的实施。分级实施平衡计分卡，能使它运用到组织的较低层次，能让员工看到他们做的每一项具体工作为企业做出的贡献，及他们每一天的工作是如何与企业组织战略计划联系在一起的。分级平衡计分卡可以为每个员工（无论是什么职位什么级别）都提供同等的机会，证明他们的工作确实为组织目标很重要。企业在逐步实施平衡计分卡的过程中要将员工的行动与企业组织的战略始终联系在一起，而这更是平衡计分卡能否成功的关键。

如图 2-10 所示，高层次的平衡计分卡是分级工作的起始点，并作为一个整体服务于企业组织，然后再将平衡计分卡所包含的各种目标和指标传递到企业组织的下一个层次。这一层次通常是独立的业务单位。在分级的第三个层次，具体的部门和小组将以上一层次的平衡计分卡作为基础继续构建平衡计分卡。如果企业组织分级实施到这个层次，就能保证所有员工（无论什么职等和层次）都会明确各自与企业组织战略相联系的各种目标和指标，从而使企业组织从平衡计分卡中获得最大价值。

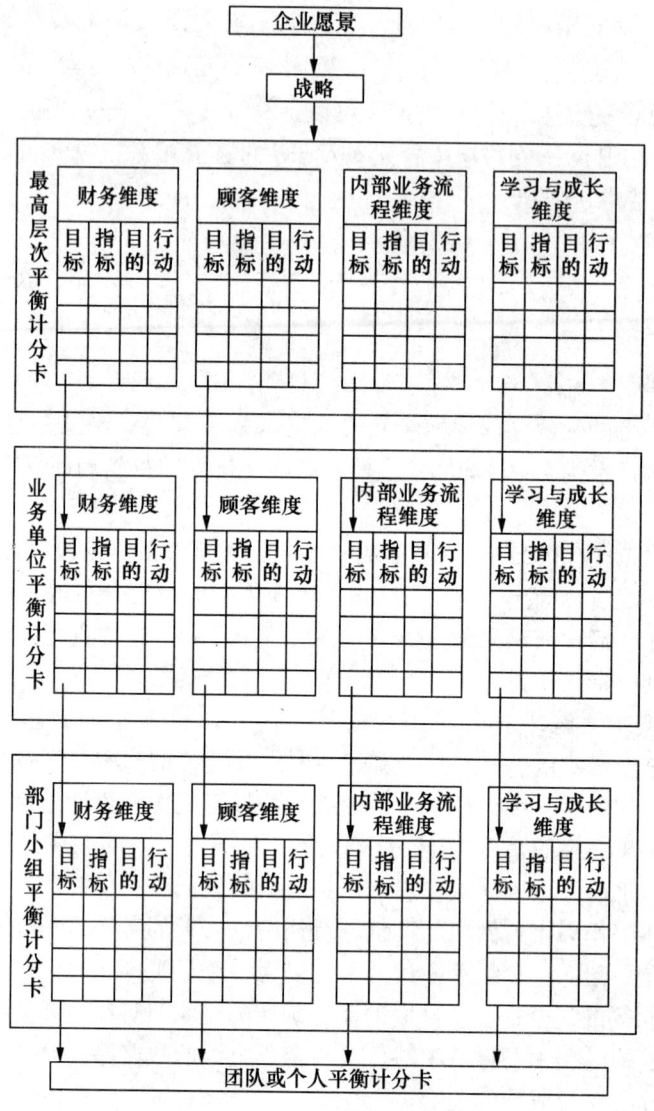

图2-10 平衡计分卡的分级实施

高层次的平衡计分卡明确了成功的关键指标,构成了一系列的因果关系链,并揭示了企业组织战略。作为实施平衡计分卡的始端,其让员工理解了构成最高层次平衡计分卡的各种目标、指标及战略意义的重要性。特别是对那些将负责在企业组织基层推行平衡计分卡的员工来说,了解这一点尤为重要,如果他们还没有完全掌握高层的各种目标和指标,那么将很难构建出与企业组织高层目标协调一致的平衡计分卡。为确保员工真正理解在高层平衡计分卡中所反映出的各种目标和指标,需首先对员工进行宣导和教育,通过调查问卷等手段反映出员工完全理解了高层次平衡计分卡并感到满意,就可以开始实施平衡计分卡的设计了。

当企业组织在第一层次逐步实施平衡计分卡时,应当始终问:"在这个层次我们做什么可以帮助企业组织实行目标?"企业组织在这一层次所设计的平衡计分卡将与最高层次的平衡计分卡协调一致,但并不需要包含相同的指标(见图2-11、图2-12)。

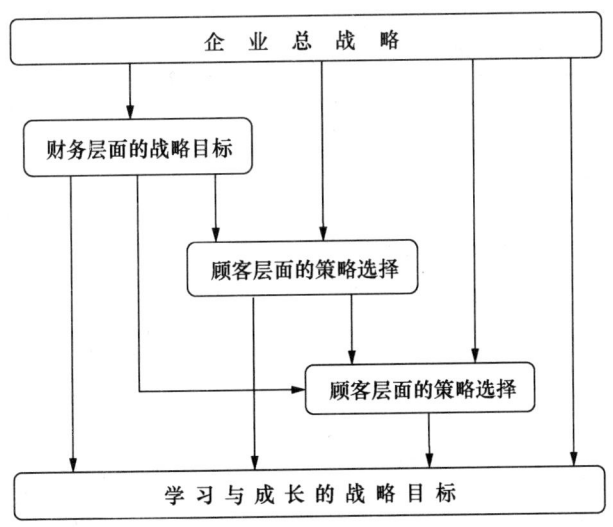

图2-11 自上而下的分解过程

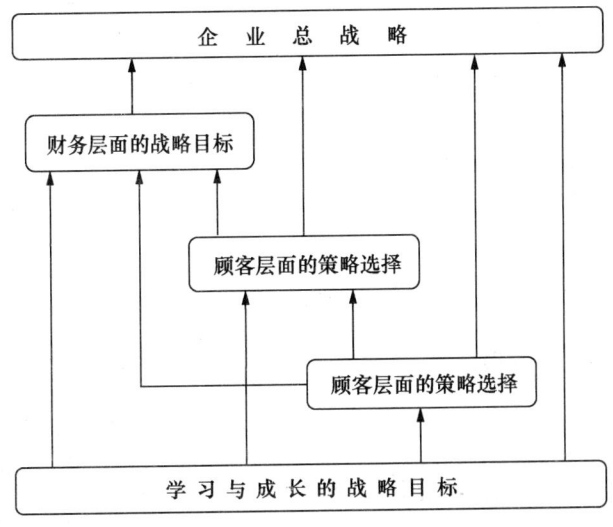

图2-12 自下而上的支持和反馈

选择首次实施平衡计分卡的部门很关键,要考虑如下两个因素:一是该部门是否支持绩效考核;二是该部门是否能够提供选用的各种绩效评价指标所需要的数据。具体可以通过表2-8来评价。

表2-8 选择平衡计分卡的首次实施部门

平衡计分卡项目组对业务部门1的评价				
标准	得分	权重(%)	总分	理由
战略	10	30	3.00	该部门最近制定了新的三年战略规划
支持	9	30	2.70	该部门的新任主管在加入公司前已经在其他机构成功地使用过平衡计分卡
需求	4	10	0.40	该部门的结果非常好,但他们并未认识到需要该工具保持成功
参与者的支持	7	15	1.05	年轻充满活力的管理层乐意采用新方法
实施范围	9	5	0.45	该部门生产的一组特别产品
数据	5	5	0.25	除了以往的成功外,他们并未曾使用过负责的绩效评价系统
资源	5	5	0.25	该部门已人手不足,难以为项目提供资源
总分		100	8.10	

总体评价:该部门得了8.10的高分(满分10分)。这是实施平衡计分卡的优秀候选部门。数据和资源方面虽然不突出,但部门主管的有力领导和新的战略计划可以弥补其不足。该部门的早期教育活动可以把重点放在强调平衡计分卡是保持长期成功的手段方法。

五、案例分析研究

(一) A公司情况简介

A公司已成立30多年,主业为笔记本电脑研发、设计、制造,已跻身美国财富杂志(Fortune)全球五百大企业。该公司2008年全球合并营收达新台币8000多亿元,税后净利润为新台币200多亿元,笔记本电脑出货量亦突破3000多万台。除了在笔记本电脑的领域中维持高成长、高品质与高评价之外,A公司更将业务遍及企业网路系统、家庭娱乐产品、行动通信产品、车用电子产品以及数码家庭产品等市场,积极拓展产业整合布局。

(二) 实施平衡计分卡的前期准备

虽然实施平衡计分卡这一项绩效管理系统是企业永续经营、持之以恒的管理思想和行为,但在导入初期,必须将它当作一个项目来管理。任何一项改革活动在实施的前期,活动通常都比较密集,因此最好控制在3~4个月内。如果前期时间较长,员工会觉得厌倦,同时又因看不到成绩而心灰意冷。A公司在导入平衡计分卡时分别从心理层面、科技层面、工作流程层面以及财务层面进行了剖析(见表2-9)。

表2-9 A公司平衡计分卡推行阻力的阶段期

	制度规划期	执行导入期
心理层面	• 认为现有的制度没有什么不好的 • 推行平衡计分卡是否会破坏既有的制度	• 新的制度推行还需要适应 • 新的制度导入会破坏既得利益者的权益
科技层面	• 平衡计分卡能与现有ERP,甚至财会、生管系统联结吗? • 是否又是另外一场e化浩劫?要多久	• 新的系统工具与KPI所需资料尚需重新定义 • IT人员也需重新学习新工具
工作流程层面	• 日常的工作已经够多了,哪里还有时间准备项目工作	• 是不是书面报告的工作又变多了? • 我是不是将来会被取代
财务层面	• 这样的制度对于财务绩效真的有帮助吗?可以衡量出来吗	• 新的制度即使可以带来财务绩效,但是符合成本利益原则吗? • 为了系统维护或是升级的成本是否庞大

由表2-9可以发现,其实所谓阻力都是有办法克服的。其中最重要的就是从长期投资(而非成本耗损)的角度来看项目目标,并且承认组织面临革新,势必有许多管理的原则与模式应该改善。实施平衡计分卡是企业持久的活动,也是一个精益求精的过程(如表2-10所示),在实施的初期不要太在意系统是否完美无缺,重点是通过检讨会议不断地改善。

会议一般的议程如下:①检讨平衡计分卡的进展(与预定目标的差距);②检查上次会议所同意的行动计划(每一次会议都要有决议和行动计划);③讨论与解决政策上或是运作上的难题。

为了顺利地推行平衡计分卡,A公司进行了内部教育培训与宣传,使员工更好地了解实施平衡计分卡的目的、内容以及需要配合的事项。推行阶段如图2-13所示。

表 2-10　A 公司平衡计分卡实施计划

编号	工作内容	WK1	WK2	WK3	WK4	WK5	WK6	WK7	WK8	WK9
I	项目管理									
1	选择实施 BSC 的业务单位									
2	成立项目委员会									
3	成立 BSC 团队									
4	BSC 讲习班									
5	检讨会议									
II	拟定战略目标									
1	拟定或修订企业愿景、战略									
2	确立实施 BSC 的目标									
3	制定成功关键要素（CSF）									
4	选择与 CSF 相关的指标									
5	找出采集有关指标的办法与基准									
6	找出影响 CSF 的核心流程									
7	分解流程									
8	制定政策和标准作业程序									
III	实施计划									
1	项目委员会核准计分卡									
2	制订实施计划与时间表									
3	BSC 实施培训									
4	项目委员会核准实施计划									

（三）规划公司的战略地图

战略是平衡计分卡的逻辑起点和核心。平衡计分卡为企业组织提供了从决定战略到实施战略的基本框架。平衡计分卡对战略进行描述，通过四个维度分别选用的各种目标与指标将战略细化，再把四个维度分别选用的各种目标与指标细化，并最终把各种绩效评价指标转化为行动。通过使用平衡计分卡作为转化战略的框架，企业组织可以找到新的评价语言去指导全体员工向着既定的方向前进。平衡计分卡与战略密不可分，卡普兰与诺顿很好地总结了这种关系："战略的制定是一门艺术，而战略的描述却不是艺术。如果我们能用更严谨的方法描述战略，那么，就能增加战略实施成功的可能性。有了体现战略的平衡计分卡，我们就有了一个可靠的基础。"战略地图是一种结构性、逻辑性非常强的战略规划工具，它将企业战略可视化并转化为一系列具有因果关系的绩效评价指标并与平衡计分卡的四个维度很好地整合在一起，因而成为经营团队讨论企业方向与优先级的共同语言（见图 2-14）。

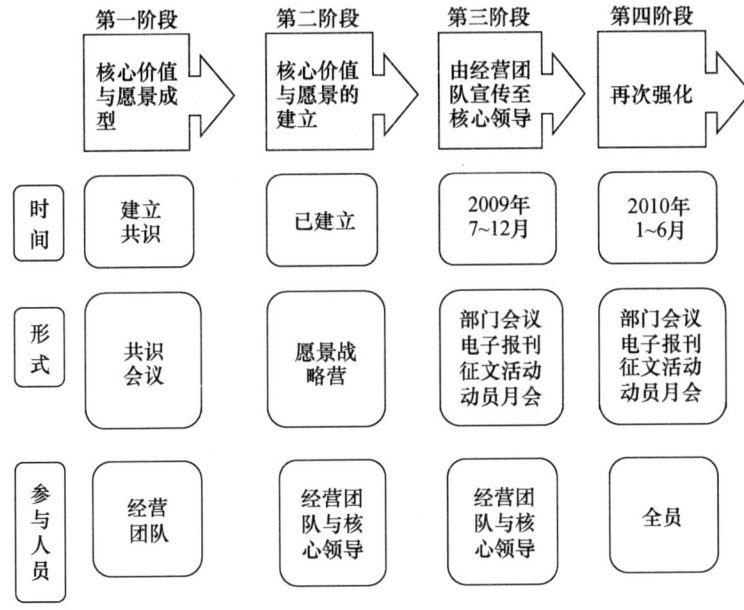

图 2-13　A 公司的愿景宣传活动

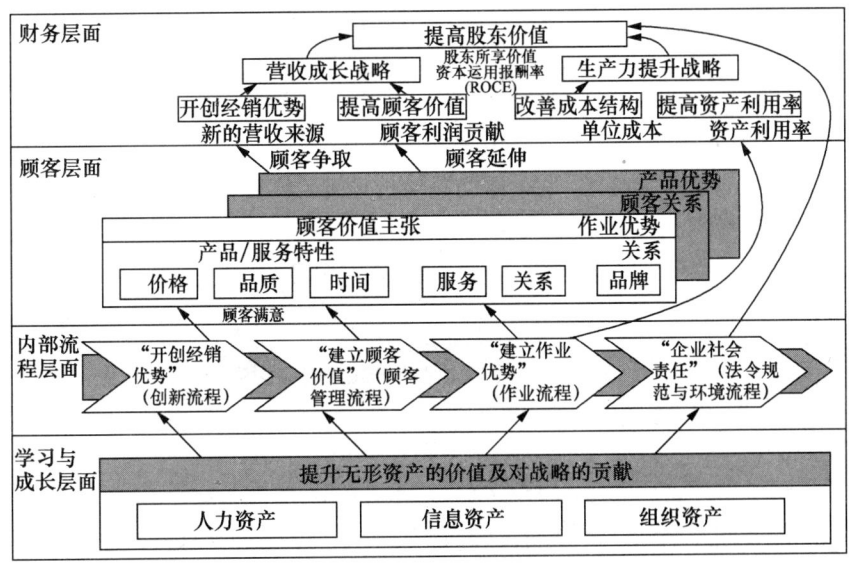

图 2-14　A 公司的战略地图

战略地图的绘制就是企业组织的战略开始。套用 PDCA 循环，A 公司的战略地图首先从顾客层面着手规划顾客价值主张以确认企业的总体竞争战略（P），内部流程层面则依此价值主张找出"关键流程"并贯彻执行竞争战略（D），以确保此关键流程保持卓越，且所有关键流程的执行成效都可以从财务层面的经济指标中得到具体的反映（C）。关键流程的有效执行，必须使学习与成长层面产生很大的改善空间，因此学习与成长主要是提供支持策略（A）（见图 2-15）。

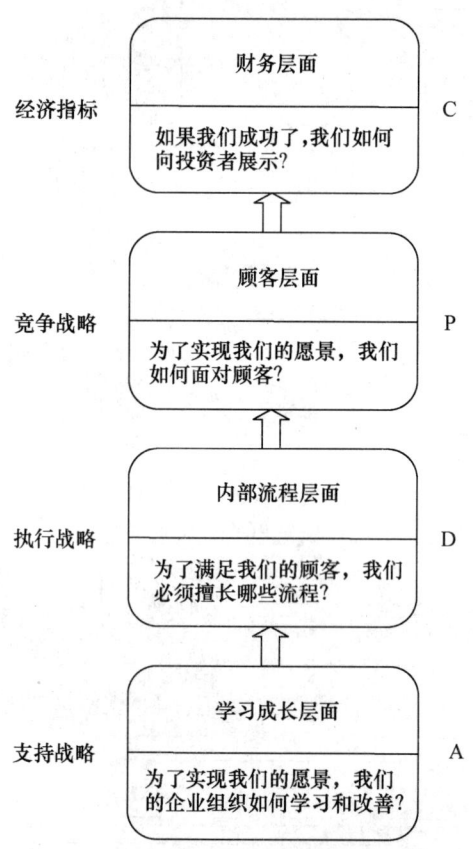

图 2-15　战略地图的 PDCA 管理循环

（四）平衡计分卡各指标的设计

Brown（1996）指出，有效的绩效评估系统的衡量指标应该具有八种特征：①绩效指标越少越好；②绩效指标必须与成功因素连接；③绩效指标必须涵盖过去、现在与未来;④绩效指标的设计必须立足于顾客、股东与其他利害关系人;⑤绩效评估应该由最高层开始向下层层分解,以确保绩效评估的一致性;⑥将多项指标合而为一,以达到更好、更全面的绩效衡量;⑦衡量的指标必须随着环境或组织的改变而有所调整;⑧绩效指标必须根据对组织的研究结果而定,并与组织目标相结合。

因此,A公司的平衡计分卡项目委员会在初步设计平衡计分卡的KPI时,正是本着以上思想,经过调查研究设立了如表2-11所示的策略指标。

表 2-11 确定测量指标

	战略主题	战略目标	测量指标
财务层面 (Financial)	财务成长	F1 资本运用回报率 F2 现有资产利用 F3 获利 F4 成本优势 F5 获利成长	・净资产收益率 ・税前利润 ・销售收入 ・资产负债率 ・出货量增长(与竞争者比较) ・成本费用总额 ・流动资金周转天数 ・非NB类产品的营业收入与毛利
顾客层面 (Customer)	双赢的商业伙伴关系	C1 高品质的产品与服务 C2 服务整体解决方案	・价格、品质 ・选择性、功能性 ・品牌形象 ・客户问卷调查
内部流程层面 (Internal)	1. 建立代工优势 2. 安全与可靠 3. 具竞争力的供应商 4. 品质 5. 社区的好邻居	Ⅰ1 创新的产品与服务 Ⅱ2 业界最佳经销团队 Ⅲ3 各厂绩效 Ⅳ4 库存管理 Ⅴ5 成本优势 Ⅵ6 符合规格与交期 Ⅶ7 提升工作环境的安全卫生	・新产品的投资回报率 ・良品率落差(下降水平) ・非计划性的停工 ・存货水准 ・缺货率 ・运营成本(与竞争者比较) ・零缺失订单 ・环境意外事件发生次数 ・工时数
学习与成长层面 (Learning & Growth)	训练有素且士气高昂的工作团队	L1 利于行动的组织气氛 L2 员工核心能力与技术 L3 战略性资讯的获取	・员工满意度调查 ・完成个人计分卡的比率(%) ・战略性员工技能 ・战略性资讯(系统)的完备率

1. 财务指标设计

财务目标能否实现是衡量企业战略目标实现的关键。在分解财务战略目标、寻找合适的财务衡量指标时，应考虑企业处于什么发展阶段，不同的发展阶段有不同的财务管理侧重点（见图 2-16、表 2-12、表 2-13）。

企业生命周期有不同的阶段：第一阶段为创业阶段；第二阶段为成长阶段；第三阶段为保持阶段；第四阶段为收获阶段。经过 30 多年的发展，A 公司已由成长阶段进入保持阶段，虽然还有所投资，但已开始获得丰厚利润，此时的投资是为了改变企业管理中的"短板"如生产能力提升、管理体系的改善提升等。在这个时期，A 公司更多地关注与获利能力有关的一些财务目标与指标。

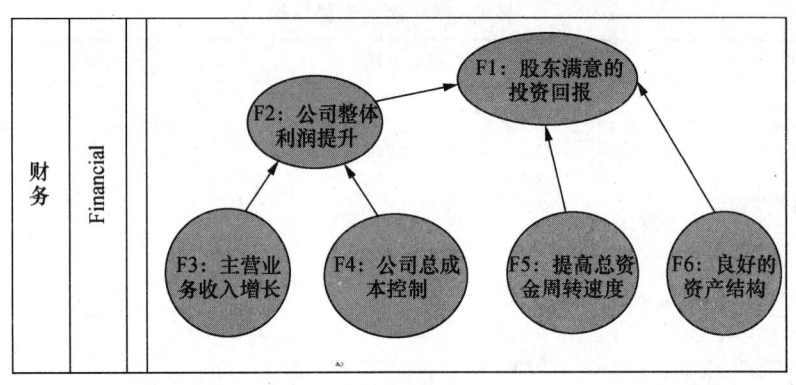

图 2-16　A 公司战略地图——财务

表 2-12　A 公司财务层面战略地图解释

维度	财务目标	KPI	目标值				实际值				责任人
			Q1	Q2	Q3	Q4	Q1	Q2	Q3	Q4	
Financial	F1 股东满意的投资回报	净资产收益率									
	F2 公司整体利润提升	税前利润									
	F3 主营业务收入增长	销售收入									
	F4 公司总成本控制	成本费用总额									
	F5 加速流动资金周转	流动资金周转天数									
	F6 良好的资产结构	资产负债率									

表2-13　A公司财务评价指标体系与指标权数

评价内容	权数 100	基本指标	权数 100	修正指标	权数 100	评议指标	权数 100
财务收益状况	40	净资产收益率	25	资本保值增值率	12	经营者基本素质	18
		总资产报酬率	15	主营业务利润率	10	产品市场占有能力	18
				成本费用利润率	8		
				盈余现金保障倍数	10	基本管理水平	12
资产营运状况	18	总资产周转率（次）	9	存货周转率	5	发展创新能力	12
		流动资产周转率（次）	9	应收账款周转率	5	经营发展战略	12
				不良资产比率	8	在岗员工素质	10
偿债能力	20	资产负债率（%）	12			技术设备更新水平	10
		已获利息倍数	8	速动比率（%）	10		
				现金流动负债比率(%)	10	综合社会贡献	8
发展能力状况	22	营业增长率	11				
		资本积累率	11				
				三年资本平均增长率	9		
				三年销售平均增长率	7		
				技术投入比率	6		
			80%			20%	

2. 顾客指标设计

卡普兰与诺顿认为顾客类目标与指标标志着企业财务目标的收入来源，需要从两个维度来考量选择：一是顾客核心成果度量；二是顾客价值主张。顾客核心成果度量是对企业在顾客、市场方面要获得的最终成果，如图2-17所示。而顾客价值主张则代表企业透过产品和服务所提供给顾客的属性，是核心顾客成果量度的驱动因素和领先指标。

A公司的顾客价值主张主要有：①提供最具市场竞争力及高品质的产品与服务；②提供包括从设计、制造到后勤支援等服务的整体解决；③与客户建立长期紧密而互信的商业伙伴关系。A公司的顾客价值主张是将差异化的竞争战略转化为战略地图，以顾客关系作为差异化战略，在企业形象、顾客服务与伙伴关系上表现得比竞争者优越，同时在产品功能性和选择性上力争超过竞争者。如图2-18所示。

平衡计分卡提供了三大类、八个顾客价值主张的属性，A公司从中选出了数个最具发展性的顾客价值主张。表2-14用系统的列表评估具有潜力的顾客价值主张并选择其中的最佳者。

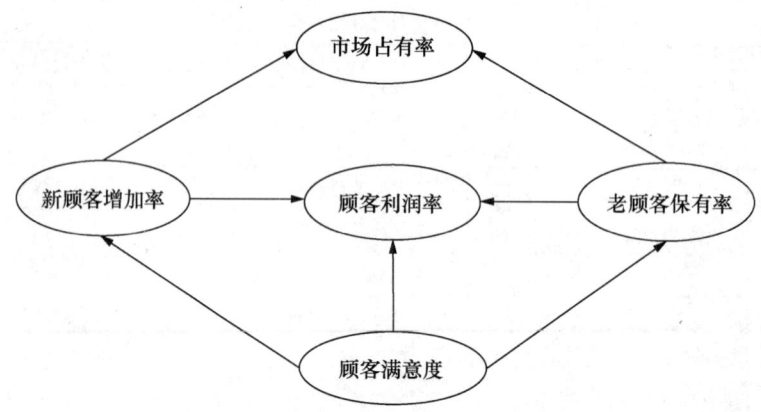

图 2-17 顾客核心成果度量因果关系链

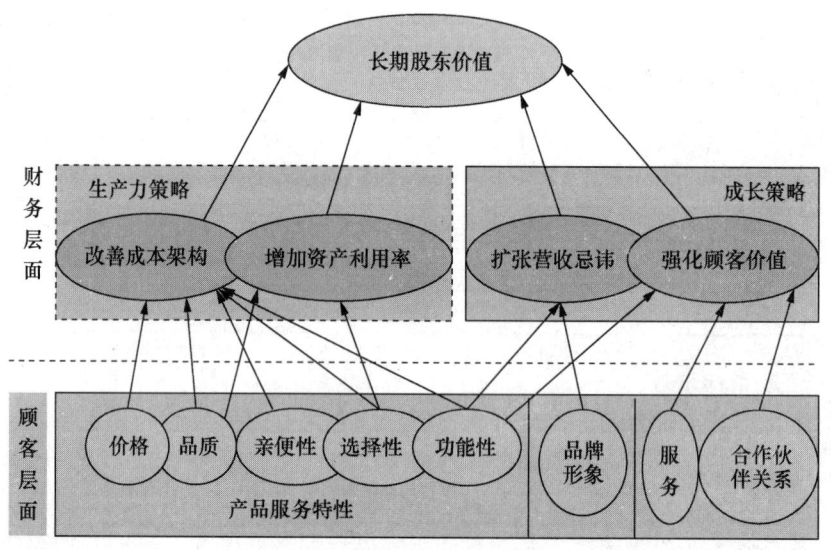

图 2-18 顾客层面与财务层面的交错支撑

由表 2-14 可见，与客户的伙伴关系是 A 公司的战略核心资源。A 公司通过满足客户的个性需求来提高客户的忠诚度和保有率。因此，A 公司采用 DRP（分销资源计划）来实现协调和优化部门运作，从而全面提升企业的盈利能力和竞争力（如图 2-19 所示）。A 公司认为以提升战略资源价值为核心，使企业实现增加收入、提高盈利性、提高用户的满意度需把握以下四个要点：如何将潜在客户变为现实客户、如何管理渠道、如何随时间的推移不断地驱动客户、如何满足不满意的客户以凝聚客户关系。

表 2-14 找出顾客价值主张

顾客价值主张	公司地位 (1~10)	竞争者地位 (1~10)	改善地位的重要性 (高·中·低)	可负担性及速度 (高·中·低)	竞争者改善地位的可能性 (高·中·低)	建议行动
价格	6	8	低	低	中	不动
品质	8	8				
亲便性	6	8	高	中	中	再观察
选择性 功能性 品牌形象服务	8	6	低	低	高	再观察
伙伴	4	3	高	高	低	投资

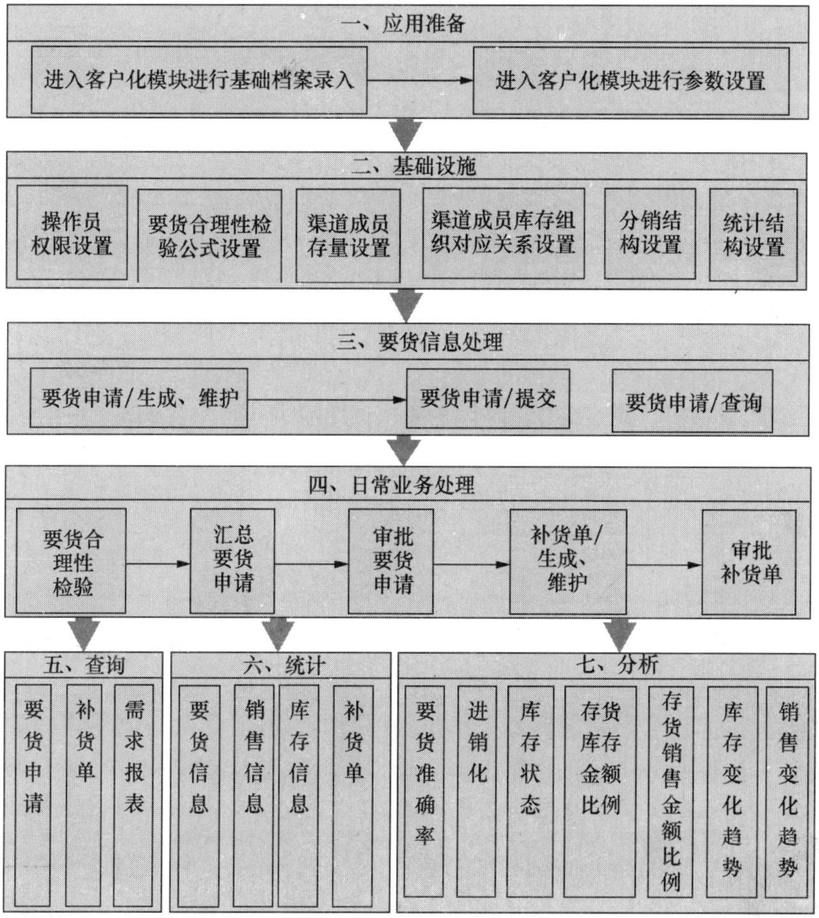

图 2-19 DRP 战略目标实现方式

3. 内部流程指标设计

内部流程层面的主要战略功能是：①支持顾客价值主张中的产品与服务特性；②间接地推动财务层面中生产力提升战略的流程与成本改善（如图2-20所示）。

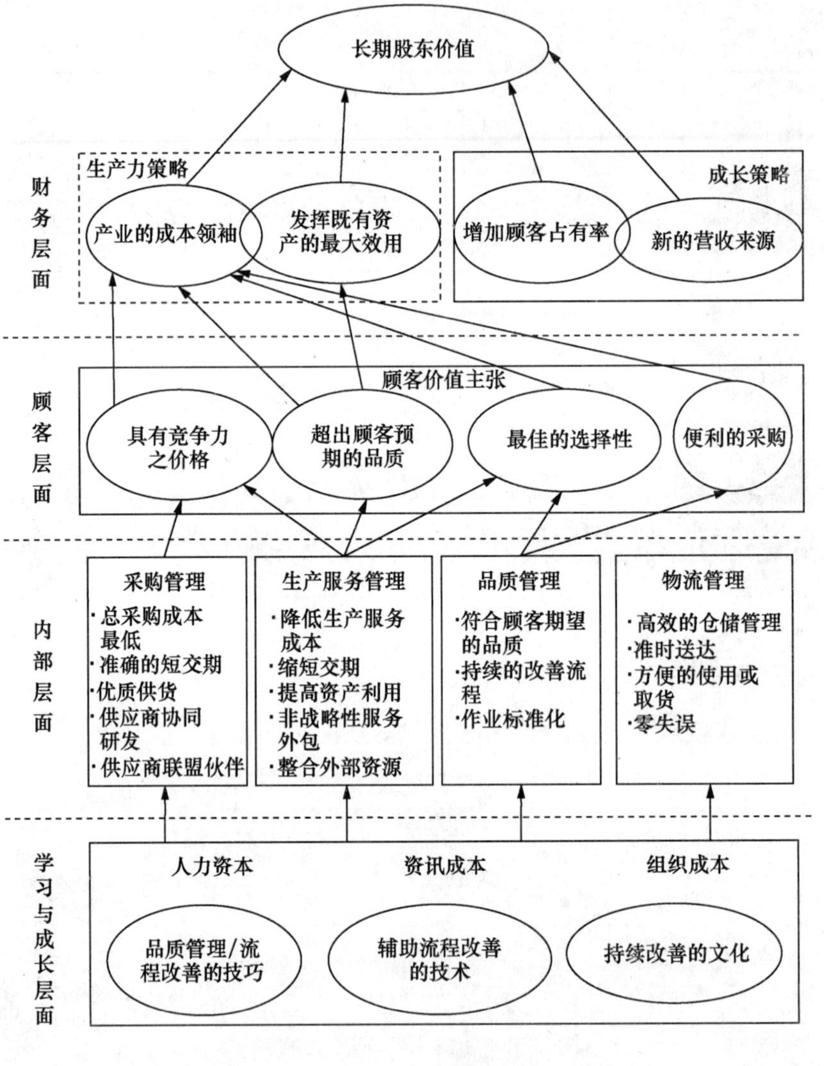

图2-20　内部层面对顾客层面的支撑

A公司作为ODM/OEM的大型制造商，在全球化的大环境之下，团队成员不仅分布在全球不同地点，甚至还来自不同公司。因此，为了建立一个零距离、零时差的沟通平台，A公司采用了Microsoft Office Communications Serve（OCS），与之前使用的 MSN 即时通（IM）搭配 Cisco 与 Polycom 电话电信的复合式做法相比充分展现了前所未见的效率与效益。OCS 解决了固定式设备问题，无须购置昂贵的硬件，也摆脱了特定地点的限制，而且能在第一时间进行视讯会议，大大提升了对客户和合作伙伴的回应速度，彼此间能更有效率的交流并达成共识。同时 OCS 更是兼具企业级 IM、语音/视讯/Web 会议，以及 VoIP（voice overIP）功能的全方位沟通功能，有效地将多重联络沟通渠道整合为一，员工以单一的使用界面就能拥有通邮、通话与通信息的能力，不仅可达到及时的沟通交流，也更容易找到需要联络的目标对象。

A 公司特别重视上下游元件供应商及下单客户群之间的信息传递与协商，而 OCS 的使用正好涵盖了三大层面：公司内部及跨部门会议、与上下游厂商或客户业务的视讯会议，以及差旅在外的业务员与公司内部的及时会议。以内部应用为例，在设计与研发新产品样本时，必然有大量的资料与意见往来，业务部门的人员常需亲自到产品部门找负责人察看或讨论最新的研发成果。通过 OSC，相关人员在自己的座位上就能即时呼叫对方，进行资料的共享与讨论，而且还能支援多方共享的高效率模式。更为重要的是，OCS 所提供的企业级 IM 具备公用 IM 所缺乏的高安全性，这正是高度保密的研发制造任务所最需要的功能。无论是公司内部的及时传讯，还是与客户、厂商之间的视讯会议，OCS 都能全程提供记录、稽核与加密，以此管制企业内外通讯的安全，防止机密资料经由 IM 管道流出。

A 公司极为重视优化客户及厂商之间的商务会议的品质，以此提升彼此的互动，强化竞争力，进而转化为营运业务的优势。导入 OCS 之后，通信费用降低了 30%，电子邮件传输量缩减了 40%。

A 公司还借助 BSC 软件将战略目标量化，如表 2-15 所示。

表 2-15 A 公司战略目标量化

战略目标	指标	措施/方案	手段
强化物流管理	1. 原材料供应履约率 2. 制造履约率 3. 产成品供应履约率 4. 报废/破损率 5. 合格率	B. 生产方面 B1. 精确制订生产计划 B2. 精确制订采购计划 B3. 压缩原辅助材料及备品配件库房 B4. 及时获取外协厂生产量及发货量计划 C. 供应方面 C1. 严格执行采购计划 C2. 加强供应商评估，合理安排货源 C3. 缩短采购订单交货时间	1. 对品种及销售进行预测 2. 按 MRP 科学安排生产计划 3. 关键生产计划准确制订各种原辅助料的采购计划 4. 对备品配件实行订货点管理 5. 开展网上采购，提高效率，降低采购成本 6. 改变模式，设置供应商库存

续表

战略目标	指标	措施/方案	手段
建立快速市场反应机制	1. 订单平均交货周期 2. 脱期订单比例	A. 销售方面 A1. 订单的确认速度 A2. 订单的交货能力 A3. 储运作业能力 A4. 对市场信息的及时获取能力 B. 生产方面 B5. 对生产排程的掌握 B6. 对库存水平的掌握 B7. 强化生产过程监控	1. 提供订单的可发货量检查 2. 提供订单的跟踪功能，使得客户能掌握订单的状态 3. 通过科学的库位控制策略提高产品出库作业效率 4. 提供对渠道成员的评估检查机制，对其商誉、能力进行定期评估 5. 提供市场信息、竞争对手信息收集分析机制
提高生产效率，在设备规模不变的情况下增加产品产量	1. 设备完好率 2. 设备利用率 3. 工时利用率 4. 产成率 5. 材料周转率	B. 生产方面 B8. 精确安排生产排程提高设备利用率 B9. 精确安排设备简讯计划	1. 建立设备台账，自动管理设备的保养计划，自动生成备品配件需求计划 2. 进行设备利用率分析

4. 学习与发展指标设计

学习发展类指标是平衡计分卡的最后一项内容，实际上它关注的是公司长远的发展能力，在设置这个纬度的目标时应当让公司员工回答的是：为了更好地改善、支持公司的内部运营，我们员工必须擅长什么？

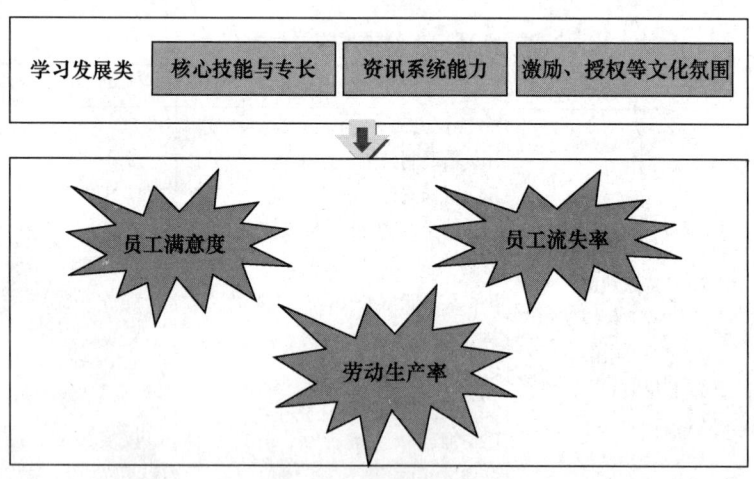

图2-21 平衡计分卡学习发展类框架

卡普兰和诺顿强调学习发展类目标与指标设定的重要性,他们认为这类目标与指标都是为了更好地实践企业的内容运营活动并确保顾客与财务类目标实现所必须具备的,它们是"企业在平衡计分卡的前三项题目上取得良好分数的推动力量"。他们还进一步指出,学习发展类的关注点必须包括三个方面:员工核心技能与专长、资讯系统能力及激励、授权等文化氛围(如图2-21所示)。

以上三个关注点是为了获得如下结果:提高员工满意度、降低员工流失率和提高员工的劳动生产率,而员工流失率和劳动生产率的最直接动因就是员工满意度与核心技能与专长。学习与发展的KPI设置如表2-16所示。

表2-16 学习与发展的KPI

学习与发展	关键成功要素	1. 人力资源结构 2. 人员培训 3. 绩效管理
	关键驱动因素	1. 加强内部专业人才培养 2. 有清晰的职业发展规划 3. 薪酬福利与绩效考核挂钩
	关键衡量指标	1. 人员结构(各系统人员比例、学历结构、年龄结构、职等结构) 2. 培训力度(培训小时、培训效果调查) 3. 部门综合管理考核指标

A公司目前有员工近5万人,其中大学以上学历者有1万人左右,60%以上为18~22岁的年轻人。人才是公司成长之本,A公司非常重视人才的培育,包括奖学金计划、杰出科技人才培育、优秀工程师国内外进修及与大学院校进行产学合作等。

由于公司规模不断成长扩大,因此无论是对中高层人才或基层人力的需求,都十分庞大。为此,A公司的人力资源部门不断探索,建构了多管道、多层次、规范化的人才招聘体系,以满足公司的发展需要(如图2-22所示)。

A公司为培育人才专门成立了菁英学院,并使其成为培养公司中坚干部的摇篮(如表2-17、表2-18所示)。从新人训练到高层主管,菁英学院规划了完整的学习地图与课程,分别为管理发展、技术训练、个人效能、功能专业及新人训练,总共超过360多门课程,并设立了多元学习管道,如e-Learning、课堂学习、在职训练、演讲、外训课程等。

菁英学院还专门为公司的优秀人才实施精英干部培训计划,其目的是将技术专、业务精的员工培养成优秀的管理干部。自实施平衡计分卡以来,菁英学院共开设初阶班24次、中阶班8次、高阶班2次。A公司的线上学习平台共开设170

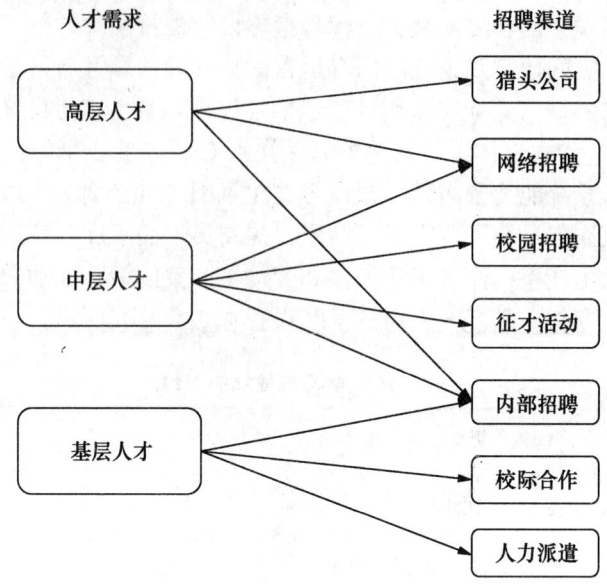

图 2-22 A 公司人才招聘渠道

个学习班次,累计 9852 人参加了课程学习。A 公司还开设了外部技能训练,主要包括 115 门课,共有 428 人参加。培训以特殊技能类别的认证培训为主,课程有高低压电工培训、危险化学品培训、X-RAY 辐射操作培训、安全生产管理培训、堆高机培训等。

表 2-17 新进人员训练

新进人员	培训课程	培训时间（小时）	培训人次
九职员工（OP）	公司介绍/企业文化/人事制度/生活区介绍/法律常识/总务规章及安全生产/SA8000 社会责任/绿色产品管理要求/H1N1 宣导片	6	397899
八职员工	除需参加所有九职员工的培训课程外还需参加：职业心态塑造/环安介绍/科学用电安全生产/IE 生产手法/品质概念	15	
组长培训	除需参加所有八职员工的培训课程外还需参加：企业社会责任概述/劳动合同发育工时薪资体现/职业健康安全/创造良好的工作环境/沟通技巧	30	216

表 2-18 HR 为非制造相关员工及主管安排的课程

主题	课程	工人	组长	八职以上	学习大纲
企业社会责任概述	企业社会责任及管理体系简介	Y	Y		✓ 企业社会责任历史和发展趋势 ✓ 行为准则简介
	公平与合作的工作场所	Y	Y		✓ 平等、无歧视、无性骚扰 ✓ 纪律处分流程与员工申诉流程
	企业社会责任概述			Y	✓ EICC/CSR 及 COC 简介 ✓ 平等、无歧视、无性骚扰 ✓ 纪律处分流程与员工申诉流程
工作场所安全健康与环境保护	职业健康安全——消防	Y	Y		✓ 灭火器种类及使用范围 ✓ 灭火器的操作方法 ✓ 火灾报警及方法 ✓ 建立消防设施识别 ✓ 逃生方法
	职业健康安全——电气	Y	Y		✓ 电气安全因素与一般电气事故的发生原因 ✓ 电气事故的预防与处理措施
	职业健康安全——设备	Y	Y		✓ 机械设备的危险部位及防护对策 ✓ 设备安全的管控要点 ✓ 设备安全操作规定 ✓ 设备保养 ✓ 事故案例分析
	职业健康安全——化学品	Y	Y		✓ 化学品危害及控制预防 ✓ 化学品使用与储存一般要求
	职业病与工伤防治	Y	Y		✓ 法律法规有关职业病防治的要求及工厂内相关职业病的防护注意事项 ✓ 结合工厂实际状况，讲解工伤的类型及如何预防
	急救常识		Y		✓ 现场救护概念 ✓ 心肺复生的步骤和操作方法 ✓ 创伤救护 4 项技术
	职业健康与安全			Y	✓ 常见的 EHS 隐患 ✓ 常见工伤防治 ✓ 日常急救常识

续表

主题	课程	工人	组长	八职以上	学习大纲
劳动权益及合作的工作场所	劳动合同法简介	Y	Y		✓ 签订劳动合同的注意事项 ✓ 解除/终止劳动合同的注意事项
	工时与薪资体系	Y	Y		✓ 工时安排与调班操作说明 ✓ 薪资计算公式与 CSR 要求
	纪律面谈技巧		Y		✓ 常见违纪行为 ✓ 纪律面谈步骤

（五）结论

A 公司从 2009 年 7 月开始导入平衡计分卡，2010 年 7 月系统全部实施完成结案，通过访谈、调查及财务、非财务等绩效的内部评比，汇总如表 2-19 所示。

表 2-19　A 公司平衡计分卡导入前后分析比较

评估层面	评估项目	导入 BSC 前	导入 BSC 后
流程面	企业内部充分沟通	●	●●●●●
成本面	降低运营费用	●●	●●●●
	减少行政成本	●	●●●●
	资料再利用率	●●	●●●●
效益面	通过工具联结愿景、战略与绩效	NA	●●●●●
	通过工具构建战略联结及因果关系	NA	●●●●●
	信息及时提供及利用	●●●	●●●●●
	通过 e 化工具及时反映问题	●	●●●●
	充分发挥战略管理与绩效管理效益	●	●●●●
作业面	实际作业结果解读理解度	●	●●●●●
	信息资源扩张发展的容易度	●●●	●●●●●
	对信息人员的负荷	●●●●●	●
管理面	主动预测	NA	●●●●
	企业目标落实	●	●●●●
	管理效益提高	●●	●●●●●
	管理语言一致	●	●●●●
	标准管理平台	●	●●●●●

续表

评估层面	评估项目	导入BSC前	导入BSC后
管理面	改善企业内部决策支持能力	●	●●●●
	明确各阶层分工与绩效	●●	●●●●
制度面	信息/资源直接整合及权责分工	●	●●●●
	分层控管执行	●	●●●●●
	可量化且合理的绩效管理评估	●●	●●●●●

平衡计分卡的导入让A公司的经营团队开始习惯在面临问题时做逻辑性与战略性的因果思考，同时更娴熟地用数据来管理。此外，由于平衡计分卡构建出一个很好的沟通平台，同时通过将各部门负责的KPI和权责理清后，甚至真正地开始了内部顾客服务的观念。正因为有了内部顾客服务的观念，使得团队合作的氛围更加积极正面，在这样的情境下，团队工作不再沦为口号，组织文化的塑造也不再虚无，这使得公司内部凝聚力增强，在管理上也学会了逻辑性思考，对事物的因果关系可以有效地掌握，战略制定也更为周密。

六、研究结论与相关建议

（一）研究结论

平衡计分卡有效地将战略制定和战略实施两个不同程序有机地结合起来，从而使企业战略管理体系前后连贯成为一个整体。

A公司成功的原因主要表现为：

（1）CEO的强烈支持并全程指导。A公司的董事长及总经理通过项目委员会对实施平衡计分卡给予了有力的支持。在平衡计分卡的整个实施过程中，CEO全程与经营团队一起完成所有作业，并积极在过程中扮演好决策者的角色，热忱地领导经营团队向下推动，并积极考核执行成效。

（2）战略规划程序由上而下，实施过程层次分明。A公司为统一与体现企业的整体战略思想，规划的模式与过程是自上而下的，而不是传统的由各部门提出供上级参考裁定；并以战略地图的因果关系逻辑推演，作为战略联结、整合、沟通的主要蓝本，以此促使各职能间的横向协作能无缝结合，纵向目标层层分监控、考核，以发挥综效。因A公司规模庞大，不同厂区、不同部门的战略主题各有差异，所以平衡计分卡采用的是从上到下分级实施，并在实施前、实施中不断地进行教育训练和各种方式的沟通，不断发现和解决实施中的各种问题。

（3）建立支持平衡计分卡运作的 IT 系统。A 公司发现在导入平衡计分卡时发现数据的收集与分析的工作量太大，经过多次的人工加工后的数据，不仅错误率增加、时差增加、人工成本也增加，完全不符合经营管理的分析与决策的效率需求，致使导入运作时困难重重。因此，A 公司借助顾问团队开发了适合自身需求的平衡计分卡系统，包括战略形成阶段的"SIS 策略信息系统"、战略管理阶段的"BSC 系统"及绩效管理阶段的"PMC 绩效管理系统"、"PDS 绩效发展系统"，以此建构公司的经营管理沟通平台及提供公司全方位的解决方案。OCS 的使用更是大大加强了公司内外部的联系，提高了效率，节约了费用。事后也证实适用的 BSC 软件系统有助于提升平衡计分卡的导入成功率。

（4）将平衡计分卡与员工个人绩效考核与薪酬奖励制度相结合。A 公司管理层认为只有将组织绩效与员工个人绩效紧密结合，才能保证平衡计分卡的成功。因此，A 公司根据职位说明书中的个人职责将公司 SBU（Strategic Besiness Unit）层级的 KPI 逐级依据职责分解到每一个职位中的每一个人。A 公司根据战略主题找出战略性的职位群，设计其应有的职能对人力进行盘点，保证个人的绩效与组织的绩效相挂钩，再以个人绩效的达成度给予奖励，使合格者予以晋升，不合格者进行培训以有计划地培养企业未来所需人才。

（二）相关建议

作为一种战略绩效评价系统，尽管平衡计分卡的基本观念没有国界，但其运用却具有鲜明的国别特色。中国企业应根据具体的管理情境，借鉴平衡计分卡的基本观念，积极探索平衡计分卡在中国企业的运用途径，并创造性地加以应用。平衡计分卡在中国企业的运用需要注意以下几个主要问题：

（1）平衡计分卡作为一种战略绩效评价系统具有鲜明的"企业化"和"行为化"特征，其运用没有统一的模式，千万不能照搬国外所谓的成功经验。世界上没有两个完全相同的企业，任何成功的经验都依存于特定的企业战略、市场环境和组织结构。

（2）中国经济正处于转轨与不断发展时期，平衡计分卡各个纬度绩效评价指标的设计不仅要"内符"，即能正确解释已有的全部观察资料，而且还要"外符"，即能适合今后的实践和更大的发展空间。这样的绩效评价指标设置才具有更长远的实践意义。

（3）必须高度重视中国企业组织特有的文化对平衡计分卡有效实施的负面影响。中国企业领导在其职业生涯中已经习惯了财务绩效评价指标。与财务绩效评价指标相比,非财务绩效评价指标明确性和标准化程度较低,且各单位的非财务绩效评价指标各不相同,使他们很难对其进行开发和利用。

(4) 一定要重视对员工的教育、培训和沟通。中国企业的管理者普遍缺乏平衡计分卡与绩效管理的相关知识与技能,这就需要企业在推行平衡计分卡的过程中不断地对员工尤其是骨干员工进行教育和培训,中层主管对平衡计分卡和绩效管理知识的吸收和理解程度往往会关系到实施的成败。因此,在初期企业应该花足够的时间设计一个综合的、具体的平衡计分卡的课程,该课程内容应该包括公司战略、实施目标、实施计划、典型问题、成功范例和项目细节等。企业也可以根据自身的情况选择是否聘请管理咨询公司的顾问专家。

(5) 构建完善的信息管理系统。近年来信息化的发展越来越快,企业应该好好借助平衡计分卡软件和其他的 ERP 软件,这既能非常有效地解决管理、计算与应用的问题,也能大大降低行政成本,提高平衡计分卡的导入成功率。

(6) 树立平衡计分卡永无止境的观念。千万不要以为完成了平衡计分卡各个维度绩效评价指标的设计就大功告成,还要密切关注所设计的平衡计分卡在企业组织实践过程中引起的管理行为反应,以及与企业组织发展战略的偏离情况,不断修正与完善平衡计分卡的指标设置与权重分配,使平衡计分卡与企业组织发展战略和具体管理情境相匹配。

参考文献

[1] http://www.google.com/books?hl=zh-CN&lr=&id=ZT57xSrPJ5YC&oi=fnd&pg=PA66&dq=%22Kaplan%22+%22Putting+the+balanced+scorecard+to+work%22+&ots=BVUYeRqV5s&sig=WrhN07pfvqgaQ-967CG6CiNhHao#v=onepage&q=%22Kaplan%22%20%22Putting%20the%20balanced%20scorecard%20to%20&f=false.

[2] http://www.balancedscorecard.org/BSCResources/AbouttheBalancedScorecard/tabid/55/Default.aspx.

[3] http://www.tushucheng.com/read/1867961.html.

[4] 杜映梅. 绩效管理 [M]. 北京:中国发展出版社, 2006.

[5] 周文, 虞涛. 绩效管理 [M]. 长沙:湖南科学技术出版社, 2005.

[6] 鲁百年. 全面企业绩效管理 [M]. 北京:北京大学出版社, 2005.

[7] 沃纳. 双面神绩效管理系统 [M]. 北京:电子工业出版社, 2005.

[8] 迈耶. 绩效测量反思:超越平衡计分卡 [M]. 北京:机械工业出版社, 2005.

[9] 罗伯特·卡普兰, 大卫·诺顿. 平衡计分卡:化战略为行动 [M]. 广州:广东经济出版社, 2005.

[10] http://www.iccun.com/viewnews-20490.html.

[11] 秦杨勇. 平衡计分卡与绩效管理(第2版)[M]. 北京:中国经济出版社, 2009.

[12] http://wiki.mbalib.com/wiki/%E7%BD%91%E7%BB%9C%E5%88%86%E6%9E%90

9E%90%E6%B3%95.

[13] 胡玉明. 平衡计分卡是什么——一个管理工具的神话 [M]. 北京：中国财政经济出版社, 2004.

[14] 金燕, 白皓. 平衡计分卡应用实务 [M]. 深圳：海天出版社, 2004.

[15] 黄超吾. 成功导入平衡计分卡首部曲——战略拟定直射靶心 [M]. 北京：中国劳动社会保障出版社, 2006.

[16] 于泳泓, 陈依萍. 平衡计分卡导入与实施 [M]. 北京：电子工业出版社, 2010.

[17] 毕意文, 孙永玲. 平衡计分卡中国战略实践 [M]. 北京：机械工业出版社, 2009.

[18] 罗伯特·卡普兰, 大卫·诺顿, 刘俊勇, 孙薇. 战略地图：化无形资产为有形成果 [M]. 广州：广东经济出版社, 2005.

[19] 德鲁克. 卓有成效的管理者 [M]. 上海：上海译文出版社, 1999.

[20] 秦杨勇. 平衡计分卡与战略管理 [M]. 北京：中国经济出版社, 2007.

[21] 刘亚男. 基于平衡计分卡的商业银行绩效管理 [D]. 东北财经大学硕士学位论文, 2007.

[22] 黎会. BSC在制造业企业物流绩效评估中的应用研究 [D]. 广西大学硕士学位论文, 2008.

[23] 苏静娜. 平衡计分卡在中国民营企业业绩评价中的应用研究 [D]. 江苏大学硕士学位论文, 2006.

[24] 田峰. 平衡计分卡在现代连锁商业企业绩效管理中的应用 [D]. 天津大学硕士学位论文, 2005.

[25] 廖轶俊. 平衡计分卡在高新技术企业绩效评价中的应用研究 [D]. 南京理工大学硕士学位论文, 2007.

[26] 马亮. 基于平衡计分卡的高校绩效管理的构建 [D]. 苏州大学硕士学位论文, 2009.

[27] Art Schneiderman. Why Balanced Scorecards Fail [D]. Journal of Strategic Performance Measu–rement, January, 1999.

[28] Kaplan, R. S. & Norton, D. P.. The Balanced Scorecard：Translating Strategy into Action [M]. Boston：Harvard Business School Publishing Corporation, 1996.

[29] Kaplan, R. S. &Norton, D. P.. The Strategy–focused Organization：How Balanced Scorecard Companies Thrives in the new Business Environment [M]. Boston：Harvard Business School Publishing Corporation, 2001.

[30] Paul R. Niven. Balanced Scorecard Step–By–Step [M]. New York：Wiley, 2002.

[31] Robert S. Kaplan and David P. Norton. Having Trouble with your Strategy? Then Map it [J]. Harvard Business Review, 2000.

[32] Peter T & ouml, l & ouml, si & Gy&ouml, rgy Lajtha. Toward Improved Benchmarking Indicators [J]. Telecommunications Policy, 2000 (24).

[33] Peter W Kennedy；Sandy Grogan Dresser. Appraising and Paying for Performance：Another Look at an Age–old Problem [J]. Employee Benefits Journal；Brookfield, Dec., 2001.

[34] Robert C. Liden, Sandy J. Wayne & Maria L. Kramer. Managing Individual Performance in Work Groups [J]. Human Resource Management, Spring 2001, Vol. 40, No. 1.

[35] Stuart Wilkie. Measuring up to the Best [J]. Professional Engineering; Bury St. Edmunds; Dec. 12, 2001.

[36] Tim Ambler. What Does Marketing Success look like? [J]. Marketing Management, Chicago, Spring 2001.

第三篇　出版发行企业物流运作模式研究*

一、绪　论

（一）研究背景、目的与意义

在计划经济时期，全国的出版社数量有限，年出书品种和数量更是有限，我国图书发行业长期沿用由新华书店独家征订包销的方式。到 20 世纪 80 年代后期，图书市场也开始实行市场经济，出版社的数量和图书品种、数量迅猛增加，新华书店无论是在资金周转、储运，还是在人员结构和素质、技术条件和设备、管理和运行机制等方面都难以适应新形势的发展。新华书店图书征订数量之少、征订周期之长已远不能适应图书市场的要求，并长期困扰着出版社的发展。出版社不能只依靠新华书店做发行了，于是很多出版社开始自办发行，如一些出版社成立了发行公司——法律出版社的法律图书发行公司、贵州人民出版社的贵州人民出版社图书发行公司等。然而直到 20 世纪 80 年代末，我国出版业都不甚明了物流为何物，而只有储运的概念。在出版业这个文化性很强的行业里，储运也一直被视为一项简单、低层次的体力劳动而被人们所轻视。

经过十多年的发展，我国书业物流有了一定的积累，除了一些出版社的物流设施外，最重要的是形成了一个庞大的新华书店物流网络，它在人员素质、仓库保管、车辆设备、网络建设以及工作经验上形成了坚实的发展基础。截至 1998 年，新华书店系统共建立了约 90 万平方米的仓库，其针对我国的实际创造了卓有成效的"新华书店自办中转办法"（现已失效），并从 20 世纪 90 年代初在物

---

* 作者简介：马杰，北京印刷学院企业管理专业 2008 级硕士研究生，指导教师为曲德森教授、王海云教授。

流工作中开始以计算机代替原始的手工制单，可以实现图书仓储、分拣出库全程的计算机管理。20世纪90年代中期，各地批销中心相继崛起，这在某种程度上可以视为现代书业物流发展的前奏，它完成了我国书业物流的第一次跨越发展和资源整合，在硬件和软件上都形成了一定的发展基础。目前，全国各省较大规模的图书物流中心都由各省新华书店主要投资筹办建立，即发行商物流，物流业务以满足企业内物流服务需求为首要目标。与此同时，各出版社均设立发行部、仓储部，安排专人负责图书的发行、仓储、运输业务，即出版物流。在出版集团"一盘棋"下，社办发行导致机构重叠、产出偏低、效率不高、协调困难等消极影响，严重阻碍了集团公司整体发展。如何整合社办发行衍生的相关物流业务资源，满足出版社的物流需求，使其专注于其核心能力——内容出版，同时使物流中心在大规模投资的基础上实现满负荷运转、回收投资成本成为出版商、发行商面临的一大难题。

我国书业的物流体系存在诸多现实问题，如基础设施相当落后、运作效率低下、缺乏专业化服务和必要的管理手段，因此难以覆盖全国市场，不具备竞争力。更为致命的是这种物流体系不是建立在以现代电子网络为平台的信息流基础之上，没有与电子商务结合起来，导致书业企业的采购、制造、运输、仓储、代理、配送、销售等环节彼此分割，致使书业企业的销售成本上升。而现代物流的开发则会迅速降低企业的生产成本，压缩资金的占用，凸显"第三利润源"的作用，因而具有良好的市场前景。更为重要的是，随着互联网的出现，电子商务蓬勃发展，原来彼此分割的环节很容易被连接起来，进而优化书业企业的物资供应链，为现代书业物流的发展创造了条件。但是，由于书业发展现代化物流的时间比较短，还处于摸索阶段，并且了解有关书业现代化物流原理和经验的渠道相对比较贫乏。因此，加强对书业物流运作模式等问题的相关研究迫在眉睫，基于此，本章旨在针对发行商物流企业进行运作模式的分析和构建。

目前，我们关注到20世纪90年代以来特别是最近几年，各省出版部门日益认识到出版物流作为国民经济发展的动脉对提升我国书业企业和整个国民经济竞争力都具有重要的支撑作用，因此都积极推进物流发展，把发展物流作为一项涉及经济全局的战略性问题来抓。

在物流中心如火如荼建设的同时，也向我们呈现了一系列问题：大型出版发行物流企业如雨后春笋般地建立起来，规模化发展也已现雏形，其中当然也不乏从众心理作祟和打造形象工程的嫌疑，而这些出版物流中心目前的运营情况如何？是否处于供应链管理的核心地位？企业运行效益如何？出版社是否应放弃自营物流而专注于自己的核心能力——内容出版？在市场竞争供应链与供应链竞争的主题下，对出版发行物流企业的运作模式如何优化选择？数字出版突飞猛进，出版物流中心是否受到了冲击？企业未来发展何去何从？

为了促进出版发行行业的跨越式发展，真正发挥形象工程的行业示范作用，实现经济效益和社会效益的共赢，使得本章的研究具有了积极的现实意义。同时，在供应链环境下对出版发行物流企业的运作模式进行深入研究，使其研究成果能对业界运营发挥指导借鉴作用，也是学者研究的职责所在。

（二）文献综述

1. 国内出版物流的研究现状

国内与"出版"、"物流"、"运作模式"等关键词相关的研究主要集中于以下四个方面：图书出版模式、物流模式；第三方物流运作模式、信用风险；国际物流问题；第四方、第五方物流。

（1）图书出版模式、物流模式研究。国内外对物流行业的运作模式、第三方及第四方物流和国际物流问题等有相对较多的著作和论文，对图书物流和图书出版模式也有涉及，而针对出版物流企业运作模式的研究却寥寥无几。

其中，陈丽、林全的《图书物流模式变革研究》基于国内外图书发行行业现状对网络环境下信息技术改善逆向物流模式在出版发行行业中的应用作了研究，并分析预测了中国图书物流模式。刘灿姣的《中国书业物流发展研究》在物流、现代物流理论的基础上界定了书业物流的概念、特点、作用以及与书业供应链的关系，在借鉴发达国家书业物流经验的基础上有针对性地提出大型书城、连锁书店、中小书店以及网上书店等不同书业企业的物流发展方案和我国书业物流发展总体规划的实现措施。毛尧飞的《论市场导向的图书出版运作模式》认为中国的图书出版行业已告别"幸福时代"进入以市场为导向的个性化竞争时期，面对多元媒体时代的竞争，图书出版业必须以市场为导向才能立于不败之地，并提出以市场为导向的出版运作模式，即市场导向的全过程营销和高效图书项目化管理体系的结合以应对图书出版的竞争。

（2）第三方物流运作模式、信用风险研究。关于第三方物流的研究文献较为丰富，刘刚的《第三方物流企业的发展战略与运作模式研究》结合我国实际，系统、有针对性地提出了一套适用于我国第三方物流企业的发展战略和运作模式体系，以期真正为企业发展和运作提供参考和借鉴。谭炜、马士华的《第三方物流企业运作模式分类与特征研究》从不同纬度对第三方物流企业的运作模式进行分类，分析各自的主要特征和适用性，并指出其优劣势和发展前景。

另外，宋杨的《第三方物流模式与运作》一书在国内外第三方物流模式对比分析的基础上对第三方物流服务的系统设计、经营策略、信息系统等作以重点分析，最后对第四方、第五方物流等物流发展的新趋势做了简单介绍。于波的

《第三方物流运作中的信用风险问题研究》构建了博弈模型,采用数理统计方法对第三方物流的信用风险及危害进行研究,并提出应对策略。

(3) 国际物流问题研究。关于国际物流的研究可以给出版发行物流以国际视角,对大中型出版物流企业未来的发展战略有一定的指导意义。庞燕的《国际物流运作模式:理论研究与实证分析》基于国际物流发展现状,分析与预测了我国中部地区国际物流,并提出了中部地区国际物流运作模式。宋柏的《跨国公司全球物流运作管理》从跨国公司全球物流的视角阐述了物流运作与管理的理论、决策方法和运作实务。

(4) 第四方、第五方物流研究。王勇的《第四方物流运作机制研究》研究了第四方物流及其信息平台的构建与运作机理,指出其对于物流企业降低运作成本、实现资源整合、提高服务质量具有重要的理论、现实意义。当前针对出版发行行业的第四方物流运作模式的研究还处于探索阶段。

国内关于第五方物流的研究还不太成熟,任登魁的《第五方物流》和郭向阳的《第五方物流问题研究》对第五方物流的概念及作用做了探索性研究,目前其对出版发行物流的指导作用尚不明显。

2. 国外出版物流研究现状

国外物流思想经历了一个持续变革的过程。美国权威物流学者唐纳德·J. 鲍尔索克斯(Donald J. Bowersox)教授对物流思想的演变过程做了总结:20世纪50年代以前,强调物流成本、客户服务;60年代,强调综合外包;70年代,强调运作整合、质量;80年代,强调财务表现和运作优化;90年代,强调客户关系和企业延伸;21世纪,强调供应链整合管理。国外关于物流与供应链管理的书籍和文章很多,涉及的领域也非常广泛。

英国出版界于1997年开始关注供应链管理这一重要问题,而且关注的焦点直指供应链的关键链环——发行商。1997年7月,一份名为《图书发行挑战》的报告一经公布即震动了整个英国出版界。该报告指出,英国书业每年用于图书发行的成本是7.5亿英镑,其中有1.5亿英镑是可以节省的。1998年2月,一份名为《英国书业:揭开供应链幕后之谜》的报告指出,英国书业每年用于零售供应链的成本是30亿~40亿英镑,对出版社来讲,其物流成本占到其营业额的13%,这大大高于其他任何一个行业。英国消费品生产商的平均物流成本只占其销售额的6%,而仅退货就给书业造成1亿英镑的损失,每退一本书,出版社就要支付1英镑,零售商还要支付50便士。

发行成本居高不下有多种原因,其中主要原因是英国出版业呈现多头贸易关系的特征。该报告将图书发行业描绘成一个"复杂、敌对、缺乏合作"的行业,并认为这正是阻碍发行行业变革的阻力所在。英国出版商协会会长特里沃·格罗维尔认为,提高图书发行效率涉及全行业的利益,尽管各自的利益存在冲突,但仅仅靠一家出版社或一家大型零售商是无法解决如此庞大的问题的,要想达到这一目标,出版界各方面必须达成一种共识,那就是无论是出版商还是销售商,如果要想生存并继续发展下去,就必须联合起来共同解决那些妨碍图书发行效率提高的问题。

在1997年召开的英国书商协会年会上,英国书商协会(BA)和英国出版商协会(PA)达成协议,双方联合出资25万英镑,并在书业交流公司(BIC)的支持下,对英国图书出版业进行一次全面评估,并提出切实可行的改进措施。英国图书出版商、批发商、连锁书店以及独立书店等部门予以全力配合。调查的内容主要有电子数据交换、销售数据交换与跟踪、退货率与销售实样、供货速度、电子订单、小批发商与出版商的作用、大型批发商与连锁书店的关系等,并对有效的经验进行总结,同时还借鉴其他行业的做法,最后制定出提高图书发行效率、降低图书发行成本的目标方案。为了保证这一计划的顺利实施,英国出版商协会和英国书商协会组成了由各方专家参与的"图书供应链指导小组",并由书业交流公司牵头,组织出版商、批发商、书店、连锁书店等各方专家起草了一份图书发行调查计划草案,英国贸工部也给予了大力支持。

2000年7月,英国出版商协会和书商协会出版了《图书退货新流程草案》,草案提出零售商和发行商之间的退货将采用电子手段进行;出版商、销售代表、销售单位或个人都不再直接管理退货各环节,电子程序将自动处理;退货将由设定在发行商的发行系统内的变量来确认,这些变量涉及供应时间、数量、货源及保值情况等;从订货、退货到最终的处理程序都将大大简化,使各方都能节省操作费用;退货的处理也由电子程序自动分配。美国书业界同仁对英国控制退货所达到的成效表示赞赏。美国书业研究组织(The Book Industry Study Group,BISG)的执行主任Frank Daly提交的《2002书业报告:退货问题》指出,美国出版业的退货呈曲线发展状态,高退货率一直困扰着美国出版业,2001年成人精装图书退货率达到37.5%,较上年增长3.2%;大众平装图书退货率达到50%,较上年增长6.6%;少儿图书退货率为17.4%,较上年增长4.8%。

(三)研究方法与路径

本章将在充分掌握现有企业物流管理理论的基础上,大量收集相关文献,并对文献进行综合研究,提炼出企业物流运作模式的类型,以便进行相应的分析。本章将从出版发行物流企业的视角研究这些企业的物流运作模式,采用理论分析与逻辑推导的方法进行研究。本章的研究思路是,以出版社、出版发行物流企业为出发点,以供应链理论、交易成本理论、核心能力理论与战略联盟理论为理论基础,分析可供企业选择的物流运作模式,给出这些物流运作模式的优缺点、适应性,最后给出物流运作模式决策的限制因素。本章的技术路线如图3-1所示:

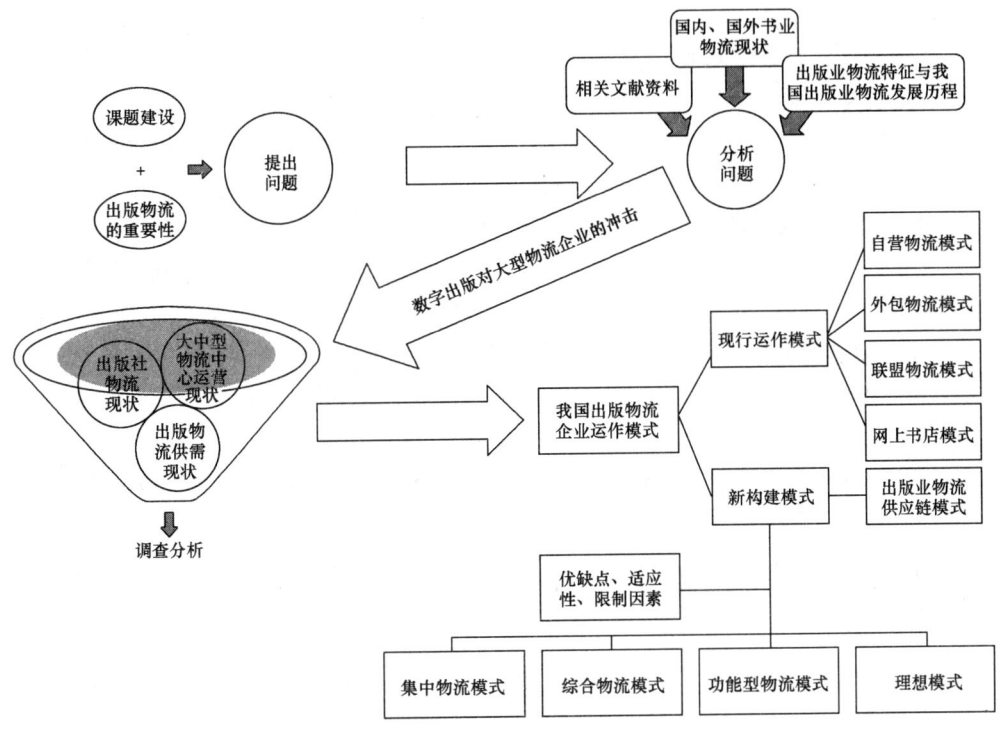

图3-1 本研究技术路线

二、研究范围与相关理论

(一)研究范围及概念界定

1. 研究范围

(1)行业与企业范围。本章致力于研究图书大中型物流企业,尤其是近几年由新华批销中心改扩建或新建的大型物流中心。

(2)地域范围。出版物流需求调研主要集中在北京地区(出版社数量占近

1/2,且各类出版社都有),如机械工业出版社、中国农业出版社、中国经济出版社和经济管理出版社等30余家单位。物流中心的调研则选择了北京及中东部地区的大型物流中心,如台湖物流中心、上海新华传媒物流中心、浙江新华下沙物流基地、四川文轩、山东新华和山东世纪天鸿。其中以北京台湖物流中心为重点调研对象,分析其运行状况,为其构建更为理想化的运行模式,同时为相应规模的大型物流中心提供参考。

2. 概念界定

(1) 物流。现代物流泛指原材料、产成品从起点至终点及相关信息有效流动的全过程。它将运输、仓储、装卸、加工、整理、配送、信息等有机结合,形成完整的供应链,为用户提供多功能、一体化的综合性服务。据有关专家统计分析,普通商品的物流成本占其商品成本的64%以上。如何有效降低物流成本,提高物流效率,已成为各行各业的共识。由此,现代物流被誉为"第三利润源"。随着经济全球化和世界贸易一体化的发展,现代物流在世界范围内迅速兴起,很多行业都引入了物流的概念,通过物流建设达到物资快捷配送,减少企业运作成本的目的。

现代出版物流是以出版物满足客户需求为目的,运用现代物流理论和技术,通过市场机制整合运输、仓储、装卸、加工、整理、配送、信息等功能,为提高图书商品以及信息从供应到消费的流动和储存的效率及效益而进行的计划、执行和控制的过程。

(2) 物流中心。物流中心也称为物流据点、流通中心、配送中心、集配中心等。物流中心的概念有广义和狭义之分。广义物流中心包括港湾、货运站、仓库、公共流通商品集散中心、企业自身又有的物流设施等,显然,这些机能大相径庭的事物都被统一看成物流中心,其所涵盖的内容和范围十分广泛。而狭义物流中心则除了铁路货运站、港湾设施、机场设施和道路等物流基础设施部分,专指为有效地保证商品流通而建立的物流综合管理、控制、调配的机构。显然,狭义物流中心的概念侧重的是物流的管理效能和行为。

狭义的物流中心概念更能反映和把握物流中心的技能和本质,亦即在谈论物流中心时应当将其与物流基础设施相区分,这样有利于从产业或企业层次方面来分析物流中心在现代物流系统中的作用,以及它对现代物流行为的影响。进一步来看,狭义物流中心的外延又可以划分为集团型物流中心和个体型物流中心(如表3-1所示)。前者指的是诸如公共商品中转地这样的多数物流设施机构的集合,而后者是指由运输业者、仓库业者、厂商、零售商、批发商等经济主体自行设立的物流设施和机构,两者都可以称为物流中心。本章所指的物流中心主要是指个体型物流中心,见表3-1。

表 3-1 物流中心划分

物流基础设施	物流中心	
	集团型物流中心	个体型物流中心
铁路货运站	批发中心市场	运输、仓库业者的物流管理机构
港湾设施	公共商品集散地	厂商的物流机构
机场	仓库集散地	批发商的物流机构
道路	批发商集散地等	零售商的物流机构
		供应中心
		配送中心

（3）模式。模式（Pattern）一词的指涉范围甚广，它标志了物件之间隐藏的规律关系，而这些物件并不必然是图像、图案，也可以是数字、抽象的关系甚至思维方式。模式强调的是形式上的规律，而非实质上的规律。它是前人积累的经验的抽象和升华。简单地说，就是从不断重复出现的事件中发现和抽象出的规律。只要是一再重复出现的事物，就可能存在某种模式。各个行业和学科均有自己的固定模式，但任何模式都是在不断发展和创新的。

模式通过对客观事物的内外部机制的直观而简洁的描述，以理论的简化形式，向人们提供客观事物的整体内容。

而物流运作模式包括自营、外包、第三方、第四方及物流动态联盟等。企业物流运作模式是指企业对其生产经营过程中所涉及的物流活动的管理方式和操作标准。

（4）出版发行物流企业运作模式。出版发行物流企业是指以图书物流为主，主要职能涉及图书的仓储、配送和批销的公司或中心。

本研究认为出版发行物流企业的运作模式是建立在对图书资源的提供方——出版社和图书的经销发行方的物流服务现状及需求的分析基础上，运用供应链、第三方物流及核心能力理论等相关理论对企业经营过程中所涉及物流活动规律的概括提炼。

（二）相关理论

物流运作模式决策的理论基础有很多，有经济学、技术经济学、管理学、战略管理、营销理论、应用统计、运筹学、博弈论等各学科的理论。本章不可能对其所涉及的所有理论进行介绍和分析，因此选择其中最重要、关联最大的四个理论分别进行介绍和分析，即供应链理论、交易成本理论、核心能力理论和战略联盟理论。

1. 供应链理论

2005年初,美国物流管理协会(CLM)正式更名为美国供应链管理专业协会,标志着全球物流进入供应链时代。

供应链的概念在20世纪80年代末提出,至今还没有一个统一的定义。许多学者和各种组织从不同角度给出供应链的定义,具有代表性的有如下几个:美国供应链协会认为,供应链涉及供应商的供应商到顾客的顾客的最终产品生产与交付的一切努力。史蒂文斯认为:"通过增值过程和分销渠道控制从供应商的供应商到用户的流就是供应链,它开始于供应的源点,结束于消费的终点。"哈里森认为:"供应链是执行采购原材料,将它们转化为中间产品和成品,并且将成品销售到用户的功能网链。"这些概念强调围绕核心企业的网链关系,如核心企业与供应商、供应商的供应商乃至一切向前的关系,与顾客、顾客的顾客及一切后向的关系。菲利普和温德尔则强调供应链中的战略伙伴关系,强调通过建立战略伙伴关系与供应商和顾客更有效地开展工作。综合分析,国内研究者将供应链定义为:"供应链是围绕核心企业,通过对信息流、物流和资金流的控制,从采购原材料开始,制成中间产品以及最终产品,最后由销售网络把产品送到消费者手中的将供应商、制造商、分销商、零售商直到最终用户连成一个整体的功能网链结构模式。"

从组织结构上看,供应链是围绕核心企业的网链关系,核心企业与供应商、供应商的供应商乃至一切前向的关系,与销售商、零售商到终端顾客乃至一切后向的关系。在这一功能网络中,企业只是供应链的一个节点,是产品或服务的提供者,也是产品或服务的消费者。

供应链管理是一种对供应链进行集成管理的思想和方法。美国供应链协会认为,供应链管理贯穿于整个渠道来管理供应与需求、原材料与零部件采购、制造与装配、仓储与成货跟踪、订单录入与管理、分销以及向顾客交货。我国公布的《物流术语》国家标准(GB/T18354-2001)将供应链定义为:利用计算机网络技术全面规划供应链中的商流、物流、信息流、资金流等,并进行计划、组织、协调与控制。新颁布的《物流术语》国家标准修订版(GB/T18354-2006)将供应链管理定义修订为:对供应链涉及的全部活动进行计划、组织、协调与控制。

从上述概念分析中我们不难看出,供应链管理是在顾客需求拉动下,为了提高供应链整体竞争力而借助信息技术和管理技术,将供应链上的各节点企业的优势资源和核心业务互相集成,从而实现供应链原材料采购、产品设计、产品制造、仓储与物流配送、分销与零售的集成化、并行化,把合适的产品在合适的时间,按照合适的数量,送到合适的地点以满足顾客合理的需求,实现顾客价值最大化与企业利益最大化最佳结合的管理模式。

图书出版作为提供知识和信息内容的产业，是一个以创造读者价值为核心的由出版物质供应、编辑、印制、分销、零售、宣传等环节相互联系、共同作用形成的书业供应链系统。它围绕核心企业，通过对信息流、物流、资金流的控制，从了解出版选题、出版周期开始，确定采购计划，协调流通运行，最后由销售网络实现让各层次读者购买所需要的各类图书。把供应商、中间商（中介商）、零售商、最终用户连成一个整体的功能网链结构模式，这一供应链管理模式已在融入购销业务系统并显现整体效应。从供应链管理的角度来看，书业供应链不仅是一条连接出版要素市场和出版产品市场的物质链、信息链、资金链的结合体，同时也是一条价值增值链。

另有观点是将图书供应链与图书营销渠道相等同，把图书从出版商到分销商、再由零售商传递给读者的过程视为书业供应链。图书出版物的供应链一般是采取中间环节的方式，即将图书批发给批发商，再由图书批发商分销给最终用户或书店。但也有出版社采取排除中间商、直接面对消费者的供应链管理，这是一种相当独特的供应链结构，需要有良好的物流体系，即能否将读者或用户所需要的图书及时有效地送到其手中，是决定这种供应链结构的成败的关键。我们认为这是狭义上的书业供应链。从供应链管理来看，这只是书业供应链管理的第二个阶段，即图书产品供应链管理阶段；从图书营销管理来看，属于图书营销渠道管理。

根据国内外书业供应链管理的市价及理论分析，我们把书业供应链定义为：以创造读者价值为核心目标，将出版要素供应商、图书出版商、图书分销商、图书零售商，直到读者集合成一个整体的产品和服务模式。书业供应链过程分为两个阶段：一是以出版社为核心企业的出版要素的聚合过程及图书产品出版过程，在这个过程中，出版要素以读者需求为价值导向向出版社聚集，出版社通过市场调查、选题论证、编辑和印制等环节并向下游分销企业提供图书产品。二是以读者的消费需求为目标，以图书分销企业为核心企业，将图书产品向读者传递的过程。这是一个以图书营销渠道为产品通道的图书产品传递过程。在这个过程中，图书营销渠道成为图书供应链管理的载体，也正因为如此，我们把图书产品的供应链管理阶段称为图书营销渠道管理。由此，我们把书业供应链管理的整个过程理解为由图书要素供应链管理和图书营销渠道管理构成的完整的管理过程。

2. 第三方物流理论

第三方物流的概念传入我国仅 10 年左右的历史，相关研究和实践距发达国家尚有较大的差距。在理论研究上，我国基本上还停留在翻译、消化、应用国外相关研究的程度上，主要集中在概念、性质、重要性、基本策略等方面的表述，大多是介绍宣传性的表层研究，研究方式也多属于传统方式。在第三方物流的选择方面，刘巍等提出了基于可拓理论与层次分析法的综合评价体系，并借助可拓数学这一工具，讨论了第三方物流企业的评价选择问题；马雪芬、刘易勇等提出了选择第三方物流企业的综合评价层次体系结构，并阐述了一种集成 AHP 和模糊综合评价的方法评价选择第三方物流企业的步骤。

在非对称信息条件下，外包企业与第三方物流之间关系的形成和维持方面，宋周、何燕认为，我国第三方物流发展受到一定限制的原因之一是第三方物流中存在的委托—代理问题没有得到很好的解决，因此必须针对委托—代理中的非效率现象（逆向选择、道德风险）找出相应的解决对策，但该文只是提出了问题的存在，并没有深入地解决由此引发的问题。刘志学、许泽勇建立了一个第三方物流需求方与提供方之间的合作博弈模型，然后用最大值原理求解得出博弈双方的合作策略，并且进一步分析了物流外包方的风险成本、激励成本和总代理成本，但是该文的结论是在第三方物流的可观测变量唯一时的假设前提下得出的，因此，该文结论在外包企业与第三方物流的实际应用中带有很大的局限性。

事实上，很多高质量的小型物流经营者只能提供单一或很少数的物流服务项目。此时，若出现多功能的物流服务需求时，很有可能因所提供的服务项目不全，无法满足客户的需求而丧失市场机会。但如果第三方物流企业利用自己所掌握的市场信息，采用纵向兼并或联盟等形式来进行资产重组，向客户提供全方位的物流服务，这样既可以满足客户的物流服务需要，又能实现物流功能的整合，扩大企业规模并取得规模经营效应。

郝建民（2002）认为，对于中国第三方物流企业而言，整合的目标有两个：一是通过功能整合增强物流服务的一体化能力，二是通过横向整合实现规模扩张和物流的网络化和规模化。根据整合是横向还是纵向，整合手段是紧密还是松散，将整合方法分为六类——纵向上行紧密整合、纵向上行松散整合、纵向下行紧密整合、纵向下行松散整合、横向购并紧密整合、横向联盟松散整合。张健雄（2002）就第三方物流联合方式，提出了合同物流的战略联盟、不拥有资产基础物流公司参与的战略联盟、管理型战略联盟和信息型战略联盟四种物流整合形式。

3. 核心能力理论

核心能力理论是支持企业选择物流外包运作模式的重要依据，即企业为形成其核心能力，需要将非核心的业务外包出去，以取得一定的核心竞争力。在最近15年的经济学和管理学文献中，关于企业核心能力理论（Core Competence Theory of the Firm）的研究层出不穷。企业界和理论界围绕着"企业核心竞争力"分别从资源、技术、知识、组织与系统、文化等不同的角度对企业核心竞争力进行研究，并对其提出了不同的概念。核心能力的概念最早出现在普拉哈拉德（Prahalad）

和哈默尔（Hamel）在1990年发表的一篇经典性论文《企业的核心能力》里，并将之定义为："组织中的积累性常识，特别是关于如何协调不同的生产技能和有机结合多种技术流派的学识。"在企业运作实践中，许多国内外优秀企业已经形成或正在形成核心竞争力，在激烈的竞争环境中成为行业的领先企业。

在企业战略管理理论中有一个分支为企业能力理论（史煜筠），而资源基础论（Resource-based View）是企业能力理论中流传最广泛、影响最深刻的观点。Collis将企业资源分为三类：有形资源——最容易记价并能在资产负债表中反映的资产；无形资产——如商标专利权、积累性常识和经验等；组织能力——它不像前两者，而是在产出过程中对资产、人事、组织程序等的复杂组合。在这三类资源中，无形资源和组织能力对竞争优势的形成起决定性作用。资源基础理论强调要素市场的不完全，认为企业独特的、不可模仿的、难以复制、不能完全转移的资源和能力是企业可持续的源泉（Rumelt；Amit & Schoemkaer）。

除了要素市场的不完全，竞争优势还来自一系列的管理决策、选择需要积累、采纳的资源，选择战略产业要素等。不同的企业，其决策是不同的，从而产生了差异。这些决策主要是判定将来可能盛行或对将来的企业成功至关重要的资源（Amti & Shcoemkaer）。Alxeander等人从四个方面对核心能力进行了界定：①具有悠久历史、传统上由企业内部控制的业务流程和资源；②对企业绩效和运作有关键性作用的业务流程和资源；③能产生现有的和潜在的竞争优势的业务流程和资源；④驱动企业进一步发展、创新和恢复活力的业务流程和资源。

Venkatesan提出了具有操作意义的评价标准：①业务流程的产品和市场优势。产品是否具有面向客户和实现产品使用价值的市场优势？业务流程是否有助于核心产品（或服务）优于其他类似产品（服务）？②资源优势。获取业务流程必需资源的可能性大小以及与供应商是否建立了良好的伙伴关系？③技术优势。企业是否具有支持业务流程的知识和技术资源？

核心能力具有层次结构。Gallon等将企业核心能力分为三个结构层次：职能部门层次的基础能力；事业部层次的关键能力；企业层次的核心能力。Klein等人认为企业由各个层次的技能组成，上下层之间有因果关系，并提出一个由时变元技能、公司元技能、公司技能库、产品、产品特性、市场组成的因果流层次模型。

核心能力强调的是企业必须成为产业价值链中的某一环节，尤其是关键环节上最优秀的生产厂家，这样企业才能把握竞争的主动权，确保自己在行业中的强者地位。因此，企业应该努力创造在产业价值链关键环节上的独特优势，把握这一生产经营环节的核心技术，从而获取这一关键环节中间产品的最大市场份额。而对于那些非核心的业务则应该以外包的方式生产。这是一种借用其他合格厂家的生产能力来完成企业经营和发展的战略。

企业核心能力是持续部分优势资源,为企业核心产品和最终产品的发展提供动力。根据企业资源观,核心能力之所以能带来持续竞争优势,是因为它能产生持续租金。可以说,核心能力是企业关键的战略资产。源自战略资产的租金取决于以下特征:互补性、稀缺性、难以交易性、不可模仿性、有限替代性、独占性、耐久性。核心能力的这些特性都很强,所以它可以产生持续租金,成为持续竞争优势之源。

三、出版业物流特征与我国出版业物流发展历程

(一) 出版业物流特征

(1) 物流对象由纸质图书向电子音像产品过渡。与传统的出版物流对象——纸质图书相区别,出版物流的对象正在向碟片、录像带等电子、音像出版物过渡,它虽然在形式上依然依存于传统出版产业,但终将因为科技的进步引起出版产业的深刻变革。电子音像出版技术的出现给世界带来了精神产品的丰富与迅猛发展,满足了人们的文化生活需要,它将随着计算机、互联网和通信技术的飞速发展,以数字出版的新形势向传统出版产业发起挑战。

阅读习惯、生活方式的改变会加速这一变化。不久的将来,我们的生活将呈现出全新的面貌:人们在互联网上可以随时随地地下载自己需要的电子书,价格便宜且可以方便地做编辑处理。也可以在手机上方便地阅读各类资讯、图片及图书。那时图书、报纸、期刊的印刷萎缩得非常厉害,对纸质书的需求绝大多数也仅限于按需印刷,那么以提供纸质图书的相关服务为主营业务的图书大中型物流企业也势必受到重大冲击。

(2) 出版物需求季节性明显。在每年的9月和2月,是我国传统的新学期开学时间,对教材的需求量最大,那么在开学前一段时间对教材物流服务的需求也相应非常大。教材占我国图书物流的一半以上,这在很大程度上引起了图书物流的季节性波动。此外,一些传统的节假日,也会对图书业的物流产生显著影响。

(3) 自营物流仍是图书物流活动的重点。纵观我国出版物物流现状,企业自营物流仍然是出版物流活动的重点。虽然出版业在逐步引入现代物流理念,但是由于我国物流刚刚摆脱计划经济体制的束缚,从总体上看物流服务水平、效率和物流标准化程度普遍偏低,这在很大程度上制约了出版物流现代化的发展,以

致目前还没有形成一个比较完整的体系。主要表现在新华书店由于长期的计划经济体制,在地方保护主义、垄断半垄断状态下形成了"小而全"的状况。整个出版产业的市场化程度不高,这也在客观上造成了中国出版业整体运营水平较低、缺乏竞争力的局面。随着国内出版物品种的猛增以及图书的大量再版,出版物销售总体上已有卖方市场变为买方市场,出版企业经营环境发生了根本性的变化,市场已成为决定出版业发展的关键因素。伴随着市场竞争的加剧,包括物流成本在内的各项支出居高不下致使出版业的平均利润水平徘徊下降。

(4) 逆向物流严重。随着知识经济到来和学习型社会的建立,图书消费不断增长,中国书业市场潜力非常大,而且成长的空间也很大,发展的速度也很快。但同时凸显逆向物流的问题很严重。对传统的为零售客户服务的配送中心来说,产品的返回率是2%~6%,而出版行业的返回率却高达40%。因此对图书出版业逆向物流的关注是非常必要的,而且不恰当的逆向物流管理可能使企业净利润减少35%以上。

随着科学技术的进步和人们生活水平的提高,消费者对产品多样化和个性化的要求也越来越高,由此导致产品生命周期日渐缩短,而产品更新换代的速度加快,被人们淘汰和废弃的物品也越来越多。同时,图书业物流呈现出明显的不可预测性,也会导致逆向物流。除了教材之外,其他图书的生命周期都不长,出版商很难对市场进行深入研究,难以对需求准确进行预测,也难以根据消费反应来调整图书供应计划。因此,图书物流环节很难制定物流配送计划,这样由于销售退货往往会造成大量的逆向物流。

退货,这似乎是一个人们不愿意听到的消息,然而,委托销售的图书在通常情况下,退货率都不低于40%,即便是畅销书也有20%~30%的退货比例。我国出版业的现状是出现了新书泡沫,退货率持续上升和特价书店兴盛的现象。统计表明:我国图书的年销售额为400多亿元,而图书的库存在2004年超过了300亿元。在这300亿元中,国家出版社占了一半多,地方出版社沉淀的资金比国家出版社要少些。另外,每家出版社积压的资金平均在1000万~3000万元。如果再加上民营渠道和发行渠道内的库存数,全国出版物库存至少有500亿~600亿元的规模。据统计,有90%的库存图书只能是以公斤计价的。

(5) 图书市场还未形成真正的现代物流体系。我国自20世纪80年代初引进物流理论和物流概念以来,随着社会主义市场经济体制的初步建立,短缺经济的基本结束和买方市场的逐步形成,出版业的图书短缺已经成为历史。随着科学技术的迅速发展以及我国加入世界贸易组织,政府和企业都逐渐认识到发展现代物流对于优化资源配置,提高经济运行质量,改善投资环境,提高国民经济综合实力和企业整体竞争能力具有重要的作用,开始重视物流的发展。改革开放30多年来，出版业大力推进体制改革，努力培育和规范市场，使全行业逐步摆脱计划经济的束缚，突破长期以来产销分割、渠道单一、购销形式僵化的局面，初步形成了以国有批发和零售企业为主体，多种经济成分、多条流通渠道、多种购销形势并存的流通体系。但是，从市场经济发展的客观规律和参与国际竞争的要求看，我国出版物市场还未真正形成现代流通体系。

当前流通领域已成为制约图书市场发展的瓶颈，对流通领域进行现代化技术改造，建立高效的信息系统，构建适应市场经济环境的新的图书流通体制，已迫在眉睫。总体来说，我国出版业的现代化物流发展还处于起步阶段。

（二）我国出版业物流发展历程

我国书业物流是传统新华书店储运工作、出版社自办发行工作的延续和在当今的发展。在书业大发展的时代，书店、出版社物流基地经历了从无到有、从小到大、从手工到自动化和智能化的犹如蚕宝宝般的蜕变过程。新华书店、出版社的物流发展主要经历了以下几个阶段：

1. 纯仓库时期

20世纪90年代之前，当时整个中国尚处于计划经济体制的模式下，全国实行大一统的图书发行、分销体系，国有新华书店是唯一的发行者，其发行渠道覆盖全国，经过三级分销，可以到达基层的新华书店。在这种情况下，新华书店主要做教材的仓储发运，而且只有春、秋两季，一般图书数量较少。因此，这个阶段的书业物流只有简单、小规模的仓储和运输，库房管理也是封闭的，入货、出货数目相等，库管员用卡片管理就行。出版社基本根据新华书店征订的数目印刷，配送也是按订单通过新华书店发货，因此出版社基本不涉及库存问题。许多书甚至从印刷厂就直接拉到了新华书店，出版社连库房都不必有。出版社只要有1000平方米的库房和几辆叉车，再雇几个临时工就足够了。由于每份订单副本量都很大，且对速度要求不高，因此这个时期图书的运输方式以铁路为主。

2. 批销中心时期

20世纪90年代中后期，随着一般图书出书品种的不断增加，新华书店省级店原来的仓储面积越来越不能不适应销售需要，于是纷纷成立批销中心，进行现货批发。从分散的出版社将书集中到批销中心，再由批销中心销售至基层店，形成了一般图书在批销中心进、销、发、运一体化的运作形式。批销中心的作用就是地方性的小蓄水池，是地域性的物流基地。由于批销中心库房向客户开放，现货到货速度比以前期货征订和看样订货都快，客户随时挑选现货，随时取货，因此这个时期的库存管理已经从静态变为动态。另外，由于业务量加大，销售额增加，单靠库管员的好笔头已不现实，因此开始引入计算机管理。就出版社而言，随着出书品种增多,市场变为买方市场后,出版社库房面积开始紧张;加上出版社有了自主发行权,销售商多元化,既有新华书店也有民营书店,而订单的副本量减少,填配要求增多,又加大了库存。由于信息不畅,出版社对市场估计不足,盲目加印,库存加剧;实行退货后,出版社库存也大大增加;再加上盗版猖獗,风险向上游转移。以上诸多原因对出版社物流提出了新要求,许多出版社开始兴建或扩大库房面积。

3. 兴建现代化物流基地时期

进入21世纪,面对数量日益庞大的图书品种、小批量订货、退货量大的现状,批销中心逐渐不再适应市场发展的要求,再加上连锁经营的实行也对物流发展提出了更高的要求。连锁总部面对上游众多出版社和下游多家基层店,需要大型仓储面积,还需要高效的采购配送系统、高效的退货处理系统、高效的运输集散系统以及标准化和体系化的物流设备及辅材。这样,书业物流的发展开始进入第三个时期,即兴建现代化物流基地时期。书店、出版社开始不惜投入巨资,扩大库房面积,引进先进的分拣、管理设备,建立现代化的物流中心。

四、我国出版物流现状调查与分析

(一) 出版社物流服务需求调查与分析

1. 出版社物流服务需求现状

本次调查采用非随机便利抽样与判定抽样方式,样本涉及部分部委出版社、高校出版社和市属出版社。调查采用访谈与答卷相结合的方式。调查活动从2010年3月30日开始,至2010年7月4日结束,为期3个月。本调查共发放问卷34份,收回问卷33份,有效问卷30份,有效率为91%。

经过此次调研,对出版社物流服务需求的现状分析如下:

调研的30余家出版社主要为中、小规模的出版社,其中员工规模人数在101~300人的占40%,100人以内的占46.7%,300人以上的仅有13.3%。这些出版社中年销售码洋在1亿元以下的占46.7%,1亿~5亿元的占36.7%,5亿~10亿元的占13.3%,10亿元以上的仅有3.3%。

(1) 物流现状。

1) 主要物流模式。主要物流模式见表3-2:

表3-2　出版社主要物流模式

物流模式	百分比（%）
第三方物流	66.7
自营物流	10.0
自营和第三方物流两者兼而有之	20.0
其他	3.3

在表3-2中，66.7%的出版社实行第三方物流，10%的出版社完全采用自营物流，20%的出版社同时采用自营和第三方物流模式。

2）库房建设。经统计，73.3%的出版社建有自己的仓库，以增加物流服务的灵活性，满足小批量、多频次的物流配送需求；26.7%的出版社无自有库房。

3）物流职能部门设置。物流职能部门设置情况见表3-3：

表3-3　物流职能部门设置

物流职能部门人数	百分比（%）
5人以内	33.3
5~10人	16.7
10人以上	23.3
无物流职能部门	26.7

物流职能部门人数在5人以内的出版社占33.3%，5~10人的占16.7%，10人以上的占23.3%，没有设置物流职能部门的出版社占26.7%。

4）运输设备配备。调研得知，配备运输设备的出版社占60%，其运输设备的使用结合库房建设，满足自身灵活、紧急的物流服务需求。未配备运输设备的出版社占40%。

（2）仓储、运输费用占销售码洋的比重。合理的物流费用是出版社考虑是否将物流业务外包的重要原因之一，调查发现物流费用与销售码洋的比例如图3-2所示。

物流费用与销售码洋的比例在2%以下的占23.3%，在2%~5%的占63.3%，物流费用与销售码洋的比例在5%~10%和10%以上的分别为10%、3.3%。

（3）物流服务评价。

1）对目前物流企业的物流服务满意度评价。在对出版社对物流企业提供的物流服务的满意度调查中发现，满意度集中于一般水平，而非常满意和非常不满

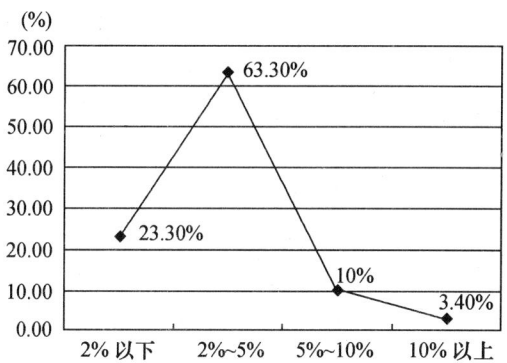

图 3-2 仓储、运输费用占销售码洋比重

意的其少。它说明物流企业提供的物流服务中还存在较大的改善提高空间。按评价因素对满意程度进行评分,认为非常满意的打 5 分,认为满意的打 4 分,认为一般、不满意、非常不满意的分别打 3 分、2 分和 1 分,计算平均得分和标准差,结果见表 3-4。

表 3-4 物流服务满意度水平评价

考察项目	平均值	标准差
及时性	3.267	0.868
准确性	3.267	0.691
完好性	3.333	0.661
合作性	3.633	0.718
价格合理性	3.300	0.750
信息传递	3.333	0.711
结算	3.333	0.661

由此可见,完好率和结算两项指标最接近平均值,说明大家一致认为这两项物流服务水平一般;而及时性偏离平均值最大,反映出出版社对该项物流服务的意见参差不齐,这可能与大家选用不同的物流公司有关;另外,对价格合理这项指标,出版社也表现出较强的一致性意见,使我们也可以预见到出版社对物流服务价格的敏感性较低,这在下文得到了进一步的证实。

完好率、信息传递和结算三项指标的均值相等,标准差的不同反映出出版社对这项物流服务水平一般的看法较一致,而对完好率和结算这两项指标的意见一致性较对信息传递指标的评价波动大。同时,及时性和准确性的均值也相等,而标准差差异更大。这说明出版社对及时性这项物流服务指标的评价较不一致，不同的物流企业提供的物流服务及时性相差较大是可能的。而准确性这项指标相对及时性来说，各出版社的看法波动较小。

最后，关注准确性这项物流服务指标，其平均值最低，标准差也几乎为最低，说明出版社较一致认为该项物流服务水平不高。那么以后各物流企业应重点关注自身物流服务的准确性，这是各物流企业的共性问题。

2）物流服务指标重要性评价。出版社认为在物流企业提供的所有物流服务中最重要的三项指标为准确性、及时性和完好率，其比例分别为80%、76%和53.3%，如图3-3所示。

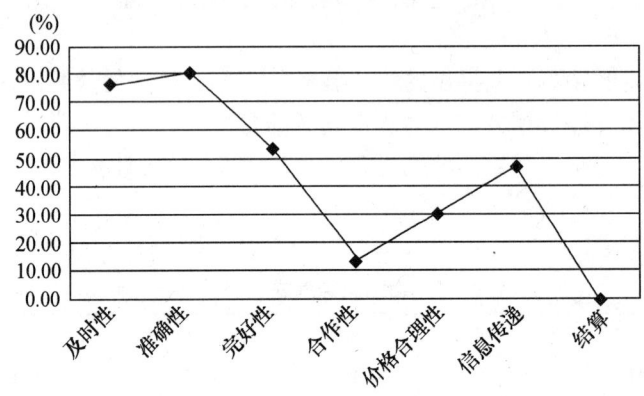

图3-3 物流指标重要性比例

（4）与批销物流中心协作关系及物流费用承担。

1）出版社与批销物流中心协作关系。在图书行业内仍普遍流行图书寄销制，出版社与批销物流中心以销售配送及纯粹的配送关系为主，并且正向物流的物流费用绝大部分由出版社承担。可以预见，在保证物流服务质量的前提下，出版社对物流服务价格的敏感度不十分高。统计结果如图3-4所示。

之所以纯粹的销售关系所占比例较低，原因可能有：图书供应链下游的门店为了和出版商保持良好协作关系，以便取得较优惠的图书折扣和优先取得畅销图书品种权利，他们倾向于直接和出版社交易。另外，这种单纯的销售关系要求物流企业手中有大量的客户资源，这对物流企业是个不小的挑战。毕竟供应链下游的门店最关注的是拥有内容优势的图书出版商，而这些物流企业在他们眼里，其实力水平也旗鼓相当。而配送关系恰恰正是弥补了销售关系的缺点。同时将销售关系与配送相结合销售配送关系是一些自身拥有门店，而又有其他门店配送业务

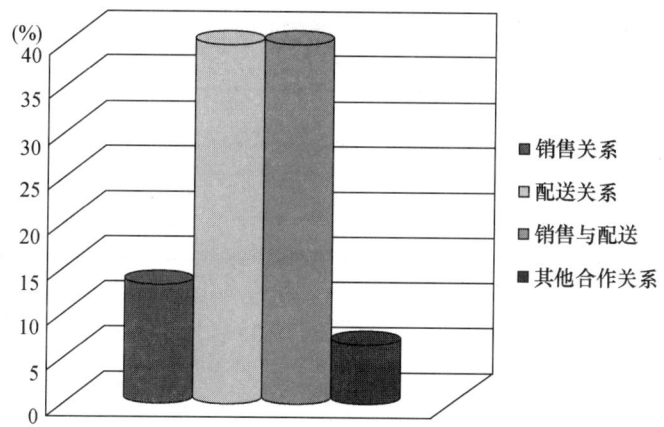

图 3-4 出版社与出版物流中心协作关系

的物流企业和出版社采用的协作关系。也有可能是物流企业物流能力较强并拥有一定规模客户资源的原因。

2）出版社与批销物流中心物流费用承担者。现行图书寄销制的普遍存在，使得正向物流费用主要由出版社承担，所占比例高达93.3%，批销物流中心承担物流费用的仅有2%。

（5）出版社物流业务委托意向。出版社物流委托意向统计结果如图 3-5 所示：

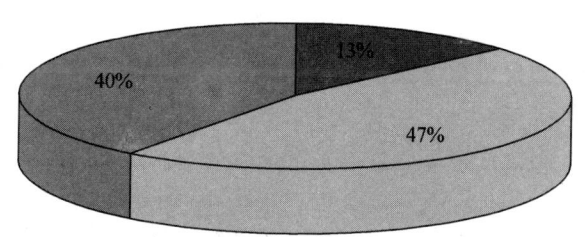

图 3-5 出版社物流业务委托意向

40%的出版社愿意全部委托物流业务给专业的物流企业，47%的出版社愿意部分委托，仅有13%的出版社坚持采用自营物流。

（6）出版社物流信息管理。

1）出版社物流信息管理者。出版社物流信息管理者统计结果见表 3-5：

表3-5 出版社物流信息管理者

物流信息管理者	频数	百分比（%）
出版社	20	64.5
批销物流中心	4	12.9
第三方物流企业	6	19.4
其他	1	3.2

2）出版社物流信息传递方式。出版社物流信息传递方式统计结果见表3-6：

表3-6 出版社信息传递方式

信息传递方式	百分比（%）
出版社网络系统	66.7
大中型批销物流企业网络系统	16.7
出版社仓库入出库统计	33.3
Internet（邮件、QQ等）	30.0
电子订货系统（供应商平台等）	13.3
通信工具（电话、传真等）	26.7

2. 主要结论与存在问题

（1）主要结论。经过此次调研，我们得出以下结论：

第一，物流服务形式单一，而物流需求旺盛。出版社目前主要采用第三方物流以及第三方物流和自营物流相结合的形式，物流服务需求旺盛；大多数出版社的物流还停留在传统的仓储、运输水平，信息滞后，管理落后，成本居高不下；条件合适情况下，出版社愿意部分及全部委托物流业务，可见出版物流企业有相当的业务扩展范围；鉴于不少出版社仍自建物流职能部门和仓库等情况，可看出出版物流企业提供的物流服务在敏捷性、灵活性上仍需不断提高。

第二，物流成本居高不下、服务质量仍要提高。物流费用与销售码洋的比例主要集中于2%~5%（业内人士认为3%以内为合理水平），说明物流成本有进一步降低的空间，与此同时我们也看到出版社对大中型出版物流企业所提供物流服务的价格敏感性低于物流服务质量的敏感性；现行图书寄销制的存在也使出版社愿意承担正向物流费用；及时、准确和完好被认为是最重要的三项物流服务指标；出版社对大中型出版物流企业所提供的物流服务满意度水平集中于一般，满意度较高的四项指标是合作性、完好性、信息传递性和结算。因此及时性和准确性是目前出版社认为重要而大中型物流企业的服务水平又未达到其期望水平的两项指标，及时性和准确性是未来出版物流企业物流服务质量改善提高的关键所在。

第三，物流信息化建设需全面推进。建立成熟的现代大中型物流企业，信息传递是不可或缺的重中之重，搭建加强大中型出版物流企业和出版社信息共享和交换的信息平台，使双方信息顺畅流动是未来大中型出版物流企业和出版社信息建设的必由之路。

（2）存在问题。

第一，缺乏信息标准化和信息采集共享机制。国内书店信息系统五花八门，给出版社的信息对接和采集带来较大困难，因此需要统一信息标准。国内出版业四类信息标准严重混乱：一是出版物产品信息标准。如"一号多书"已经成为国内出版业的潜规则，但这一项就造成大量重复发货和随后的退货。二是满足出版社市场信息采集需要的信息报告/采集标准尚未出台。三是用于发行环节、促进上下游企业之间信息交接的发行信息标准有待统一和提高。四是物流信息国际标准，如出版物二维条码、统一规范新的 13 位 ISBN 等的执行及违规处罚的不力。

信息标准化建设是实现供应链管理的重中之重，只有建立起先进的信息系统，促进信息的快速流通和信息共享，减少信息不对称，才能解决供应链管理的障碍，提高物流效率，减轻逆向物流问题带来的严重后果。建立完善的信息系统，以信息流代替物流，对物流进行监控，减少信息失真、停滞所带来的牛鞭效应，从而避免败德行为和逆向选择，已成为物流管理的必然趋势。

第二，自办仓库、自营物流现象严重。调研发现出版企业自办仓库、自营物流的现象还非常严重，大多数出版企业的物流还停留在传统的仓储、运输水平，信息滞后，管理落后，成本居高不下。各个出版所设置的仓库、运输车辆、物流信息系统、物流职能部门，完全可全部集中由专业化的第三方物流配送公司来替代，以减少资源的重复浪费。

第三，未实现编—印—发无缝链接。目前，出版业在编辑、印刷、发行三个环节之间存在脱节现象。发行企业依赖教材、教辅读物，忽视一般图书发行，其购销形式、经营方式单一，缺乏规模效应；出版发行产业布局不合理，结构趋同，而且存在严重的贸易壁垒，以致全国出版物发行缺乏规范的流通渠道以及强大的物流服务支撑，出版物在从出版者流通到消费者手中时环节过多，流通成本居高不下。

同时改被动适应为积极主动地迎合市场需求，出版社应根据最贴近市场的零售终端甚至是读者反馈的信息，及时准确地组织图书的编辑、排版、印刷、发行、重印等工作，实现编—印—发一体化运作。

(二) 大中型物流企业运营现状调查与分析

20世纪80年代末90年代初,物流概念从理论到产业,从欧美、日本诸国引入我国,引起政府和业务部门的关注,并开始深入业界人心,我国的出版物物流发展也成为热点。随着图书市场的有序化,集团经营集约化、连锁化,系统内的业务次序、业务机构和各种小物流开始实行必要的整合,全国进入了以建设现代物流中心为标志的现代出版物物流建设新时期。

基于对北京国际图书城、浙江新华下沙物流基地、上海新华传媒物流中心、四川新华文轩物流中心、济南新华物流中心和山东世纪天鸿图书物流配送中心实地调研的基础上,本章整理出目前全国大型国有及民营大中型出版物流企业的经营情况如下:

1. 大中型物流企业运营现状调查与分析

面对竞争日益激烈的出版物发行领域,规划和建设专业的出版物物流中心已成为构建和谐的供应链关系,形成企业核心竞争力的必由之路。

国有物流中心的闲置与民营书业物流设施的匮乏是我国书业物流的一个基本事实。我国已有的图书物流中心规模都比较大,占地面积一般在2万~10万平方米,现代化的程度也比较高,资金投入也十分可观,但他们中大多都感到"吃不饱"。原来他们基本上都是以前发行体制框架的"克隆",物流被限制在某一行政区域范围内。如果不实现跨地区经营,就可能导致进一步的平均用力和重复建设。加之各地的物流系统各成体系,物流标准又各不相同,每个省都建有自己的运输配送体系,全国性的运输网尚未建立起来,要在全国范围内实现有效的物流配送存在很大障碍。如此不仅不利于解决区域垄断和地方保护问题,而且可能进一步加剧和巩固这种局面。

另外,我们注意到,目前民营图书公司已经在销售渠道上与国有公司进行广泛的合作,如2005年山东世纪天鸿通过各省新华书店渠道的销售码洋达到1.6亿元。因此在物流中心的建设上,可以考虑国有企业和民营企业实行股份制,共建物流中心。这种类型的物流中心有利于降低成本、提高资源的利用率,扭转当前物流中心的单一所有制局面。再者,外资已全面进入图书分销领域,一段时间内,他们不会立即自建物流基地,但是有可能投资股份制物流企业,国内政策也允许,吸收外资入股也是可能和可行的。这种共建物流还可以考虑多个出版社、批发商的合股建设经营,可以克服国内物流中心类型单一的弊端,可以突破自营物流、充实壮大第三方物流。目前,对北京国际图书城、上海新华传媒、浙江新华下沙、四川新华文轩、山东世纪天鸿等大中型物流企业的调查现状整理如下:

(1) 物流企业类型。大中型物流企业类型之一为以门店销售为支撑,而不以物流服务为核心能力。另外，也有小部分大中型物流企业可提供展厅展示功能、信息服务功能等增值服务。再有少数大中型物流企业兼具仓储租赁等业务项目，但都非主营业务。

（2）物流企业数量。近几年来，物流已成为新一轮的投资热点，各种物流中心、物流园区、物流基地等投资项目几乎天天见诸报端，如新闻出版网信息：2007年11月开工，2010年完工的山西规模最大出版物发行中心启用；2009年4月山东新华投资3.4亿元建一流出版物流总部；2010年6月甘肃新华书店集团物流园开工奠基；等等。据统计，至2008年我国拥有出版物连锁经营企业29家，23家省级新华书店实现了省内或者跨省连锁经营，10万平方米以上的大型图书物流中心6个，年利润千万元以上的图书物流中心10个。

（3）物流企业投资者。除少数大中型物流企业是由民营书商投资建立，多数大中型物流企业基本都属于新华书店集团。这就意味着此大中型物流企业的首要功能是为系统内部提供服务，就是要满足新华书店系统内图书配送的需求，并没有更多的开展对行业外或民营书业的代理物流服务。既然大中型物流企业仅为新华系统内负责图书物流服务的后勤部门，投入产出理论在大中型物流企业中也难以施行，更多的是以费用中心的形式考核计量，而不直接产生利润。这与现代物流的专业化分工原则是背道而驰的，造成了物流配送系统利用率低，经济效益不明显的结果。这些大中型物流企业的投资额一般都超过1亿元，10亿元左右的投资额也是屡见不鲜。如此高额的投入，使我们不得不更加关注其投资回报率。

（4）物流企业规模。由于物流企业规模要与地区经济水平和图书市场状况相适应，与产业导向和社会发展相适应，毕竟一定规模的物流中心需要有相应的图书流通规模作为支撑，规模过大会造成资源闲置，过小无法获得规模效益。调研发现，国有大中型物流企业的从业人员数量约为500人，而民营大中型物流企业的员工人数一般在四五十人左右。

另外，考虑到整个物流业的特点和城市规划、交通要求，地理位置十分适合物流中心的业务特点，交通便利，可以充分利用发达的高速公路网，可采用集装干线运输、一厢式支线运输——微型区域配送的运输方式，以缩短流程，加快物流周转速度。这些大中型物流企业一般都坐落在距市中心稍远距离的城郊。一般园区规模都四五百亩，更有甚者达到上千亩，其规模堪称宏伟壮观。惊叹之余，规模投资的规模收益问题也引起了我们的深思。

（5）物流企业布局。随着物流园区建设经验的日臻成熟，大中型出版物流企业的布局也日趋合理化。调研过程中对浙江新华下沙物流基地印象深刻。整个物流园区由南往北按照物资中心、印刷中心、图书物流中心排列，形成了完整的出版、印刷、发行产业链，如图3-6所示。

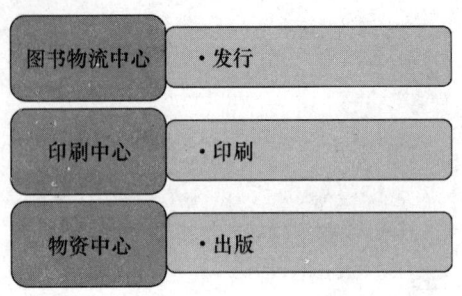

图 3-6 浙江新华下沙物流基地布局

物资中心承担各类出版印刷用纸和复印、打印纸的加工和储运业务，成为现代化的出版印刷物资供应基地；印刷中心承担全省中小学教材、书刊以及全国骨干期刊等的印刷业务，形成年产450万色令、装订65万纸令的印刷装订生产能力，成为浙江省内最具规模的现代化书刊生产基地；图书物流中心承担着把浙江版图书发往全国，把全国图书引入浙江的职责，并逐步过渡到全国出版物中盘。如此的布局格式实现了内部经营一体化，值得同行业者的学习借鉴。

(6) 物流企业功能定位。物流中心的定位是服务，其服务的表现形式主要是通过对客户的需求的满足，体现自身服务的价值。面对真正的市场经济，物流配送中心的服务质量和物流成本是我们保持地位的核心问题。大中型图书物流企业除提供仓储、运输、配送、加工和包装等基本物流服务功能外，少数大中型物流企业也具备负责退货管理和采购业务等功能，而能提供信息服务等增值服务的企业则是凤毛麟角。

(7) 数字出版对物流企业业务量影响。在对六家大中型出版物流企业调研时发现，他们认为目前数字出版对企业物流业务暂时没有什么实质性的影响，虽然谈到未来可持续发展，他们可能会采取控制设备投资、发展跨行业的第三方物流服务业务等举措，但目前并没有任何实质性行动。这样的答案与我们的预期有较大出入，毕竟数字出版对纸质图书的冲击是业内供认不讳的事实，纸质图书销售业务量的下降直接影响到出版物流企业的物流业务，这两者的息息相关可见一斑，但出版物流企业目前却没有太多的忧患意识和应对准备，这不禁使我们有些纳闷。我们通过出版业图书数据指标和数字出版产业的收入规模来分析比较，使这种冲击影响明朗化。

1) 出版业图书数据指标。图书出版品种、总印数、总印张是反映图书出版规模的三要素，而出版品种又是其中第一要素。总印数、总印张均与出版品种密切相关，都随着出版品种的变化而发生变化。1997~2008年我国出版业图书品种、总印数、总印张和定价总金额，见表3-7。

表 3-7 1997~2008 年我国图书品种数、印数、印章数及定价总金额

年份	品种		总印数		总印张		定价总金额	
	数量	同比(%)	数量(亿册)	同比(%)	数量(亿张)	同比(%)	码洋合计(亿元)	同比(%)
1997	120106	—	73.05	—	364	—	372.56	—
1998	130613	8.75	72.39	-0.90	373.62	2.64	397.97	6.82
1999	141831	8.59	73.16	1.06	391.35	4.75	436.33	9.64
2000	143376	1.09	62.74	-14.24	376.21	-3.87	430.1	-1.43
2001	154526	7.78	63.1	0.57	406.08	7.94	466.82	8.54
2002	170962	10.64	68.7	8.87	456.45	12.40	535.12	14.63
2003	190391	11.36	66.7	-2.91	462.22	1.26	561.82	4.99
2004	208294	9.40	64.13	-3.85	465.59	0.73	592.89	5.53
2005	222473	6.81	64.66	0.83	493.29	5.95	632.28	6.64
2006	234000	5.18	64.08	-0.90	512	3.79	649.13	2.66
2007	248300	6.11	62.93	-1.79	486.5	-4.98	676.72	4.25
2008	275668	11.02	69.36	10.22	560.7399	15.26	791.43	16.95

现对表中数据指标做如下分析：

第一，图书出版种类数。1978~2008 年我国图书出版种类及新出版种类数如图 3-7 所示：

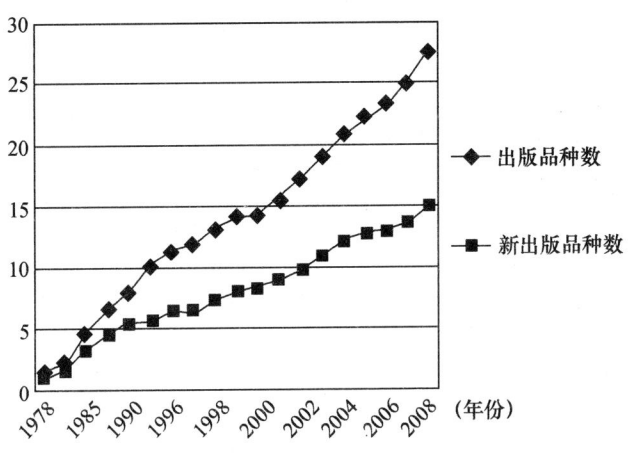

图 3-7 1978~2008 年图书出版种类数变化

第二，图书出版印数、印张数和总金额。

①图书出版总印数、总印张和总金额。1997～2008年我国图书出版总印数、总印张数和总金额如图3-8所示：

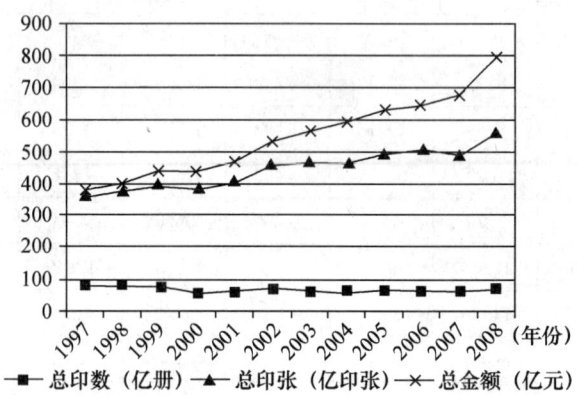

图3-8　1997～2008年我国图书总印数、总印张和总金额

②图书出版平均印数、平均印张。1997～2008年我国图书出版平均印数、平均印张如图3-9所示：

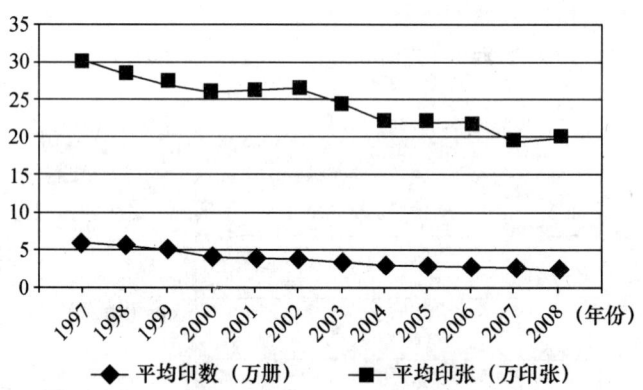

图3-9　1997～2008年我国图书平均印数与平均印张

第三，结论。重点关注2001年至今的图书出版三要素发展轨迹，我们得到以下结论：

由于总印数增长微弱（伴有下降），既低于品种增幅，又低于总印张增幅，因而2001～2008年图书平均印数持续下降，而图书平均印张却持续上升。这意味着每种图书的受众面在逐渐减小,而每种书的厚度却逐渐增大。由此形成一个连锁反应,即由图书品种增长带来图书平均印数下降,而由图书平均印数下降却带来图书平均印张上升。

由于全民需求的愈加细分,导致各细分需求的覆盖面缩小,如果说现今图书平均印数下降尚属正常,那么作为图书平均印数和图书品种的总集成——图书总印数的下降、徘徊、微弱增长,则难属正常。我国图书出版总印数反复陷限于窘境,自然和新兴媒体冲击不无关系。

2) 数字出版产业收入规模。新闻出版总署科技与数字出版司数字出版处副处长王强表示,数字出版产业发展的时机已经日臻成熟,数字出版发展呈现利好市场环境。与传统出版相比,数字出版是个新兴产业。在一系列利好市场的推动下,这个新兴产业表现出了强劲的发展态势。2006~2009 年数字出版产业收入与 2005~2008 年出版业图书定价总金额比较,如图 3-10 所示。

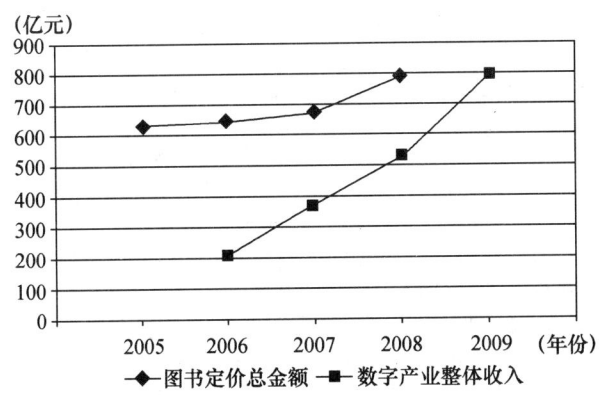

图 3-10　2006~2009 年数字出版产业收入与 2005~2008 年出版业图书定价总金额比较

原则上,图书定价总金额比图书销售总金额要多一些,尽管如此,我们很明显看到数字产业收入的增长趋势要强于图书销售总金额,以这样的趋势发展下去,我们有理由相信,数字产业的收入很快可与纸质图书的销售收入水平齐平,甚至超过。现将 2006~2009 年数字出版产业的收入规模做详细说明,见表 3-8。

表 3-8　数字出版产业收入情况　　　　　　　　　　　单位:亿元

数字出版物分类	2006 年	2007 年	2008 年	2009 年
互联网期刊+多媒体网络互动期刊	5+1	6+1.6	7.2+2.4	6
电子书	1.5	2	3	14
数字报纸:网络报+手机报	2.5	1.5+8.5	13	3.1

续表

数字出版物分类	2006年	2007年	2008年	2009年
博客	6.5	9.75	14.5	—
在线音乐	1.2	1.52	2.50	—
手机出版（彩铃+铃声+游戏+动漫）	80	150	220	314
网络游戏、动漫	65.4+0.1	105.7+0.25	150+0.41	256.2
互联网广告	49.8	75.6	117.63	206.1
总收入	213	362.42	530.64	799.4

由表3-8可知，手机出版、网络游戏和动漫以及互联网广告占了数字出版产业收入的大半壁江山，其增长趋势如图3-11所示。

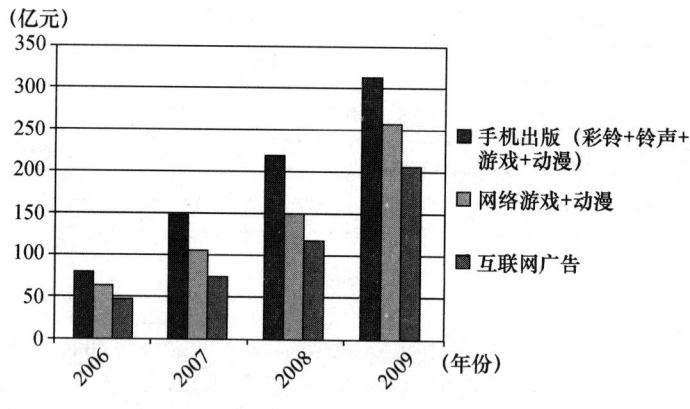

图3-11 数字出版物三大收入情况

由此，手机出版的发展势头之猛可见一斑，并在近年的收入占到整个数字出版产业近一半的份额。

3) 数字出版未引起出版物流企业关注的原因。从上文出版业图书数据指标和数字出版的增长势头，我们看到：图书总印数下降、徘徊、微弱增长，而平均印数持续下降，而图书平均印张却持续上；数字产业的整体收入水平正在逐渐赶超图书销售收入总水平（应该比图书定价总金额小）。面对这种发展趋势，大中型物流企业还未充分意识到未雨绸缪的必要性。本研究认为其原因可能有：

第一，读者的阅读习惯需长时间培养。数字出版作为一种新兴事物进入大家的生活，一时间还很难完全取代先入为主角色——纸质图书的惯性阅读习惯地位，一种新阅读习惯的养成需经历一段时间的渗透、融合。目前还有相当一批读者仍愿意保留阅读纸质图书的习惯,当然这可能也和他们的阅读目的有很大关系,纸质图书也许更适合于深入细致的分析研究(如图书内容的整体把握)。

第二,我国老龄化的人口结构。自我国进入老龄化社会以来,对中老年读者阅读需求的满足就基本的就是要考虑到,这部分读者对新事物的接受能力不那么强,他们对电子书等数字出版产品的好奇感也不像新生代读者那么强烈。甚至他们中不少人会固执地选择阅读纸质图书,这一方面是阅读习惯的问题,另一方面也有兴趣能力的问题。

第三,学校教育所用图书仍以纸质图书为主。受经济发展水平限制,目前的学校教育中,学生们所用的教材教辅图书绝大部分仍是纸质图书,而这部分生力军也成了图书物流市场重要的业务来源。

第四,数字出版产品走进生活也面临一些阻力。我国的交通状况使一些追求数字出版产品便携的读者的设想化为泡影。现在人们的生活节奏越来越快,花费在上下班路途中的时间越来越长,便于随身携带、不占体积的电子书阅读成为一种新的阅读方式,但是每每面对公共交通工具拥挤不堪,自驾车拥堵不前的交通状况,那份美妙的阅读心情怎能不被打破?

另外,一些数字出版产品的衍生品对读者健康的安全隐患也受到健康专家的质疑等都影响人们对数字出版产品的选择,从而仍倾向于传统阅读方式。

2. 主要结论与存在问题

(1) 主要结论。

第一,物流功能单一、增值服务不多。物流中心的功能主要表现为仓储和运输。由于物流是从仓储和运输发展而来,所以普遍存在物流就是运输和仓储或仓储运输一体化经营管理观念。实际上物流的功能不仅于此,它既是物品从供应地向接受地的实体流动过程,也是根据实际需要,将运输、储存、装卸、搬运、包装、加工、配送、信息处理等基本功能有机结合。

第二,物流设施利用率低。虽然全国建立了大规模的图书物流中心,但是全行业的物流基础薄弱。就目前实际情况来看,很多已经建成的图书物流中心很难"吃饱"甚至有的"饿死",如营业面积两万平方米的北京最大民营书店第三极书局悄然停业后,重庆解放碑经典概念书城倒闭的消息接踵而至。在条块分割、多头管理的模式下,各种物流基础设施和设备的规划和建设缺乏必要的协调,导致大量的重复建设和过度竞争。

第三,出版物流信息技术应用不足。EDI、ERP、GPS 等围绕物流信息交换与管理的技术并未普及应用,电子化信息技术严重滞后,这样不仅物流成本高,还给现代化配送带来障碍。在出版企业的信息管理水平全面提高的基础上,要鼓励和帮助图书产业链上各环节实现信息资源的共享和联通。目前,行业内没有这样的信息平台建设能使产业链上下游节点企业实现信息即时沟通,也没统一的物流信息识别和交换标准。

第四,图书物流企业的运作效率低下。由于图书物流企业相对分散、企业规模较小、业务量不饱和,既难以发挥规模效应,也难以运用先进物流技术与物流设备、实施,导致我国图书物流服务成本居高不下,而服务效率却差强人意。

第五,物流规范缺乏标准化。出版物物流标准化的建设是一个系统工程,涉及出版物产业链所有运输、储存、包装、装卸、搬运、配送以及相应的信息处理等与物流活动有关的设施设备、工具器具的技术标准,物流过程各个环节内部之间的配合要求等。目前国内仅有新闻出版总署发布的《中国出版物物流标准总体规范研究报告》做的概括性规范,具体、全面的出版物流规范标准还处于边思考、边摸索、边投资的状态。为减少各地区采取不同规范造成的浪费与重复,应先期尽快出台出版物流的基础标准和基础技术规范。在制定、实施标准过程中,要考虑到出版物生产、流通、消费的各个环节,还应整体考虑到流通的全局而不是局部,全国而不是各省市,从而使得全国的出版发行业遵从统一的物流标准,提供出版产业效益。

(2)存在问题。

第一,技术手段落后。目前,我国图书物流设施的技术水平主要有两个特点:一是普遍采取手工和机械作业。我国图书物流作业普遍采用手工和机械化方式,自动化的作业设施还没有普及,诸如进货验收、上架、分拣、发货等劳动强度较低的作业环节,通常都采取手工作业方式,而搬运、运输、包装等作业环节,则通常采取机械化作业方式,如使用自动包装机、搬运机械等。二是部分企业实现自动化作业。近年来,部分规模较大的图书经营企业对物流作业设施进行了改造,如采用自动导引车、自动分拣流水线、无线数据采集系统、电子标签系统等技术,能够在一定程度上实现图书物流作业的自动化。自动化设施的采用,有利于加快信息流动,提高物流效率,降低劳动强度,扩大物流活动的范围,开展增值服务,而这在发达国家已经普遍应用。

第二,重现逆向物流问题。在对大中型出版物流企业的调研中,我们再次看到逆向物流这个问题的严重性,它也因此受到供应链各节点企业的重视。因为出版行业采用的是寄销制,往往会在与门店结算时产生大量退货。如何合理有效地处理退货是物流中心要面对的难题。物流中心要很好地协调自身的物流成本与供货商和服务客户之间的关系,因为退货关系到供货商的利益和对门店的服务,以及系统物流成本的增加,所以在适应市场经营模式的前提下,物流中心设计退货流程时,应把高度的信息化作为基础,适度的自动化作为手段,将主配业务逐渐向请配订单形式过渡,加强管理,合理降低反向物流量,从而降低企业自身和供货商的成本。

第三，各自为政，没有大局观念。在物流系统的建设上，各企业所存在的问题是各自为政，各自抢滩，一味强调自身系统的强大功能以及业务处理量。这种状况不符合现代图书分销物流要求，现代图书物流应该是一条一体化的供应链，在这条链上，需要各个环节的衔接，如储运、包装、加工、配送、信息、库存控制等；而各个环节又不能代替整条链的作用，并且环节之间也存在着衔接的问题。因此，在图书企业推动"小物流"时，要关注社会"大物流"的发展，以及物流资源集约化的要求。每一个企业或一个连锁店都建一个物流中心是不科学也不可行的。

第四，服务能力较弱。目前的图书分销模式仍然是延续计划经济时期形成的分销渠道和体制，没有真正意义上的跨区域、全国性的图书分销企业，即使是国内目前几家较大的图书批发企业，也最多只能覆盖行政区域内的业务量。造成这种现象的原因是：由于多年以来图书行业属于垄断性行业，竞争不充分，尽管国家在改革开放后加大了改革的力度，但多数图书企业的改革属于换汤不换药，其经营模式、业务流程和服务意识都没有根本改变。另外区域性的保护主义色彩浓厚，大部分省市都害怕本地区外的批发或零售图书在该地抢夺市场份额，因此制定了很多土政策限制跨地区、跨行业的批发企业和零售图书的发展。再有企业对现代物流的认识落后，观念还停留在图书的仓促、运输上，大流通、大物流思想没有树立，不少企业没有实现集中采购、进货，没有实现统一库存管理和统一配送。物流实施落后，仓库、设备几十年一个样，机械化程度低，至今尚没有全国统一的图书商品编码，大部分是零售书店一套自制"编码"，批发企业另一套自制"编码"。所有这些因素制约了物流管理的自动化，IT支持系统也难以建立，加上计算机管理系统缺失或不完善，都已成为企业提高服务能力的瓶颈。虽然企业目前的毛利率很高，但是纯利很小，这与发达国家同等企业形成了鲜明的对比。这其中尽管有交易费用的因素，但是，服务能力弱，难以实现高水准的物流和供应链服务也是一个重要的原因。

第五，缺乏投入产出意识。虽然建立图书物流系统有其紧迫性和合理性，但一哄而上，盲目追求"热点"却可能会使一些企业陷入困境。在物流系统的建设过程中，不切合行业和企业的实际，盲目追求自动化物流中心的建设，没有投入产出的观念，在基础管理和经营流程没有做根本改革的前提下，寄希望于通过物流信息系统的建设来实现成本的减低和经济效益的提高，风险是极大的。

在物流中心建成后，以成本中心运作而非利润中心运行，也是投入产出理念缺失的表现，如此很难达到边际收益平衡。另外，现代化的物流配送体系是图书商业企业核心竞争力的基础，但是图书物流究竟应该如何发展需要冷静深入的研究,而目前的状况是很多企业将现代物流与建设现代化大仓库等同起来。事实上我们认为目前大规模建设图书物流中心的时机并不成熟,按照现代物流管理原则中供应链的管理原理,批发企业必须和零售书店、出版社合作建立伙伴关系,这种合作伙伴关系除了人与人的见面外,还需要技术支撑,物流经营者对货源单位不熟悉,对下家即零售书店不能够有效地管理、及时配送,配送率不能达到99.9%以上的话,就不可能有竞争力。

(三) 出版物流供需分析

本部分通过对数字环境下出版商物流现状及需求及发行商物流现状及需求,即出版物流供需双方的分析,我们得出以下结论:

第一,图书物流供应链的中心不应该是出版社,而应该是物流配送中心。出版社是内容生产部门,印刷厂进纸张出印刷品,出版社只进样品的展品,有的配有自己的仓库,如高教社、法律社等。可以委托由物流中心运进纸张、运出印品,印品直接送至经销商、读者客户、配送中心储存等,给经销商送书的同时,可以拉回、退回的图书。

第二,要着力培养一批主业突出、辐射力强的大型国有或国有控股物流企业和企业集团。新闻出版业目前还没有真正形成布局合理、辐射力强的现代物流体系。近年来,各地虽然建设了一批物流中心,但基本上各自为政,跨行业、跨区域、跨国界以及开展第三方物流,因行业壁垒、条块分割、地区封锁、城乡分离和垄断经营等都难以实现。2009年,全国发行集团前四强的主营业务收入合计仅为200亿元,在出版物发行业中还占不到12%,充分说明了新闻出版流通企业大而弱、小而散的现实状况。要按照经济区划和出版物物流发展的客观规律,深入研究布局设点的问题,整合资源,争取在"十二五"时期建设几家能够辐射全国乃至国际的现代出版物物流中心,真正打破行业壁垒、条块分割、地区封锁、城乡分离和垄断经营的状况。而且未来的物流中心应可提供展示、展销、图书数据信息平台和结款等增值服务。

第三,综合考虑图书供应链的供给和需求两方面的因素,针对完全市场化的中国出版物流业,如何对现有大中型出版物流企业进行运作模式的整合,成为研究的焦点。而不单单是重建物流中心,复制未经优化的运作模式。真正实现图书分销从原来单纯的物质空间和时间移动,以及传统的媒介图书交易,逐渐转向强调商流、物流、信息流和资金流相结合的一体化供应链服务。

五、国外书业物流现状与启示

与国外相比,我国的图书出版发行行业在分销渠道的设计和物流支持系统的建立方面存在着明显的不足,了解国外书业物流发展现状,为本研究提供更为开阔的视野,我们将目光指向行业的佼佼者德国和日本。

(一) 国外书业物流现状

1. 德国书业物流发展现状

德国是一个出版业高度发达的国家,全国约有 16000 家出版社登记,较具规模的出版社有 3500 家;每年出版图书 75 万种,其中出版新书 8 万多种,位列世界第三位,从图书市场排名来看位居第二位;德国共有 7100 多家书店。2004 年德国新书的品种约为 86500 种,其中包括 5400 种外语翻译书。全球约有 1 亿人为德语图书读者。德国出版业拥有一个可提供 100 万种图书的数据库,方便出版社和读者随时查询。这个数据库是德国书商协会委托专业机构——科隆数据研究所制作的。出版、中盘、零售的信息标准统一,节省了各个环节的人力,提高了效率。德国图书发行的流程如图 3-12 所示:

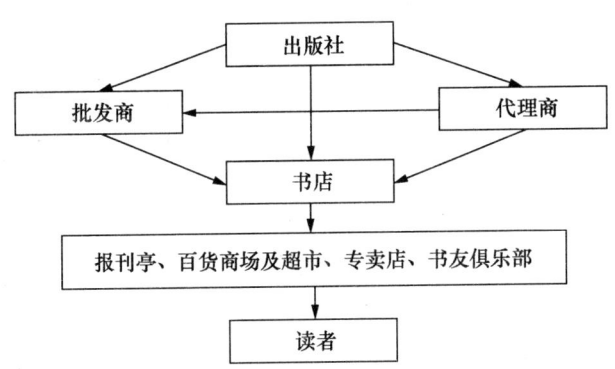

图 3-12 德国图书发行流程结构

从图书批发环节来讲,和英国、美国一样,德国也有一个强大的中盘在支撑出版业。德国中盘商的主要特点为:第一,品种齐全。能满足全国各类书店 95%~97% 的品种要求。由于德国书业退货率很低,平均为 8%,因此,中盘商选择品种就承担了较大风险。第二，物流准确快捷。德国境内一天到货，比出版社直接发货还要快。在折扣比出版社高的情况下，这一点吸引了客户，尤其是小批量补货的时候。第三，承担第三方物流。如向出版社出租仓库、承担送货、收集退货等功能。这使一些规模较小的出版社可以集中精力出版，不必操心其他繁杂业务，因而受到出版社的欢迎。第四，其他信息以及服务功能。例如，建立专业图书的网站，有利于出版商的信息交流等；有的还利用发达的物流网络，配送酒、食品等其他少量物品。德国大约有十多家批发商，但排在前六位的批发商占了整个市场份额的 80%，而前两名的营业额则是第三名的 5 倍。比如，KNV、Libri、Umbreit 等都属于世界顶级的图书批发公司，他们向出版社购买图书，并向零售商再销售，承担销售风险。他们赢利主要通过进销差价来实现。他们拥有先进的仓储和配送系统，可供图书的品种和数量充足，又有大量的资金进行技术革新，不断完善软、硬件服务系统。他们多采用电子订货和结算方式，效率特别高，服务质量好。另外，德国的法律和政策也有利于图书批发公司发挥自己的作用和优势。图书批发公司作为中介机构，可以从出版社获得的折扣最高为 50%，而任何零售商店都不允许从出版社得到比图书批发公司更高的折扣。

在德国，书店在哪里定书，通常是由自己决定。一种简单的方式是向出版社订书。也有很多出版社不直接供货，不把精力放在销售书上，出版社不负责营销，于是就有了服务性质的中介公司——代销公司（或称代理商）。这种大型的代理商在德国就有 20 余家，包括 KNO-VA、贝塔斯曼等。代理商按照出版社指令先将书入库，再卖给书店。出版社会把书和订户都交给代理商，称它为自己的总代理或全权代理。德国图书销售中间商的基本职责就是"跑书店"。他们每年至少两次拿着样书和订单进行销售代理旅行，上门到所辖地区书店签订购书合同，并向书店通报出版社的新书计划、计划中的重点、出版社将要采取的广告支持等。合同要详细规定订书的品种、数量、折扣和付款时间，一式三份，一份留书店、一份送交图书配送公司、一份交出版社。出版社有专人负责审定合同，正确无误后，通知配送公司发货。关于如何计算销售代理商的提成问题，根据出版社不同的销售政策有不同的做法。有的出版社只以代理商一次代理销售而走访书店直接拿到的订单码洋来提成。有的则是让代理商享有所谓的"客户保证"，即代理商定期访问的书店的所有订货，包括书店日后自己向出版社的添货，都记为其提成码洋。这种做法是基于这么一种理论：该书店此次自己向出版社订货是由于代理商在此之前上门推销的结果。德国销售代理商的提成比率一般为码洋的 8%。

2. 日本书业物流发展现状

日本的书业和日本的其他流通业有着相似的特点，即零售总量庞大、单店规模较小、店铺密集度高。日本书业主要由零售商（包括书店、便利店等）、批发商（发行中盘）、出版社三大部分构成，呈现出厂商（即出版社）多、零售商（即书店）多、批发商（即经销商）极少的特点。日本全国书店总数多达25673家，平均卖场面积约为122平方米，全日本平均每4500人就拥有一家书店。而图书批发公司仅70余家，日本出版贩卖公司和东京出版贩卖公司作为日本最大的发行中盘，年销售额分别为7441亿日元和6657亿日元，这两家最大的销售公司分别代理了12000家和11000家书店的进货业务。同时，日本出版社也同样具有数量较多、规模小及地域分布集中的特点。日本全国共有出版社4496家，其中80%集中在东京。年出版新书超过70000种，杂志每月出版2800种。出版社中10名以下员工的约占总数的50%，11~50人的有1010家，5~100人的有201家，员工人数1000人以上的约10家。日本的书刊发行渠道如图3-13所示：

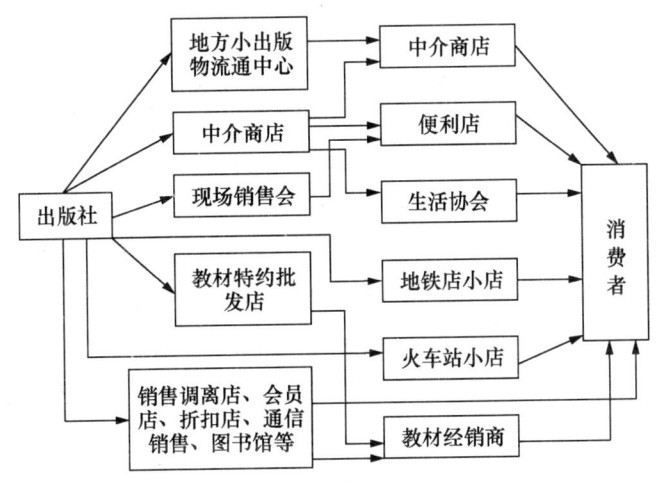

图3-13　日本的书业供应链

日本的主发行渠道主要采用这样的模式：出版社→书刊批发公司→书店→读者。日本书刊总销售额的65.7%是通过主发行渠道发行的。从日本主发行渠道的市场占有情况来看，有几点值得注意：第一，20世纪60年代，日本的主发行渠道只占书刊总销售的50%左右，以后一直有所提升，最高的时候曾经达到了70%以上。但是随着发行渠道多样化的发展，最近几年主发行渠道的发行量有所下降。第二，日本的批发公司有70家左右，其中有42家参加了日本出版经销商协会，参加这个协会的是这个主渠道的主力。其中规模最大的两家是日贩和东贩，这两个大批发公司又占了主发行渠道中近70%的销售额。第三，这些批发公司（包括日贩和东贩）基本上是由出版社和书店出资创办的。在这样的状况下，书刊批发公司既保持着经营的独立性，又与出版社和书店形成经济利益命运共同体。

日本的主发行渠道虽然依然保持着很高的市场占有率，但近年来发行渠道呈现出多样化的局面，对主发行渠道产生了不少影响。多样化的发行渠道主要指24小时便利商店渠道和网上书店渠道。

日本现行出版流通体系主要建立在定价销售制和委托销售制的基础上。定价销售制又称维持转售价格制，是指除《独占禁止法》中规定的内容以外，出版物零售价格由出版社制定，书店无权决定价格，也不能单方面采取打折销售等销售方式，因此书店不负责采购，书店陈列的90%以上的出版物都是批发商送来的。委托销售制又称寄销，就是受出版社委托的商品以一定期限在书店内销售，在协议期限内可以把没有售出的书刊退还给出版社，它使书店可以更多地陈列和销售品种多而平均数量少的出版物。定价销售制维持了一个稳定的价格体系，避免了恶性价格竞争，使得委托销售制得以顺利推行。委托销售制的普遍采用，巩固了物流公司在日本出版流通体系的地位。委托销售制的顺利推行，对零售书店的好处是，在委托期限内只管出售，不必付款，期限终了时，也只需支付出售部分的书款，余下部分退回物流公司即可；对出版社来说也有利，出版社通过物流公司可毫无顾忌地接受零售部门的委托条件，同时在很大范围内发行同一书刊，取得规模效益；对于消费者来说，他们也可以在任何地方安心地购买到价格相同的出版物。由于日本几乎80%的书籍、92%的杂志是通过委托销售方式进行交易，日本的图书和杂志的退货率高达39.4%和28.9%，这样高的退货率，使得出版社和书店都必须依靠具有强大物流能力的物流公司进行退货物流处理。

（二）对我国出版物流企业的启示

通过对德国、日本书业物流发展现状的了解，得出对我国出版物流企业的启示如下：

1. 图书物流规模效应明显，物流服务品种多元化

图书分销物流是一个规模经济效应极强的行业，国外少数几家大型的图书物流分销商就占据了全行业营业收入的95%以上，而且这几家企业都是超大规模的企业，在财富排行榜中都居于前100位，而且绝大部分都是上市公司。这几家企业都是图书行业物流综合分销和配送商，他们不仅经营图书，还经营其他业务。因此我国的图书物流行业的市场集中度要逐步提高，逐渐向寡头垄断的市场方向演变。

2. 以市场为导向，凸显图书物流大中盘的供应链核心地位

为避免物流重复性建设和投资泡沫化，要统筹整合现有地区物流和企业内物

流资源，以整个中国大市场为目标进行跨区域的行业规划，建立强大物流中盘为供应链的核心企业，使大企业围绕市场，中小企业围绕大企业开展有序竞争。

3. 消除区域壁垒，实现跨区域竞合关系

通过综合配套改革，为大型图书物流企业集团的发展创造良好的外部环境，在加强监管的同时，要尽快放开，完善异地设库的行业政策，为图书物流企业跨区域开展业务降低成本，减少跨区域开展业务的障碍。

4. 资金流的配套改革

现代物流的变革与商流、信息流和资金流是紧密交织在一起的，没有资金流的相应配套和变革，物流绩效也会受到影响，因此，应积极探索资金流的配套改革，以确保和促进商流、信息流和资金流的一体化协调运转。

六、我国出版业物流运作模式构建

(一) 现行运作模式分析

1. 现行运作模式及存在问题

(1) 自营物流模式及存在的问题。传统上，由于供应链各个环节都是个别成员管理自己的库存，都有自己的库存控制目标和相应的策略，而且相互之间缺乏信息沟通，因此不可避免地产生了需求信息的扭曲和时滞，导致库存重复建立，因而无法达到全局的最低成本。在这种模式中，物流与信息流都是单向传送的：最终用户的需求只被书商所掌握，图书分销商根据实际的需求以及自身的预测进行补货作业，上游成员无法越级获取此信息，只能通过下游成员下单量进行统筹规划，同时再根据自己的预测向上游成员下单要货，因此，需求信息被层层放大，与实际状况严重脱节，造成图书分销环节中库存呆滞风险巨大，分销环节冗长且难以控制。

该模式如图 3-14 所示，其中 k 代表图书分销商级数，n，m，p 分别代表各级图书分销商个数，s 代表零售终端书店个数，箭头粗细代表从顾客群到出版社的信息量。

(2) 外包物流模式及存在问题。外包物流是物流专业化的重要形式，是物流社会化、合理化的有效途径。将物流外包给第三方物流公司是跨国公司管理物流的通行做法，将不是自己核心业务的业务外包给从事该业务的专业公司去做，这样从原材料供应到生产，再到产品的销售等各个环节的各种职能，都是由在某

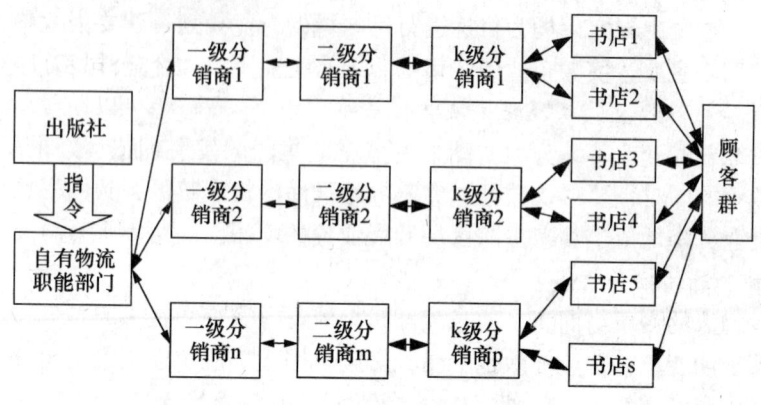

图 3-14 出版社自营物流模式

一领域具有专长或核心竞争力的专业公司互相协调和配合来完成的,这样所形成的供应链具有很强的竞争力。但在出版行业目前的实际运营中,出版社委托的物流公司一般只拥有运输车队等简单物流设施,根本谈不上物流信息服务、货款结算等增值服务。现在社会上的较小规模的第三方图书物流公司只是各自为政的拥有基本物流设施的散兵游勇而已,而较大规模的图书大中型物流企业也是以区域经营为主,不成规模。外包物流模式可能会将企业的核心业务数据暴露,加大企业的经营风险。该模式如图 3-15 所示:

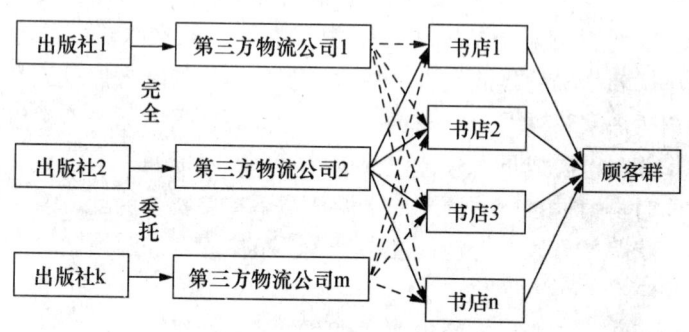

图 3-15 图书外包物流模式

(3) 物流联盟模式及存在问题。物流联盟是一种介于自营和外包之间的物流模式,可以降低自营、外包两种模式的风险。物流联盟是为了达到比单独从事物流活动更好的效果,使企业间形成相互信任、共担风险、共享收益的物流伙伴关系。企业之间不完全采取导致自身利益最大化的行为,也不完全采取导致共同利益最大化的行为，只是在物流方面通过契约形成优势互补、要素双向或多向流动的中间组织。出版物流企业通过选择其他物流企业、货代公司、设备租赁商、制造商或信息公司等与之结成战略合作伙伴，通过这种结盟可以在没有大量资金投入的前提下，增加服务品种，扩大为客户服务的地理覆盖面，实现低成本、高质量的运作。但是合作配送需要双方业务的同质性和权责的一致性，所以对合作伙伴的选择需要慎重。如图 3-16 所示：

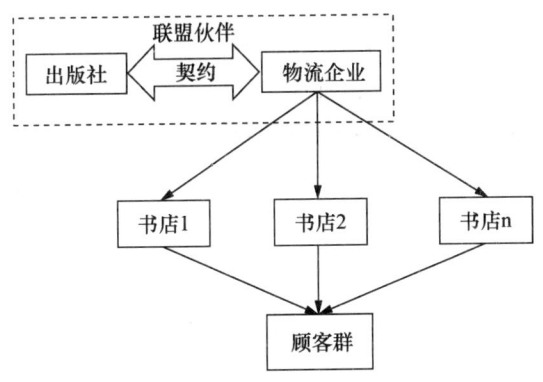

图 3-16　图书物流联盟模式

（4）网络环境下的"亚马逊"模式及存在的问题。在网络管理环境下，供应链各个环节的活动都应该是同步进行的，而传统的库存和分销思想显然无法满足这一要求。该模式演化的动因是网络技术的实现，并使传统模式的订货、补货以及物流管理等均通过网络得以实现。在成本节约和利润最大化的刺激下，出版社将通过网络书店实现原来由多级分销商所承担的功能。顾客原来只能通过在各个书店费时费力地寻找自己所需要的书籍，而在网络条件下，顾客则可以通过网络订购、查询、就近网络书店购买等方式完成。因此，在网络条件下的网络书店就会排挤传统书店，形成在一个区域或次区域内的网络链接，达到效率的提高。如图 3-17 所示，其中 r 代表网络书店的个数。

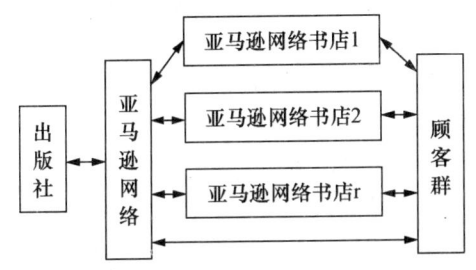

图 3-17　网络环境下图书市场"亚马逊"模式

传媒管理论道之企业·流程·员工

网上书店的配送物流直接影响其品牌形象和顾客价值,影响网上书店的盈利能力。目前我国网上书店的物流配送模式主要有自营配送、第三方物流、邮局邮寄等。自营配送就是企业自己组建仓库、配送中心并组织商品的配送,如新华书店,由于自己建有庞大的图书物流网络,所以其网上书店在B2C下多采取自营配送模式。第三方物流是指由供方与需方以外的专业物流企业提供物流服务,目前我国一些全国性的民营网上书店除卓越网外大多采用第三方物流模式(卓越网采用自营配送模式),在国内与快递公司联盟,在国外与DHL或UPS等全球知名物流公司合作。配送范围较小的或小规模的区域性网上书店则与地方快递公司合作。邮局邮寄指网上书店通过邮局邮寄顾客订购的图书,是最初级的配送方式,但也是所有网上书店均在使用的一种图书物流配送方式。

目前,我国网上书店对纸质图书的物流配送仍然是制约图书网上采购发展的瓶颈之一。主要原因在于:一是全国性的高效便捷的图书物流配送体系尚未形成,图书配送受地域限制严重。从现有网上书店的配送体系来看,多半均集中在大城市,而对于广大中小城市及农村读者的采购需求,则仍然只能借用传统的邮寄方式实现,而这一过程相对来说是比较漫长的(往往需要10天以上),从而使许多读者难以忍受而放弃此种购买方式。二是图书的低价格性制约了图书网上采购的发展。相比每本图书十几元、几十元的价格而言,物流配送费用成了制约图书网上采购范围扩大的焦点,配送费用收少了,配送公司将无钱可赚,甚至陷入亏损的泥潭;配送费用收高了,读者又会无法接受。因此我们应尽快采取措施,充分利用我国已有新华书店图书物流网络资源和邮政、快递等社会物流网络资源,尽快完善我国图书物流配送体系,促进我国图书网上采购物流迅速顺利实现。

2. 现有运作模式供应链角度分析

出版产业链欲形成商流、物流、信息流和资金流相结合的一体化供应链,从上述现有运作模式分析看,忽视了大中型物流企业的主体地位。物流运作主体包括出版社、印刷厂、出版物经销商、出版物物流企业,而在以上运作模式中出版物物流企业的重要性却没有得以体现。我国图书产业链上各节点企业大多以自身利益为目标,管理活动局限于企业内,与外界的联系大多停留在表面,以至于从严格意义上说,我国并未形成真正的图书产业链。

供应链管理的物流是一种大系统物流,涉及供应链这个大系统的各个企业应该是不同类型、不同层次的企业,有上、中、下游企业,有国有、民营和外资企业。供应链管理在更广泛的范围内进行资源配置,充分利用供应链各个企业的各种资源,实现供应链物流更加优化。目前,书业物流中心还未构成这样的大系统。现代化物流不过是现代化储运,物流设备设施与物流管理形成互不相干的

"两张皮"。出版业仍采取自办物流方式，形成"大而全"和"小而全"的经营模式。这样无论正向物流，还是逆向物流都未获得根本改观。图书大中型物流企业必须走出各企业内部搞物流的现状，主动与相关的上游、下游单位结成紧密的供应链联盟，形成产、供、销一体化。

（二）出版业物流供应链模式构建

出版业在理论形态上是一个完整的产业链。国内出版业发展到今天，已经完全形成三个环节的完整产业链企业群，如印刷集团、出版集团、发行集团以及庞大的零售、终端集团。然而，却不能就以此认为出版业物流就进入供应链管理阶段。因为，这种理论形态的产业链还未转化为实在形态的供应链。供应链最大的特点和优点，就在于各个单元的协调和配合。出版企业内部的各个单元可以配合，但这种配合还算不上特点。供应链的协调配合的特点，主要是指多个出版企业之间协调配合。供应链管理从直线型发展到网络型阶段，书业供应链中企业关系呈现出协作性的特点，只有企业内部各部门之间以及书业企业相互之间的合作关系密切，才能保证整个供应链的低成本、高效率运行。竞合关系是供应链协作性的一种具体体现，有利于促进相互竞争的差异化和有效性，减少同类选题的重复出版和资源浪费，从而创造出最优的社会效益和经济效益。

国内出版企业之间的协调配合乏善可陈，如各省出版业的地方保护主义依然存在；出版环节的企业与发行环节的企业脱节；摩擦不断，互补买账；出版信息不能共享等。单以物流企业来讲，浙江新华发行集团物流中心每年要做10万条书目数据，那么辽宁、江西的物流中心也要做这个数据，还有更多的出版社要做数据，其中的成本浪费还是"冰山一角"。而且这些数据自然还没有一个能实施覆盖全国的市场监测。因此，出版企业的协作仍然是绕不过的坎，有待治愈的伤痛。

处于供应链管理的需要，核心企业的客户资源和商业机密就有可能暴露给其他企业，但这个整体需要建立在互相依赖、紧密联系的基础上，那么核心企业就要"风物长宜放眼量"，从整体的物流成本和企业综合效益来衡量。我们出版企业需要拿出勇气和胆识，正确处理好龙头龙尾的关系，要解决好上下游的关系，要讲究诚信，讲究职业道德。出版商多为市场提供好书，发行商更好地为出版商服务，二者建立起和谐关系，"和谐出版"的实质不过如此。

1. 供应链模式

从组织特征看，供应链一般分为三种类型：一是核心企业型。整条供应链围绕一个在经济实力、产品特色等方面具备垄断地位的核心企业构筑，如德国的贝塔斯曼，该企业是整条供应链获得竞争优势和利润的核心。二是寡头垄断型。在供应链上至少有两个节点企业具备相当实力,它们相互合作,共同主导供应链的管理,如日本的日贩和东贩。三是均衡链式型。在供应链中各节点企业实力相对比较均衡,供应链与供应链之间相互交错与融合,形成竞争与合作始终并存的动态网络体系。

我国的书业供应链基本上属于第三种类型,且特征明显:第一,编辑—印刷—发行各节点企业实力相当,书业供应链上没有强势地位的节点企业,这容易导致没有核心企业来主导整个供应链的优化,造成供应链受损。第二,每个出版社、批发代理商和规模较大的一些城市零售店都同时参与几条供应链,使得整个图书供应链纵横交错,错综复杂。第三,企业间的合作行为大多出于各自利益的考虑和市场竞争的需要,上、下游企业之间缺乏约束机制,节点企业很容易在不同的供应链中移动,书业供应链的稳定性较差。

本研究设想一种全新的图书物流模式:

(1) 模式构建。模式彻底改变原有的从出版社到一级分销商、二级分销商的垂直一体化模式,而是由出版社直接面对终端书店以及读者对于图书商品的需求。由于需求的多样化与零售书店、读者需求十分巨大,这些图书需求信息是非常庞大而且零散的。因此,由作为第三方物流的大中型物流企业的信息服务部建立网络平台来集成这些需求信息,承担起读者和出版社之间的信息服务,包括书目信息的检索、订购、发货、网上支付等服务,再由信息服务部门汇总所有的图书需求,经过分析计算,按照物流路径最优化原则,向物流配送部门发出指令,物流配送部门则根据指令,进行图书的运送。如图 3-18 所示。第三方大中型物流企业是这种物流模式的核心,主要起三方面的作用:一是提供图书供应的信息平台,促进图书供需的透明化;二是提高业务整合能力,协调第三方物流,进行统一存储、分拣、配送;三是进行供应链的优化,测算成本最低、效率最高的物流路径,利用物流的规模化效应,降低整个系统的物流成本。

(2) 分析维度。再从服务内容、服务范围两个方面来界定第三方大中型物流企业的运作模式,并分析各模式的特点、实用性及存在的问题。如图 3-19 所示。

1) 服务内容。在服务内容上,第三方物流企业可以提供四个层次的物流服务:集成度较低的功能型物流服务和增值型物流服务,以及集成度较高的综合集成服务和系统咨询设计服务。集成度最低的是功能型物流服务,这类大中型物流企业提供诸如货代、运输、仓储与配送中的某一项或几项服务。他们的竞争力在于充分有效利用自有资源的基础上提高功能型物流服务的经营效率,达到比自营物流更高效、更低成本的运作,传统的运输、仓储企业实际上就是提供这种服务的。增值型物流服务是在保证能够提供高水平的功能型物流服务的基础上,附加

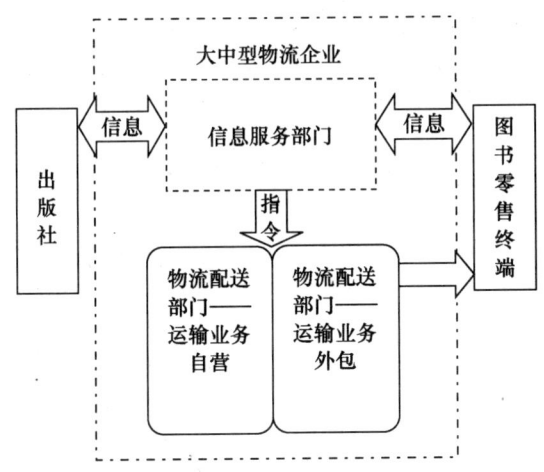

图 3-18　信息系统集成状况下图书物流模式

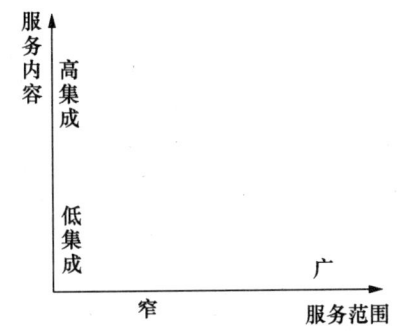

图 3-19　第三方图书大中型物流企业运作模式维度界定

一些增值服务，替客户分担更多的非核心业务。增值服务没有固定的组成要素，不同的行业所需的增值服务也不尽相同。提供综合集成服务的物流企业能够把供应链上的一段（如分销物流）或者整个供应链的物流活动高度集成、有效衔接，进行运作、管理和优化，他们为客户提供一种长期的、专业的、高效的物流服务。提供系统咨询与设计的物流企业不仅具备运营和管理整个供应链的能力，而且能够利用专业、科学的物流知识为客户量身进行物流体系的规划、设计、整合和改进，全面提升运作效率与效益，提高客户服务水平和快速反应能力，更好支持和服务于客户的可持续发展战略。

2）服务范围。服务范围主要是指第三方物流企业所服务的行业范围。有些企业服务范围相对较窄、较集中，仅为单一或者少数行业提供服务，另外一些企业服务范围很广，可以为多个行业提供服务。在成熟的物流市场上，第三方物流企业为了建立自己的竞争优势，一般将主营业务定位在特定的一个或几个行业，因为不同的行业其物流运作模式是不同的，专注于特定行业可以形成行业优势，增强自身的竞争能力。本文所涉及的大中型物流企业主要将注意力集中于图书市场。

根据第三方图书大中型物流企业当前实际以及提供服务的方式不同，可以将其归纳为以下四种运作模式，见表3-9。

表3-9　第三方图书大中型物流企业运作模式分类

第三方图书大中型物流企业的运作模式	提供服务的方式	
	服务内容	服务范围
集成物流模式	低集成	窄
综合物流模式	高集成	窄
功能物流模式	低集成	广
理想模式	高集成	广

3) 四个模式的特征及实用性。

第一，集中物流模式。集中物流模式的特点是该大中型物流企业拥有一定的资产和范围较广的物流网络，在出版领域提供集成度较低的物流服务。由于不同领域客户的物流需求千差万别，当一个物流企业能力有限时，他们就可以采取这种集中战略，力求在一个细分市场上做精做强。如此容易在特定的领域做出自己的特色。

第二，综合物流模式。综合物流模式的特点是该大中型物流企业拥有大量的固定资产，为少数甚至一个行业提供高集成度的服务，采用该种模式的出版大中型物流企业除了提供传统的物流服务外，还可根据客户要求提供诸多增值服务。值得注意的是，由于提供高集成度的物流服务参与客户内部运营的程度较深，所以对物流管理提出了较高的要求。

第三，物流模式。功能物流模式的特点是第三方物流企业使用自有资产为多个行业的客户提供低集成度的物流服务，这类第三方物流企业对客户提供的服务功能很单一，大量的是提供运输、仓储服务，一般不涉及物流的整合与管理等较高端的服务。由于仓库、车队等资源可以共享，因此企业能同时为较大范围的客户服务，实现规模效益。功能物流模式是目前我国出版行业第三方大中型物流企业运作的一种主要模式，许多新兴的民营物流公司，也都属于这种模式。目前这些企业纷纷在传统业务的基础上拓展更全面的综合物流功能，如提供一些增值服务和物流过程管理等，但是物流服务的集成度还不是很高。从国内的物流市场来看，由于客户企业（出版社）仍倾向于外包部分功能性的物流活动而不是全部物流，因此定位在低集成度上仍然有很大的空间，功能物流模式仍将是主要的物流服务形式。采用功能物流模式的第三方物流企业应该不断加强自身的运作能力，在强化核心能力的基础上，可逐步拓展服务的种类，提升服务层次，向综合物流模式发展。

第四，理想模式。此类第三方物流企业的主要特点是规模庞大，网络体系遍布全国甚至全球，拥有先进的物流装备、强大的信息管理能力和高水平的物流人才，可以同时为多个行业的客户提供高集成度的物流服务。由于高端的物流服务涉及对客户的几种物流功能甚至是整个供应链的整合，需要个性化定制，因此第三方物流企业参与客户营运的程度很深，投入较大。当客户分布在多个不同行业时，由于不同行业对一体化物流服务的要求有很大差异，第三方物流企业拥有的经验与资源无法在不同行业的客户间共享，会导致运作成本很高，第三方物流企业也难以形成核心专长。因此，尽管拥有大量的资产，同时为多个行业提供高集成度的物流服务也是很困难的，因此采用这种模式的第三方物流企业几乎不存在，即是一种理想模式。一些世界著名的物流企业都有各自擅长的领域，如 TNT 的物流业务主要集中在电子、快速消费品、汽车物流三大领域；三井物产则以钢铁物流而闻名；Ryder 是世界著名的汽车物流服务商。

4）存在问题。第三方物流企业运作模式不当会带来很多负面影响：首先，有些物流企业在定位运作模式时，倾向于夸大服务能力，导致业务无法做精做细，形不成核心竞争力，最终由于服务水平低下难以留住客户。其次，各物流企业的不同特点决定了它们有各自适合的服务对象和服务内容，宏观上，各物流企业间应该既有分工协作又有相互竞争，共同形成理性、健康的物流服务市场。但是，如果物流企业的服务对象和内容没有明确定位，就会造成同一市场上的物流企业运作模式雷同、盲目竞争的局面。此外，物流企业核心竞争力缺乏和物流市场混乱还会破坏第三方物流在客户心目中的信誉，使得原来就有限的物流外包需求受到制约。

2. 供应链模式下大型物流企业的核心地位

任何一个产业，包括用高技术武装起来的数字出版行业，要有分工，要有协作。形成有分工的出版产业链，未来社会大型物流企业间的竞争一定是链和链之间的竞争，怎样发现核心企业，怎样配置核心企业，核心企业怎样起到龙头的牵引作用，然后才能形成一个图书出版的产业链。

纵观全球产业发展的历程，以一家企业为核心或由两家企业合作所构建的供应链，往往具有较高的运行效率，如以大型汽车制造企业为核心形成的供应链，由大型彩管生产企业和家电生产企业合作形成的彩电供应链等。在图书出版发行业中，虽然没有制造业中那些被奉为经典的供应链构造模型，但也不乏围绕强势企业构建供应链的范例，如日本书业中以"东贩"和"日贩"两家中盘为核心形成的供应链，美国书业中以大型连锁零售商为主导组建的供应链等。相比之下，我国书业供应链中各环节的实力相对均衡，环节之间的维系力不强，并由此引发整条供应链效率损耗高、信息非共享以及分散决策等诸多方面的问题。

进入20世纪90年代，国内书业规模较小、分散经营的状况开始有所改变。特别是1995年以后，围绕"建立强大中盘"、"组建集团公司"、"实行连锁经营"三个方向进行的体制改革，对书业供应链各环节中强势企业的形成起到了巨大的推动作用。在这一过程中，大型书业集团应以培育和提升企业的核心竞争力为目标，围绕企业的核心产品和核心业务进行资源整合，形成优势项目，在供应链中占据有利的位置，建立以书业集团为主导的核心企业型书业供应链，创造供应链内部效益的最大化。

3. 供应链模式运作

国外发达的图书出版企业的供应链管理经验说明，信息技术的应用是提高企业供应链管理水平的前提条件，信息共享是纽带，企业间的双赢合作是基础，发达的物流配送是保证，电子商务与供应链管理的结合是趋势。这个经验在我们新构建的物流运作模式中也同样适用，新模式中大中型物流企业的信息服务部门是整条供应链运作的重中之重，信息流动畅通无阻才能保障物流配送的及时准确。

另外，为实现供应链的合理运作，大中型物流企业内的一体化也是不可缺失的环节，主要是横向整合、纵向整合：即从企业物流链源头的原料采购与生产供应到成品中转与配送，每一阶段上，对各个产品生产部的物流作业、物流信息进行横向整合；不同阶段纵向集成，包括物流运作、物流信息、物流部门及物流职能的集成，从总成本总效用的角度寻找两者交替损益的最佳结合点，而不是像以往那样追求每个阶段、每个部门的最佳。当物流内外部取得高度一体化后，将在创造顾客价值的过程中做出决定性的贡献。

但是，我们知道模式并非一成不变的，甚至在企业发展的不同阶段就有不同的运作模式选择。首先，企业在决定选用哪种模式时应以自身生产特性及市场特点为基准，结合不同物流模式之适用范围和优势综合选择。其次，企业要结合现有的生产和销售模式进行改革，对实行不同物流模式的可行性和投资收益进行科学分析，寻找生产、销售、物流的最佳结合点。此外，企业现有的内部和外部资源状况，也是物流模式选择的重要影响因素。选择适合的模式是供应链模式运作的根本。

七、结论与展望

本章在实际调研的基础上,综合考虑出版社和大中型图书物流企业双方的物流运营现状和需求,总结了图书行业现有运作模式,并针对各自存在问题进行分析研究,最终提出第三方大中型物流企业集中物流模式、综合物流模式、功能物流模式和理想模式,基本达到了本章的研究目标。

(一)研究创新点

1. 对现行出版业物流运作模式划分及分析比较

统一了出版行业物流运作模式的划分,并对这些物流运作模式进行了分析比较。具体见表3-10:

表3-10 出版业物流运作模式对比

运作模式	优点	限制因素
自营物流模式	成员各自管理自己的库存,容易控制库存目标和实行相应的策略	需要企业拥有雄厚的实力和宏大的网络
外包物流模式	将不是自己核心业务的业务外包给从事该业务的专业公司去做,是物流社会化、合理化的有效途径,这样所形成的供应链具有很强的竞争力	暴露企业核心业务数据,经营风险大
物流联盟模式	通过契约形成优势互补、要素双向或多向流动,增加服务品种,扩大客户服务的地理覆盖面,实现低成本、高质量的运作	需要双方业务的同质性和权责的一致性
网上书店模式	传统模式的订货、补货以及物流管理可通过网络得以实现,供应链各环节的活动得以同步进行,节约成本	对纸质图书的配送效率、价格影响较大

2. 考虑了不同维度因素,构建出适合图书大中型物流企业的运作模式

构建的新的运作模式考虑了以下诸因素:全国现有的大中型图书物流企业整合资源——拥有固定资产;服务范围——窄、广;服务内容——低集成、高集成。最终得出出版物流企业集中物流模式、综合物流模式、功能物流模式和理想模式四种运作模式。见表3-11:

表 3-11　第三方图书大中型物流企业运作模式特点、适用性

第三方图书大中型物流企业运作模式	特点	适用性
集中物流模式	该企业拥有一定的资产和范围较广的物流网络,在出版领域提供集成度较低的物流服务	企业物流能力有限,力求在一个细分市场上做精做强
综合物流模式	该企业拥有大量的固定资产,为少数甚至一个行业提供高集成度的服务	除提供传统的物流服务外,还可根据客户要求提供诸多增值服务
功能物流模式	该企业使用自有资产为多个行业的客户提供低集成度的物流服务,服务功能单一,一般不涉及物流的整合与整合等高端的服务	目前是我国出版行业第三大中型物流企业运作的一种主要模式
理想模式	该企业规模庞大,网络体系遍布全国甚至全球,拥有先进的物流装备、强大的信息管理能力和高水平的物流人才,可以同时为多个行业的客户提供高集成度的物流服务	高端的物流服务涉及对客户的几种物流功能甚至是整个供应链的整合,需要个性化定制,因此第三方物流企业参与客户营运的程度很深,投入较大

(二) 研究展望

尽管本章从供应链角度分析了出版企业物流运作模式,并提出了新的运作模式,但是还存在着以下一些局限,值得进一步研究:

(1) 在构建大中型物流企业的运作模式时并未考虑企业现有的组织结构,如果新的运作模式没有组织结构的支持,那么该如何对企业的组织结构进行变革,以适应企业要选择的物流运作模式,是很多企业面临的重要问题。因而可以从企业的组织变革角度,研究物流企业运作模式的适应性。

(2) 对一个企业来说,其物流运作模式不是一成不变的,而是随着企业的发展而发展的。与上一点所提到的组织变革以适应企业的物流运作模式选择相适应,如何选择适应于企业本身发展现状与未来发展战略,适应于企业现有的组织结构的物流运作模式也是一个重要的研究方向。换句话说,就是研究如何制定一个与企业发展战略相适应的物流运作模式变化规划。

(3) 由于行业和地方保护措施,致使图书物流发展呈现出明显的区域格局局面,如何使林立割据的大中型物流企业实现信息共享、业务合作,形成出版产业链垄断或寡头垄断的核心大企业竞争态势,建设行业"大中盘",是很有价值的研究方向。

参考文献

[1] 汪轶千.努力实现我国书店系统的物流改革与创新[J].出版经济,2001(8).

[2] Frank Daly. Executive Director's Annual Report2001 – 2002 [M]. The Book Industry Study Group, 2002.

[3] 马士华等.供应链管理[J].北京:机械工业出版社,2000.

[4] 国家技术监督局.中华人民共和国国家标准·物流术语[M].北京:中国标准出版社,2001.

[5] 刘灿姣.中国书业物流发展研究[M].湖南:湘潭大学出版社,2009.

[6] 尹章池.我国书业物流的技术,制度问题及发展对策[J].中国出版,2006(7).

[7] 朱欣华.加快廊坊市出版物物流之探讨[J].科技情报开发与经济,2009(20).

[8] 统计年鉴(2008).

[9] 郝振省等.2007~2008中国数字出版产业年度报告[R].北京:中国书籍出版社,2008.

[10] 郝振省.2010年中国数字出版产业年度报告,2010年7月,http://www.tianjinwe.com/rollnews/wy/201007/t20100723_1305990.html.

[11] 李敏.我国现代出版物流的建设与发展[J].出版研讨,2009.

[12] 何国军.对当前书业物流建设主要问题的探讨[J].出版发行研究,2005(8).

[13] 张美娟,何国军.书业供应链发展的新课题:供应链关系管理[J].图书情报知识,2005(6).

[14] 肖红等.中国书业供应链的分析和启示[J].中国出版,2003(11).

[15] 谭炜,马士华.第三方物流企业运作模式分类及特征研究[J].物流技术,2005(5).

[16] 国家经济贸易委员会经济运行局,南开大学现代物流研究中心.中国现代物流发展报告2002[M].北京:机械工业出版社,2003.

[17] 周祖军.定位:物流企业的首要抉择,AMT[EB/OL].http://www.amteam.org,2004 – 07 – 15.

第四篇　企业科技工作者职业技能提升需求研究*

一、绪　论

（一）研究背景

随着经济全球化深入发展，人类已经步入知识经济时代，综合国力的竞争越来越多地体现为各个国家在科技发展方面的竞争。同时，科技知识、科技资源作为国家最重要的战略资源，对促进科学技术发展具有特别重要的意义，世界各国对此的认同感也越来越强烈。科技工作者作为科技资源的核心，最具有创新性和革命性，也是支撑一国科技知识生产、扩散和应用的重要载体，在推动一国经济社会发展方面发挥着举足轻重的作用。

"科学技术是第一生产力"，是邓小平坚持和发展马克思关于生产力的理论，于1988年提出的精辟论断。这个论断揭示了科学技术在现代社会中的重要作用，为我国社会主义市场经济中科学技术的发展指明了方向。科学技术的突飞猛进，给世界生产力和人类经济社会的发展带来了极大的推动。当前，以微电子技术为基础，以计算机、网络和通信技术为主体的信息技术已渗透到经济的各个领域。信息技术的发展，已给人类经济生活方式带来质的变化，未来的科技发展还将产生新的重大飞跃。科学技术是第一生产力，代表先进生产力的发展要求，因此就要重视科技的原始创新，重视科技工作者的培养，重视科技事业的发展。

1995年，江泽民同志在全国科技大会上指出："科教兴国，是指全面落实科学技术是第一生产力的思想，坚持教育为本，把科技和教育摆在经济、社会发展的重要位置，增强国家的科技实力及实现生产力转化的能力，提高全民族的科技

---

* 作者简介：范肖妮，北京印刷学院企业管理专业2009级硕士研究生，指导教师为王关义教授。

文化素质。"当今国际竞争的实质是以经济科技实力为基础的综合国力的较量，能否在科技发展上取得优势，增强经济科技为基础的综合国力，将最终决定该国在国际上的地位，而国际竞争归根结底是科技和人才的竞争。科技进步和创新是增强综合国力的决定性因素，在现代化建设中，科技更是关键。

2007年，党的十七大报告强调指出"优先发展教育，建设人力资源强国"，把优先发展教育同"建设人力资源强国"这一新的更高的要求紧密地联系起来，集中反映了党中央以科学发展观统领全面建设小康社会和现代化建设全局、加快教育发展与人力资源开发的坚定信心。从"科学技术是第一生产力"到科教兴国战略再到人力资源强国战略的提出，反映出科学技术和人力资源已经成为中国国家战略实施的关键，科学教育需要转化为人力资源才能成为现实性的生产力，而科技工作者很好地将科技与人力资源集为一体，为了确保国家战略的顺利实施，必须加强对科技工作者的大力开发，不断提升科技工作者的职业技能。

在中国科协八大上，习近平同志指出，"十二五"时期是全面建设小康社会的关键时期，是深化改革开放、加快转变经济发展方式攻坚时期。加快转变经济发展方式，最根本的是要依靠科技的力量，最关键的是要大幅度提高自主创新能力。温家宝同志指出，加快科技发展是全面参与国际竞争并赢得主动的迫切要求，是抢抓新科技革命和产业革命机遇，实现经济科技跨越式发展的战略任务，是实施"十二五"规划和全面建设小康社会的重要内容。要解决制约我国发展的瓶颈和事关全局的重大问题，从根本上讲，一要靠改革开放，二要靠科技进步。这是推动我国经济社会发展的两大根本动力。党和国家领导人都特别注重科技发展对我国经济社会的巨大推动力量，科技发展和创新能力的提升最终都要靠科技工作者来完成，而职业技能提升使得科技工作者能够更好地适应他所在的职位，实现人职匹配，使得科技工作者有能力进行基础和前沿领域的原始创新，从而为加快建设创新型国家多做贡献，能够更好地承担起推动经济社会发展的历史使命。

（二）研究意义

在新的历史时期，提升科技工作者的职业技能是企业提高自主创新能力的重要前提，企业科技工作者群体结构和职业技能需求发生了重大变化，及时掌握这种变化的动态和趋势，对于科技工作改善是一项具有重要意义的基础性工作。本文通过对企业科技工作者职业技能提升需求的研究，意义在于对全国企业科技工作者的职业技能提升现状及需求缺口状况有一个较为全面的了解，通过抽样调查、问卷调查、实地调研、当面访谈、网上检索等多种方式，力争比较全面、客观、准确地了解企业科技工作者的工作情况、职业提升通道、职业技能教育和企业参与的基本情况，了解当前企业科技工作者提升职业技能的主要方式、内容、渠道和效果，企业科技工作者对企业目前培训方式的评价，不同层次、不同专业、不同年龄企业科技工作者对提升职业技能的主要需求，研究分析存在的主要问题，提出满足科技工作者提升职业技能需求的对策建议，为相关部门制定政策提供依据。

科技发展是解决制约我国发展瓶颈和事关全局重大问题的途径之一，而科技发展最终依赖于科技工作者的原始创新，因此加强对科技工作者职业技能提升需求的研究有着极其紧迫而重要的意义：

第一，是增强自主创新能力、建设创新型国家的迫切需要。当前我国面临的经济发展形势和国际科技竞争持续加剧的现状使得我国必须更多的依靠增强自主创新能力和提高劳动者素质以推动经济发展，国家领导和政府各部门对科技工作者的关注也越来越多。胡锦涛总书记在全国科学技术大会上强调指出："科技创新，关键在人才。杰出的科学家和科学技术人才群体，是国家科技事业发展的决定性因素。"同时，我国为了迎接世界科技革命带来的新挑战，提升我国自主创新的能力，制定并发布了《国家中长期科学和技术发展规划纲要（2006～2020）》，确立了未来15年我国科学技术发展的总体目标和发展方针，明确提出要把增强自主创新能力作为科学技术发展的战略基点。规划特别明确了要加强对高层次人才的支持和培养，加快建立有利于科技工作者职业流动的机制及相关配套措施，提高和健全科技工作者的工作条件和设施，构建有利于科技工作者职业技能成长的创新文化环境。因此，加强科技工作者职业技能提升需求的研究，对于我国建设创新型国家有着极其深远的现实意义。

第二，是构建行业优势、增强社会经济效益的迫切需要。科技工作者是先进生产力的主要开拓者，是知识经济时代最重要的战略资源，也是工人阶级队伍中具有较高科学文化水平和政治视野的精英，承担着开拓先进生产力和传播先进文化的历史重任。把科技工作者的积极性、主动性和创造性充分调动起来，为行业研究一些更加吸引消费者的产品，在消费者心目中构建行业科技优势，形成区别于其他行业的格局，最终能够增强社会经济效益。加强对科技工作者职业技能提升需求的研究，有助于了解科技工作者群体职业技能的实际情况和发展趋势，解决科技工作者队伍在提升职业技能方面面临的主要问题和实际困难，提出有针对性的政策建议，促进科技工作者更好地发挥自身的科研、管理等能力，积极、主动地投身到工作中去，为经济建设和科技发展做出最大的贡献。

第三，是提高现代企业科技创新水平、增强企业核心竞争力的有效途径。科技工作者开发出一项技术创新成果后，随着其在企业内部的迅速扩散，会成为核心技术，以致成为企业新的核心业务，企业将逐渐形成自己新的核心竞争力和技术模式，这时企业的技术结构趋于相对稳定，能够在一个较长的时期内获得高额垄断利润和规模经济收益。如果企业将其核心技术广泛应用和扩散到产品中，可以使同一技术同时在不同的产品市场上获得巨大的创新收益。由科技创新能力构建成的企业核心竞争力可增强企业在相关产品市场上的竞争地位，对企业的发展具有深远的意义。企业建立在核心技术基础上的核心竞争力，不仅使其在核心业务产品市场上享有持久的优势地位，在其他相关的产品领域也会占有相当的市场份额。由此可见，用科技创新能力构建成的企业核心竞争力使竞争对手很难模仿，因而具有较强的特性和进入壁垒。而这一切核心技术、优势产品、尖端科技项目都需要科技工作者来努力实现，因此，提升企业科技工作者的职业技能，对于企业提升核心竞争力进而提高企业科技创新水平具有至关重要的作用。

（三）研究方法

对全国企业科技工作者职业技能现状的调查分析，并最终提出科学的政策建议，科学性、客观性、系统性、理论与实践相结合这四个原则始终贯穿在整个研究过程中。研究以实际为出发点，严格按照调查问卷的客观数据，真实、准确地进行分类和系统研究。科技工作者的状况本身就是一个庞杂的系统，其中有很多因素需要结合起来进行比较或交叉分析，从普遍的联系中研究每个要素的作用。研究中时刻以人力资源管理理论为指导，根据问卷调查实际情况对科技工作者的各个方面进行严谨细致的分析，使最终提出的政策建议更具有理论和实践的高度，不仅对企业科技工作者职业技能需求的提升有指导和实践意义，而且以期对相关部门针对科技工作者方面的政策制定也具有一定的参考价值。

本章以马克思主义理论和科学发展观为指导，以现代人力资源管理理论为借鉴，坚持理论与实际相结合，定性与定量相结合，采取文献回顾、问卷调查、座谈会研讨等方法，并将几种方法进行系统的综合运用。

文献回顾法。根据本章的研究需要，分别收集了国内外有关科技工作者职业技能提升需求状况研究的文献和资料，收集了国内不同省、地区对科技工作者职业技能状况的管理政策和研究的文献，在对以上文献进行比较分析的基础上，汲取他们研究的精华和创新，最终对本章的研究起到指导和借鉴作用。

问卷调查法。通过反复斟酌和与部分科技工作者进行座谈形成初始问卷，与人力资源方面的老师、企业和地方政府部门工作人员进行广泛讨论，进行预测试以后形成最终问卷，尽量做到问卷设计环节的科学性。

座谈会研讨法。为了掌握和了解企业科技工作者职业技能提升需求的状况，在各个区域与不同企业的科技工作者进行座谈，从而对企业科技工作者职业技能的状况有了更加全面和真实的了解。

(四) 国内外研究现状

1. 国外研究现状

西方对于科技人才管理理论的研究主要包括三方面的内容：一是以舒尔茨为代表的人力资本理论；二是帕森斯提出的人职匹配理论；三是以舒伯为代表的职业生涯发展理论。

（1）人力资本理论。20世纪60年代，美国经济学家舒尔茨和贝克尔创立的人力资本理论，开辟了人类关于人的生产能力分析的新思路。舒尔茨认为人力资本是经济增长的主要源泉，提出劳动者所掌握的具有经济价值的知识和技能"同其他人力资本结合在一起，是造成技术先进国家生产优势的重要原因"。人力资本理论主要包括：①人力资源是一切资源中最主要的资源，人力资本理论是经济学的核心问题。②在经济增长中，人力资本的作用大于物质资本的作用。人力资本投资与国民收入成正比，比物质资源增长速度快。③人力资本的核心是提高人口质量，教育投资是人力投资的主要部分。不应当把人力资本的再生产仅仅视为一种消费，而应视同为一种投资，这种投资的经济效益远大于物质投资的经济效益。教育是提高人力资本最基本的主要手段，所以也可以把人力投资视为教育投资问题。生产力三要素之一的人力资源显然还可以进一步分解为具有不同技术知识程度的人力资源。高技术知识程度的人力带来的产出明显高于技术程度低的人力。④教育投资应以市场供求关系为依据，以人力价格的浮动为衡量符号。

人力资本理论突破了传统理论中的资本只是物质资本的束缚，将资本划分为人力资本和物质资本，这样就可以从全新的视角来研究经济理论和实践。该理论认为物质资本指现有物质产品上的资本，包括厂房、机器、设备、原材料、土地、货币和其他有价证券等，而人力资本则是体现在人身上的资本，即对生产者进行普通教育、职业培训等支出和其在接受教育的机会成本等价值在生产者身上的凝结，它表现在蕴含于人身中的各种生产知识、劳动与管理技能和健康素质的存量总和。按照这种观点，人类在经济活动过程中，一方面不间断地把大量的资源投入生产，制造各种适合市场需求的商品；另一方面以各种形式来发展和提高人的智力、体力与道德素质等，以期形成更高的生产能力。这一论点把人的生产能力的形成机制与物质资本等同，提倡将人力视为一种内含与人自身的资本——各种生产知识与技能的存量总和。

人力资本理论对科技工作者职业技能提升需求研究的重要意义在于，舒尔茨强调劳动者所掌握的具有经济价值的知识和技能的重要作用，由于科技工作者工作本身具有较大的创新性，科技工作者职业技能的提升就具有更加深远的意义，他可以增加科技工作者自身的投资，最终都将转化为更多的创新项目和更大的生产力，从而推动我们国家形成更多的生产优势。人力资本的核心是提高人口质量，教育投资是人力投资的主要部分，教育投资对科技工作者自身价值增值的经济效益体现得就更加明显，那么在提升科技工作者的职业技能时就应该把继续教育作为其重要的提升途径。人力资本理论认为高技术知识程度的人力带来的产出明显高于技术程度低的人力，这个论断也从理论上反映了科技工作者与一般人才相比的差异优势，提升科技工作者的职业技能也就是加大对科技工作者的投资，从而将大大增强科技工作者对整个社会带来的产出，为加快建设创新型国家做出更大的贡献。

(2) 人职匹配理论。帕森斯的人职匹配理论又称帕森斯的特质因素理论，特质因素论是最早的职业辅导理论，1909年美国波士顿大学教授弗兰克·帕森斯（Frank Parsons）在其《选择一个职业》的著作中提出了人与职业相匹配是职业选择的焦点的观点，他认为，个人都有自己独特的人格模式，每种人格模式的个人都有其相适应的职业类型。所谓"特质"：就是指个人的人格特征，包括能力倾向、兴趣、价值观和人格等，这些都可以通过心理测量工具来加以评量。所谓"因素"，则是指在工作上要取得成功所必须具备的条件或资格，这可以通过对工作的分析而了解。

特质因素强调个人所具有的特性与职业所需要的素质与技能（因素）之间的协调和匹配。为了对个体的特性进行深入详细的了解与掌握，特质因素论十分重视人才测评的作用，可以说，特质因素论进行职业指导是以对人的特性的测评为基本前提。它首先提出了在职业决策中进行人职匹配的思想。故这一理论奠定了人才测评理论的理论基础，推动了人才测评在职业选拔与指导中的运用和发展。此后，霍兰德的职业性向理论成为研究个体职业发展的最高成就。霍兰德认为，职业性向（包括价值观、动机和需要等）是决定一个人选择何种职业的重要因素。个体渴望寻找与自身所属性向相匹配的职业环境，正是职业性向与职业环境的互动产生了个体的职业行为。

帕森斯的人职匹配理论对科技工作者职业技能提升需求研究的现实意义在于，不断提升科技工作者的职业技能，可以增加科技工作者对本职工作应该具备的个人特质，使得科技工作者的个人特质能够与职业因素很好地契合。

(3) 职业生涯发展理论。舒伯是职业发展理论的集大成者，他是美国生涯辅导理论的大师，其生涯发展理论综合了差异心理学、发展心理学、人格心理学以及职业社会学的长期研究结果，系统地提出了有关生涯发展的观点，其核心观点是自我概念。自我概念是我们对"我是谁"以及"我看来像什么"的主观知觉，包括身体、社交、性、感情、喜好、理智、职业、价值观和人生哲学。他认为，职业选择的历程就是自我概念实践的历程。人有一种驱动力，不断地将理解到的自己融入工作中，在工作中实践自我。他的观点可以总结为如下 14 项：

1）人们在能力、人格、需求、价值、兴趣和自我概念等个人特质上存在差异。

2）具有独特本质的个体，适合从事某些特定的职业范畴。

3）每种职业对应相应的一组个人特质；职业和个体之间有一定的选择自由度。

4）个体特质（职业偏好、能力、生活）、工作环境以及自我概念，都会随时间的推移而改变。自我概念会在青少年晚期后逐渐稳定和成熟，在职业生涯选择与适应上持续发挥影响力。

5）个体的职业生涯可归纳为一系列的生命阶段，包括成长、探索、建立、维持以及衰退几个人生发展阶段。每一个阶段之间的转换经常受到环境或个人各种不稳定因素的影响。然而，不确定的转换会带来新的成长、再探索、再建立的历程。

6）影响职业生涯类型（包括所有任职水平、谋职的次序、频率、持续时间）的因素有：个体的社会经济地位、心理能力、教育、技巧、特质（需求、价值、兴趣、与自我概念）、生涯成熟及机遇。

7）在各阶段，个人能否成功地适应环境和个人需求，主要取决于他的准备情况，即职业成熟程度。职业成熟是由个人生理、心理、社会特质等组成的整体状态。

8）职业生涯成熟是一假设性概念，如同智力的概念一样，很难界定其操作性定义。但可以确定的是，生涯成熟度并非单一维度的特质。

9）个人职业生涯的发展可以被引导：一方面促进个人能力和兴趣的成熟；另一方面指导个人实践、形成自我概念。

10）生涯发展的实质，就是自我概念的发展、形成。自我概念是个人的遗传、身体状况、观察和扮演不同角色、评估角色、扮演、与他人互相学习等活动交互作用的产物。

11）个人在自我概念和现实之间的心领神会或退让妥协，是一个角色扮演和反馈的学习过程。这些学习的场所包括游戏、生涯咨询、教室、打工场所以及正式的工作等。

12）个人工作和生活满意的程度取决于如何为自身的能力、需求、价值、兴趣、人格特质与自我概念寻找适当的出口。

13）个人从工作中所获取的满意程度与其体验到的自我实现程度成正比例关系。

14）工作和职业，对大多数人来说，提供了个性发挥的条件；对某些人来说，这只是处于生命的边缘位置，甚至是微不足道的，而其他角色，如休闲活动和家庭照顾，居于核心。社会传统，诸如性别角色的刻板形象、楷模学习、种族偏见、环境机会结构及个别差异等，决定了个人对工作者、学生、休闲者、持家者以及公民等角色的偏好。

舒伯职业生涯发展理论的阶段模型，经过20多年的大量实验研究，是依据发展心理学和社会学对各种职业行为的分析，以年龄阶段分析生涯发展的过程。他将职业生涯分成五个主要阶段，每个阶段都有其独特的发展任务。第一个阶段是成长阶段，年龄范围为0~14岁，属于认知阶段。儿童通过家庭和学校中关键人物的影响并加以认同，发展自我概念。此阶段早期，需要和幻想占统治地位，随着参与社会和了解现实的增加，兴趣和能力也变得更加重要。该阶段的主要任务是发展自我概念，也就是认识自己是个什么样的人，建立对工作世界的正确态度，并了解工作的意义。第二个阶段是探索阶段，年龄范围为15~24岁，属于学习打基础阶段。通过学校学习、休闲活动和短期工作，进行自我考察、角色鉴定和职业探索。该阶段的主要任务是使职业偏好逐渐具体化、特定化并实现职业偏好，形成事实相符的自我概念，学习开创生涯机会。第三个阶段是建立阶段，年龄范围为25~44岁，属于选择、安置阶段。找到合适的职业领域，努力建立巩固的地位，以后发生的变化将主要是职位、工作内容的变化，而不是职业的变化。该阶段发展任务是找到机会从事自己喜欢的职业，学习处理人际关系，巩固地位，力争提升，稳定地发展职业生涯。第四个阶段是维持阶段，年龄范围为45~64岁，属于专精和升迁阶段。个人不断地付出努力来获得生涯的发展和成就，避免产生停滞感。面对新人的挑战，全力应对，很少或不去寻求在新领域中的发展。此阶段的发展任务是接受自身的局限性，找出需要解决的新问题，开发新技能，专注于最重要的活动，维持并巩固既得的职业地位。第五个阶段是衰退阶段，年龄范围为65岁以后，属于退休阶段。随着身心逐步衰退，从原有工作中退出。完成角色转换，从有选择的参与者转换为完全退出工作领域的旁观者。退休后，个体还必须找到满意感的其他来源，以减缓身心上的衰退，持续生命力。该阶段的主要任务是缩减工作投入，发展非职业角色，为退休做准备，做一直期望做的事情。

舒伯职业生涯发展理论对科技工作者职业技能提升需求研究的意义在于，由于科技工作者在能力、人格、需求、价值、兴趣和自我概念等个人特质上存在差异，因此他们在提升职业技能的需求方面也会存在差异，满足其需求的对策也应该注意这种差异性的影响。当科技工作者处于职业生涯发展的不同阶段时，他们自身的个人特质会出现不同的特征，也会对职业技能提出不同的需求，因此满足科技工作者职业技能提升需求时应该注意职业生涯阶段对此的影响。

2. 国内研究现状

国内学者对企业科技工作者管理和职业技能发展的研究主要集中在职业发展领域。

赵玲、李全喜（2010）依据对6个城市研究机构科技工作者调查的实证数据，从宏观、微观两个层面对研究机构科技工作者职业发展的制度环境进行分析，发现相关制度的失灵和结构性缺陷是影响科技工作者职业发展的症结所在。建立健全相关制度是促进科技工作者职业发展的重要途径。赵玲、李全喜（2009）为了解当前科技工作者职业发展的研究状况，采用文献分析方法对当前相关资料进行梳理，结果发现国外学者对科技工作者的研究主要是依据职业发展理论，从人力资本、组织资本、制度资本等角度进行。而国内学者的研究焦点集中在科技工作者的道德修养与责任、科技工作者的工作压力、科技工作者职业流动等方面。

李全喜（2009）依据实证数据从宏观、中观、微观三个维度解析女性科技工作者职业发展的影响因素。增强和提升女性科技工作者的制度资本、组织资本、人力资本是促进女性科技工作者职业发展的重要途径。

王大桥、王文斌（2007）对科技工作者进行职业生涯设计是实现个人和企业双赢的重要手段。在对科技工作进行职业生涯设计时，要引导科技工作者正确评价自我，准确确立发展目标，鼓励他们下基层接受锻炼。

闫柏良、樊月娟（2005）针对山西省科技工作者队伍的现状及存在问题，提出了加强山西省科技工作者队伍建设的八点对策。

陈国政（2007）为了深入了解上海非公企业科技工作者队伍的基本状况，准确把握非公企业科技工作者队伍建设中面临的难题和瓶颈问题，进行了较大规模的实际调查，在调查数据基础上，对非公企业科技工作者状况进行分析评估，并提出相应的对策建议。

（五）科技工作者的界定和内涵

1. 科技工作者的定义

据粗略考证，最早明确提出"科技工作者"的概念并运用于实践的是中国共产党领导下的延安解放区。陕甘宁边区于1940年成立自然科学研究会，开展了一系列与科学、技术相关的活动；1949年新中国成立后，在提倡社会公平、形成各类职业一律平等等观念方面有很大突破。在此过程中，"科学工作"、"技术工作"、"科学技术工作者"逐渐成为常用名词。1958年中国科协第一次全国代表大会召开，全国科联副主席侯德榜在会务报告中明确使用了"科学技术工作者"这一称谓；中国科学技术协会章程明确规定：中国科学技术协会是中国共产党领导下的科学技术工作者的群众团体，使"科学工作者"、"科学技术工作者"成为官方规范用语。

在国外的各项政策和统计口径中并没有科技工作者这样一个概念，它是我国独有的，对科技工作者的概念定义也只局限在我国的政策报告中。目前使用最多，定义也比较规范的是2003年由中国科学技术协会组织完成的《全国科技工作者状况调查报告》中对科技工作者的定义，如下所述：

科技工作者主要是指：在自然科学领域掌握相关专业的系统知识，从事科学技术的研究、开发、传播、推广、应用，以及专门从事科技管理等方面工作的人员。按行业划分，主要包括工程技术人员、农业技术人员、科学研究人员、卫生技术（医、药、护、技）人员、教学人员等五类专业技术人员。本章对科技工笔者的界定采用此定义。

从历史渊源上看，科技工作者概念来源于我国政府的中组部和人事部进行的专业技术人员统计。在科技统计界，科技工作者其实就是我国常用的"专业技术人员"中17个专业技术职务类别中与科技活动（或科技职业）相关的五类专业技术人员。从内涵上看，科技工作者的范围比较大，包含科技职业在内，反映的是实际在岗的科技人员数量，其中五类专业技术人员定义分别是：

工程技术人员指在企事业单位中从事工程技术工作的自然科学技术专业人员，包括高级工程师、工程师、助理工程师、技术员和未评定职称的技术人员。

农业技术人员指在企事业单位中从事农业技术工作的自然科学技术专业人员，包括高级农艺师、农艺师、助理农艺师、技术员和未评定职称的技术人员。

科学研究人员指在企事业单位中从事科学技术活动的自然科学技术专业人员，包括正副研究员、助理研究员、研究实习员、技术员和未评定职称的技术人员。

卫生技术（医、药、护、技）人员指在企事业单位中从事卫生医务工作的自然科学技术专业人员，包括正副主任医师、主治医师、医师、医（护）士和未评定职称的技术人员。

自然科学教学人员指在企事业单位中从事自然科学技术教学活动的专业人员，包括正副教授、讲师、助教、教师和在中学从事自然科学技术教学活动的人员。

由于本章的研究对象是企业科技工作者，因此对于上述五类专业技术人员只包括企业中的上述五类专业技术人员，不包括事业单位的上述五类专业技术人员。

2. 相关概念解析

（1）科技人力资源。科技人力资源是包涵范围最大的一个概念，也是一个新概念,在近年来的国际会议上广泛应用。科技人力资源的概念是继著名经济学家、诺贝尔经济学奖获得者舒尔茨明确提出"人力资本"概念之后,于20世纪60年代后诞生和发展起来的。

1995年,经济合作与发展组织(OECD)和欧盟联合发布的《科技人力资源手册》(即堪培拉手册),按照国际教育标准分类和国际标准职业分类分别对科技人力资源的教育和执业范围进行了界定,认为科技人力资源是指完成了科学技术领域的第三层次教育,或者虽然不具备上述正式资格但从事通常需要上述资格的科学技术职业的人。本章采纳《中国科技人力资源发展研究报告》中对科技人力资源的定义,指从事或有潜力从事系统性科学和技术知识的产生、发展、传播和应用活动的人力资源,既包括实际从事科技活动(科技职业)的人员,也包括具有从事科技活动(科技职业)潜能的人员。具体来讲,科技人力资源是指满足下列条件之一的人:①完成科技领域大专或大专以上学历(学位)教育的人员,或按联合国教科文组织《国际教育标准分类法1997》(ISCED1997)的标准分类,在科技领域完成第五级教育或第五级教育以上的人员;②虽然不具备上述资格,但从事通常需要上述资格的科技职业的人员。相对于科技工作者概念,科技人力资源更多地考虑了国际可比性,既没有限制科技活动的领域,还包括了从事科技活动的潜在劳动力,因此科技人力资源的范围远远大于科技工作者。

(2)科技人才。科技人才也是一个具有我国特色的概念,国际上对此并不存在通用认识,在我国对此的定义也比较泛泛,1982年国家教委对科技人才进行了定义。所谓的科技人才主要是指两个群体:一是获得中专以上正规学历人员(不包括高中学历者);二是获得技术员及技术员以上专业技术职称人员,包括专业技术人员和经营管理人员。但是科技人才概念也是随着时代变化而变化的,在不同时期、不同领域科技人才的含义是不同的。例如,20世纪80年代,中专毕业生可以称为科技人才;到了90年代,一些省市地区将科技人才引进标准上升为本科及以上学历。至今,到底具备哪些学历的人才能称之为科技人才也没有统一的定论。

(3)科技活动人员。科技活动人员的定义源自联合国教科文组织(UNESCO)的《科技活动统计手册》,意指科技人力资源中直接从事科技活动以及专门从事科技活动管理和为科技活动提供直接服务的人员。主要范畴分为:从事R&D活动的人员、从事R&D成果应用的人员、进行科技教育与培训的人员、从事科技服务的人员。目前我国科技活动统计没有包括教学培训活动,这意味着教学人员(但同时从事科研的除外)没有计入科技活动人员范围之内,但科技工作者中涵盖了自然科学教学人员,因此科技工作者的范围比科技活动人员大,两者有重合的部分,如 R&D 人员。

（4）R&D 人员。R&D 人员是科技活动人员的核心部分。我国 R&D 人员定义源自经济合作与发展组织（OECD）发布的《研究与发展调查手册》,指直接从事 R&D 活动的人员以及为 R&D 活动提供直接服务的管理人员、行政人员和办事人员。

（5）科学家和工程师。根据《中国科学技术指标》,科学家和工程师是指具有大学本科以上学历,或虽不具有上述学历,但具有高、中级专业技术职称（职务）的科技活动人员。

二、我国企业科技工作者现状分析及评估

对企业科技工作者的调查主要采用问卷调查加访谈的形式,初始问卷是经过反复斟酌并且与部分科技工作者进行座谈会研讨后形成的,与学校人力资源方面的老师、企业和地方政府部门工作人员进行广泛讨论,再次修改以后形成最终问卷。调查对象为全国（除港澳台以外 31 个省、自治区、直辖市）企业的科技工作者,除实际发放的调查问卷外也通过网上发放了少量问卷,在个别企业对部分科技工作者进行了访谈。将全国分为东、中、西部地区进行抽样,把每一个省的所有企业进行编号,再对其进行随机抽样,对于选取的样本企业,大型企业调查样本量为 25 个,中小型企业的调查样本量为 10 个。被调查企业所属行业类型包括生物医药、食品饮料、新能源、电子、石油化工、高端装备制造、软件与计算机、新闻出版等,其中主要是高新技术企业。

本研究实际发放问卷 456 份,剔除无效问卷后有效问卷为 420 份,调查问卷的有效回收率为 92.12%,与不同企业中的 14 名科技工作者进行了当面访谈,获得了比问卷更加真实充分的信息。通过对本次调查问卷进行数据分析和整理,对企业科技工作者的现状分析如下：

（一）科技工作者的基本情况

1. 科技工作者的年龄结构

本次有效样本为 420 份,其中 20 岁以下、50 岁以上的样本数为 0；20~30 岁的科技工作者数量为 220 人,占总样本的 52.38%；30~40 岁的科技工作者数量为 170 人,占总样本的 40.48%；40~50 岁的科技工作者数量为 30 人,占总样本的 7.14%（见图 4-1）。根据舒伯的职业生涯理论,30~50 岁的年龄段是

科技工作者最容易做出高贡献的阶段，本次调查中 30～50 岁的科技工作者占比为 47.62%，说明企业中拥有大量能够有高产出的科技工作者。30 岁以下科技工作者占总样本的比例为 52.38%，青壮年的科技工作者将为企业未来的科技创新准备充足的后备力量。

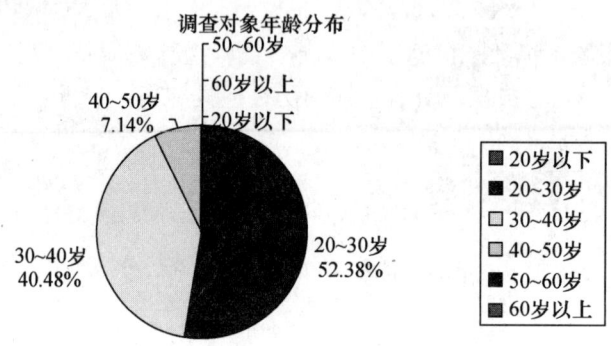

图 4-1　企业科技工作者调查对象年龄分布（n=420）

2. 科技工作者的学历分布情况

在本次调查中，博士或博士后学位获得者为 10 人，占总样本的 2.38%；硕士学位获得者为 60 人，占总样本的 14.29%；本科生为 230 人，占总样本的 54.76%；大专生为 110 人，占总样本的 26.19%；中专生为 10 人，占总样本的 2.38%（见图 4-2）。不同年龄组间有较大差异，20～30 岁组中具有研究生以上学历的比例为 13.64%，30～40 岁组中具有研究生以上学历的比例为 23.53%，40 岁以上组中具有研究生学历的比例为 0，说明科技工作者队伍呈现高学历化趋势。科技工作者队伍中高学历人才的增加得益于近年来高等教育的扩张，1998 年前累计研究生招生总数为 64.3 万人，1999～2003 年累计研究生招生总数为 85.74 万人，从 2004 年开始每年的硕博研究生招生数见表 4-1，大规模高学历毕业生的加入使科技工作者队伍趋于高学历化。

3. 科技工作者的性别情况

本次调查显示，女性科技工作者为 150 人，占调查样本的 35.71%（见图 4-3），30 岁以下组中的女性比例（45.45%）明显高于 30 岁及以上组（25%），女性科技工作者的比例呈上升趋势。据中国科学技术协会统计，截至 2009 年底，我国女性科技人力资源数量已超过 2000 万人，占国家科技人力资源总量的 37%。据《中国统计年鉴》数据显示，在 2004～2009 年，普通专科、本科在校女学生比例已从 49.2%、45.3% 分别上升到 52.42%、48.89%，接近或超过 50%，其余各级各类高等教育中的女学生比例也在逐年上升。随着高等教育中女性比例的不断上升，科技工作者中女性比例还将不断增加。

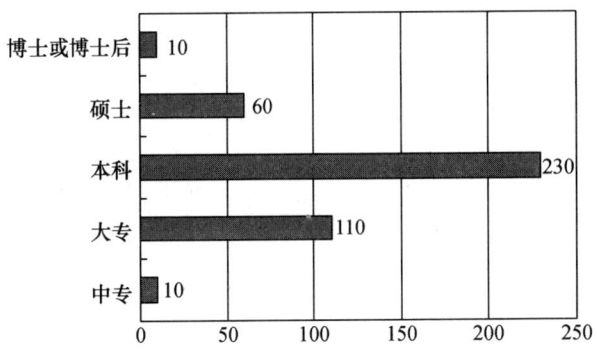

图4-2 企业科技工作者调查对象学历分布（n=420）

表4-1 历年研究生招生人数　　　　　　　　单位：万人

年份	2004	2005	2006	2007	2008	2009
硕士研究生招生数	27.30	31	34.20	36.06	38.67	44.9
博士研究生招生数	5.33	5.48	5.60	5.80	5.98	6.19

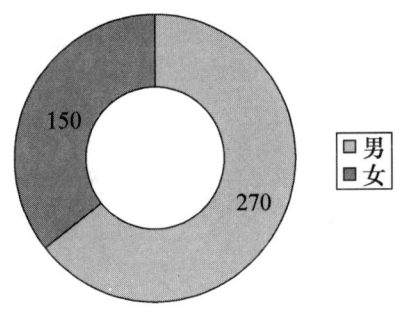

图4-3 企业科技工作者调查对象性别分布（n=420）

4. 科技工作者的技术职称

420份有效问卷中，含有职称信息的为410份，占总样本的97.62%。在含有职称信息的410份问卷中，有390人选择了国家职业资格，有350人选择了专业技术职称。在选择国家职业资格的390人中，有78人选择了初级（五级），占总样本的20.00%；有156人选择了中级（四级），占总样本的40.00%；有49人选择了高级（三级），占总样本的12.56%；有37人选择了技师（二级），占总样本的9.49%；有23人选择了高级技师（一级），占总样本的5.90%；有47人选择了无职称，占总样本的12.05%（见图4-4）。在选择专业技术职称的

350人中,有97人选择了初级(助理),占总样本的27.71%;有145人选择了中级,占总样本的41.43%;有38人选择了副高级,占总样本的10.86%;有21人选择了高级,占总样本的6.00%;有49人选择了无职称,占总样本的14.00%(见图4-5)。在国家职业资格中,初级(五级)和中级(四级)两个职称占总体样本的60.00%,技师(二级)和高级技师(一级)两个职称占总体样本仅为15.39%;在专业技术职称中,初级(助理)和中级职称占了总样本的69.14%,副高级和高级职称仅占总样本的16.86%,这反映出目前相当部分的企业中高技能、高职称的人才还是比较少的,不能很好地满足企业科技发展创新的需要。

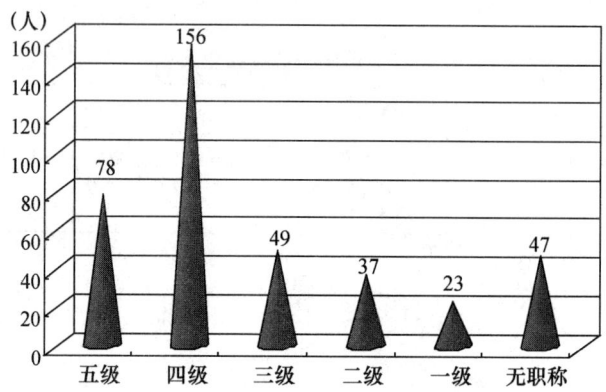

图4-4 企业科技工作者调查对象国家职业资格等级分布(n=390)

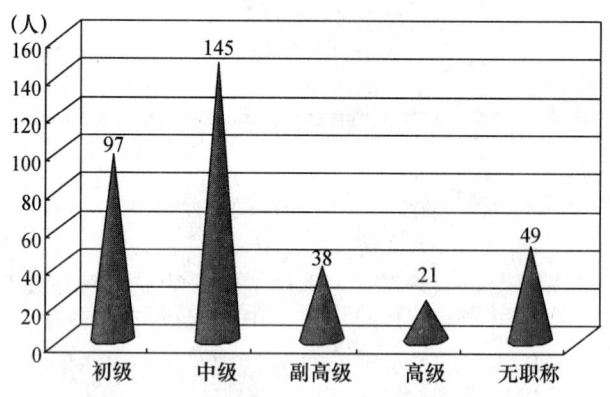

图4-5 企业科技工作者调查对象专业技术职称等级分布(n=350)

（二）科技工作者的工作和收入情况

1. 科技工作者在企业中担任职务情况

在本次调查中，在企业中担任职务的科技工作者数量为178人，占总样本的比例为42.38%；不担任职务的科技工作者数量为194人，占总样本的比例为46.19%；选择"其他"的科技工作者数量为48人，占总样本的比例为11.43%（见图4-6）。

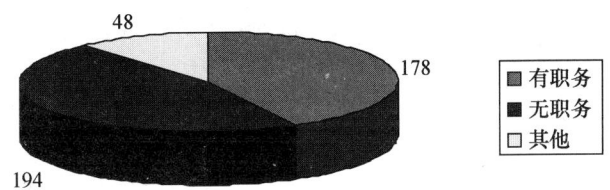

图4-6 企业科技工作者调查对象担任职务情况（n=420）

2. 科技工作者参加学术团体的情况

本次调查中，246名科技工作者未参加任何学术团体，占总样本的比例为58.57%；另外的174名科技工作者都参加了不同类型、不同层次的学术团体：其中69名科技工作者参加了县区级的学术团体，占总样本的比例为16.43%；47名科技工作者参加了市级的学术团体，占总样本的比例为11.19%；39名科技工作者参加了省级的学术团体，占总样本的比例为9.29%；19名科技工作者参加了国家级的学术团体，占总样本的比例为4.52%（见图4-7）。参加学术团体有助于科技工作者进行更好的学术交流，从而为他们提升职业技能搭建一个良好的平台。

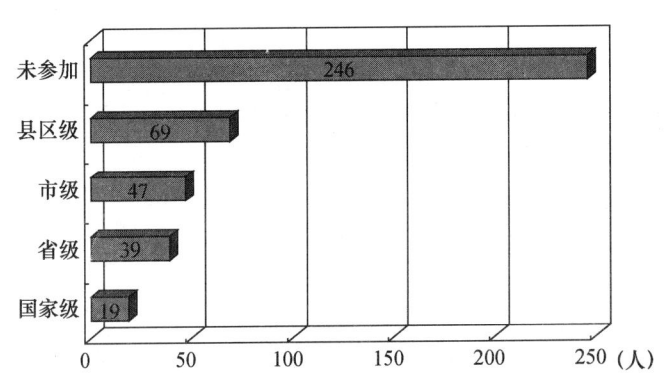

图4-7 企业科技工作者调查对象参加学术团体情况（n=420）

3. 科技工作者从事的科技工作类型

本次调查在有效问卷 420 份中, 从事基础研究的科技工作者数量为 21 人, 占总体样本的比例为 5.00%; 从事应用开发研究的科技工作者数量为 139 人, 占总体样本的比例为 33.10%; 从事设计工作的科技工作者数量为 42 人, 占总体样本的比例为 10.00%; 从事生产运行工作的科技工作者数量为 38 人, 占总体样本的比例为 9.05%; 从事技术推广的科技工作者数量为 7 人, 占总体样本的比例为 1.67%; 从事中介服务工作的科技工作者数量为 6 人, 占总体样本的比例为 1.43%; 从事管理工作的科技工作者数量为 57 人, 占总体样本的比例为 13.57%; 从事科学普及工作的科技工作者数量为 3 人, 占总体样本的比例为 0.71%; 从事其他工作的科技工作者数量为 107 人, 占总体样本的比例为 25.48%。本次调查涉及的样本量比较广泛, 各个行业的科技工作者都进行了调查, 因此样本所从事的科技工作类型也是比较繁杂 (见图 4-8)。

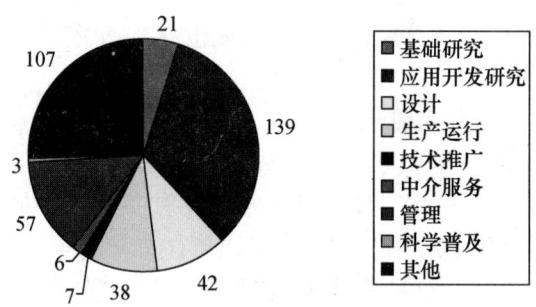

图 4-8 企业科技工作者调查对象从事的科技工作类型 (n=420)

4. 科技工作者的工龄结构

本次调查的企业科技工作者中, 工龄在 3 年以下的有 14 人, 占总体样本的比例为 3.57%; 工龄在 3~5 年 (含 3 年) 的有 96 人, 占总体样本的比例为 22.76%; 工龄在 5~10 年 (含 5 年) 的有 117 人, 占总体样本的比例为 27.96%; 工龄在 10~15 年 (含 10 年) 的有 72 人, 占总体样本的比例为 17.07%; 工龄在 15~25 年 (含 15 年) 的有 56 人, 占总体样本的比例为 13.26%; 工龄在 25 年及 25 年以上的有 65 人, 占总体样本的比例为 15.38% (见图 4-9)。本次调查的企业中, 科技工作者还是拥有丰富的工作经验, 15 年以上工龄的科技工作者大约相当于整体样本的 1/3; 5 年以下工龄的科技工作者也占到整体样本的 1/4 左右, 这也与科技工作者队伍呈现年轻化的趋势相吻合。

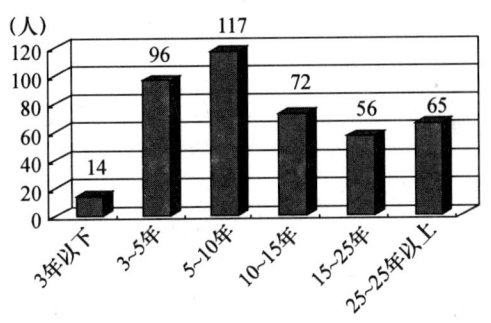

图 4-9 企业科技工作者调查对象工龄结构（n=420）

5. 科技工作者的收入状况

本次调查的 420 份有效问卷中，有 410 份对月收入进行了选择，在这 410 份问卷中，月收入为 1000~2000 元的科技工作者有 90 人，占总体样本的 21.95%；月收入为 2000~5000 元的科技工作者有 200 人，占总体样本的 47.62%；月收入为 5000~10000 元的科技工作者有 90 人，占总体样本的 21.95%；月收入为 10000~15000 元的科技工作者有 30 人，占总体样本的 7.14%；被调查的科技工作者中月收入为 15000 元以上的数量为 0（见图 4-10）。随着工龄从低到高，被调查企业的科技工作者的月收入有明显的上升，但也有个别的科技工作者工龄比较长但月收入还处于 2000~5000 元，还有个别的科技工作者工龄为 5~10 年但月收入却比较高，处于 10000~15000 元。随着学历和技术职称的上升月收入随之明显上升。同时在跟科技工作者进行当面访谈时，部分科技工作者反映应该制定相应的激励机制，激发广大科技工作者的积极性，大力提升科技工作者的整体薪酬基数，提升他们的薪酬待遇。

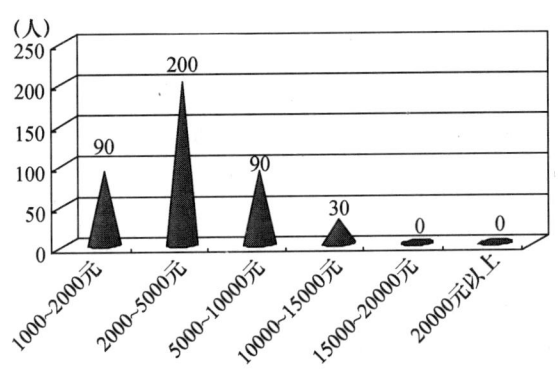

图 4-10 企业科技工作者调查对象月收入状况（n=410）

传媒管理论道之企业·流程·员工

三、我国企业科技工作者职业技能结构分析

(一) 我国企业科技工作者职业技能结构状况

所谓技能,是指学习者为实现特定目标,通过练习而逐渐熟练掌握的、对已有知识经验加以运用的操作程序,包括认知技能和动作技能。职业技能是人们在职业活动中,运用专业知识或经验顺利完成某种职业任务的行为模式或程序的总和。科技工作者要顺利高效地完成自身的职业任务也需要具备一定的职业技能。

1. 专业技能

专业技能指具备从事职业活动所需要的专门技能及专业知识,要注重掌握技能、掌握知识,以获得合理的知能结构。"专业技能"的内容包括:本岗位应知、应会的基本要求;本人与工作相关的专业知识是否达到岗位的要求;岗位要求的技术程度本人的掌握情况;本人掌握的技术情况是否达到个人的期望水平;在本职位的工作中是否经常遇到技术难题;工作中遇到技术难题时能否通过自身的专业知识得以解决;工作中所需要的科技信息如何取得以及掌握情况等。

2. 学习能力

学习能力指具备从事职业活动所需要的工作方法及学习方法,要注重学会学习、学会工作,以养成科学的思维习惯。"学习能力"内容包括:每周职业知识的学习时间;对于职业知识是否掌握合适的学习方法;学习的效率如何;对工作效率有何影响;对工作方法是否会产生影响;等等。

3. 社会技能

社会技能指具备从事职业活动所需的行为规范及价值观念,要注重学会共处、学会做人,以确立积极的人生态度。"社会技能"内容包括:应对职业生涯中突发事件的能力、多方面适应社会需求的能力、适应工作环境变化的能力、团队合作精神等。

(二) 我国企业科技工作者职业技能提升的现状与需求

1. 专业技能

在本次调查的 420 个有效样本中,认为专业知识和技能能够完全满足工作岗位要求的科技工作者数量是 100 人,占总体样本的比例为 23.81%;认为专业知识和技能能够基本满足工作岗位要求的科技工作者数量是 240 人,占总体样本的

比例为 57.14%；对专业知识和技能能否满足工作岗位要求选择"说不准"的科技工作者数量是 40 人，占总体样本的比例为 9.52%；认为专业知识和技能"不太满足"工作岗位要求的科技工作者数量是 20 人，占总体样本的比例为 4.76%；认为专业知识和技能能够"完全满足"工作岗位要求的科技工作者数量是 20 人，占总体样本的比例为 4.76%（见图 4-11）。专业知识和技能能够"完全满足"和"基本满足"工作岗位要求的科技工作者占到总体样本的比例为 80.95%，"不太满足"和"还很欠缺"的科技工作者占到总体样本的比例为 9.52%，说明绝大多数科技工作者的专业知识和技能还是能够基本满足工作要求。在对此问题表示不太满足和还很欠缺的科技工作者中，专科生占到 52.76%，本科生所占比例为 36.24%，而硕士和博士生所占比例仅为 11.00%，这也反映出学历对专业知识和技能的影响程度，说明学历教育应该是提升科技工作者职业技能的有效途径之一。在表示不太满足和还很欠缺的硕士和博士生中，相当一部分是工龄处于 3 年以下的，也反映出工作经验的积累也影响到专业知识和技能。

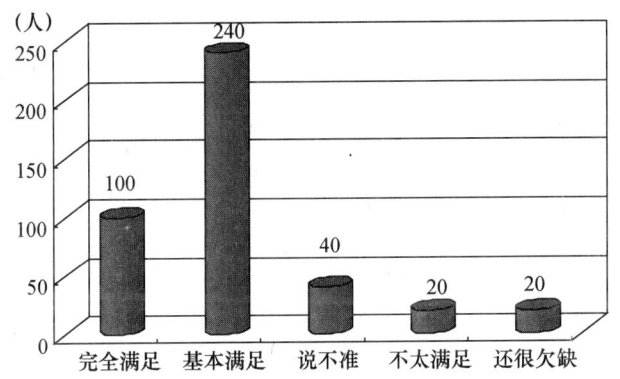

图 4-11 调查对象专业知识和技能能否满足工作岗位要求情况（n=420）

本次调查中，对"您现有的专业知识和技能是否达到您个人的自身期望水平？"题目中，选择"超出个人期望水平"的科技工作者数量为 10 人，占总体样本的比例为 2.38%；选择"完全达到"的科技工作者数量为 30 人，占总体样本的比例为 7.14%；选择"基本达到"的科技工作者数量为 160 人，占总体样本的比例为 38.10%；选择"说不准"的科技工作者数量为 50 人，占总体样本的比例为 11.90%；选择"没有达到"的科技工作者数量为 170 人，占总体样本的比例为 40.48%（见图 4-12）。结合专业知识能否满足工作岗位要求的情况，反映出虽然绝大多数科技工作者感觉专业知识和技能能够基本满足工作岗位的要求,但接近一半的被调查科技工作者感觉专业知识和技能没有达到自身的期望水平,说明多数企业中的科技工作者还是比较注重自身的专业知识和技能,对自身要求比较严格,在提升专业技能方面有强烈的需求。

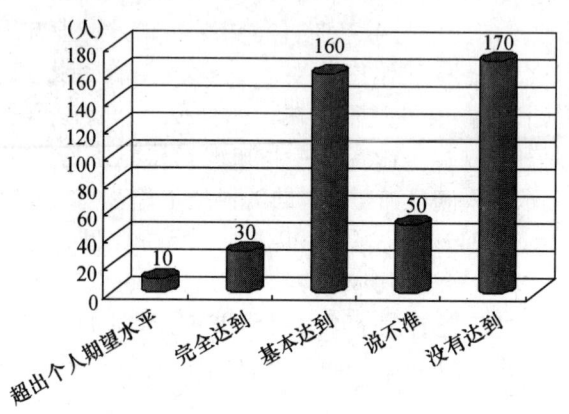

图4-12 调查对象专业知识和技能能否满足个人期望的情况（n=420）

本次调查中,针对"在工作中所需要的科技信息和咨询从何处获得？"这一问题,372人选择了"自己读书、看报和专业性学习",占总体比例为88.57%；145人选择了"来自同学、亲友或者其他企业人员",占总体比例为34.52%；107人选择了"定期参加行业培训和交流",占总体比例为25.48%；58人选择了"企业内部定期发布科技信息报告",占总体样本的比例为13.81%；46人选择了"参加学术会议",占总体样本的比例为10.95%；另外有209人补充选择了"网络",占总体样本的比例为49.76%（见图4-13）。这反映出被调查的企业科技工作者主要依靠自己读书、看报和专业性学习来获取科技信息和咨询,同时随着互联网的广泛发展,网络也成为科技工作者获取科技信息的重要渠道。

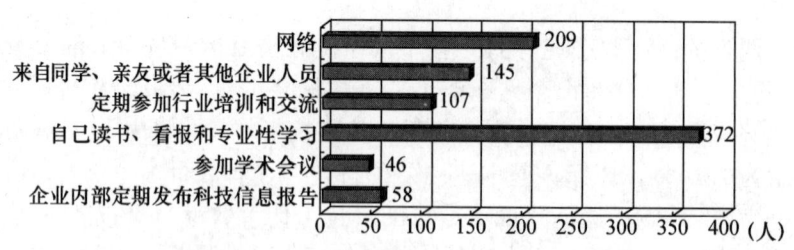

图4-13 企业科技工作者调查对象科技信息来源渠道（n=420）

本次调查中,对于专业知识和技能不能满足岗位需求目前的解决途径中,一共有360人对此题做了选择。选择"自学"的为249人,占总样本的69.17%;选择"向同学、亲友或其他企业人员请教"的为143人,占总样本的39.72%;选择"参加学历继续教育获取资格证书"的为121人,占总样本的33.61%;选择"企业提供的岗位培训"的为106人,占总样本的29.44%;选择"建立企业内部技术导师制度向导师学习"的为79人,占总样本的21.94%;选择"国内进修"的为46人,占总样本的12.78%(见图4-14)。说明在专业知识和技能不能满足岗位需求目前的解决途径中,主要依靠自学、向同学亲友或其他企业人员请教、参加学历继续教育获取资格证书和企业提供的岗位培训。

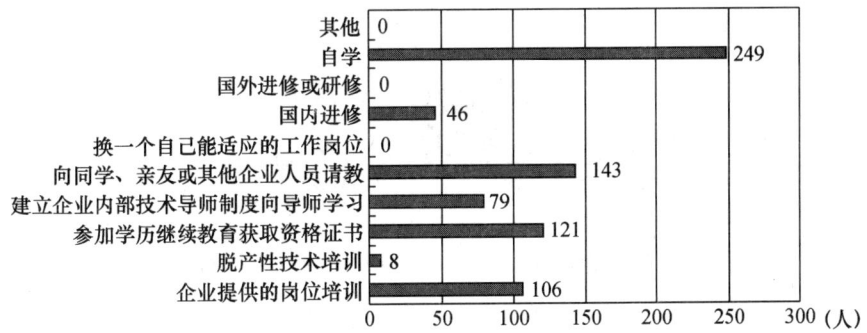

图4-14 调查对象解决专业知识和技能无法适应岗位需求的目前途径(n=360)

本次调查中,参加职业技能培训后,职业技能水平"提升很大"的科技工作者数量为40人,占总体样本的9.52%;职业技能水平"有一定提升"的科技工作者数量为340人,占总体样本的80.95%;职业技能水平"没有变化"的科技工作者数量为40人,占总体样本的9.53%(见图4-15)。参加专业技能培训后,专业技能提升"完全满足"个人发展目的的为10人,占总体样本的2.38%;专业技能提升"满足"个人发展目的的为120人,占总体样本的28.57%;选择"一般"的为230人,占总体样本的54.76%;专业技能提升"没有满足"个人发展目的的为60人,占总体样本的14.29%(见图4-16)。因此,参加专业技能培训后绝大多数的科技工作者都反映职业技能水平还是有了一定的提升,但满足个人发展目的的水平还是有待提高,说明还是应该结合科技工作者个人发展的需要,举办相适应的技能培训。

2. 学习能力

本次调查中,现有的知识基础和学习能力能否满足工作岗位的要求问题上,选择"完全满足"的有70人,占总体样本的16.67%;选择"基本满足"的有

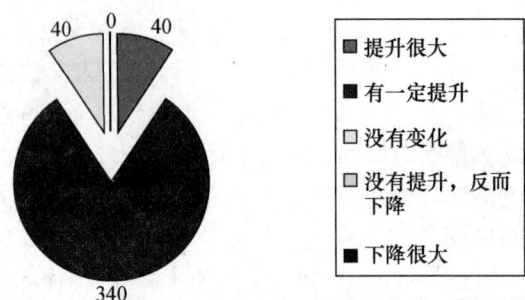

图4-15 调查对象参加职业技能培训后,职业技能水平提升情况(n=420)

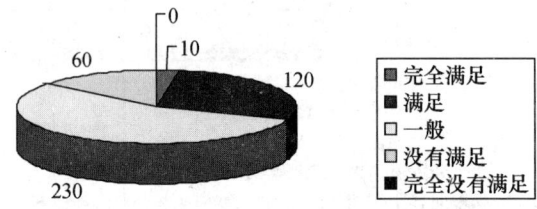

图4-16 调查对象参加职业技能培训后,技能提升满足个人发展目的情况(n=420)

270人,占总体样本的64.29%;选择"说不准"的有40人,占总体样本的9.52%;选择"不太满足"的有30人,占总体样本的7.14%;选择"还很欠缺"的有10人,占总体样本的2.38%(见图4-17)。在现有的知识基础和学习能力是否达到自身期望水平问题上,没有人选择"超出个人期望水平";选择"完全达到"的为50人,占总体样本的11.90%;选择"基本达到"的为230人,占总体样本的54.76%;选择"说不准"的为30人,占总体样本的7.14%;选择"没有达到"的为110人,占总体样本的26.19%(见图4-18)。说明绝大多数的科技工作者知识基础和学习能力还是能够满足工作岗位的基本需求,但满足个人期望水平的程度要低一些,还是应该采取措施提高科技工作者的学习能力。

在本次调查中,有180名科技工作者一周内花费在与职业或工作相关的学习时间为8~15小时,有100名科技工作者花费的相应时间为8小时以下,有80人花费的时间在30小时以上,还有剩余的60名科技工作者花费的时间为15~30小时,说明科技工作者都在不同程度上进行了与职业或工作相关的学习,自身的学习也是提升职业技能的重要方式之一。对于"您近一年来在进行职业或工作相关的学习过程中的学习效率如何"的问题,选择"非常高"的为10人,占总体样本的比例为2.38%;"比较高"的为170人,占总体样本的比例为40.48%;

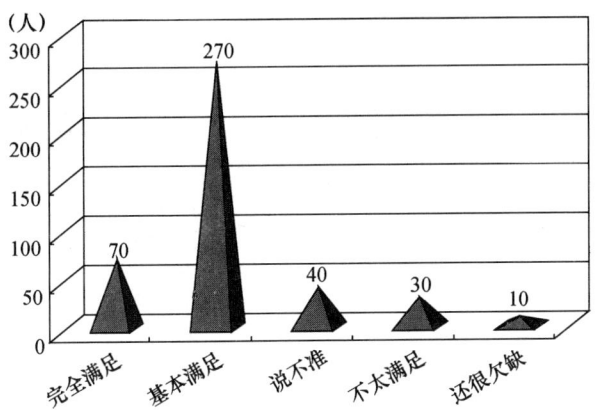

图 4-17 调查对象知识基础和学习能力满足工作岗位要求的情况（n=420）

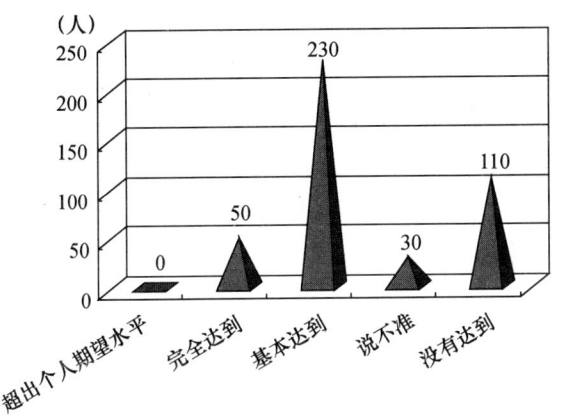

图 4-18 调查对象知识基础和学习能力达到个人期望水平的情况（n=420）

"一般"的为 210 人，占总体样本的比例为 50.00%；"比较低"的为 20 人，占总体样本的比例为 4.76%；"非常低"的为 10 人，占总体样本的比例为 2.38%。对于"您近一年来在从事本职工作的工作效率如何"的问题，选择"非常高"的为 50 人，占总体样本的比例为 11.90%；"比较高"的为 250 人，占总体样本的比例为 59.52%；"一般"的为 110 人，占总体样本的比例为 26.19%；"比较低"的为 10 人，占总体样本的比例为 2.38%；"非常低"的为 0 人（见图 4-19）。说明科技工作者在从事本职工作时工作效率还是相当可观的，相比较而言学习效率可能会差一些，还是应该采取措施提升科技工作者的学习能力。

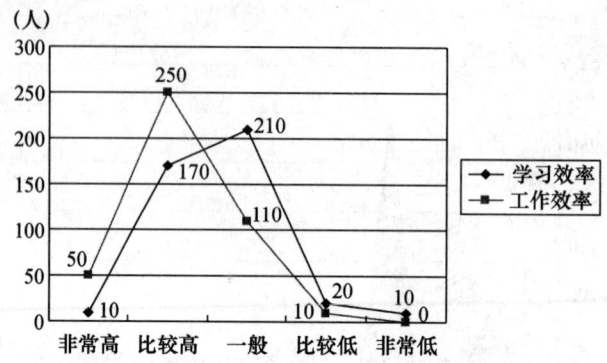

图 4-19 调查对象与工作相关的学习效率和本职工作的工作效率比较情况（n=420）

本次调查中，对于"您目前主要通过哪些途径来解决现有知识基础和学习能力无法完全适应岗位需求的问题"的题目，有 390 个人对此题做了选择，其中，120 人选择了"参加工作和学习方法培训等短期培训课程"，占总体样本的比例为 30.77%；30 人选择了"国内进修"，占总体样本的比例为 7.69%；没有人选择"国外进修或研修"；80 人选择了"攻读大学本专科、硕士、博士等学历学位，提升知识能力"，占总体样本的比例为 20.51%；210 人选择了"参加职业资格考试，获取资格证书"，占总体样本的比例为 53.85%；260 人选择了"自己利用业余时间补充知识"，占总体样本的比例为 66.67%；100 人选择了"企业内部人员相互间交流学习方法和学习技能"，占总体样本的比例为 25.64%（见图 4-20）。

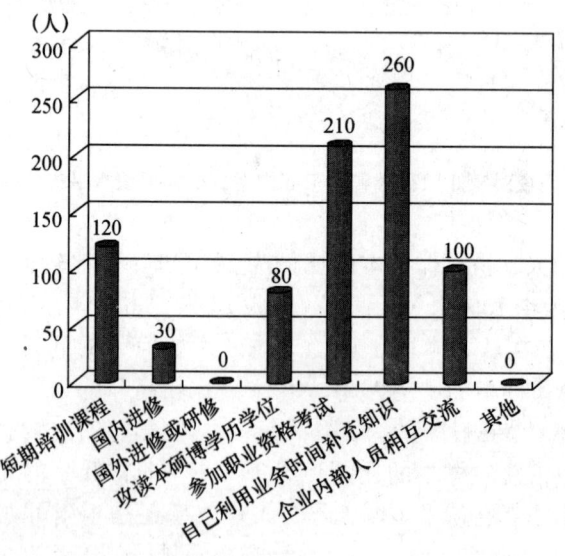

图 4-20 调查对象学习能力无法满足岗位需求目前的解决途径（n=390）

多数科技工作者还是倾向于自己通过业余时间补充知识和参加职业资格考试来提升自己的学习能力，也会不同程度地依靠其他途径。

本次调查中，在参加学习能力培训后，感觉职业技能水平"提升很大"的有30人，占总体样本的7.14%；感觉"有一定提升"的为350人，占总体样本的83.33%；感觉"没有变化"的为40人，占总体样本的9.53%；没有人选择"没有提升反而下降"（见图4-21）。对于"您参加学习能力培训后，学习能力提升是否满足了您个人发展的目的"，10人选择了"完全满足"，占总体样本的2.38%；160人选择了"满足"，占总体样本的38.10%；220人选择了"一般"，占总体样本的52.38%；20人选择了"没有满足"，占总体样本的4.76%；10人选择了"完全没有满足"，占总体样本的2.38%（见图4-22）。说明参加学习能力培训后，科技工作者的职业技能水平还是或多或少都有了相应的提升，而对于满足个人发展的目的，学习能力培训的满意度要低一些。

图4-21　调查对象参加学习能力培训后职业技能水平提升情况（n=420）

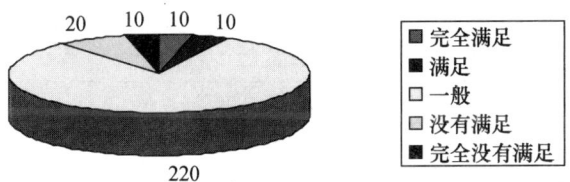

图4-22　调查对象参加学习能力培训后满足个人发展目的情况（n=420）

3. 社会技能

本次调查中，将社会技能分为工作中应对突发事件的能力、工作中组织协调任务的能力、适应新环境或者新变化的能力和团队合作意识四个方面，在这四个方面能否满足工作岗位要求的问题上，绝大多数企业科技工作者的社会技能还是能够满足工作岗位要求的（见图4-23）。在"哪些社会技能没有达到您个人的自身期望水平"问题上，在作答的410人中，有174人选择了"应对突发事件的能力"，192人选择了"组织协调任务的能力"，156人选择了"适应新环境或者新变化的能力"，有108人选择了"团队合作意识"（见图4-24）。说明社会技能还是不能完全满足企业科技工作者的自身期望，在科技工作者的社会技能方面还是有很大的提升空间。

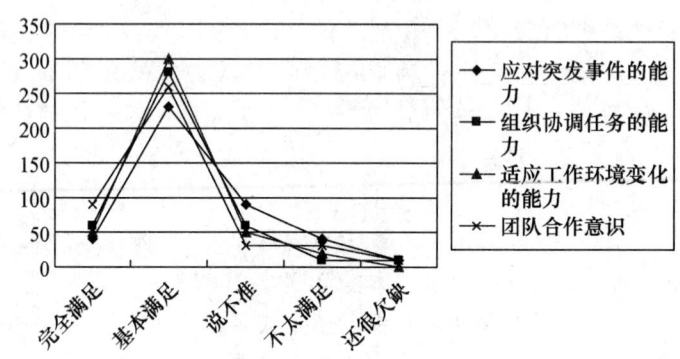

图4-23 调查对象社会技能是否满足工作岗位要求的情况（n=420）

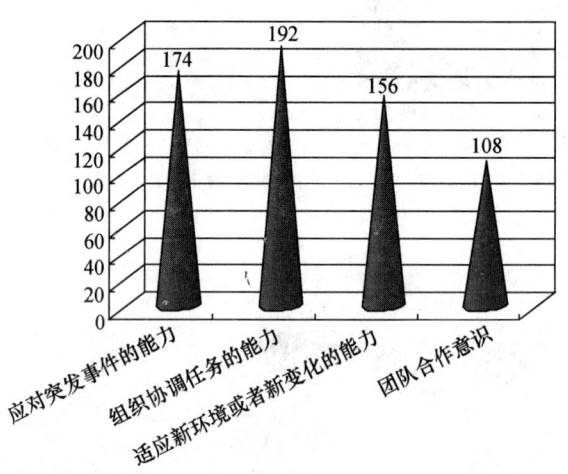

图4-24 调查对象认为没有达到期望水平的社会技能情况（n=410）

社会技能不能满足岗位需求目前的解决途径中，本次调查共有390人选择了此题，其中选择"通过岗位转换或交流挂职训练，多在不同岗位上历练"的有80人，占总体样本的20.51%；选择"参加各种心理素质培训或者拓展训练项目"的有70人，占总体样本的17.95%；选择"企业定期举行技术和学术交流活动"的有100人，占总体样本的25.64%；选择"向资深科技工作者或者导师学习交流"的有180人，占总体样本的46.15%；选择"国内进修"的为30人，占总体样本的7.69%；选择"通过多参加研究和开发项目，提高合作能力和协调能力"的有 130 人,占总体样本的 33.33%;没有人选择"国外进修或研修";有 160 人选择了自学,占总体样本的 41.03%(见图 4-25)。

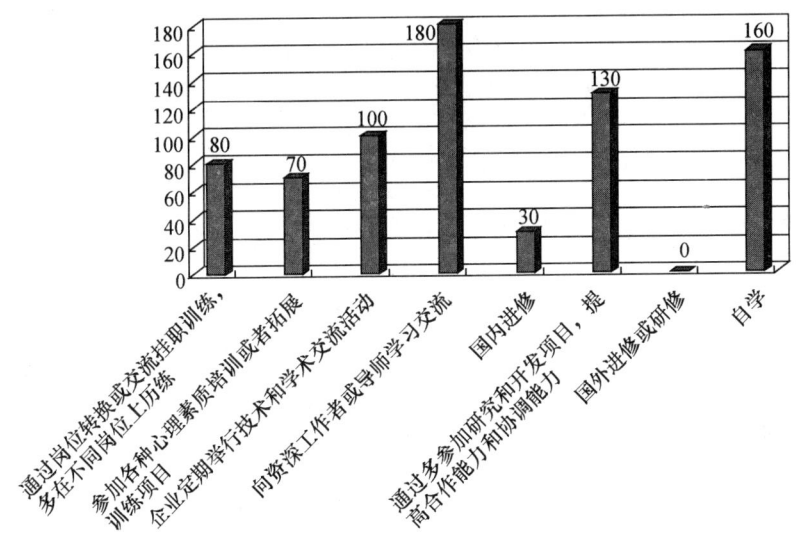

图 4-25 调查对象社会技能不能满足岗位需求目前的解决途径（n=390）

本次调查中,在参加社会技能培训后,认为职业技能水平"提升很大"的有 40 人,占总体样本的 9.52%;认为"有一定提升"的有 310 人,占总体样本的 73.81%;认为"没有变化"的有 70 人,占总体样本的 16.67%;没有人认为职业技能水平"没有提升反而下降"（见图 4-26）。在参加社会技能培训后,认为社会技能提升"完全满足"个人发展目的的有 10 人,占总体比例为 12.38%;认为"满足"的有 170 人,占总体比例为 40.48%;认为"一般"的有 200 人,占总体样本的比例为 47.62%;认为"没有满足"的有 40 人,占总体样本的比例为 9.52%;没有人认为社会技能培训"完全没有满足"个人发展目的（见图 4-27）。

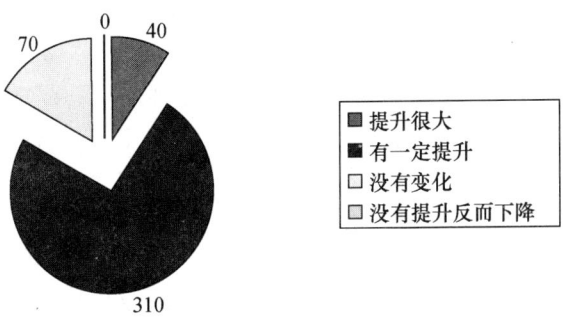

图 4-26 调查对象参加社会技能培训后职业技能水平提升情况（n=420）

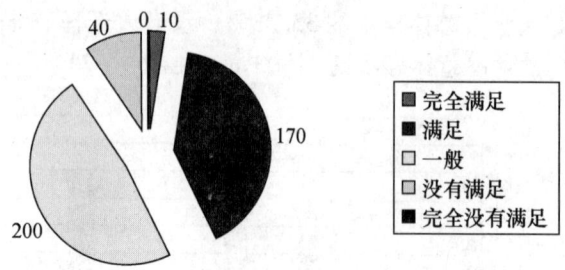

图4-27 调查对象参加社会技能培训后满足个人发展目的的情况（n=420）

四、企业科技工作者职业技能提升意愿、通道调查分析与设计

（一）我国企业科技工作者职业发展环境和技能提升意愿分析

1. 我国企业科技工作者职业发展环境分析

对于国家关于提升和培养科技工作者职业技能相关政策的知晓程度，420个有效样本中，选择"非常了解"的有10人，占总体样本的2.38%；选择"比较了解"的有60人，占总体样本的14.29%；选择"一般"的有120人，占总体样本的28.58%；选择"不怎么了解"的有170人，占总体样本的40.48%；选择"完全不了解"的有60人，占总体样本的14.29%（见图4-28）。对于"您对党和国家提升科技工作者职业技能水平的相关政策感到满意吗"的问题，有10人选择"非常满意"，占总体样本的2.38%；有90人选择"比较满意"，占总体样本的21.43%；有240人选择"一般"，占总体样本的57.14%；有70人选择"不满意"，占总体样本的16.67%；有10人选择"非常不满意"，占总体样本的2.38%（见图4-29）。说明接近半数的科技工作者对国家关于提升职业技能方面的相关政策还是有一定程度的了解，超过一半的科技工作者对于相关政策的满意程度还是可以的，虽然如此，还是要加大对职业技能相关方面政策的宣传力度。在对职业技能提升需求是否受到过某些国家政策的限制问题上，350人选择了"没有"，占总体样本的比例为83.33%；70人选择了"有"，占总体样本的比例为16.67%，其中，10人选择了"户口"，10人选择了"档案"，40人选择了"职业准入"，30人选择了"社会保险"（见图4-30）。说明很小一部分科技工作

者在满足提升职业技能需求方面受到了某些国家政策的限制，如户口、档案、职业准入、社会保险等，应尽量减轻这些政策对科技工作者提升职业技能的限制。

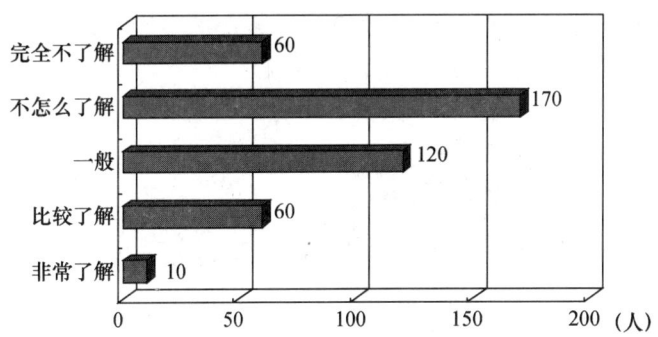

图 4-28　调查对象对国家提升职业技能相关政策的了解情况（n=420）

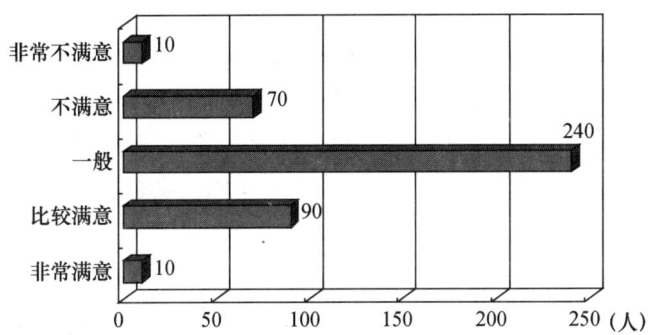

图 4-29　调查对象对国家提升职业技能相关政策的满意情况（n=420）

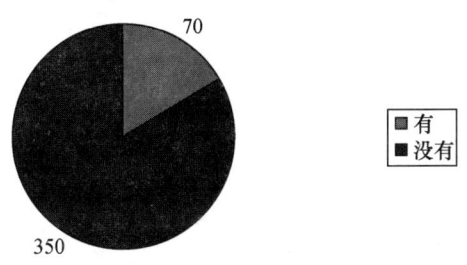

图 4-30　调查对象提升职业技能的需求是否受到国家政策的限制情况（n=420）

对于"您认为现有的收入水平是否体现您职业技能水平"的问题，10人选择了"完全体现"，占总体样本的比例为2.38%；100人选择了"基本体现"，占总体样本的比例为23.81%；160人选择了"一般"，占总体样本的比例为38.10%；100人选择了"不完全体现"，占总体样本的比例为23.81%；50人选择了"完全没有体现"，占总体样本的比例为11.90%（见图4-31）。超过1/3的科技工作者认为收入水平和他们的职业技能水平不能很好地相适应，如果这样，他们可能会缺乏动力以提升自身的职业技能。

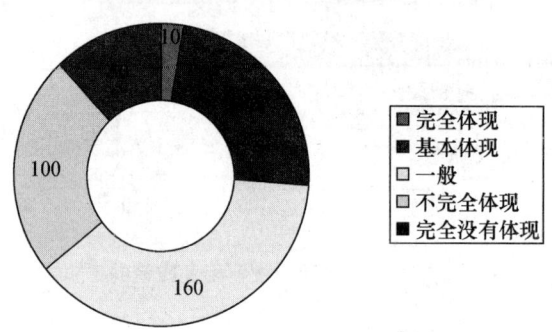

图4-31　调查对象收入水平和职业技能水平的相适应程度（n=420）

被调查的科技工作者认为他所在的企业"非常重视"提升科技工作者职业技能的有30人，占总体样本的7.14%；认为"比较重视"的有130人，占总体样本的30.95%；认为"一般"的有170人，占总体样本的40.48%；认为"不太重视"的有90人，占总体样本的21.43%。说明多数企业对于科技工作者的职业技能还是比较重视的，重视程度越高拥有规范培训制度的比例也越高。本次调查中，对提升科技工作者职业技能非常重视的企业都拥有规范的技能培训制度，比较重视的企业拥有规范培训制度的比例（69.23%）明显高于不太重视的企业（11.11%）。对于科技工作者所处的企业是否拥有规范的职业技能培训制度，410人对此题做了选择，其中160人选择了"有"，占总体样本的39.02%；180人选择了"没有"，占总体样本的43.90%；70人选择了"不清楚"，占总体样本的17.08%。对于单位和上司对职业培训的支持程度，10人选择了"非常支持"，占总体样本的2.38%；210人选择了"支持"，占总体样本的50.00%；190人选择了"不干预"，占总体样本的45.24%；10人选择了"不支持"，占总体样本的2.38%；没有人选择"极不支持"。说明超过一半的企业和上司还是支持科技工作者参加职业培训的，但是"不干预"、"不支持"的比例也达到了47.62%，企业和其领导对科技工作者参加职业技能培训的态度还有待转变。

对于急需的技能培训类型，100人选择了"岗位基本的操作技能培训"，占总体样本的23.81%；170人选择了"科研开发方法与素养培训"，占总体样本的

40.48%；190 人选择了"科学研究能力提升培训"，占总体样本的 45.24%；220 人选择了"组织协调能力、适应能力提升培训"，占总体样本的 52.38%；150 人选择了"团队合作意识和能力培训"，占总体样本的 35.71%；160 人选择了"危机处理能力培训"，占总体样本的 38.10%（见图 4-32）。说明科技工作者急需的不是岗位基本的技能培训，而是组织协调能力培训，其次是科研能力培训和科研开发方法与素养的培训。

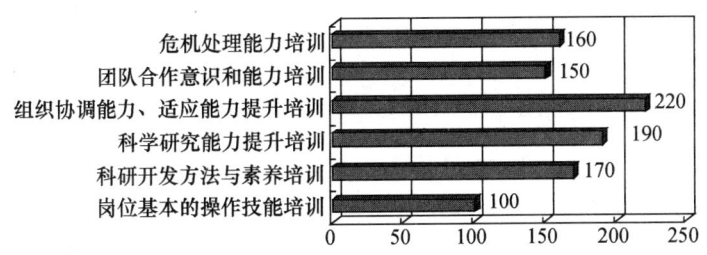

图 4-32 调查对象急需的技能培训类型（n=420）

对于企业职业技能培训体系现存缺陷，170 人选择了"培训经费投入不足"，占总体样本的 40.48%；130 人选择了"职业技能培训走形式，没有实质内容"，占总体样本的 30.95%；120 人选择了"行业和外部培训太少，企业内部培训过多"，占总体样本的 28.57%；140 人选择了"理论性培训太多，实务性培训不足"，占总体样本的 33.33%；110 人选择了"科技人员缺少参加培训的机会"，占总体样本的 26.19%；40 人选择了"培训内容与实际需求错位，无法解决现实问题"，占总体样本的 9.52%；150 人选择了"工作太忙没时间参加培训"，占总体样本的 35.71%；130 人选择了"缺乏有能力、高水平的培训教师"，占总体样本的 30.95%；40 人选择了"无法参与研发项目的锻炼，不能活学活用"，占总体样本的 9.52%；20 人选择了"技能培训渠道过于单一"，占总体样本的 4.76%；110 人选择了"企业缺乏职业技能相关的激励制度"，占总体样本的 26.19%；50 人选择了"国家政策对于技能培训的重视不够"，占总体样本的 11.90%。

对于科技工作者个人职业技能水平的提升目前遇到的主要阻碍因素中，140 人选择了"企业培训经费投入不足"，占总体样本的 33.33%；30 人选择了"科技工作者学历层次偏低"，占总体样本的 7.14%；130 人选择了"行业和外部培训太少，企业内部培训过多"，占总体样本的 30.95%；140 人选择了"职业技能水平没有与岗位晋升、薪酬挂钩"，占总体样本的 33.33%；120 人选择了"缺少职业培训的机会、人头多、机会少"，占总体样本的 28.57%；30 人选择了"没有配备技能导师,靠自身提升太慢",占总体样本的7.14%;40人选择了"没有建立起科技研发团队,单打独斗",占总体样本的9.52%;40人选择了"高端技能人才缺乏",占总体样本的9.52%;60人选择了"企业缺乏提升职业技能水平的氛围,混日子居多",占总体样本的14.29%;70人选择了"缺乏参与研发项目的锻炼",占总体样本的16.67%;30人选择了"自身不努力,上进心不够",占总体样本的7.14%;100人选择了"企业没有系统的技能培训规划",占总体样本的23.81%;90人选择了"国家政策对于提升科技人员职业技能的重视不够",占总体样本的21.43%;20人选择了"企业不重视科技工作者",占总体样本的4.76%。

2. 我国企业科技工作者职业技能提升意愿分析

职业技能分为专业技能、学习能力和社会技能,在对这三个方面都进行调查以后,52.38%的科技工作者认为现有的"专业技能"不能达到自身的期望水平,"学习能力"达不到自身期望水平的比例为33.33%,42.44%的科技工作者认为"应对突发事变的能力"达不到自身期望水平,"组织协调任务的能力"这一比例为46.83%,"适应工作环境变化的能力"这一比例为38.05%,"团队合作精神"这一比例为26.34%,说明科技工作者对于提升自身的职业技能具有强烈的意愿。

对于"您个人是否重视提升自身职业技能"的问题上,有150人"非常重视",占总体样本的比例为35.71%;有210人"比较重视",占总体样本的比例为50.00%;有50人选择了"一般",占总体样本的比例为11.90%;有10人选择了"不太重视",占总体样本的比例为2.38%;没有人选择"完全不重视"(见图4-33)。选择不太重视的10个人对于"您认为现有的收入水平是否体现您的职业技能水平"的问题都选择了"不完全体现"或者"完全没有体现",收入水平与职业技能水平的不相适应导致他们不太重视自身的职业技能,因此将薪酬水平与职业技能水平挂钩可以一定程度地激励科技工作者积极地提升自身职业技能。85.71%的被调查企业科技工作者都不同程度地重视自身职业技能水平的提升,在迫切需要提高职业技能的原因和动力中,320人选择了"个人经济收入提高和生活条件改善",占总体样本的比例为76.19%;190人选择了"提高工作能力,为企业多做贡献",占总体样本的比例为45.24%;150人选择了"对外联系的渠道拓宽",占总体样本的比例为35.71%;190人选择了"自身职称、职位的提升",占总体样本的比例为45.24%;270人选择了"提高自身职业素质",占总体样本的比例为64.29%;80人选择了"名誉、声望的提高",占总体样本的比例为19.05%;30人选择了"转换工作岗位或跳槽",占总体样本的比例为7.14%(见图4-34)。76.19%的科技工作者都将"个人经济收入提高和生活条件改善"作为提升职业技能的首要原因,说明在中国企业中,个人经济收入还是科技工作者的首要激励因素。排在第二位的是"提高自身职业素质",科技工作者还是比较注重个人发展,之后依次为"提高工作能力,为企业多做贡献"、"自身职称、职位的提升"、"对外联系的渠道拓宽"等,企业也可以结合不同激励因素对于科技工作者的重要性对其进行相应的激励,从而更有针对性地提升他们的职业技能,以期为企业做出更大的贡献,从而实现科技工作者和企业的共同成长。

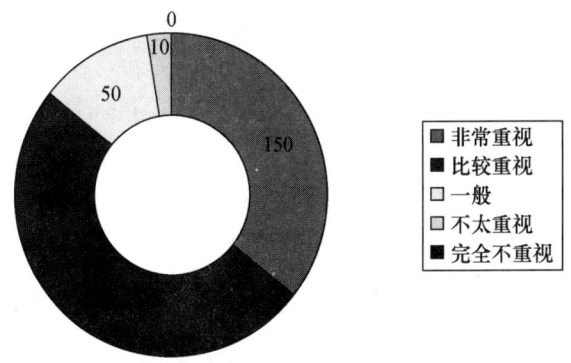

图4-33 调查对象对提升职业技能的重视程度(n=420)

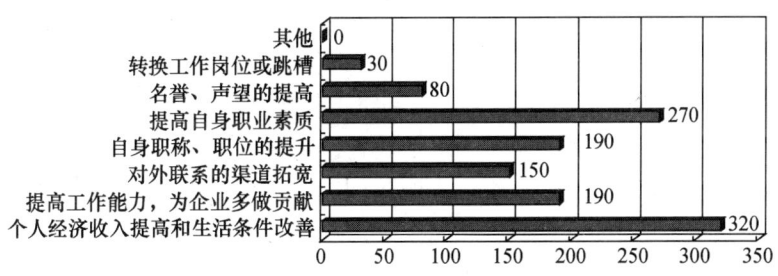

图4-34 调查对象迫切需要提升职业技能的原因和动力(n=420)

(二)我国企业科技工作者职业技能提升通道分析

对于企业科技工作者目前的培训渠道,有410人对此项做了选择,其中选择"企业内部相关部门组织的专题培训"的有200人,占总体样本的比例为48.78%;选择"到国内相关高等学校或研究机构学习"的有20人,占总体样本的比例为4.88%;选择"到国外相关高等学校进行短期培训、学习或交流"的有 20 人，占总体样本的比例为 4.88%；选择"自学"的有 240 人，占总体样本的比例为 58.54%；选择"通过网络课程、网络教育等现代技术培训"的有 110 人，占总体样本的比例为 26.83%；选择"不同类型技能岗位间的交流"的有 40 人，占总体样本的比例为 9.76%；选择"能跟随高水平的老师学习解决实际技术问题"的有 70 人，占总体样本比例为 17.07%；选择"参加高水平科技项目"的有 40 人，占总体样本比例为 9.76%；选择"参加学术交流、研讨会、论坛等交流活动"的有 130 人，占总体样本比例为 31.71%；选择"到其他企业学习培训"的有 40 人，占总体样本比例为 9.76%；选择"行业协会与科协等机构组织的专题培训"的有 40 人，占总体样本比例为 9.76%。说明目前企业科技工作者职业技能培训渠道主要集中在"自学"（58.54%）和"企业内部相关部门组织的专题培训"（48.78%），目前科技工作者的培训渠道还是过于单一，应该尽量拓展企业外部的技能培训渠道。

对于科技工作者所希望的培训渠道，在 420 个有效样本中，选择"企业内部相关部门组织的专题培训"的有 120 人，占总体样本的比例为 28.57%；选择"到国内相关高等学校或研究机构学习"的有 100 人，占总体样本的比例为 23.81%；选择"到国外相关高等学校进行短期培训、学习或交流"的有 130 人，占总体样本的比例为 30.95%；选择"参加高水平科技项目"的有 130 人，占总体样本的比例为 30.95%；选择"通过网络课程、网络教育等现代技术培训"的有 90 人，占总体样本的比例为 21.43%；选择"不同类型技能岗位间的交流"的有 110 人，占总体样本的比例为 26.19%；选择"能跟随高水平的老师学习解决实际技术问题"的有 220 人，占总体样本的比例为 52.38%；选择"到其他企业学习培训"的有 140 人，占总体样本的比例为 33.33%；选择"参加学术交流、研讨会、论坛等交流活动"的有 110 人，占总体样本的比例为 26.19%；选择"行业协会与科协等机构组织的专题培训"的有 80 人，占总体样本的比例为 19.05%。说明目前的培训渠道跟科技工作者希望的培训渠道还是有一定差距，两者的对应比较详见图 4-35。

通过图 4-35 的比较，除了"通过网络课程、网络教育等现代技术培训"和"参加学术交流、研讨会、论坛等交流活动"两种培训渠道差别不是很大，企业科技工作者目前的职业技能培训渠道和他们所希望的培训渠道还是有很大差别的，目前的渠道主要集中在"自学"和"企业内部相关部门组织的专题培训"，而在所希望的培训渠道中，"能跟随高水平的老师学习解决实际技术问题"和"到其他企业学习培训"是选择人数最多的，那么在提升企业科技工作者的职业技能时应该加强这两个渠道的技能培训。

中国科协发布的《2008 年中国科技工作者状况调查》显示，互联网日益成为

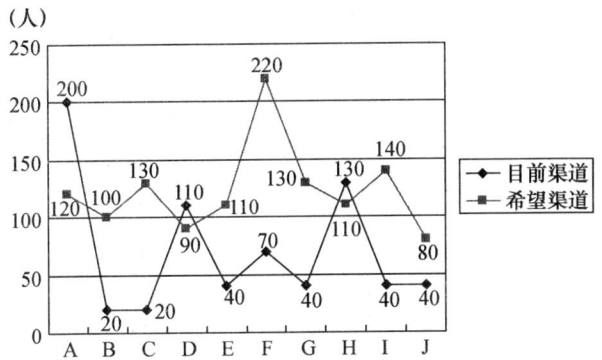

图 4-35　调查对象目前职业技能培训渠道和希望渠道的比较（n=420）

注：图中坐标（X，Y）中 X 代表培训渠道，Y 代表选择人数。其中，A＝"企业内部相关部门组织的专题培训"，B＝"到国内相关高等学校或研究机构学习"，C＝"到国外相关高等学校进行短期培训、学习或交流"，D＝"通过网络课程、网络教育等现代技术培训"，E＝"不同类型技能岗位间的交流"，F＝"能跟随高水平的老师学习解决实际技术问题"，G＝"参加高水平科技项目"，H＝"参加学术交流、研讨会、论坛等交流活动"，I＝"到其他企业学习培训"，J＝"行业协会与科协等机构组织的专题培训"。

科技工作者获取科技信息的重要渠道，66.5%的科技工作者把互联网作为常用渠道之一，29.1%的将其作为最主要渠道，该比例几乎是 2003 年（10.7%）的 3 倍，这反映出中国近 5 年来互联网得到迅速发展，通过网络学习、网络课程进行职业技能培训也得到了前所未有的发展，基于此本次问卷针对科技工作者对于这种新兴培训方式的态度进行了调查。在对网络渠道进行职业技能培训的了解程度上，60 人选择了"非常了解"，占总体样本的 14.29%；140 人选择了"了解"，占总体样本的 33.33%；120 人选择了"一般"，占总体样本的 28.57%；100 人选择了"不了解"，占总体样本的 23.81%；没有人选择"非常不了解"（见图 4-36）。在对网络渠道进行职业技能培训的评价中，30 人选择了"非常认可"，占总体样本的 7.14%；210 人选择了"较认可"，占总体样本的 50.00%；160 人选择了"不清楚"，占总体样本的 38.10%；20 人选择了"不认可"，占总体样

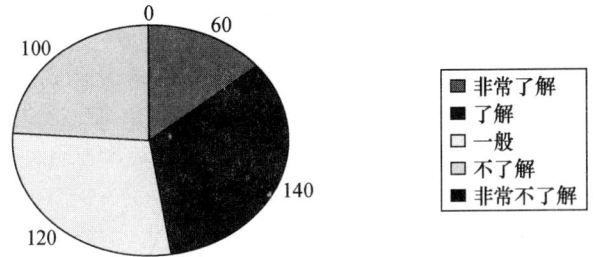

图 4-36　调查对象对网络渠道进行技能培训的了解情况（n=420）

本的4.76%；没有人选择"非常不认可"（见图4-37）。对网络渠道"有一些了解"的占总体样本的76.19%，对网络渠道进行培训"比较认可"的占总体样本的57.14%，说明企业科技工作者对网络渠道的了解和认可程度还是比较高的，对网络渠道进行职业技能培训比较了解的科技工作者还都是比较认可这种培训渠道，因此应该加强科技工作者对网络培训方式的了解程度。

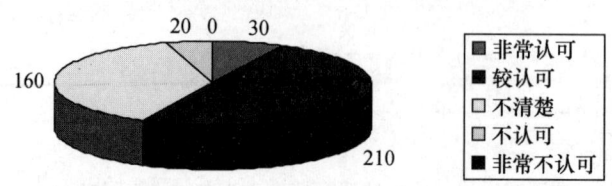

图4-37 调查对象对网络渠道进行技能培训的认可情况（n=420）

对于"您认为由哪些机构进行职业技能培训更有效"的问题，70人选择了"公司各部门经理"，占总体样本的16.67%；60人选择了"公司内部培训师"，占总体样本的14.29%；300人选择了"专业培训机构"，占总体样本的71.43%；100人选择了"社会成功人士"，占总体样本的23.81%；20人选择了"观看培训影音教材/录像"，占总体样本的4.76%；80人选择了"网络课程和网络培训"，占总体样本的19.05%；3人选择了"高校专业老师"，占总体样本的0.71%；5人选择了"参加高水平项目"，占总体样本的1.19%（见图4-38）。

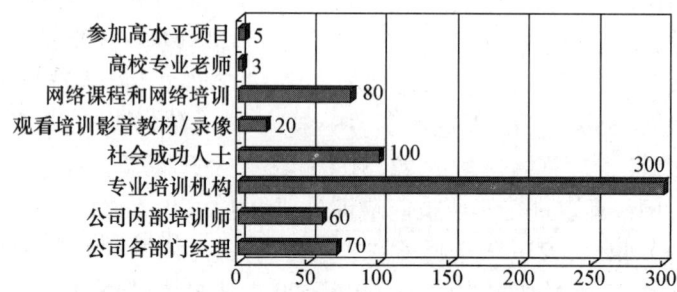

图4-38 调查对象认为的更有效的职业技能培训机构（n=420）

五、满足我国企业科技工作者职业技能提升需求建议和对策

我国企业中拥有庞大的科技工作者队伍，他们能够为建设创新型国家和提高

企业的自主创新能力做出突出贡献。但通过问卷调查数据分析可以得出，在企业科技工作者队伍迅猛发展的过程中，他们的职业技能不能很好地适应工作岗位的要求，不能完全达到自身的期望水平，除此以外还存在很多急需解决的问题，必须采取措施加以解决。为了实现企业自主创新能力和整个社会经济效益提升的双重目标，为了达成建设创新型国家和全面建设小康社会的宏伟蓝图，必须关注企业科技工作者职业技能提升的现状、职业发展环境的现状和职业技能提升的通道，以及由此引发的一系列问题。

（一）培育重视科技工作者职业技能提升的企业文化

企业应该重视科技工作者职业技能水平的提升，重视提升蕴含于科技工作者身上的生产知识、劳动技能和健康素质等的存量总和，从而突出人力资本对于企业的意义，意识到对科技工作者人力资本的投资报酬远远大于投资成本，对人力资本的投资效益也远远大于对物质资本的投资效益，企业应该扭转过去一些不太合理的思想，如要控制成本的时候首先会砍掉对人力资源的培训成本。另外，企业应该建立对科技工作者进行职业技能培训的规范制度，及时捕捉到科技工作者急需进行职业技能培训的需求，让所有科技工作者都拥有公平的受培训的机会，尤其是要注重对基层技术人员的技能培训。

企业规范培训制度的建立能够确保每个科技工作者都能适时地去参加职业技能培训，没有参加培训的科技工作者不应该也不会有嫉妒、埋怨的心理，他们应该支持同事们去参加培训，培训后大家可以共同提升进步，可以更好地满足工作中对技能的需求，可以默契配合从而提高工作效率，在同事之间形成努力提升自身技能的竞争氛围。企业的领导层、管理层也应该重视对科技工作者职业技能水平的提升，对科技工作者努力提升自身技能水平应该抱着一种非常支持的态度，领导层做好表率作用后，可以在整个企业形成重视技能水平提升的企业文化，企业中所有员工也可以形成重视自身技能水平提升的意识。

（二）建立企业内部导师制度并确保其有效实施

本次调查中，在所希望的培训渠道中，52.38%的科技工作者都选择了"能够跟随高水平的老师学习解决实际问题"，选择人数最多，在职业技能不能满足工作岗位要求的情况下，目前的解决途径中选择"企业内部导师制度"的只有17.07%，在样本总量相同的情况下，两者的差距非常明显，说明企业内部导师制度还是没有发挥它应有的作用，还是没有达到科技工作者的期望水平。因此，企业应该建立内部导师制度，将那些工作年限较长、拥有丰富技术工作经验、德高望重的科技工作者作为导师，在专业技能、学习能力、社会技能等各个方面对需要提升职业技能的科技工作者进行指导。在与企业中部分科技工作者进行访谈时，有些科技工作者反映企业中也制定了内部导师制度，在全体员工的会议上也明确了导师人选和导师要指导的员工，但当科技工作者工作中职业技能确实遇到问题时，内部导师大多都有自己的工作需要完成，没有时间或者没有精力对其他人进行指导，因此企业应该采取措施确保内部导师制度能够真正有效地实施，如对导师进行奖金报酬的激励，将导师指导的员工情况跟导师的绩效评价联系起来，导师完成核心技术以后将一些基础性的工作交给其他员工来完成，保证导师进行指导的时间，可以让导师跟其指导的员工形成一个氛围良好的非正式组织。

（三）制定合理的岗位晋升制度和薪酬水平

本次调查时，企业科技工作者提升职业技能水平目前遇到的主要阻碍因素中，33.33%的科技工作者都选择了"职业技能水平没有与岗位晋升、薪酬挂钩"和"企业培训经费投入不足"，两者并列第一位，而且当薪酬水平与职业技能水平相关程度较低时科技工作者对自身职业技能提升的重视程度也较低，因此企业在提升科技工作者的职业技能时要注意岗位晋升和薪酬对其的激励作用，要制定合理的岗位晋升制度和薪酬水平。

企业应该建立一套比较完善的公平竞争的晋升机制，职位晋升考评时应将职业技能水平作为重要参考因素，确保"能者上、平者让、庸者下、劣者撤"。另外企业要建立公平合理的薪酬福利体系，可以从以下几方面入手：首先，在薪酬福利制度实施过程中，要注意外部竞争性与内部公平性的有机统一，保证科技工作者的薪酬福利对外有一定的竞争力，对内能够解决不同层次员工的公平感，体现多劳多得、鼓励先进、鞭策后进，合理拉开档次的原则。其次，可以借鉴国外的科技型人力资源持股计划。企业的管理人员要把握企业创新的原动力，采取国际上通行的技术入股、利润提成等措施，通过公平的分配体制，使得科技工作者集中精力工作，发挥创造性和主动性，真正实现个人与企业共同发展。最后，要开放地制定和管理薪酬。一直以来，薪酬管理奉行单向思维，片面地站在企业的角度来制定和管理薪酬，这往往导致薪酬体系不被科技工作者所认可，因此对科技工作者企业应实施开放式的薪酬制定和管理策略，吸收各利益群体代表参与制定薪酬制度，同时让薪酬管理变得更加透明和公开化。

（四）增加出国培训的机会

企业科技工作者职业技能水平提升目前遇到的主要阻碍因素中，企业培训经费投入不足排在第一位，因此企业一方面应该加大对科技工作者的培训经费投入；另一方面鼓励有条件的科技工作者自己承担一部分出国进修的费用。我国企业科技工作者目前的职业技能培训渠道中，只有很小一部分人享受到去国外进修或培训的机会，而在科技工作者所希望的培训渠道中，有大约1/3都选择了国外进修或研修，因此企业应该注意拓宽去国外培训的机会。企业花费大量资金对员工进行培训结果却是为别人培养人才，现实中这种例子很多，限制了企业对员工的长远培训如出国进修，其实企业可以将员工出国培训看做一项风险投资。事实上，企业不管是将资金投资于实物资产还是证券资产，都有一定的风险，但是企业还是愿意去投资，不能因为规避风险就连高额的风险报酬也一并规避掉了，企业可以采用高薪、科技工作者持股等多种激励方式将科技工作者留在企业。企业还是应该鼓励科技工作者出国进修，加强技术领域的国际合作与交流，支持与国际高水平研究机构和团队之间的实质性合作，共享国际前沿科学技术知识，更快促进我国的科技发展。

（五）结合企业科技工作者不同的需求给以不同形式的职业技能提升方式

本次调查中，参加职业技能培训后，企业科技工作者都反映职业技能水平还是有一定提升，但满足个人发展目的的程度没有技能水平提升程度高，说明企业举办的职业技能培训还是没有很好地与科技工作者的需要进行契合。因此在制定科技工作者提升职业技能的相关政策时，应从不同层次满足不同科技工作者的需求。不同年龄、职称、工作年限的企业科技工作者，他们对于提升自身的职业技能都有不同的需求，应结合他们的需求给以形式不同、内容丰富的技能培训。如入职时学历比较低的科技工作者，随着自身技术经验的增加可能会感觉自身的理论知识不够充分，需要进行学历教育；而刚入职的硕士、博士等高学历者理论知识比较丰富，但缺乏实际操作的技能，他们就需要一些实务性的技能培训。

政府应该加强对科技工作者提升职业技能相关政策的宣传力度，体现国家政策对于科技工作者职业技能提升的重视程度，要开辟多种渠道宣传职业技能相关政策，提高科技工作者对相关政策的了解程度和依据政策提升自身职业技能的自觉性。加大对科技工作者在岗培训的政策扶持力度，加大各项培训、交流的资金投入，这也可以减轻企业的培训负担，使更多的科技工作者能够接受高端的职业技能培训。

目前企业给予较多的是关于工作岗位方面的技能培训，但调查中部分科技工作者更需要的是社会交往技能方面的培训，因此企业应结合科技工作者的需求拓展社会技能、科研能力、科研开发方法与素养等各个方面的培训，注重对科技工作者长远技能的培训。企业和科技工作者都要处理好工作和培训之间的关系，不能因为工作太忙而忽视了技能培训，技能培训的最终目的也是为了更好地完成本职工作。企业还要注重培训的实质内容，不能走过场，一次培训完成以后要对本次培训效果进行评价，是否符合了科技工作者的需求，培训完成后科技工作者的相关技能是否真实地得到提升，而且要增加实务性的培训适当减少理论性的培训，要增加行业和外部培训适当减少企业内部培训。随着互联网在我国的快速发展，企业可以考虑网络渠道对科技工作者职业技能进行培训，尤其是边远地区，网络渠道可以节省出差等实际费用，可以很便捷地享受到高水平的技能培训课程。总之，企业应该结合自身所处的地区、行业等状况，为不同科技工作者提供适应他们需求的培训渠道。

六、研究局限与展望

（一）研究结论

目前企业科技工作者的职业技能不能很好地满足其工作岗位需求和自身的期望水平，一定程度上影响了企业的科技创新水平和科研产出成果，因此对企业科技工作者职业技能提升需求的研究非常及时。本章通过对此的研究，希望能够提出一些贴合科技工作者需求的解决途径，对政府制定相关的政策提出一些理论依据和建议，帮助全国科技工作者更快更好地提升职业技能，从而使其为我国科技创新做出更大的贡献，使科技工作者和企业共同成长。

本研究以企业科技工作者为研究对象，设计出针对其职业技能的问卷，为了保证数据的科学性和严谨性，抽样、调研、座谈、录入、统计任何一个环节都认真细致地进行，从未编造数据、假手他人。根据问卷调查结果对科技工作者目前的普遍状况、职业技能结构、职业技能提升环境、提升通道等各个方面进行了定量分析，最终依据调研发现的问题提出了一些有针对性的建议对策。

（二）研究局限和展望

本章研究的是全国的企业科技工作者，最终形成了 420 份有效问卷，样本量还是有些少，在代表性上可能还不是太充分。因此，可以在今后的研究中力求获得更多的样本信息量，涵盖更加丰富的数据资料，从而更加深入且全面地研究企业科技工作者的职业技能。

本章研究过程中，虽然极力地搜取和学习与科技工作者、科技人力资源等相关的文献资料，但由于本人水平和认知能力的限制，对国内相关学者文献的细致研究还不是特别充分尤其是国外相关文献，因此以后的研究可以拓宽视野，增加对国外科技工作者、科技人力资源等的研究，将国外与国内的情况进行比较，借鉴国外的优秀成果。

科技工作者对职业技能提升的需求是一个动态发展过程，随着企业培训和科技工作者的自我提升，有些需求会得到满足，同时会产生一些新的需求，这些以后都可以进行一个动态的跟踪研究。本研究提出的满足科技工作者职业技能提升需求的建议对策完全基于本次的问卷调研，而且都是一些急需解决的问题，对于本次问卷没有发现的问题以及隐藏的一些深层次问题，还需要在以后的学习和工作中不断地改进和完善。

参考文献

[1] 赵玲, 李全喜. 研究机构科技工作者人力资源状况的实证分析 [J]. 科学学与科学技术管理, 2010, 31 (2).

[2] 张再生, 李希. 科技工作者薪酬激励实证和理论研究述评 [J]. 山西大学学报, 2010, 33 (3).

[3] 张健, 张再生. 科技工作者工作满意度实证分析 [J]. 中国科技论坛, 2010 (3).

[4] 中国科学技术协会调研宣传部. 2008年中国科技工作者状况调查 [J]. 科技导报, 2009, 27 (13).

[5] 李全喜, 赵玲. 研究机构科技工作者职业发展的障碍与对策 [J]. 中国科技论坛, 2008 (12).

[6] 赵玲, 李全喜, 王哲. 科技工作者职业发展研究综述 [J]. 科技与管理, 2009, 11 (3).

[7] 付晔, 蒋兴华, 伏琳, 谢兴华, 欧阳国桢. 广东省民营企业科技工作者状况调查研究与分析 [J]. 科技管理研究, 2010, 30 (15).

[8] 张志峰, 桑青松. 279名科技工作者压力状况与应对方式的调查研究 [J]. 大众科技, 2010 (3).

[9] 何国祥. 科技工作者的界定及内涵 [J]. 科技导报, 2008, 26 (12).

[10] 李青, 张再生. 女性科技工作者薪酬问题与对策研究 [J]. 中华女子学院学报, 2010, 22 (2).

[11] 赵列成, 孙凌云. 对新疆青年科技工作者问卷调查的思考 [J]. 新疆财经, 2009 (3).

[12] 葛明贵, 胡长粤, 贾艳贤, 李树, 范佳丽. 279名科技工作者心理状况及应对方式的调查研究 [J]. 中华行为医学与脑科学杂志, 2010, 19 (3).

[13] 陈文涛, 桑青松, 梅芳芳. 安徽省科技工作者生活质量与工作满意度调查研究 [J]. 大众科技, 2009 (4).

[14] 王大桥, 王文斌. 科技工作者职业生涯设计初探 [J]. 江汉石油职工大学学报, 2007, 20 (1).

[15] 中国科协发展研究中心. 求实、创新、报效祖国——中国科技工作者需求状况调研分析 [J]. 科技导报, 2009, 27 (3).

[16] 徐世勇, 李钢. 我国科技工作者工作压力状况的实证分析与启示 [J]. 生产力研究, 2005 (1).

[17] 苏兆德. 我国企业科技型人力资源激励存在的问题及对策研究 [D]. 中国石油大学（华东）硕士学位论文, 2009: 1-31.

[18] 郑海航, 吴东梅. 企业人力资源管理 [M]. 北京: 经济管理出版社, 2007: 155-180.

[19] 王关义, 高海涛, 张铭. 管理学原理 [M]. 北京: 经济管理出版社, 2009: 227-254.

[20] 关培兰. 组织行为学 [M]. 北京: 中国人民大学出版社, 2007: 115-183.

[21] 姚蓉, 严良. 我国科技型人力资源流动的现状、原因及发展趋势 [J]. 科技进步与对策, 2003 (2): 65.68.

[22] 胡金玲. 天津市科技工作者现状、问题与对策研究 [D]. 天津大学硕士学位论文, 2009: 1-31.

[23] 赵玲, 李全喜. 研究机构科技工作者职业发展的制度因素分析 [J]. 科学与科学技术管理, 2010 (7).

[24] 李全喜. 女性科技工作者职业发展影响因素的三维解析 [J]. 科学与科学技术管理, 2009 (12).

[25] 王大桥, 王文斌. 科技工作者职业生涯设计初探 [J]. 江汉石油职工大学学报, 2007 (1).

[26] 闫柏良, 樊月娟. 加强山西省科技工作者队伍建设的对策探讨 [J]. 生产力研究, 2005 (8).

[27] 何光喜, 马缨, 王奋宇, 薛姝. 科技工作者公众形象研究的现状和问题 [J]. 科学研究, 2008 (3).

[28] 柯谢, 严宣. 县域科技工作者职业状态调查 [J]. 决策, 2008 (9).

[29] 张利华, 陈钢, 何革华. 促进中国女性科技人力资源开发的政策研究 [J]. 中国科技论坛, 2008 (4).

[30] 陈绪新. 我国科技人才流失的体制因素及其对策 [J]. 合肥工业大学学报（社会科学版）, 2004 (6): 97-101.

[31] 胡瑞卿. 科技人才流动因素分析 [J]. 江西农业大学学报, 2007 (6): 147-149.

[32] 黄文娣, 李远. 我国科技人才流动的特性分析 [J]. 当代经济, 2006 (7).

[33] 王楠, 何彬, 辜萍. 四川省科技人才现状与发展对策 [J]. 西南民族大学学报, 2010, 31 (6).

[34] 刘宏森. 关于提高青年职业技能水平的一些思考 [J]. 中国青年政治学院学报, 2008 (6).

[35] Schuler, R. S.. Human Resource Management, The Concise International Encyclopedia Of Business & Management. International Thomson Business Press, 1998.

[36] Cynthia D.. Fisher Mood and Emotions While Working: Missing Piece of Job Satisfaction, Journal of Organizational Behavior, Volume 21, 2000 (12).

[37] Chiu. W. Henry. Income Inequality, Human Capital Accumulation and Economic Performance, The Economic Journal, 1997 (108).

[38] 刘忠诚. 企业科技人才的精神激励 [J]. 山东社会科学, 2001 (5): 1-19.

[39] 尹艳冰, 赵涛等. 企业科技创新人才的培养与激励 [J]. 科技管理研究, 2006 (11): 132-133.

[40] 王小琴. 高科技企业科技人才评价与激励 [J]. 科研管理, 2007, 28 (3): 45.

[41] Peter F. Drunker. Knowledge Worker Productivity. The Biggest Challenge [J]. California Management View, 1999, 41 (2): 79-94.

[42] Davenport Thomas H., De Long David W., Beers Michael C.. Successful Knowledge Management Projects [R]. Sloan Management Review, 1998.

[43] 肖光强. 如何管理知识型员工 [J]. 企业管理, 2000 (6): 35-36.

[44] 王勇, 许庆瑞. 知识工作者能力概念的界定 [J]. 科学学与科学技术管理, 2003 (5): 73-75.

[45] 余建英, 何旭宏. 数据统计分析与应用 [M]. 北京: 人民邮电出版社, 2003.

第五篇　基于心理契约视角的知识型员工激励研究[*]

一、绪　论

（一）研究背景及研究意义

1. 研究背景

随着知识经济时代的到来，以知识为基础、高新科技为支撑的新经济迅速崛起，知识成为提高生产率和促进经济增长的引擎，给传统的社会经济中的组织形式及权力结构带来了巨大的变化。未来社会的成功取决于脑力知识的充分运用，而自然资源和体力劳动的重要性在逐渐减低。企业的成功将不再依靠产品成本的降低，而是依赖于不断加速的创新行为。创新遍布于企业的产品、服务和生产过程，并给企业带来可持续的成长。制造业在美国总产出中所占的比例只有14%，仅覆盖11%的工作岗位；而服务业却占到整个美国经济的60%，雇用美国2/3的员工。在这种背景下，知识型员工便成为组织的核心人力资本和企业管理的重要对象。然而，知识型员工是与传统员工有着不同特点的新型工作人群，他们个性鲜明、强调工作自主、流动性大、成就欲望强，并且富有创新精神。因此，以传统契约方式来约束知识型员工的手段也已不再奏效，如何激励知识型员工，提高其工作效率，使其为企业创造更多的价值，成为当前人力资源管理工作面临的一大挑战。

心理契约是组织和员工之间内隐的相互期望，影响着员工的行为、工作态度、工作绩效、满意度及流动率等。知识型员工比较关注较高层次的需要，包括员工的兴趣、职业生涯发展、个人成长等，而这些需要正是心理契约的核心

---

[*] 作者简介：刘晰晰，北京印刷学院企业管理专业2009级硕士研究生，指导教师为乔东亮教授。

内容。

2. 研究意义

从经济意义看，本课题的研究可以为企业制定对知识型员工的激励措施和制度提供参考，更好地调动知识型员工的工作积极性，吸引人才、留住人才，提高工作绩效和市场竞争力，促进企业的持续健康发展。就科学价值而言，正确认识知识型员工的特殊性，采取有效方法激励知识型员工已经成为当代人力资源管理的热点问题，受到了组织管理者和学术界的空前关注。但总的来说，从心理契约的角度来研究知识型员工激励问题的还不多见，特别是国内的相关研究更是较少。本研究引入心理契约理论来考察知识型员工的激励问题，使心理契约理论与实际问题相联系，分析问题并解决问题，深化了心理契约理论，提高了心理契约理论的理论价值和应用价值。同时又针对传统激励理论在知识型员工激励方面的不足作出补充，为现代企业从心理契约角度探索知识型员工激励的有效措施提供了新思路。

（二）国内外有关知识型员工激励问题的研究综述

1. 国外知识型员工激励研究综述

知识型员工这一概念，最早由管理大师彼得·德鲁克（Peter Drucker）提出。他指出，知识型员工激励具有特殊性，他们不同于传统的体力劳动者，对他们的激励应注重给予工作上的学习和创新的机会，使他们具有主人翁的责任心。他的独到见解和准确预见为日后知识型员工的相关研究奠定了基础。

玛汉·坦姆仆提出，知识型员工最为重要的四个激励因素依次为个体成长、工作自主、业务成就和金钱财富。个体成长指使个人认识到自身潜能的机会，它假设知识型员工对知识和工作成长有着强烈的渴望；工作自主是指知识型员工能够在自由的工作环境中自主安排工作时间和地点，完成组织的各项任务；业务成就是指知识型员工有着良好的工作业绩，并能让其个人感到满意；金钱财富则是知识型员工能够得到与自身工作绩效相匹配的薪酬福利，并能从中获得满意感和幸福感。

弗朗西斯·赫瑞比（Frances Horibe，2000）认为知识型员工靠脑力劳动创造价值，指出应该鼓励知识型员工不断学习，并在员工之间营造分享知识和持续学习的氛围，以团队协作精神促进对知识型员工的激励。同时，她提出"知识型员工是组织中的重要财富，智力资本必须转化为真正的竞争优势"。

斯蒂芬·罗宾斯指出："激励知识型员工，金钱和职位升迁都不是最佳选择，因为他们一般有较高的报酬并喜欢自己的工作。他们工作中的奖励主要是工作本身。如果你试图激励知识工作者，必须记住以下原则：给他们提供不断发展的、有挑战性的工作；给他们一定的自主权去实现他们的兴趣；允许他们以自己认为有效的方式工作；提供受教育机会来奖励他们，如培训、专题讨论会等，这可使他们了解其专业领域的发展。"

此外，国外许多学者提出，在知识经济时代，对于员工的激励应注意管理理念和方法的创新。

尼尔·格拉斯指出，员工的激励要实现从传统的评价制度向发展计划的转变，从过去单纯的评价好坏转变为建设性的发展计划的制订。如果员工的工作生活能够得到丰富和改善，则他们的生产率和工作积极性也会得到提高，对组织的贡献也会增大。Edward E. Lawyer 认为，薪酬的平等性会对员工的工作满意度和工作绩效产生影响，"工资的增加只能通过全面调资、提升绩效评价来实现"。R. Bray Bowen 指出，英明的管理者应注意到人与人之间的不同点，认清不同员工的需要，并根据员工的个人兴趣、爱好、知识和能力对其进行奖惩。

2. 国内知识型员工激励研究综述

国内对知识型员工激励问题的研究在 2001 年以前几乎还是一片空白，从 2004 年开始，研究知识型员工激励的论文显著增加，可见知识型员工激励问题的重要性日益突出。由于知识型员工的需求对制定激励体系有着重要的影响，国内学者在知识型员工需求特征的研究上投入了较多精力。

张望军、彭剑锋经过对知识型员工进行实证分析，将中外知识型员工的激励因素进行对比，同时将知识型员工与非知识型员工的激励因素进行对比，得出结论：工作报酬与奖励、个人的成长与发展、公司的前途、有挑战性的工作是激励我国知识型员工的前四位因素。郑超和黄攸立认为我国企业对知识型员工的激励因素排名前四位的是：收入、个人成长、业务成就和工作自主。同时他们指出我国企业对知识型员工激励存在诸多问题，并根据知识型员工的需求特征提出了应对措施和激励机制。吴艳丽、姜玉洁指出，知识型员工的需求主要包括体现自我价值、工作的挑战性、知识更新、个人成长、支持、愉快工作环境等几个方面的需求。

此外，许多学者认为知识型员工具有与传统员工不同的特点，因此应该根据其特点采用创新的激励机制。

孙建国指出知识型员工的激励要摆脱传统管理中的科层制，应满足其较高层次的需求以激发其工作主动性和创新性。张志认为，企业对待知识型员工应依据风险分担、剩余索取和剩余控制三者相统一的经济学原理建立企业治理机制，放宽对员工的监督，表现出对员工更多的信任和尊重。高贤峰根据知识型员工的心理及行为动力特点，提出了如下激励策略：建立报酬激励、成就激励、机会激励三位一体的自我激励机制，构造理念共享、远景愿望与憧憬共建的超我激励机制。何玉静总结了知识型员工的5S特点，提出了以个人能力制定薪酬激励政策的全面薪酬战略，并提出要关注个体发展，开发具有挑战性并能够激发知识型员工潜能和营造良好的公司文化的激励策略。赵曙明认为知识工作者具有自主性、多样化、个性化和创新性等特点，他们渴望来自工作的满足，但因此也具有流动频率高、流动方式多样以及流动失衡的特点。针对如何吸引和留住核心知识型员工，他提出了加强人力资源信息管理、运用现代激励政策的对策和建议。

而基于心理契约理论与知识型员工激励的相结合的研究还不多见，主要集中在两个方面：一是从知识型员工的特点与心理契约的内容和特征出发，找出两者的共同点，提出在知识型员工激励的问题中引入心理契约理论会优化激励效果，由此提出相关激励策略；二是根据知识型员工的特点，建立基于心理契约视角的知识型员工激励模型。屠海群提出，知识型员工激励措施应由操作性向契约性转变。廖冰、杨秀苔提出了在知识型员工管理中构建心理契约的途径。李胜兰比较了知识型员工激励与传统激励理论，指出传统激励的局限性，同时分析了我国知识型员工激励的现状，之后结合心理契约理论，分析知识型员工的需求，提出知识型员工心理契约的管理措施。雷晓庆指出，对知识型员工进行管理，应构建良好的心理契约，从关系、情感和心理层面入手进行激励，从而达到企业与员工的共赢。

（三）研究思路、研究方法及可能的创新之处

1. 研究思路

本研究基于心理契约理论对知识型员工的激励问题进行研究，在对国内外针对该课题的发展趋势进行总结和梳理，并对知识型员工的心理契约结构和激励因素进行实证分析的基础上，结合心理契约理论及实证调查研究，分析知识型员工激励存在的问题及其原因和影响，之后建立基于心理契约的知识型员工激励模型，最后提出相应的激励策略。本研究的框架结构如图5－1所示。

2. 研究方法

本研究主要采用文献分析法、比较分析法、归纳演绎法、系统分析法、模型分析法，实证研究与规范研究相结合，定性分析与定量分析相结合，理论研究与应用研究相结合的方法，从心理契约的视角对知识型员工的激励问题进行探索和研究。

3. 可能的创新之处

本研究以心理契约作为切入点，对知识型员工的激励现状展开实证调查，寻求我国企业知识型员工的心理契约维度和内容及其激励因素，并得出他们对当前激励的满意度指数。

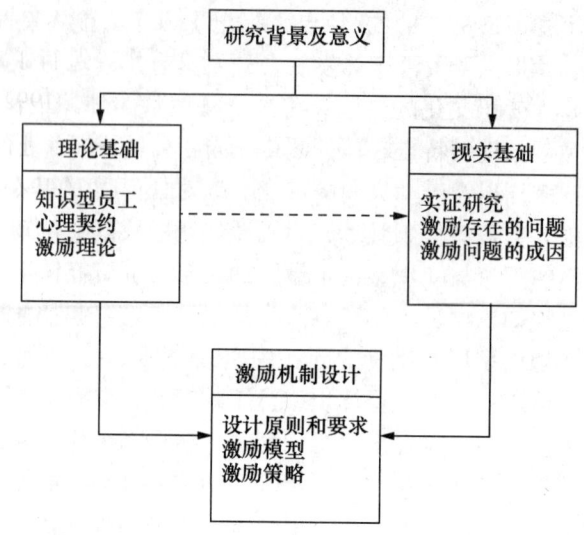

图 5-1 本研究框架结构

本研究的创新之处在于:

第一,将组织行为学中的心理契约理论引入并应用到企业人力资源管理的范畴中,在实证调查的基础上,分析了知识型员工心理契约的特殊性。

第二,从心理契约的角度来研究知识型员工的激励因素,实现了心理契约分析解决实际问题的应用价值,对传统的激励理论进行补充,为知识型员工的激励问题提供了新的研究思路。

第三,从心理契约理论的内涵、维度及违背和破裂入手,提炼出心理契约管理的主线,结合知识型员工的激励因素,总结出心理契约视角下的知识型员工激励模型,为企业的知识型员工激励提出了切实可行的新方法。

目前来看,从心理契约的角度来研究知识型员工激励问题的还不多,特别是国内相关研究更是较少。本研究以知识经济为背景,将心理契约理论引入知识型员工的激励研究中来,是多学科交叉研究的大胆尝试。

二、基于心理契约视角的知识型员工激励的理论基础

(一) 知识型员工

1. 知识型员工的概念

知识型员工的理念最早是由美国管理大师彼得·德鲁克于 1959 年在其著作

《明天的里程碑》中提出的,他将知识型员工定义为"那些掌握和运用符号和概念,利用知识或信息工作的人"。1989 年他对知识型员工进行了进一步的描述,指出知识型员工是组织中那些掌握有强大知识资源的个体。1992 年,彼得·德鲁克又做出进一步阐释:知识型员工不满足于仅为维系生计而进行的工作,他们视自己为"专业的"且"智慧的"员工,将知识看作成功的基石。德鲁克认为,知识型员工是那些掌握和运用符号和概念,利用知识和信息工作的员工。知识型员工能充分利用现代化的科学技术,以此提高工作效率,其本身又具备较强的学习和创新能力。创新能力是知识型员工最主要的特点。彼得·德鲁克对知识型员工的定义简单明确,将知识型员工与体力劳动者加以区分,开创了知识员工管理的先河。

此外,国外其他学者也对知识型员工进行了研究与定义。Sveiby 和 Lloyd 指出,知识型员工生产非标准化的产品与服务,对创造力有着较高的要求,在团队中发挥关键作用,应对并解决复杂的管理问题。Vogt 认为知识型员工是具有创新的动机和能力的个体,并且能够通过沟通和辅导推进这些新想法实现。France Horibe 认为,"知识型员工是那些创造财富时用脑多于用手的人们,他们通过自己的创意、分析、判断、综合和设计给产品带来附加价值。管理人员、专业技术以及销售人员都属于知识型员工的范畴"。

虽然管理大师彼得·德鲁克早在 1959 年就提出了知识型员工的概念,但这一概念在中国的发展和研究尚处于起步阶段,相关的学术研究成果并不充分。王兴成认为,知识型员工是那些从事生产、创造、扩展和应用知识的活动,为企业带来附加价值的人。杨杰指出,知识型员工是从事"知识性工作"的人,而"知识性工作"是指更高的专业化、更快的创新、更高的入门学历和更高的质量。

从以上定义可以归纳出,可以对知识型员工的概念进行如下界定:第一,知识型员工收集、处理、开发并运用知识;第二,知识型员工的首要职责是不断创新本领域的知识,并将创新知识应用到管理实践中去;第三,知识型员工能够为组织带来资本增值。他们通常从事以下工作:IT、产品研发、公司计划与战略管理、出版、会计、金融以及管理咨询等。

2. 知识型员工的特征及需求

知识型员工的属性与特征是组织成就及吸引和激励员工的决定性因素。因此,要想提高知识型员工的工作效率,最大限度地促进组织目标的实现,必须要把握知识型员工的基本特征。Strempel 指出,知识型员工属于 Generation X and Y。Generation X 是指 1965~1977 年出生于婴儿潮的一代。而 Generation Y 是指 1977 年以后直到 20 世纪 90 年代之前出生的一代,他们是婴儿潮一代的后代,出生的时代也决定了他们有着以下独特的特征和需求。

（1）高人力资本含量。知识型员工普遍接受过高等教育，是高素质群体，具有丰富的专业知识、专业技能和工作经验。对于知识型企业而言，知识型员工无疑是他们创造价值的源泉和获得竞争优势的基础。

（2）强烈的自我实现需要。与普通员工对薪酬的追求相比，知识型员工更加注重事业的发展和成功，他们更多地追求工作本身的满足感和成就感，希望得到他人和社会的尊重与认可。这表现在他们不满足完成常规和固定的一般事务，而希望从事更具挑战性的工作，将完成挑战性的目标视作自我实现的方式。这一特点也决定了对知识型员工的激励更应注重精神激励，而不是物质激励。

（3）优秀的学习和创新能力。知识型员工普遍具有终身学习的意愿及主观能动性。一方面，专业知识和技能是知识型员工获得良好职业发展机会的重要前提；另一方面，创新是知识型员工的灵魂，知识型员工通过不断创新来实现自身价值。

（4）高自主性。知识型员工具有鲜明的个性，他们藐视权威，追求真理，不随波逐流。他们注重自我管理和自我引导，希望享有灵活的工作环境和宽松的组织氛围，不愿受制于物化条件的约束。企业给予知识型员工更多的自主权和自治权，已成为对知识型员工的重要激励措施。

（5）高流动性。知识型员工对组织的依赖性较低，他们的忠诚感更多针对自己的专业，而较少受企业驱动。因此，除非组织的价值和目标与员工的职业价值和目标非常相似，否则知识型员工的流动性则比其他普通员工高得多。流动性对企业非常不利，不仅因为与招聘和培训员工相关的成本十分高昂，更是因为企业失去知识资产后难以估量的损失。

（6）工作过程难以监督，劳动成果难以衡量。"知识型员工的工作极大程度上依赖于自身的智力投入，产品无形，难以测量，而且对于一些科技含量较高的产品生产，往往是多个知识型员工集体智慧和努力的结晶，难以分割，这给衡量个人绩效带来了困难。"

3. 知识型员工的激励因素

玛汉·坦姆仆认为，对知识型员工起到激励作用的因素前四位分别为：个体成长、工作自主、业务成就和金钱财富。四种因素的比例分别是 33.74%、30.51%、28.69% 和 7.07%。根据知识型员工的特点，可以发现他们更加注重自身的职业发展、自主权和成就认同感，而金钱激励的边际价值已经退居比较次要的地位。

根据安盛咨询公司的研究，他们认为知识型员工的激励因素前五位依次是：报酬、工作的性质、提升、与同事的关系以及影响决策。

张望军、彭剑锋等认为中国知识型员工的激励因素依次为：工资报酬与奖励

(31.88%)、个人的成长与发展（23.91%）、有挑战性的工作（10.15%）、公司的前途（7.98%）、有保障和稳定的工作（6.52%）。

国外与我国知识型员工的激励因素还是有所不同，如我国的知识型员工，薪酬福利是影响激励效果的核心因素，但是国外研究认为金钱财富是相对次要的激励因素。因此，对我国知识型员工进行激励，既要考虑物质方面的激励因素，又要重视职业发展、个人价值等方面的非物质激励因素。

（二）心理契约理论

1. 心理契约概念的发展

心理契约这一概念最早由组织行为学家 Argyris 于 1960 年在《理解组织行为》一书中提出，用来描述下属和主管之间的关系，但并未对概念进行界定。之后的 Levinson 认为心理契约是"未书面化的契约"，是"组织与雇员之间隐含的、未公开说明的相互期望的总和"。Schein 对心理契约做出了完整的解释："在组织中，每个成员和不同的管理者以及其他人之间，在任何时候都存在的、没有明文规定的一整套期望。"他将心理契约划分成两个层面：个体水平和组织水平。

20 世纪 80 年代至 90 年代中期，心理契约理论得到进一步发展。美国学者 Rousseau 认为，心理契约是在组织与员工互动关系的情景中，员工个体对相互之间责任与义务的信念系统。心理契约不仅具有期望的性质，更重要的是包括对责任和义务作出的承诺。这种建立在个体水平上的定义强调员工对于组织责任和自己责任的认知。Kotter 指出，由于心理契约的隐性特质，一个成功的心理契约包括对合同互惠互利的本质的认识。

90 年代后期开始，学界对心理研究进入实证研究阶段，越来越多的学者采用定量方法探讨心理契约的内容和动态发展过程。关注的焦点则集中在新的全球竞争和组织变革的情境下，心理契约内容上的巨大变化以及新型心理契约的特点。

我国学者对心理契约理论的研究起步较晚，并不充分，多少在国外研究的基础之上，对心理契约理论进行总结和梳理，并探讨新经济背景下心理契约的新变化和新发展。聂清凯曾对心理契约含义的发展做过一个回顾，清晰明了地展示了心理契约的发展历程，如表 5-1 所示。

虽然学者们对心理契约概念强调的内容和定义方式各不相同，但有一点是毋庸置疑的：心理契约是雇用双方就对方为自己的付出以及为对方的付出所形成的主观观念系统，其核心是双方相互的责任和义务。

结合对知识型员工及心理契约的分析，知识型员工心理契约概念如下：在组织和知识型员工的关系中，知识型员工通过对组织的规定、组织文化和组织承诺

表5-1 心理契约概念的文献回顾

年份	视角模式	人物	心理契约含义
1960	缓和劳资矛盾	Argyris	提出"心理的工作契约",但无确切定义
1962	协调组织关系	Levinson	"未书面化的契约",产生于组织和雇员关系之间的一种内在的、未曾表述的期望
1965	个体和组织相互关系	Schein	时刻存在于组织成员之间的一系列未书面化的期望,是组织行为的重要决定因素
1978			
1973	提高公司绩效	Kotter	在于个体与组织之间的一种内隐契约,将双方关系中一方希望付出的代价以及从另一方得到的回报具体化
1989	以雇员为本	Rousseau	个体雇用关系背景下对雇用双方相互义务的一种理解和有关信念
1993	个体主观理解	Robinson & Kraatz	雇员对外显和内在的雇员贡献与组织诱因之间的交换关系的承诺、理解和感知
1995	双方价值提升	Tsui & Herriot	雇用双方对他们之间的关系以及向对方提供价值的主观理解
1997	雇员主观信念	Morrison & Robinson	一个雇员对其与组织之间的相互义务的一系列主观信念,但并不一定被组织或者其代理人所意识到
1997	雇用双方理解	Herriot & Pemberton	雇用关系双方对关系中所包含的义务和责任的理解和感知

等方面的理解,感知到双方应提供的责任和义务,这其中包括组织对知识型员工的责任,也包括知识型员工对组织的责任。知识型员工心理契约是组织与知识型员工之间的一种非书面化的责任交换,它反映了组织与知识型员工的关系和契合程度。

2. 心理契约的内容与维度

由于心理契约是一个十分复杂和不确定的结构,就其概念和内容的研究没有形成一个明确的统一。Anderson 和 Schalk 认为,心理契约的具体内容包括数千个方面,很难一一列举出来。随着经济的进步和技术的不断革新,心理契约的内容也发生了巨大的变化。心理契约中许多在过去非常重要的内容,正在逐步消失或处于次要地位。与此同时,新的内容正在占据越来越多的比重,例如对工作灵活性、丰富化和自我依赖的要求。

20世纪初,梅奥在霍桑试验中对非正式组织、企业对员工的关注以及员工的心理需要等做了研究,这是在心理契约内容方面的初探。

心理契约概念在20世纪60年代被提出,知识经济在八九十年代初步发展,在这个过程中,组织和员工的关系发生了深刻的变化,学界对知识型员工心理契约问题的研究也不断深化。Rousseau对一百多名MBA毕业生的调查进行心理契约研究,指出:"①员工心理契约中的雇主责任有提升、高额报酬、绩效奖励、培训、长期工作保障、职业发展、人事支持7个方面。②员工心理契约中的雇员责任有加班工作、忠诚、自愿从事职责外的工作、离职前预先通知、接受内部工作调整、不帮助竞争对手、保守公司商业秘密、在公司至少工作两年8个方面。"

Herriot和Manning等通过对英国不同地区和行业的184名管理者和184名员工的心理契约进行调查研究,得出四项基本结论:"①组织责任有培训、公正、关怀、协商、信任、友善、理解、安全、有恒一致、薪资、福利、工作稳定12个类别。②员工责任有守时、务业、诚实、忠诚、爱护资产、体现组织形象、互助7个方面。③双方对组织责任的要求在友善、理解、福利、安全、薪资、工作稳定6个方面有差异,其中员工比较强调安全、薪资和工作稳定,而组织则比较强调友善、理解和福利。④双方对员工责任的要求在忠诚、爱护资产和体现组织形象3个方面存在差异,其中员工比较强调爱护资产、体现组织形象,而组织更强调忠诚。"

通过以上学者对心理契约内容的研究可以看出,组织对员工的期望方面,侧重与员工对组织的忠诚度、认同感;而员工对组织的期望方面,则更多地涉及组织承诺和责任的实现,如薪酬福利以及职业规划和发展。

对于心理契约维度的研究,大致可以分为二维结构说和三维结构说。Rousseau和Parks认为,心理契约基本上可以分为两大类,即交易型心理契约和关系型心理契约。二者的差异表现在,交易型心理契约强调具体明确的、经济基础上的交互关系,其范围涉及少数雇员的个人生活;而关系型心理契约强调广泛、长期、未来发展和社会情感方面的交互关系,其范围涉及多数的雇员的个人生活。我国学者陈加洲也提出了以"现实责任"和"发展责任"为维度的心理契约二维结构说。Rousseau和Tijorimala指出,当组织环境强调人际配合、团队取向时,心理契约便由三个维度构成:交易维度、关系维度和团队成员维度。团队成员维度是从二维结构中的"关系维度"中分离出来的,三维结构说的"关系维度"指向事业和工作方面,"团队成员维度"指向人际交往和人际关怀方面。

朱晓妹、王重鸣的研究表明我国知识型员工的心理契约为三维结构。从组织一方来看,分为发展机会、物质激励、环境支持三个维度。发展机会与知识型员工个人的发展相关,物质激励与组织提供给知识型员工的物质报酬相关,环境支持与组织为知识型员工提供的各种环境相关。从知识型员工一方来看,分为规范遵守、组织认同、创业导向三个维度。规范遵守与知识型员工遵守组织规范相关,组织认同与知识型员工对组织的忠诚感和认同度相关,创业导向与知识型员工自主适应组织的发展相关。

3. 心理契约的特点

心理契约不同于组织中常见的商业契约，它反映组织与员工之间的一系列微妙而含蓄的心理期望，双方的这种期望带有浓厚的博弈色彩。总体来说，具有以下特点：

（1）主观性。心理契约没有书面的文字协议，而是以期望的方式埋藏在契约双方的内心。心理契约是一种主观感觉，反映了组织和个体对于双方相互责任的认知。由于个体对于双方的关系有独特见解，心理契约的内容可能与书面雇用契约中的内容不一致，也可能与组织或他人的理解和解释不一致。

（2）双向交互性。在心理契约理论中，心理契约是组织与其成员之间建立的双向的关系，组织与员工双方互为主体和客体。这种双向交互性的关系一方面是员工对自己在组织中所能获得的权利和发展机会等方面的期望，另一方面是组织对于员工的贡献、忠诚等方面的期望。因此，组织和员工之间无障碍的、完善的交流和沟通在心理契约的激励过程中十分重要。

（3）动态性。心理契约具有主观性和交互性，这就决定了它是动态发展，是不断变化的。心理契约形成后，在一定的范围内会保持稳定，但是随着时间和空间条件以及契约双方心理期望的变化，它将处于不断变更与扩充修订的状态。Makin 指出，员工在组织中工作的时间越长，心理契约所覆盖的范围就越广；在组织与员工之间的关系中，相互期望的隐含内容也就越多。因此，知识型员工心理契约的管理方式，不存在固定的模式和统一的标准，适用于某一个组织的心理契约管理未必在另一个组织适用，同样道理，适用于某个阶段的方法也不一定在其他阶段适用。心理契约随着组织成员不同的需求和组织的不同发展时期而不断变化，契约双方在心理契约管理过程中根据环境变化和企业发展，与时俱进，根据组织内外环境的变化做出调整和完善，达到契约关系的动态平衡。

4. 心理契约的破裂、违背及其后果

（1）心理契约的违背和破裂。心理契约的违背和破裂不同。Morrison 和 Rousseau 定义了心理契约破裂和心理契约违背两个概念。心理契约破裂指的是个体感知到组织未能完成心理契约规定的义务，它反映了契约履行的一种认知评价，是在把组织承诺与其已提供的相比较所产生的差距的基础上发生的；心理契约违背则是一种情绪或情感，指的是个体认为组织未能履行心理契约的义务时所产生的一种愤怒和背叛的情绪体验。

关于心理契约破裂的形成过程，Morrison 和 Robinson 认为有两类因素可能会引起破裂："违约（包括无力履行和有意违约）和不一致（即员工和组织对承诺的理解不同）。"如果员工感知组织承诺未得到满足，则会导致感知契约破裂。

而感知契约破裂是否会导致契约违背,这取决于员工理解破裂的意义。员工感知到心理契约破裂和违背的模型如图 5-2 所示。

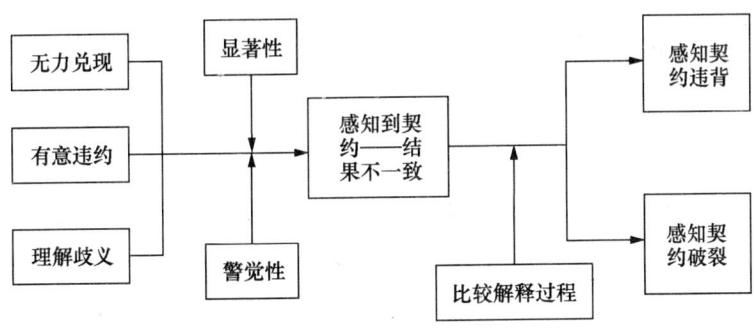

图 5-2 心理契约破裂和违背的形成过程模型

（2）心理契约违背和破裂的后果。心理契约的违背和破裂会导致员工对组织的信任感、忠诚度下降,工作效率降低,而离职意愿随之提高。更严重的,员工会产生报复心理和行为。Robinson 和 Rousseau 对心理契约的破裂和违背可能产生的行为做了进一步的总结,得出当个体感受到心理契约破裂或违背时可能导致的四种行为方式,见表 5-2。

表 5-2 心理契约违背的行为反应类型

	积极主动的	被动的
破坏性的	离职	破坏/忽略
建设性的	申诉	沉默

李原对员工感知到心理契约破坏或违背时在行为、思想和情感等方面的表现,如表 5-3 所示。

表 5-3 契约破裂的后果:人们在思想、情感和行为上的反应

情感	思想	行为
愤怒	我怎么能再相信这个组织	减少努力
暴力	我不再对这个组织全心付出了	不准备再在组织中待更长时间
失望	如果他们这样对我,对这个组织付出还有何意义	拒绝做合同规定之外的任何工作
不满	他们竟然这样对待我	报复——如迟到、早退、缺勤、偷窃,或者用公司的设备去做与工作无关的事情

心理契约理论研究组织与员工之间微妙的行为关系，其破裂及违背的发生与发展机制较为复杂，对心理契约理论的深入研究对现代组织的管理和人力资源开发有着重要意义。

（三）激励的基本理论

人的行为是由一定的动机引起的，而动机产生于人们的各种需要。人们从一定的需要出发，为达到某一目标而采取行动，进而实现需要的满足，而后又为满足新的需要产生新的行为的过程，就是一个不断激励的过程。按照研究的侧重及行为关系的不同，激励理论可分为内容型、过程型和行为改造型三大理论类型。这里主要论述前两种。

1. 内容型激励理论

内容型激励理论是围绕个人的需要为基础展开研究的，因此也被称为需要激励理论。代表理论主要有马斯洛的需要层次理论、赫兹伯格的双因素理论、阿尔德弗的 ERG 理论、麦克利兰的成就需要理论。

（1）马斯洛的需要层次理论。马斯洛于 1945 年在《动机与人格》中提出人类的需要是有等级层次的，他将五种基本需要按序排列，从低到高依次为生理的需要、安全的需要、归属的需要、尊重的需要以及自我实现的需要。通常人们依照这个梯级从低到高地追求各项需要的满足，只有在较低级的需要被满足后，较高级的需要才会发展起来而起到推动作用。在某一时期，总有某一级的需要处于主导地位，其他层级的需要处于附属地位。

（2）赫兹伯格双因素理论。员工满意度是衡量员工内在心理对外在事物感受到满意的程度。它与心理契约存在着密切的关系，员工满意度能决定心理契约是否遭到破坏或违背。较高的员工满意度能促使良好心理契约关系的形成，良好的心理契约也能提高员工的满意程度。心理契约表现员工内隐的心理活动过程，所以员工的内在满意度是衡量心理契约建立成功与否的重要参数。员工满意度的高低取决于两方面：第一，员工判断的个人目标与组织承诺之间的契合性。契合性高，员工满意度也高；反之亦然。第二，由组织经历产生的内在报酬满意程度。

赫兹伯格于 1966 年研究了导致员工感到满意或不满意的工作因素。他认为，影响个人对工作满意度的因素主要有两类：保健因素和激励因素。保健因素是那些引起人们不满意的工作外的因素，大多与人们的工作条件和环境有关，如公司政策、管理规定、薪酬福利、人际关系和工作环境等。激励因素是那些能给人们带来满意的情绪和心理成长的工作内在的因素，如富有挑战性的工作，得到上级肯定，获得工作成长机会等。保健因素对员工没有明显的激励作用，只能使员工保持积极性，但是如果缺少这类因素，员工却会明显地感受到不满意。真正对员工起到明显激励作用的是激励因素，这类因素能使员工产生满意情绪。虽然这两种因素对于员工满意度的影响程度不同，但是它们对于建立良好心理契约关系有着积极的作用。双因素理论提供了员工满意度的评判标准，可以根据其来判断员工对与组织之间的心理契约关系的满意程度。

2. 过程型激励理论

过程型激励理论的着重研究人的动机的形成和行为目标的选择。代表理论包括：亚当斯的公平理论、弗鲁姆的期望理论、帕特（Lymanw Porter）和劳勒的激励过程理论。

（1）公平理论。亚当斯于1963年提出公平理论，指出公平对员工积极性的影响，他认为员工的工作动机和满意度受绝对报酬和相对报酬的影响。员工不仅重视自己的绝对报酬数量，而且会将自己的报酬与社会和他人，或与自己的历史报酬进行比较，即将自己的投入与所得和他人的投入与所得相比较。如果员工感到自身比值与他人比值相等，则认为实现了公平，心理契约和员工的投入得到维持和继续。若自身比值低于他人，则会感到不公平，心理契约遭到破坏。若自身比值高于他人，则会感到自己受组织重视，员工满意度和积极性大大提高，对建构良好的心理契约关系有促进作用。

（2）期望理论。美国心理学家弗罗姆于1964年提出了期望理论，他认为个人的行为与其所获得的最终奖酬存在因果关系，这是因为人们总是为了达到某种目的而努力的。如果一个人认为努力能够导致成功，那么他就会在特定的工作中付出更多的努力，同样道理，组织中的员工也会思考良好的绩效为自己带来奖励的可能性大小。奖励越多，越符合员工的期望，员工付出的积极性就越大；反之亦然。弗罗姆同时提出了一个公式，认为员工在工作中的积极性或努力程度是效价和期望值的乘积，即激励（M）=效价（V）*期望值（E）。激励是员工朝着一定的目标努力的内在动力；效价是员工对某个目标的渴求程度；而期望值则是员工认为自己投入一定的努力后达到目标的可能性。要使激励强度达到最大，就必须使效价和期望值达到最高。效价和期望值有任何一个为低值，就起不到激励员工的目的。期望理论假设每个个体都为自己设定了某一目标，并对此怀有期望，相信通过一定的努力有可能带来一定的绩效，而一定水平的绩效会为自己带来所希望的奖励。这就是说，要想通过心理期望作为构建心理契约的具体指标从而达到员工激励的目的，就应该在尽可能地增加员工的效价值和期望值。

（四）知识型员工激励与心理契约的关系

通过对以上激励理论的分析，可以看出，激励理论本质上是为了解决如何调动员工的工作积极性、主动性和创造性的问题。而心理契约理论的本质是为了解决如何使员工对组织有正面客观的评价，在此基础上发挥主观能动性，为组织创造价值。从这一点上来看，激励理论和心理契约理论有着高度的一致性。

首先，激励理论与心理契约理论在内容上有着高度的一致性。激励理论对员工如何追求工作满意感这种"需要"做出了解释。员工的基本需求，如最低层次的生存需要和安全需要，可以通过与组织签订雇用合同以此获得报酬和福利等物质激励来满足。但是，知识型员工不仅满足于那些低层次的生存需求，在低层次需求获得满足后，他们继而追求更高层次的需求，如期望工作得到认可和职业生涯发展等。而这些较高层次的需要在雇用合同这种正式契约中，极易受到忽视。而要想提高知识型员工的工作满意度，得到最优的激励效果，使知识型员工的积极性得到最大限度的调动，就必须重视对心理契约的研究。雷晓庆提出，知识型员工与一般员工不同，知识型员工的管理应当更多从关系、情感和心理层面入手，构建良好的心理契约，从而达到企业与员工的共赢。

其次，若组织只强调员工的经济契约，而不重视员工的心理契约，则会产生心理契约的破裂和违背，那么知识型员工的期望就不能得以实现，从而对员工满意度产生负面的影响。员工对心理契约破裂和违背的感知，对其态度和行为有极大的影响，轻则出现抱怨、工作效率下降，重则导致对组织的忠诚度降低甚至离职；反之，若员工的经济和心理期望都能得到满足，那么他们的工作满意度将大幅提高，更愿意为组织做贡献。

由此可见，心理契约与知识型员工激励关系密切，心理契约是有效激励知识型员工的必要手段，激励理论是构建、管理和强化心理契约的有力支撑。

三、心理契约视角下知识型员工激励的实证研究

（一）测评体系的构建

1. 样本简况

为研究知识型员工心理契约的结构以及知识型员工的激励因素，笔者以问卷调查与深度访谈相结合的形式对知识型员工进行了实证研究。本调查在北京、天津、唐山的5家企业进行，通过书面及电子邮件发放问卷，采用无记名方式对知

识型员工进行调查。共发放问卷180份，回收问卷155份，有效问卷130份，有效问卷率83.87%。问卷回收后，对问卷进行数据统计处理，使用的软件为Excel和SPSS 11.5。表5-4是样本的基本情况。

表5-4 样本情况汇总

项目	类别	频数	百分比（%）	累计百分比（%）
性别	男	77	59.2	59.2
	女	53	40.8	100
年龄	25岁以下	23	17.7	17.7
	26~30岁	74	56.9	74.6
	31~35岁	22	16.9	91.5
	35岁以上	11	8.5	100
学历	大专及以下	20	15.4	15.4
	本科	69	53.1	68.5
	硕士及以上	41	31.5	100
工作性质	管理	32	24.6	24.6
	技术	86	66.2	90.8
	营销	12	9.2	100
企业性质	国有企业	42	32.3	32.3
	民营企业	47	36.2	68.5
	外企	41	31.5	100

2. 指标体系

参考Robinson和Turnley编制的《心理契约调查问卷》，Rosseau编制的《心理契约调查问卷》，Lee和Tinsley编制的《新员工心理契约调查问卷》以及陈加洲等人编制的有关心理契约的调查问卷，笔者总结并结合本研究的实际背景，从心理契约的交易维度、发展维度和关系维度三大维度编制调查问卷。

另外，根据玛汉·坦姆仆的知识型员工激励模型以及其他学者对知识型员工激励因素的研究，本研究将激励因素将从个体成长、工作自主、工作成就、金钱财富、企业文化五个大方面并对这五个要素进一步细分，设计了一级指标和二级指标，旨在对知识型员工的激励进行研究，进而探索在心理契约视角下知识型员工的激励因素及目前激励中存在的主要问题。指标体系详见表5-5。

表 5-5 心理契约视角下知识型员工激励的指标体系

维度	一级指标	二级指标
交易维度	薪酬福利	1. 企业提供有竞争力的薪酬福利
		2. 我在企业受到公平的薪酬福利待遇
		3. 企业依据我的工作绩效发放薪酬福利
		4. 企业提供医疗、失业、退休和社会保险等福利
发展维度	职业生涯规划	5. 企业提供完善的职业规划和广阔的发展空间
		6. 企业岗位空缺信息透明并且信息传播及时
		7. 企业有合理的晋升标准和平等的晋升机会
		8. 企业有系统完善的员工培训制度
	工作满意度	9. 我对企业的目标、价值观和企业文化感到认同
		10. 企业有明确合理的工作制度和工作标准
		11. 企业为我提供富于挑战性和乐趣的工作
		12. 我的才能可以在工作中得到发挥
		13. 我能得到个人绩效有建设性的反馈
		14. 我可以从工作中得到个人成长和发展
		15. 我对目前的工作感到满意
关系维度	授权	16. 企业为我提供了工作自主权
		17. 我对企业或项目的决策有发言权
		18. 我在团队组建方面有选择权
	工作环境	19. 企业为我营造了安全舒适的工作环境和氛围
		20. 企业为我提供稳定的工作保障
		21. 企业为我提供弹性的工作时间和地点
	尊重	22. 企业对我充分信任
		23. 我能获得来自企业管理层的支持和认可
		24. 企业关心我的工作成长和必要的个人生活
	人际关系	25. 企业形成了公平竞争的环境
		26. 企业员工间团队合作精神强
		27. 员工关系友好和谐,我能获得同事的信任与尊重

(二) 数据分析研究

本研究将采取定量和定性的研究方法。定量研究采用问卷调查形式并用 SPSS 软件进行数据分析,定性研究采用深度访谈形式并用多步骤内容分析方法,结合相关理论进行分析。两者互补进行,力求全面客观。

调查量表采用5刻度量表计分,形成从非常不同意(1刻度,赋1分)到非常同意(5刻度,赋5分)的连续变量关系,便于受访者回答及统计分析。其中每一个指标均为一个正面叙述,受访者对该指标的认同度与该项指标的得分成正比,即得分越高,表明企业对知识型员工的激励越有效。所有问题均为封闭式,如表5-6所示。

表5-6 问卷样例

类别	项目	分值
薪酬福利	1. 企业提供有竞争力的薪酬福利	0 1 2 3 4 5
	2. 我在企业受到公平的薪酬福利待遇	0 1 2 3 4 5
	3. 企业依据我的工作绩效发放薪酬福利	0 1 2 3 4 5
	4. 企业提供医疗、失业、退休和社会保险等福利	0 1 2 3 4 5

1. 数据的信度及效度检验

本研究采用 SPSS 软件对问卷调查结果进行信度分析。信度分析检测了测评体系是否具有较高的稳定性和可靠性,而量表编制的可靠性和合理性决定了调查结果的可信度和可用度。本研究的分析结果中量表的信度系数 Cronbach alpha 为 0.898,系数大于0.8,这表明测评体系可靠,调查结果可以接受,调查问卷的可靠性较高。

本研究使用 SPSS 统计软件,对表5-5中的27个指标进行因子分析。通过对指标进行 KMO 检验以及 Bartlett 球度检验,来判断数据是否可以进行因子分析。本次检验的 KMO 值为0.768,说明各变量间的相关程度无太大差异,数据适合做因子分析;Bartlett 球度检验近似值为1867.670,表明相关矩阵不是单位阵,也证明本研究适用因子分析法。

2. 各级指标权重的确定

通过以上的信度和效度检验后,本研究采用因子分析法对问卷进行因子分析,得到27个二级指标与公共因子的相关度,作为每个因子的载荷值(O_i)。因子的载荷值越大,则该变量在公共因子变量上的重要性越强,所对应赋予的权重越大。对于一级指标载荷值(V_i)的计算,则是根据其所属二级指标值的载荷值(O_i)计算而得,其计算式如下:

$$V_i = \left(\sum_{i=1}^{m} O_i \right)$$

式中,V_i 为某一级指标载荷值;O_i 为该一级指标所含二级指标的载荷值;m

为该一级指标所含二级指标的项数。

对于一级指标及二级指标权重的确定，则是根据因子的载荷值来确定的。计算每个二级指标的载荷值占相应的一级指标的载荷值的百分比，得出的结果作为二级指标的权重。同理，每个一级指标的载荷值占全部指标的百分比，得出的结果作为一级指标的权重值。

经过整理与计算，27个二级指标与公共因子的相关度如表5-7所示，指标权重值如表5-8所示。

表5-7 因子相关度

因子变量	因子相关度
1. 企业提供有竞争力的薪酬福利	0.734
2. 我在企业受到公平的薪酬福利待遇	0.767
3. 企业依据我的工作绩效发放薪酬福利	0.718
4. 企业提供医疗、失业、退休和社会保险等福利	0.720
5. 企业提供完善的职业规划和广阔的发展空间	0.623
6. 企业岗位空缺信息透明并且信息传播及时	0.816
7. 企业有合理的晋升标准和平等的晋升机会	0.672
8. 企业有系统完善的员工培训制度	0.801
9. 我对企业的目标、价值观和企业文化感到认同	0.665
10. 企业有明确合理的工作制度和工作标准	0.504
11. 企业为我提供富于挑战性和乐趣的工作	0.675
12. 我的才能可以在工作中得到发挥	0.707
13. 我能得到个人绩效有建设性的反馈	0.681
14. 我可以从工作中得到个人成长和发展	0.678
15. 我对目前的工作感到满意	0.752
16. 企业为我提供了工作自主权	0.699
17. 我对企业或项目的决策有发言权	0.742
18. 我在团队组建方面有选择权	0.687
19. 企业为我营造了安全舒适的工作环境和氛围	0.814
20. 企业为我提供稳定的工作保障	0.716
21. 企业为我提供弹性的工作时间和地点	0.703

续表

因子变量	因子相关度
22. 企业对我充分信任	0.767
23. 我能获得来自企业管理层的支持和认可	0.702
24. 企业关心我的工作成长和必要的个人生活	0.699
25. 企业形成了公平竞争的环境	0.502
26. 企业员工间团队合作精神强	0.684
27. 员工关系友好和谐，我能获得同事的信任与尊重	0.589

表5-8 指标权重值

一级指标	权重	二级指标	权重
1. 薪酬福利	0.16	1. 企业提供有竞争力的薪酬福利	0.25
		2. 我在企业受到公平的薪酬福利待遇	0.26
		3. 企业依据我的工作绩效发放薪酬福利	0.24
		4. 企业提供医疗、失业、退休和社会保险等福利	0.25
2. 职业生涯规划	0.15	5. 企业提供完善的职业规划和广阔的发展空间	0.22
		6. 企业岗位空缺信息透明并且信息传播及时	0.28
		7. 企业有合理的晋升标准和平等的晋升机会	0.23
		8. 企业有系统完善的员工培训制度	0.28
3. 工作满意度	0.25	9. 我对企业的目标、价值观和企业文化感到认同	0.14
		10. 企业有明确合理的工作制度和工作标准	0.11
		11. 企业为我提供富于挑战性和乐趣的工作	0.14
		12. 我的才能可以在工作中得到发挥	0.15
		13. 我能得到个人绩效有建设性的反馈	0.15
		14. 我可以从工作中得到个人成长和发展	0.15
		15. 我对目前的工作感到满意	0.16
4. 授权	0.11	16. 企业为我提供了工作自主权	0.33
		17. 我对企业或项目的决策有发言权	0.35
		18. 我在团队组建方面有选择权	0.32

一级指标	权重	二级指标	权重
5. 工作环境	0.12	19. 企业为我营造了安全舒适的工作环境和氛围	0.37
		20. 企业为我提供稳定的工作保障	0.32
		21. 企业为我提供弹性的工作时间和地点	0.31
6. 尊重	0.12	22. 企业对我充分信任	0.35
		23. 我能获得来自企业管理层的支持和认可	0.33
		24. 企业关心我的工作成长和必要的个人生活	0.32
7. 人际关系	0.09	25. 企业形成了公平竞争的环境	0.28
		26. 企业员工间团队合作精神强	0.39
		27. 员工关系友好和谐,我能获得同事的信任与尊重	0.33

3. 知识型员工对激励因素满意度的确定

本调查采用模糊综合评价方法对激励因素的满意度进行研究。模糊综合评价法是模糊数学中应用得比较广泛的一种方法。在对某一事务进行评价时常会遇到这样一类问题,由于评价事务是由多方面的因素所决定的,因而要对每一因素进行评价;在对每一因素做出一个单独评价的基础上,再对所有因素作出一个综合评价。

根据模糊综合评价模型,结合二级指标权重,进行一级模糊综合评价,计算得出一级模糊综合评价向量如表5-9。

表5-9 一级模糊综合评价向量

$B_1 =$	(0.1216, 0.3198, 0.3286, 0.1873, 0.0427)
$B_2 =$	(0.1309, 0.2280, 0.2685, 0.3172, 0.0654)
$B_3 =$	(0.0706, 0.2175, 0.3114, 0.3356, 0.0685)
$B_4 =$	(0.0370, 0.1891, 0.3145, 0.3500, 0.1094)
$B_5 =$	(0.0327, 0.1343, 0.2108, 0.4126, 0.2096)
$B_6 =$	(0.0401, 0.1479, 0.3502, 0.3856, 0.0762)
$B_7 =$	(0.0317, 0.1873, 0.3628, 0.4061, 0.0716)

再依据一级指标权重,进行二级模糊综合评价,计算得出二级模糊综合评价向量为(0.0724, 0.2113, 0.3053, 0.3323, 0.0865)。至此,可以计算得出激励因素总体满意度,本研究中该值为3.173。同理可得,一级指标满意度,而后也可算出二级指标满意度,如表5-10所示。

表 5-10 知识型员工对激励因素的总体满意度及各级指标满意度

总体满意度	维度	一级指标	满意度	二级指标	满意度
3.173	交易维度	1. 薪酬福利	2.710	1. 企业提供有竞争力的薪酬福利	2.69
				2. 我在企业受到公平的薪酬福利待遇	2.82
				3. 企业依据我的工作绩效发放薪酬福利	2.60
				4. 企业提供医疗、失业、退休和社会保险等福利	2.73
	发展维度	2. 职业生涯规划	2.988	5. 企业提供完善的职业规划和广阔的发展空间	2.63
				6. 企业岗位空缺信息透明并且信息传播及时	3.35
				7. 企业有合理的晋升标准和平等的晋升机会	2.75
				8. 企业有系统完善的员工培训制度	3.35
		3. 工作满意度	3.125	9. 我对企业的目标、价值观和企业文化感到认同	3.09
				10. 企业有明确合理的工作制度和工作标准	2.43
				11. 企业为我提供富于挑战性和乐趣的工作	3.09
				12. 我的才能可以在工作中得到发挥	3.32
				13. 我能得到个人绩效有建设性的反馈	3.31
				14. 我可以从工作中得到个人成长和发展	3.33
				15. 我对目前的工作感到满意	3.53
	关系维度	4. 授权	3.306	16. 企业为我提供了工作自主权	3.27
				17. 我对企业或项目的决策有发言权	3.47
				18. 我在团队组建方面有选择权	3.17
		5. 工作环境	3.632	19. 企业为我营造了安全舒适的工作环境和氛围	3.67
				20. 企业为我提供稳定的工作保障	3.17
				21. 企业为我提供弹性的工作时间和地点	3.07
		6. 尊重	3.310	22. 企业对我充分信任	3.48
				23. 我能获得来自企业管理层的支持和认可	3.28
				24. 企业关心我的工作成长和必要的个人生活	3.18
		7. 人际关系	3.477	25. 企业形成了公平竞争的环境	2.92
				26. 企业员工间团队合作精神强	4.07
				27. 员工关系友好和谐,我能获得同事的信任与尊重	3.44

4. 知识型员工需求因素分析

调查问卷的最后一题是开放性题目,要求样本对象从"薪酬福利"、"职业生涯规划"、"工作满意度"、"授权"、"工作环境"、"尊重"和"人际关系"等知识型员工比较关注的激励因素中选取出最为重要的三项,以此来判断知识型员工对这些因素的重视程度。经过统计分析得出样本整体关注因素,如图5-3所示。

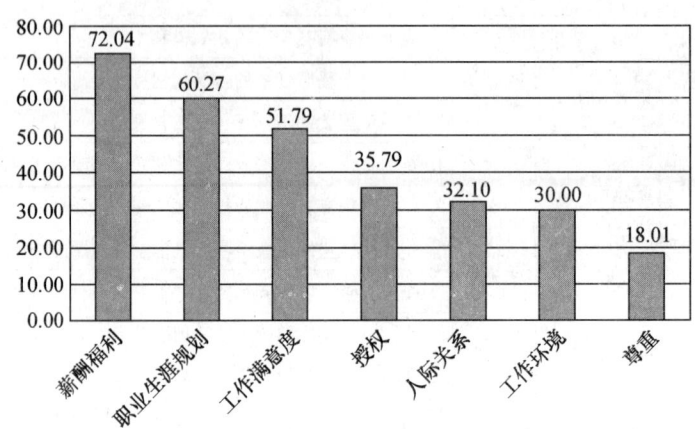

图5-3 样本整体关注因素

(三) 调查结论

1. 知识型员工激励满意度分析

由表5-10可以看出,被调查企业的知识型员工的总体激励满意度为3.173,满分为5分,此分数也只能算是中等水平。这说明我国企业对知识型员工的激励现状并不乐观,还需进一步加强。其中,员工对薪酬福利的满意度最低,为2.710。其次是职业生涯规划,为2.998。这说明我国企业对知识型员工在薪酬激励和职业生涯规划方面还存在着一定的不足。知识型员工对工作环境的满意度为各项指标中最高,得分为3.632,说明目前我国企业对工作环境等硬件设施较为重视,已达到较好水平。

2. 知识型员工心理契约结构分析

通过本次对知识型员工激励因素的实证调查,可以得出我国企业知识型员工符合心理契约三维结构理论,即交易维度、发展维度和关系维度。调查发现知识型员工的心理契约维度有如下特点:

(1) 我国的知识型员工对交易维度最为重视。在知识型员工心理契约理论中,交易维度是最基础的维度,也是让知识型员工最先感到公平和满意的维度。从本研究的图5-3可以看出,我国的知识型员工对"薪酬福利"一项指标十分关注,位居各关注因素之首。

(2) 图5-3显示,"职业生涯规划"的指标名列第二,"工作满意度"位居第三,这说明知识型员工对其个人的职业成长和发展也十分重视,这两个指标属于发展维度的范畴,因此知识型员工对于发展维度的需求也很高。

(3) 知识型员工对关系维度的重视程度在前两个维度之后。在关系维度中,"授权"的排名位于"人际关系"和"尊重"之前,这与知识型员工的特点十分符合。另外,"人际关系"排名先于"尊重",我国的知识型员工更加关心人际关系的好坏,这种现象的出现可能与我国的文化背景和习惯有关。

3. 知识型员工激励因素分析

通过图 5-3 可以看出,本研究中知识型员工对激励因素的排序依次为薪酬福利、职业生涯规划、工作满意度、授权、人际关系、工作环境和尊重。这也表现出我国企业知识型员工的需求因素有以下特点:

(1) 我国企业知识型员工对薪酬福利最为关注。由图 5-3 可以看出,选择"薪酬福利"这一指标的员工占到 72.04%。这说明,在我国现阶段,金钱激励因素对知识型员工的激励还扮演着重要的角色,物质激励仍然是激励我国企业知识型员工的首要手段。

(2) "职业生涯规划"这一激励因素排在第二位,这与知识型员工的特点十分符合,知识型员工更热衷于自身素质的提高,希望通过不断地学习完善自己的业务水平,以此赢得更好的职业发展机会。我国企业应对这一激励因素更加重视,培养和吸引更多更好的知识型员工。

(3) "授权"这一激励指标位居第四位,这与知识型员工希望更多工作自主性的特点不谋而合。企业应给予知识型员工更多的自主性,提高知识型员工的满意度。

四、知识型员工激励存在的问题与成因

(一) 我国企业知识型员工激励存在的问题

虽然知识型员工在组织中占有非常重要的地位,但是,对我国大多数组织而言,并没有对组织中的知识型员工进行特别的、针对性的激励,因此导致很多问题的出现。概括地说,在知识型员工的激励过程中,主要存在着以下四方面的问题。

1. 重视组织价值,轻视个体需求

从古至今,我国的传统文化就强调整体的把握和分析,而轻视个体的需要和诉求。具体地说,在处理人与自然的关系上,我国的传统文化追求天人合一和整体和谐。在处理人与社会的关系上,追求舍小家顾大家,强调个体存在于群体之

间，群体利益大于个体利益。新中国成立之后，我国的传统文化受社会主义及共产主义的影响，更加强调组织和集体的价值，个体的需要仍然没有受到应有的重视。集体主义的观念，毫无疑问已经深入到了中国的各行各业，各个层次。因此，在本研究实证调查结果中，我国企业知识型员工对个体尊重的关注程度最低这一现象也就不足为怪了。

企业对知识型员工的激励，也普遍存在着这个问题。一般来说，大部分组织在员工激励方面，更多地把员工看作一个整体，员工的个体需求和个人价值并未得到充分的尊重。从长远来看，根据马斯洛的需求层次理论，在解决了较低的生理需求、安全需求、情感和归属的需求之后，对尊重的需求是所有人都会面临的较高层次的需求。对尊重的需求和自我实现的需求的更加看重，正是知识型员工相比一般员工的重要区别所在。

2. 激励手段不合理

（1）激励手段单一化。对于大多数组织而言，知识型员工在组织中的人数要少于一般员工。同时，组织往往忽视了知识型员工与一般员工的差异性和特殊性。因此，组织在制定激励手段时，缺乏对知识型员工的特殊对待，缺乏对不同类型的知识型员工的区别对待，一概而论地对所有员工采用同样的激励手段。这种简单的一视同仁，导致大量的知识型员工得不到应有的尊重和奖励，使得知识型员工的工作积极性受到严重打击。比如，很多公司实施"年终奖"计划，简单地实行"一刀切"政策，看似对每个人都公平的激励机制，实际上却产生了负面效应。

（2）激励手段传统化。现阶段我国大部分组织对知识型员工的激励手段仍然停留在传统的物质奖励阶段。传统的物质奖励主要形式包括工资、奖金、补助、津贴等。传统单一的物质激励已经不能满足知识型员工的要求，而新型的物质激励形式则能够将员工的个人利益与组织利益捆绑起来，从而增加他们的归属感和对组织的忠诚度，从而最大限度地发挥知识型员工的创造力。

新型的物质奖励包括利润分成、股权激励、社会保障和退休金等。除了物质奖励激励以外，针对知识型员工，组织还应该制定其他的激励手段。比如，情感激励、目标激励和个人职业发展激励等。从本研究的调查结果来看，职业生涯规划在知识型员工的激励因素中占有非常重要的地位。

（3）激励手段偏激化。我国很多组织在知识型员工激励方面，容易走入极端的误区。一方面，由于传统激励习惯的影响，很多组织在对于知识型员工的激励上，过于强调精神激励而轻视物质激励。往往采取一些传统的激励手段，比如公开表扬、号召学习、评选先进、颁发奖状证书等，而忽略了最初的物质激励。在市场经济高度发展的今天，这种激励手段只会导致越来越多的知识型员工的经济契约得不到满足，萌生离职意图。另一方面，很多组织走入了另一个极端，过于强调物质激励而轻视精神激励。在改革开放30多年后的今天,追求经济利益已经成为了人们再普通不过的一种基本诉求。因此很多组织就简单地认为,只需要采取物质刺激就可以满足员工的需求。但是,一成不变的物质刺激,会让员工产生习惯心理,从而影响激励效果。而不断增加的物质刺激,只会不断拔高员工的心理期望,最终加重组织的经济负担。而当组织试图减少物质奖励时,反而会使员工对组织产生不满情绪。最终,单纯的物质刺激往往使组织激励产生副作用。

3. 组织文化与知识型员工的发展不协调

目前组织文化并没有一个统一的定义,综合国内外的研究情况,对组织文化一般从广义和狭义两方面给出定义。广义地看,组织文化是指在组织建设和组织发展的过程中所形成的物质文明和精神文明的总和;狭义地看,组织文化是指组织在长期生存和发展的过程中形成的特有的,且为组织内大多数成员共同遵守的最高目标、价值标准、基本信念以及行为规范的总和。

然而现阶段我国大部分组织的组织文化还比较落后。无法创造出尊重知识型员工、发展知识型员工的组织文化,难以引导知识型员工参与到组织文化的建设中来,不能充分发挥知识型员工的创造性和重要性。而这种落后的组织文化无法对知识型员工产生良好的激励效果,反而会导致知识型员工由于经济契约或者心理契约没有得到满足,而对组织产生不满,从而降低对组织的忠诚度和信任度。总而言之,如何使组织文化和知识型员工协调发展,让组织文化更好地激励知识型员工,是我国现阶段知识型员工激励方面所存在的一个重要问题。

4. 对知识型员工的绩效评价体系不完善

对于任何员工而言,绩效评价体系在对员工进行激励的过程中都占有非常重要的地位,知识型员工当然也不例外。一个科学的、完善的绩效评价体系,是组织激励的一个重要组成部分。但是,我国大部分组织对知识型员工的绩效评价体系很不完善。主要表现在以下两个方面:首先,知识型员工工作绩效评价体系非常模糊,难以量化考评。知识型员工的劳动工具是无形的知识,其实现过程是不能够直接观测和量化的。如果仅仅通过结果去衡量知识型员工的绩效的话,是非常不合理的。其次,在一个组织内部,为了完成一件任务,往往需要对知识型员工进行团队分工,甚至只有通过团队协作才能完成。因为个人在团队中的贡献难以评价,所以如何对个人绩效和团队绩效进行评价就显得非常重要却又非常困难了。总之,知识型员工的工作过程非常难以监督,工作结果也非常难以评价和量化,导致对知识型员工的绩效评价体系非常不完善。

(二) 我国企业知识型员工激励问题的成因

具体分析了知识型员工激励存在的问题之后,根据本研究的实证调查,从以下两方面来分析知识型员工激励问题的成因。

1. 知识型员工的自身特点决定了激励的特殊性

与一般员工相比，知识型员工自身的特点，决定了知识型员工在激励方面的差异性。

（1）知识型员工有着更加出色的专业技能、较强的自主意识和较高的创造能力。他们在工作中勤于思考，善于发现问题和解决问题，也勇于向上级反映问题。因此，传统组织层级中的上级管理者对知识型员工而言，往往不具备绝对的约束力。因此，知识型员工在传统组织中，有时候反而会被误解，认为他们不好管理、不尊重上级主管等。由于知识型员工较强的参与意识和独特的心理特质，我们应该对知识型员工进行有针对性的激励。

（2）知识型员工有着更强的自我实现的愿望。根据马斯洛的需求层次理论，知识型员工更多地追求尊重和自我实现的需求。因此，他们相对一般员工，更加热衷于参加具有创造性、挑战性的工作和任务，并在这一工程中展现个人能力，实现个人价值。

（3）知识型员工拥有较高的流动性。当他们发现现有的工作没有足够的挑战性和吸引力，或者缺乏良好的个人发展空间，他们很容易产生离职的想法，寻找新的工作机会。所以，知识型员工更多地忠诚于自己的职业，而非忠诚于组织本身，也就是说，知识型员工对组织的忠诚度比较低。

2. 绩效评价难度较大

如上节所述，我国大部分组织对知识型员工的绩效评价体系很不完善。客观方面，是因为考评体系比较落后，不能适应时代发展的需要。主观方面，主要是因为知识型员工的工作绩效难以评价，而且对于一些科技含量较高的产品，从发明设计到生产运行往往是团队协作的结果，难以分割评价个人的贡献，无法采用一般的绩效指标加以衡量。由于评价困难，很多组织便索性采取平均主义。这样一来，就更加挫伤了团队中优秀员工的积极性，从而对绩效评价产生了负面效果。

五、心理契约视角下知识型员工的激励机制

（一）基于心理契约视角的知识型员工激励机制的原则和要求

对知识型员工的激励措施要与其心理契约的特点相结合，才能激发知识型员工的积极性和创造力。而知识型员工不同于一般员工，其心理契约也有着特殊性

和动态性,因此知识型员工激励模型的设计要遵循如下原则和要求。

1. 物质激励与精神激励相结合

马斯洛需求层次理论表面,物质需求是一个人的基本需求,也是较低层次的需求。本文的实证调查表明,我国企业的知识型员工对薪酬福利方面的物质需求较为重视。所以无论是根据激励理论,还是从本文的实证调查结果来看,物质需求始终是人们最基础的需要,因此这一层次的需求应该被首先满足,当这个最低层次的需求得到满足后,才能考虑更高层次的精神需求。针对知识型员工更加注重精神需求的特点,对知识型员工进行激励,不仅要考虑物质激励,应更加重视精神激励。物质激励是激励的保障,精神激励是根本,我国企业应在物质激励与精神激励相结合的基础上,逐步发展到精神激励为主的阶段。

2. 保证激励制度的公平性

鉴于知识型员工的特殊性,知识型员工心理契约具有易破裂性,因此知识型员工非常容易感受到不公平待遇的存在。所以,在制定知识型员工激励制度时,一方面,激励措施要适度,要根据知识型员工的绩效好坏予以适当的激励,奖励和惩罚都要在一定范围以内,不能过重,也不能过轻,否则会产生适得其反的效果。另一方面,对知识型员工进行激励要确保激励标准公平、公正和透明。例如,奖励过重容易使知识型员工产生惰性情绪,降低组织整体绩效;而奖励过轻则会导致员工满意度下降,工作积极性减少,离职率高。因此,奖罚一定要适度。对知识型员工进行激励,无论是物质激励还是精神激励,都要直观地表明激励的目的和指标,总结和授予奖励、惩罚的方式,直观性往往与激励影响的心理效应成正比。

3. 依员工的个性进行激励

激励的最终目的是满足员工的需要,提高员工满意度,从而提高组织整体绩效。员工的需要各不相同,因时而异,所以应该认清员工的关注点,抓住其最迫切需要,制定激励措施,使激励效果最大化。由于知识型员工个性鲜明,个体差异性大,对知识型员工的激励也会与传统方式有所不同。在构建激励模型和制定激励措施时,应充分研究其需求层次和需要结构的趋势,有的放矢,因人而异,体现个性化情绪。

4. 激发知识型员工的个人潜能

由于知识型员工的特殊性,他们创造出的价值会比普通员工大,如果激励措施得力,知识型员工的潜能被充分激发,那么他们为组织创造的效益将是巨大的。因此,要想使知识型员工的潜能达到最大化,在构建激励模型和制定激励措施时,要将知识型员工在不同时间、地点和环境下的需求进行排序,由高到低予以满足。此外,要认识到组织和员工关系的和谐、组织绩效的提高是一个交互的系统性工程，关系到组织内外部环境的各个方面。所以，组织应该为知识型员工提供有利的工作环境和工作氛围，使其潜能达到最大限度的发挥。

（二）基于心理契约视角的知识型员工的激励模型设计

1. 基于心理契约视角的知识型员工激励模型图解

心理契约是组织与知识型员工双方建立的心理期望，基于心理契约的视角建立知识型员工激励模型，能够实现人力资源的自主能动开发，知识型员工可以依据心理契约来审视自己和组织的行为，避免因信息不对称带来的负面影响，从而将个人的利益与组织的发展紧密地联系在一起，有利于提高对组织的忠诚度。此外，心理契约还可以为组织带来实际利益，减少管理成本，提高管理效率，以无形的方式约束知识型员工，促进其潜能的开发，从而为组织带来创新的活力。管理是一门艺术，管理的过程更是强调刚性与柔性的结合，对心理契约管理则需要重视动态性与互动性，实现经济契约和心理契约的耦合，这才是有效激励知识型员工的根本。

结合国内外学者的激励模型，综合前文对于心理契约维度和知识型员工激励要素的研究，构建基于心理契约视角的知识型员工激励模型，如图5-4所示。

2. 基于心理契约视角的知识型员工激励模型分析

鉴于知识型员工的特殊性和复杂特点，在本激励模型中，知识型员工处于心理契约的主导一方。该模型表明在心理契约视角下，企业对知识型员工的激励是一个动态循环的过程。该模型的运作主线可以表述为：心理契约的建立与管理—个人努力—工作绩效—对承诺兑现和公平的感知—心理契约结果—激励效果。模型中实线箭头表示模型运作过程，虚线箭头表示反馈。

第一，心理契约是连接组织与知识型员工的纽带，"心理契约的建立"是知识型员工激励的起点，通过心理契约将组织的心理期望与员工个人的心理期望联系起来，对双方的行为进行约束，企业根据员工对组织做出的贡献予以回报。对知识型员工的激励机制要以合理的心理契约的建立为前提。

第二，心理契约建立之后，就要建立"组织激励机制"，对知识型员工进行激励。其中，以心理契约为视角的知识型员工激励因素包括优厚的薪酬福利、良性的职业规划、有挑战性的工作、赋予员工工作自主性、和谐的人际关系、良好的工作环境、尊重和工作认同。而激励方式又可以分为基于交易型心理契约、基于发展型契约和基于关系型契约的三种不同类型的激励方式。知识型员工同传统员工的特殊性决定了激励因素的特殊性，他们在心理契约中关注的是发展机会与认同，以及获得合理公平的报酬。当知识型员工认为组织会为其提供有竞争力的报酬、良好的职业发展以及自主性等其他方面的因素，能够满足其需求，才会为组织奉献自己的劳动。

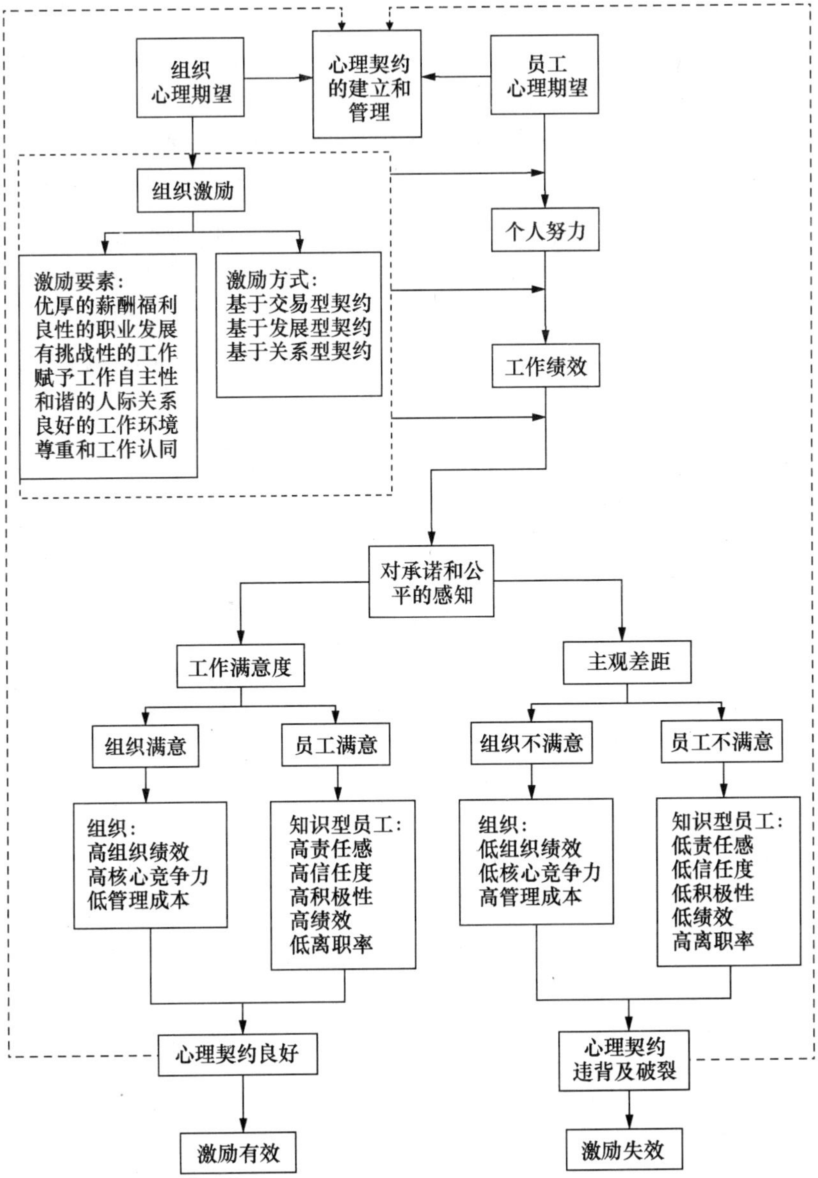

图 5-4 基于心理契约视角的知识型员工激励模型

第三,激励要素与激励方式相结合,对知识型员工进行激励,调动其"个人努力"的积极性。在激励机制的刺激下,知识型员工通过努力及其他综合因素的作用下,为组织贡献时间精力和技术,创造预期甚至超额的"工作绩效"。根据工作绩效的优劣,组织给予知识型员工承诺的报酬与奖励,而这种报酬与奖励既包括物质激励，也包括精神方面的认可和自我实现感。

第四，如果奖励与报酬与知识型员工预期的回报相同，能使其感知到组织的"公平"待遇，那么，知识型员工会感觉到最初与企业形成的心理契约是合理的，心理契约的管理是良好的，会产生对组织和工作的"满意感"，组织也会对员工产生满意感和认同感，因此组织的激励是有效的；反之，如果知识型员工感知到组织承诺无法兑现，个人期望未得到满足，则他们会感到遭受了不公平待遇，心理契约未得到兑现，对组织和工作感到不满意，发生了心理契约的违背甚至破裂，那么组织激励则是失效的。

第五，知识型员工对激励产生满意感，激励成功，从知识型员工的角度来看，他们会表现为高责任感、高信任度、高积极性、高工作绩效以及低离职倾向；从组织的角度来看，则表现为高组织绩效、高核心竞争力和低管理成本，也获得了组织满意。反之，组织承诺无法兑现，心理契约违背或破裂，则会导致激励失败。其后果从知识型员工角度来看，表现为低责任感、低信任度、低积极性、低工作绩效以及高离职率；对于组织来说，则表现为低组织绩效、低核心竞争力以及高管理成本，是为组织不满意。

第六，心理契约的结果会反过来影响下一个心理契约的建立。根据弗鲁姆的期望理论，个体通过努力达到组织期望的工作绩效，获得奖励之后，期望值会放大，员工对组织产生新的心理期望。同理，组织也会对员工产生新的期望。因此，知识型员工和组织之间的心理契约会被进一步巩固或修订。由此，心理契约视角下的知识型员工机理模型也进入下一个循环周期。

（三）基于心理契约维度的知识型员工激励策略

根据前文总结的心理契约三大维度，即交易维度、发展维度、关系维度，本章在此基础上结合实证调研的结果，针对我国知识型员工激励存在的问题，研究知识型员工的激励策略，总结出三大类激励机制，并与前文的激励要素呈现一定的对应关系。

1. 基于交易维度的激励策略

"交易型心理契约强调等价交换，有具体的、可视的衡量指标和结果。在交易型的关系中，委托人一些看得见的和看不见的承诺都是根据代理人的业绩或以往业绩做出的具体的、基于物质利益的承诺。"物质激励是员工生活和工作的基本保障，为员工提供公平且有竞争力的薪酬福利，是激发员工工作积极性和创造性的基础。虽然知识型员工对心理契约的发展维度和关系维度更为重视，薪酬福利已不再是他们的追求重点，但是从本章的实证调查结果来看，且就目前我国国情来说，我国企业的知识型员工对薪酬福利还普遍比较重视，将其作为心理契约的重要标准。因此，薪酬激励目前仍是激励我国企业知识型员工的有力手段。有报告显示，"在80项对员工的激励方式中，当仅仅根据生产情况来设定目标时，生产率平均提高了16%；重新设计激励机制以使工作更为丰富化，生产率水平提高了80%～16%；让员工参与决策的做法，使生产率水平提高不到1%；然而，以金钱作为刺激物却使生产率水平提高了30%"。

（1）给予知识型员工有竞争力的薪酬福利。根据马斯洛的需求层次理论，薪酬福利是人的生存需要，是较低层次的需要，所以薪酬激励则只能满足员工的初级需要。然而在当今社会，薪酬已不仅仅是满足员工生理需求的因素，它也成为一个人的社会地位和成就的标志。因此，薪酬已超越其本身的含义，成为知识型员工自我实现和赢得尊重的手段之一，换言之，薪酬福利可以在一定程度上满足知识型员工的心理期望。因此，给予知识型员工有竞争力的薪酬，可以吸引和留住更多的人才，为企业创造价值。这也涉及一个外部公平的问题，也就是企业相对于同行业其他组织给予员工的薪酬水平。这就要求企业在制订薪酬计划时进行市场薪资调查，制订合理的薪酬计划。

（2）建立公平的薪酬体系。公平理论指出，人们有评估自己的报酬的倾向，会把与自己相似的人作为比较的参照。公平理论说明了员工的工作积极性不仅受到所得的绝对报酬的影响，而且还受到相对报酬的影响；即一个人不仅关心自己收入的绝对值，而且还关心自己收入的相对值。员工往往将自己的薪酬水平与同一级别的其他员工的薪酬水平加以对比，这就涉及薪酬的内部公平性。当员工感觉到公平，那么就会产生高工作满意度，因而努力工作；当员工感到不公平时，就会产生不满情绪，影响工作积极性、主动性和创造性，甚至离职，降低对组织的贡献。建立公平的薪酬体系，企业应将程序公平和结果公平相结合，要让知识型员工参与薪酬的制定过程，并且可对不公平的薪酬进行反馈和申诉。

（3）采用科学的资本化激励方式。知识经济时代，知识成为可以量化的资本，参与生产管理并创造价值。知识资本化激励是现代人力资源管理的创新产物。资本化激励对知识型员工和组织都有积极的影响，因为它将知识型员工自身的收益与组织效益直接挂钩。首先，知识型员工获取丰厚的薪酬福利后，其劳动生产率必然得到提高，进而促进组织绩效的提高，增强组织的核心竞争力和可持续发展。其次，员工的回报多少与组织的经营业绩好坏直接相关。因此员工想要得到较高的回报，必须以全身心投入到工作中，发挥自身潜能从而为组织创造价值。此外，员工也不会贸然离职，因为离职会造成其直接经济损失，所以离职率会较低。

资本化激励的主要形式主要包括对知识型员工进行产权激励、股权激励。股权激励是一种有效的长期激励方式，能够使知识型员工以股东的身份参与组织的日常决策以及战略规划，将个人的利益和组织的利益捆绑起来，从而增加对组织的忠诚度，长期地为组织的发展服务。此外，绩效工资制比传统工资制度具有更大的激励作用，这就在于绩效工资与工作绩效之间的正相关性。企业制订薪酬激励计划时还要考虑人群的差异，不同性别、年龄的人对激励方式有不同的要求和偏好，因此应该区别对待，做到个性化，达到最佳的激励效果。

除此之外，收益分享计划、利润分享计划、不定期奖励、社会保障和退休金等也都是行之有效的薪酬激励手段。利润分享能够更好地刺激知识型员工为组织创造更高的利润。社会保障能够使知识型员工在医疗、失业方面没有后顾之忧，从而更好地为组织服务，同时退休金除了保障知识型员工的养老以外，也能够使知识型员工愿意长期稳定地在组织工作，增加对组织的忠诚度。

2. 基于发展维度的激励策略

心理契约的发展维度，主要包括知识型员工对企业的目标及文化感到认同，企业为知识型员工提供完善的职业规划和广阔的发展空间、系统完善的培训制度、富于挑战性的工作等。知识型员工更加重视自身的发展，对知识型员工实施发展维度的激励手段，可以使其感受到工作的乐趣，能充分发挥优势和潜能，获得成就感和满足感，为组织创造更多价值。具体来说，可以从以下方面进行激励。

（1）组织目标与个人目标相结合的工作目标激励。将企业的战略目标与知识型员工自身的发展目标相结合，是一种知识创新的导向，也是一种激励方式。目标激励可以利用知识型员工对自我价值更强的实现欲望，调动他们的工作积极性。首先，要建立知识型员工与组织的共同愿景，即与员工之间建立利益相关、荣辱与共的关系。知识型员工的目标是实现自我价值，而个体价值的实现又与组织价值的实现息息相关。而共同愿景的建立则能构建组织内部和谐的工作氛围，培养员工对组织的认同感，激发员工的工作积极性，降低员工离职率。其次，目标激励离不开组织与知识型员工之间的深层次沟通。员工对组织决策和经营活动有知情权，因此组织要定期地向知识型员工反馈其工作绩效，以及企业战略目标实现的进展与成果。员工对组织的目标和运营状况有了充分了解，才会产生对组织的认同感，意识到自己是组织的一分子，个人的绩效与组织绩效关系密切，才能够认识到自己的工作在组织战略目标实现过程中所起到的作用。当知识型员工清楚地了解并且认同组织目标时，他们才会尽心尽力为企业工作，挖掘自身潜能，主动承担富有挑战性的工作，为组织贡献力量，并与组织形成长期的战略伙伴关系。

（2）进行科学合理的职业生涯管理。由图5-3可以看出，职业生涯规划是仅次于薪酬福利的知识型员工重视的第二位激励因素。所谓职业生涯管理，就是由组织实施的为开发员工潜力，使员工能够得以成长并自我实现的一系列管理方法。知识型员工职业生涯管理是心理契约发展维度组织激励的有效手段。由于知识型员工的特点，他们十分重视自身的发展，对事业有着热情的追求。因此，组织对知识型员工进行激励的时候，职业生涯激励是必不可少的一部分。而科学合理的职业生涯管理则有助于提高知识型员工的工作满意度、成就感和对企业的忠诚度。若企业不能为知识型员工提供合理的职业生涯发展机会，则会引起知识型员工的不满，甚至导致其离职。

进行科学合理的职业生涯管理，一方面，组织应为知识型员工设计职业生涯目标、发展途径，制订执行计划和方法，加大对知识型员工的投入，配合先进的培训教育体制，为其提供广阔的发展空间和晋升机会，以期其发挥个人的潜能，为组织服务。另一方面，企业应根据知识型员工个性化的特点实行个性化的职业生涯管理。知识型员工对自身的能力和个性较为明确，因此对职业生涯目标也有着更高的要求。企业应根据知识型员工的特长、兴趣，结合公司的需求，充分了解知识型员工在不同职业发展阶段的特点和意愿，在知识型员工进入组织之初为其设计职业生涯规划，这样能够保证人尽其才，使知识型员工的特长在合适的岗位得到最大的发挥。最后，知识型员工的职业生涯管理需要将组织生涯发展与个人生涯计划结合起来。通过组织生涯发展系统，达到组织人力资源需求与员工个人生涯需求之间的平衡，提升组织绩效，实现员工个人价值。

职业发展激励可以针对知识型员工对于提高自身知识技能的迫切愿望，针对个人职业发展规划，帮助知识型员工提升自身能力，同时适应新的工作环境并对组织做出更大的贡献。

(3) 重视知识型员工的培训与教育。知识经济时代，科学技术发展日新月异，因此知识的变革和更新周期也越来越短，因此，知识型员工要通过不断地学习来满足不断变化的工作需求，而知识型员工也对学习有着极大的热情，希望通过组织提供的学习机会不断充实和完善自己，以获得更高层的发展。员工的培训和教育是促使员工不断成长的源泉。能否为知识型员工提供不断学习的机会也是检验一个企业能否留住人才并获得竞争优势的手段。

企业应重视对知识型员工的投入，要重视员工的培训和教育，为知识型员工提供不断学习和成长的机会，使其具备终身就业的能力，从而推动企业的发展。首先，企业可以对知识型员工进行岗前培训，对他们进行业务知识的教育，以及组织文化的教育。其次，可以对其进行岗位培训，在此阶段培训的重点是业务知识的教育和业务能力培养。另外，企业还可以对知识型员工进转岗培训，为其提供横向的知识结构，使其对组织整体有更多的了解，以胜任不同部门和类型的工作。此外，企业还可为员工提供出国进修深造、脱产培训以及专业技术研究等学习机会。

在培训过程中,企业应注重不同员工的个性特点,而且要将其强烈的求知欲和成就感与组织目标紧密相连,保证员工培训在企业的发展目标的轨道上。知识型员工的培训和教育是贯穿在员工整个职业生涯之中的,是长期的过程激励。

(4) 工作内容的创新激励。首先,如果知识型员工能在自己感兴趣的岗位从事感兴趣的工作,就会产生良好的激励效果,这就要求组织应了解知识型员工的兴趣,使其发挥特长,针对知识型员工的工作设计应遵循"以能为本"的原则,即以员工的能力为中心,最大限度实现其能力价值的最大化,作为企业发展的推动力量。创造性是知识型员工的突出特点,他们对知识的渴求和对自我成长和成就的渴望是知识型员工的本质。而员工能力和岗位的合理匹配则以提高知识型员工的能力为出发点,是发挥知识型员工巨大潜能力和知识型员工工作内容创新激励的有力保障。

其次,工作内容的创新激励要注意提高知识型员工的挑战性。通过本文的实证调查可以看出,知识型员工与普通员工有很大不同,他们十分重视工作的挑战性。对他们来说,富有挑战性和创造力的工作本身就是一种激励因素。Scholtes认为,工作的挑战性与激励的关系有如下关系:"当挑战与员工的能力和技能成比例时,将起到激励效果;反之,则会产生反激励效果,即导致消极情绪和消极行为将起到激励效果。"如图5-5所示。

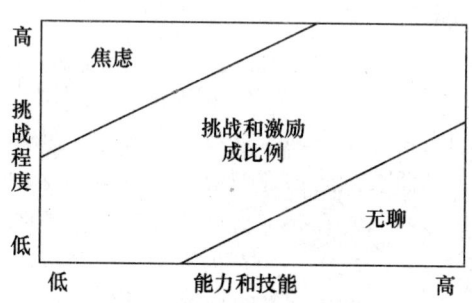

图5-5 工作挑战性与激励的关系

挑战性工作是知识型员工实现自我价值的手段。一方面,如果知识型员工认为目前的工作已不具有挑战性,则组织应考虑将知识型员工调动到更有挑战性的工作岗位中去;同样道理,如果知识型员工感到不能胜任当前工作,则可以将其调动到低挑战性的岗位上去。这是一个纵向的阶梯形挑战性管理模式,由低挑战性到高挑战,或是由高挑战性到低挑战性。另一方面,组织可以让知识型员工在专业对口、技术相近的岗位之间进行轮岗，利用轮岗制所带来的不同的工作内容，减少知识型员工的枯燥感，从而延续其对工作的积极性。

（5）采用合理的绩效激励手段。针对目前我国企业对知识型员工的绩效激励模糊不清的现状，应采取以下措施：

第一，要建立合理的绩效评价体系。绩效评价是对员工投入与产出的评价，因此评价的客观性、合理性、公平性对知识型员工的激励有着重要的影响，是组织是否能够给予知识型员工心理契约承诺的重要制度标准。建立一套多样化全方位的绩效评价体系对知识型员工的激励有着巨大的促进作用。首先，评价过程要透明、公平、合理。除了要设定科学的评价指标，运用定量与定性相结合的方法对知识型员工的绩效表现进行评估外，还应对评价过程实施监督。由于考评者的主观因素对评价结果产生不公平影响的例子并不少见。如果评价出现误区，知识型员工必会产生不满情绪，心理契约也面临违背和破裂的危险。其次，要重视绩效评价的反馈。绩效评价并不是目的，而是促使知识型员工改进其自身水平，提高工作效率的手段。因此，绩效评价后的及时反馈在激励中也十分重要。反馈可以使绩效优秀的员工产生工作成就感，巩固其对企业的忠诚感，增加其日后工作的投入；也可以帮助绩效平庸者找出自身不足，为其提出改进方法，建立彼此互信，减少对立情绪和离职倾向。

第二，要对知识型员工的工作过程予以重视。由于知识型员工的劳动工具是无形的知识，其实现过程是不能够直接观测和量化的。这就决定了他们从事的工作不能单纯依靠工作结果进行绩效评价。而且，在组织中，某一件任务的完成，往往需要对知识型员工的团队协作。因为个人在团队中的贡献难以评价，所以如何对员工个人绩效进行评价就显得比较困难。针对这些问题，在评价知识型员工的绩效时，应注重其工作过程中的态度和努力程度。在评价团队合作的绩效时，要在团队业绩的基础上对个人业绩进行衡量。只有合理地对知识型员工的工作过程和个人贡献进行评价，才可以起到有效的激励作用，维持组织和知识型员工心理契约的良性循环。

3. 基于关系维度的激励策略

（1）对知识型员工给予充分授权。根据知识型员工重视工作自主性、独立性的特点，组织应对知识型员工予以充分的授权，鼓励其参与到组织的决策与管理之中。在下放权力的同时，一方面，知识型员工可以通过承担组织的重要职责，发挥自身的潜能，同时这也是他们工作动力的来源；另一方面，组织也可从知识型员工方面获得价值，知识型员工对组织的忠诚度和责任感也能得到增强。组织可以建立知识型员工自我管理团队（SMT），即让知识型员工挑选自己的成员和领导，利用互联网技术，采取他们喜好的工作形式，由于这种自我管理式团队的优点十分明显，它已逐渐成为受到组织欢迎的组织形式，它使企业内部的相互依赖性降低到了最低程度。组织应重视发挥知识型员工在工作自主性和创新性方面的授权，通过激励员工自主工作，努力实现其自我管理。

（2）实行弹性工作制。知识型员工注重工作自主性，知识型员工主要从事思维性工作，更喜欢工作自由以及更具弹性的工作安排，固定的工作场所和工作时间对他们没有吸引力，也不具备激励作用，而且传统的工作时间和工作场所也会限制他们的创新能力。由于知识型员工的工作过程难以监控，传统意义的监督管理对他们来说并不合适。由此可见，与其对知识型员工的工作过程进行严格的监督，不如考察知识型员工的工作结果更有实际意义。

对知识型员工实行弹性工作制的激励措施十分重要。弹性工作制即在固定的工作时间长度内，知识型员工可以根据自身情况灵活选择工作时间、工作地点和工作方式。而且现代计算机及信息技术的发展也为组织实施弹性工作制提供了有利条件。借助信息技术和网络技术，知识型员工可以随时随地与公司联络，传输信息和数据，运用远程视频、电话会议技术，员工之间、员工与组织之间的实时沟通也不是问题，组织的管理者可借此对员工进行指导与帮助，管理失控现象也可避免。实行弹性工作制，需要注意以下几点："一是上级管理者要有超脱性，将经营管理权充分授予下级，让其充分自治；二是要把下级转变为领导者，赋予他们领导职责；三是扩大非上级干预的业务流程，增大知识含量，让下级知识型员工按照任务要求，自行制定解决方案，处理实施中出现的问题。"

弹性工作制是实现知识型员工个性化管理和激励的有效手段，它打破了时间和空间的限制，将员工个人需求与组织工作需求之间的矛盾降至最低。此外，弹性工作制能使知识型员工更好地协调工作与个人生活的关系，从而使员工个体产生认可感和尊重感，激发其对工作的责任感，提高工作效率。

（3）营造良好的工作环境。良好的工作环境当然包括优良的、人情化的办公环境，使知识型员工心情愉悦的工作氛围，以使知识型员工在工作压力大的环境下得到放松和调节。而工作环境远不止这些内容，它还包括成就激励的环境。知识型员工因具有较强的成就动机，要满足知识型员工的这种心理，组织除了要为其提供更多的工作自主权，充分发挥他们的主动性和创造性，使其取得成绩获得满足感之外，还要在组织内培养良性的竞争制度，设计工作成果的迅速反馈机制，使业绩突出者得到肯定。因此，员工会产生更强的成就感，激发知识型员工的成就意识，挖掘更大的潜力为企业服务。

（4）文化激励。在心理契约视角下，要使组织和知识型员工双方对群体角色有着、共同的认同感，组织文化便是使双方在共同的平台上相互作用、影响和发展的有力武器。组织文化是一种软实力，良好的组织文化可以在组织内部形成积极向上的氛围，把组织的目标与知识型员工的期望结合在一起，对知识型员工具有吸引力和凝聚力。组织文化能为心理契约的创建提供良好的氛围和空间，能够增强知识型员工的工作热情和工作信念，激发企业与员工双方信守契约，兑现心理契约的承诺，满足心理期望。

组织文化应渗透到制度制定之中去，使员工从被动监督转变为自律。此外，组织应建立创新的学习型文化，营造学习氛围，不断推动组织和员工的持续学习能力，增强知识型员工的知识储备和企业的革新创造能力。组织还应建立共享合作型文化，创造知识共享和传递的组织环境，并加强知识型员工的团队合作意识，使员工主动地贡献自己的聪明才智。

（5）情感激励。知识型员工不仅具有高智商，而且具有高情商，是一个情感丰富的群体。除了要对他们实施上述激励手段之外，还必须重视他们的情感需求。情感激励是通过激励来建立良好的感情关系，从而调动知识型员工的积极性以及建立彼此的信任，最大限度地发挥知识型员工的创造力和增强知识型员工的归属感。许多日本公司非常重视组织与雇员的关系管理，他们在公司内创造一种家庭式情感，使雇员有与组织同甘共苦的情感联系。这就证明采用"温情战术"、"服务员工"的企业理念，给予知识型员工家庭式的情感服务，对增进知识型员工对企业的归属感有着不可小觑的作用。组织对员工的情感激励可以使员工感受到组织的温暖，在健康愉快的环境中工作，提高工作效率。这种激励方式包括：知识型员工能够自由表达自己的意见和情绪，上下级直接无障碍地沟通，员工有自由的交往权利，组织给予员工足够的关心，包括身体状况和家庭生活等。

此外，营造和谐的人际环境是知识型员工激励的关键因素。知识型员工有较高层次的精神需求，营造和谐的人际关系是吸引和留住员工的关键。这样，员工之间互尊互爱，才有利于员工心理需求的满足和自我实现，有利于组织绩效的提高。

六、结论及展望

（一）基本结论

随着知识经济的到来，伴随管理学、组织行为学等学科的新发展，知识型员工在现代企业中所扮演的角色越来越重要，学术界对知识型员工的研究也越来越深入，而企业对知识型员工的激励问题更是摆在知识型员工研究中的重中之重。以知识经济为背景，将心理契约引入知识型员工的激励研究中来，是多学科交叉研究的大胆尝试。

本研究首先对国内外针对该课题的发展趋势进行总结和梳理，接着从知识型员工的内涵和特点着手，对知识型员工的心理契约结构和激励因素进行实证调研分析，在此基础上剖析当前我国企业在知识型员工激励方面存在的问题，结合心理契约理论，分析问题的成因和影响，之后依照实证调查结论，根据心理契约维度和知识型员工的激励要素，建立了基于心理契约的知识型员工激励模型，最后提出相应的激励策略。至此，本研究得出如下结论：

第一，我国知识型员工的心理契约结构符合国外研究成果，分为三个维度，即交易维度、发展维度和关系维度。但在具体内容上，我国知识型员工的心理契约与国外研究存在一定差异。

第二，知识型员工心理契约创建和管理过程，本质上是双方对存在于二者之间的各种形式交换的重复博弈的动态过程，知识型员工往往处于主导地位。一份正式心理契约的形成，正是组织和知识型员工之间对于双方交换需要传递、比较、判断的心理换算过程。

第三，对知识型员工的激励因素的实证调研发现，现阶段，物质激励仍旧是我国知识型员工的关注的首要因素。这与国外研究截然不同，这是由我国当前国情决定的。

第四，由实证调查的结果可以得出，目前我国知识型员工对企业的激励现状总体满意度不高。关于具体的激励因素的满意度水平，知识型员工对薪酬福利和职业生涯规划的满意度最低，而调查结果显示这两项因素却是最受知识型员工关注的激励要素。

（二）不足之处

首先，实证调研的局限性。受研究条件和个人精力、能力所限，本研究中调查问卷的发放数量较少，范围较小，因此，研究结果的代表性有待进一步验证。其次，由于笔者的知识水平有限，在统计数据的分析方面，所采用的统计学方法可能有缺陷和不足，需要在后续研究中进一步完善。最后，管理学的研究应该与实际管理经验相结合，鉴于笔者的经历尚浅，对问题的理解和分析有可能缺乏深度和广度。

（三）研究展望

首先，增加样本总体数量，增加发放范围，运用更加科学的统计学手段，对本问题进行进一步的更全面和细致的分析。其次，在今后的研究中，可将知识型员工心理契约的维度进一步细化，力求得到更为客观的结果。再次，由于心理契约是组织和知识型员工双方的双向互动关系，对本问题的研究应重视双方对另一方的影响，做到全面理解组织与知识型员工之间的心理契约关系，提出更有针对性、更有效的激励措施。最后，目前基于心理契约的知识型员工激励研究，缺乏中外知识型员工的对比研究，笔者今后将对不同国家、不同文化体系下的知识型员工的特点、心理契约的内容和激励的手段进行研究，将具有一定的理论和经济价值。

参考文献

[1] Kripalani, Manjeet, Engardio, Pete, & Hamm, Steve. The rise of India [J]. Business Week, Cover Story. 2003, December 8.

[2] Drucker, Peter F.. The Age of Discontinuity: Guidelines to Our Changing Society [M]. Transaction Publishers, Reprint Edition, 1992.

[3] Sherman, Jr, A. W.. Managing Human Resources [J]. Donghei University of Finance and Economies Press, 2003 (3): 34 - 37.

[4] 弗朗西斯·赫瑞比. 管理知识员工 [M]. 北京：机械工业出版社, 2000: 64 - 65.

[5] 斯蒂芬·罗宾斯. 组织行为学 [M]. 北京：中国人民大学出版社, 2005: 178 - 182.

[6] Edvinesson, L. & M. Michal. Intellectual Capital: Realizing Your Company's True Value by Finging its Hidden Foots [J]. Harper Business, 1997: 61 - 63.

[7] Heneman, Robert L.. The Changing Nature of Pay Systems and the Need for New Midrange Theories of Pay [J]. Human Resource Management Review, 2000 (10): 38 - 39.

[8] Jack J. Phillips. Accountability in Human Resource Management [M]. Gulf Publishing Company, 1996: 39 - 5.

[9] 张望军, 彭剑锋. 中国企业知识型员工激励机制实证分析 [J]. 科研管理, 2001 (6): 22 - 23.

[10] 郑超, 黄枚立. 国有企业知识型员工激励机制的现状调查及改进策略 [J]. 华东经济管理, 2001 (1): 38 - 39.

[11] 吴艳丽, 姜玉洁. 知识型员工的需求及激励策略研究 [J]. 商场现代化, 2006 (27).

[12] 孙建国. 知识经济条件下知识型员工的激励 [J]. 前沿, 2001 (3): 18 - 20.

[13] 张志. 知识型员工激励与管理 [J]. 中南财经政法大学学报, 2004 (4).

[14] 高贤峰. 知识型员工的行为动力结构与激励策略 [J]. 中国人力资源开放, 2011 (7).

[15] 何玉静. 浅论对知识型员工的激励策略 [J]. 商场现代化, 2007 (26).

[16] 赵曙明. 论21世纪全球企业人力资源管理 [J]. 南京政治学院学报, 2000 (6): 41 - 43.

[17] 屠海群. 知识员工激励机制变革之探讨 [J]. 生产力研究, 2002 (2): 157 - 159.

［18］廖冰，杨秀苔. 心理契约构建与知识型员工管理［J］. 中国人力资源开发，2003（8）.

［19］李胜兰. 基于心理契约的知识型员工激励对策探讨［J］. 江西社会科学，2005（12）：108－110.

［20］雷晓庆. 论知识员工心理契约管理［J］. 经济问题，2005（4）：9－11.

［21］Peter Drucker. Landmarks of Tomorrow：A Report on the New 'Post－Modern' World［M］. Transaction Publishers，1959.

［22］Peter Drucker. The New Realities［M］. Heinemann，Oxford，1989.

［23］Druker P. F.. Managing in a Time of Great Change，Butterworth－Heinemann，1995.

［24］Vogt，E.. The Nature of Work in 2010［J］. Telecommunications，1995，29（9）：21－34.

［25］王兴成，卢继传，徐耀宗. 知识经济［M］. 北京：中国经济出版社，1999：205－218.

［26］杨杰. 关于知识工作者与知识性工作的实证分析［J］. 科学学研究，2004（6）：66－70.

［27］Kinnear，L. and Sutherland，M.. Determinants of Organisational Commitment Amongst Knowledge Workers［J］. South African Journal of Business Management，2000，32（2）：106－111.

［28］Strempel，Peter. Towards Strategies for Managing Knowledge Workers. Retrieved September 25，2003. from：http：//www. peterstrempel. com/resources/papers/knowledge_ workers. html.

［29］Horwitz，F.，Heng，C. T. and Quazi，A.. Finders Keepers？Attracting，Motivating，and Retaining Knowledge Workers［J］. Human Resource Management Journal，2003，13（4）：23－44.

［30］Lee，K.，Carswell，J. J. and Allen，N. J.. A Meta－analytic Review of Occupational Commitment：Relations With Person－and Work－Related Variables［J］. Journal of Applied Psychology，2000，85（5）：799－811.

［31］Despres，C. and Hiltrop，J. M.. Human Resource Management in the Knowledge Age：Current Practice and Perspectives on the Future［J］. Employee Relations，1995，17（1）：9－23.

［32］李书文. 浅谈如何激励知识型员工［J］. 经济师，2004（7）.

［33］Future Work. Workforce of the 21century（1994）［R］. 安盛咨询公司，1998.

［34］彭剑锋，张望军. 中国企业知识型员工激励机制实证分析［J］. 科研管理，2001（5）.

［35］Argyris. Understanding Organizational Behavior［M］. Homewood，IL；The Dorsey Press，1960.

［36］Levinson，H.. Organizational Diagnosis［M］. Harvard Univ. Press，Cambridge，MA，1962.

［37］Schein E. H.. Organizational Psychology 3rd ed［M］. Englewood Cliffs，New Jersey：Prentice Hall，1980.

［38］Rousseau D. M.. New Hire Perspectives of Their Own and Their Employer's Soligations：A Study of Psychological Contracts［J］. Journal of organizational Behavior，1990（11）：389－401.

［39］Koh，C.，Ang，S. and Straub，D. W.. IT Outsourcing Success：A Psychological Contract Perspective [J]. Information Systems Research, 2004, 15 (4): 356 – 373.

[40] 聂清凯. 基于心理契约视角的高科技组织组织文化构建研究 [J]. 管理评论, 2004 (3).

[41] Anderson N. Sehalk R.. The Psychological Contract in Retrospect and Prospect [J]. Journal of Organization Behavior, 1998 (19): 637 – 647.

[42] Herriot P., Manning E. G., Kidd J. M.. The Content of the Psychological Contract [J]. British Journal of Management, 1997 (8).

[43] 陈加洲,凌文轮,方俐洛. 企业员工心理契约的结构维度 [J]. 心理学报, 2003, 35 (3).

[44] Rousseau D. M., Tijioriwala. Perceived Legitimacy & Unilateral Contract Change: It Takes a Good Reason to Change to Change a Psychological Contract [C]. San Diego: Symposium at the SIOP Meetings, 1996.

[45] 朱晓妹,王重鸣. 中国背景下知识型员工的心理契约结构研究 [J]. 科学学研究, 2005 (2): 118 – 122.

[46] Morrison, Elizabeth Wolfe, Robinson, Sandra L.. When Employees Feel Betrayed: A Model of How Psychological Contract Violation Develops [J]. Academy of Management Review, 1997, 22 (1): 226 – 256.

[47] Markin, P., Cooper, C. Cox, C.. Organizations and Psychological Contract [J]. Praeger, Westport, CT, 1996.

[48] Rousseau, D. M., Robinson, S. L.. Violating the Psychological Contract: Not the Exception But the Norm [J]. Journal of Organizational Behavior, 1994 (15): 245 – 259.

[49] Morrison, E. W., Robinson, S. L.. Psychological Contracts and OCB: The Effect of Unfulfilled Obligations on Civic Virtue Behavior [J]. Journal of Organization Behavior, 1995, 16 (3): 289 – 298.

[50] 李原. 企业员工的心理契约——概念、理论及实证研究 [M]. 上海:复旦大学出版社,2006:87.

[51] 雷蒙德·A. 诺伊等著,刘昕译. 人力资源管理:赢得竞争优势 [M]. 北京:中国人民大学出版社,2001:343.

[52] 孙新波,樊治平,秦尔东等. 知识员工激励理论与实务 [M]. 北京:经济管理出版社,2006:58 – 69.

[53] 张德. 组织行为学 [M]. 北京:清华大学出版社,2011:201.

[54] 张瑞玲,丁韫聪. 知识型员工激励机制研究综述 [J]. 经济与社会发展, 2005 (11): 44 – 46.

[55] 余琛. 心理契约与经济契约的耦合 [J]. 企业经济,2007 (6).

[56] 杨春华. 企业知识型员工激励机制设计 [J]. 工业技术经济,2007 (11).

[57] 曹洲涛,段淳林. 基于知识型员工心理预期的激励策略探讨 [J]. 经济问题, 2005 (1): 63 – 66.

[58] Peter R. Scholtes. The Leader's Handbook [M]. McGraw – Hill, 2000.

[59] 肖铭. 基于心理契约的知识型员工激励研究 [D]. 同济大学硕士学位论文, 2005: 38.

附录：心理契约视角下的知识型员工激励现状的调查问卷

尊敬的先生/女士：

您好！此调查问卷旨在了解贵公司对员工的激励情况，所有调查结果仅供学术研究之用。本问卷采用匿名方式，您所提供的信息将绝对保密，希望您能够认真作答，您的宝贵意见对本研究将有莫大的帮助，非常感谢您的协助与支持！

北京印刷学院经济与管理学院
"基于心理契约视角的知识型员工激动研究"课题组

第一部分：个人基本资料（请在选项前的方框中打钩）。
Q1 您的性别是？
1 □男   2 □女
Q2 您的年龄？
1 □25 岁以下   2 □26~30 岁   3 □31~35 岁   4 □35 岁以上
Q3 您的最高学历是什么？
1 □大专及以下 2 □本科   3 □硕士及以上
Q4 您所在的企业类型是什么？
1 □国有企业   2 □民营企业   3 □外企
Q5 您的工作类型是什么？
1 □管理类   2 □营销类   3 □技术类   4 □其他
Q6 您进入所在企业的工作年限是？
1 □5 年及以下 2 □6~10 年   3 □11~15 年   4 □15 年以上
Q7 您的月收入是？
1 □3000 元以下 2 □3000~5000 元 3 □5000 元以上

第二部分：调查内容。

在以下所有问题中，请在每一个命题后圈一个数字来表示您对每一叙述句的同意程度（0＝不知道，1＝非常不同意，5＝非常同意）。

类别	项　目	分值
薪酬福利	1. 企业提供有竞争力的薪酬福利	0　1　2　3　4　5
	2. 我在企业受到公平的薪酬福利待遇	0　1　2　3　4　5
	3. 企业依据我的工作绩效发放薪酬福利	0　1　2　3　4　5
	4. 企业提供医疗、失业、退休和社会保险等福利	0　1　2　3　4　5
职业生涯规划	5. 企业提供完善的职业规划和广阔的发展空间	0　1　2　3　4　5
	6. 企业岗位空缺信息透明并且信息传播及时	0　1　2　3　4　5
	7. 企业有合理的晋升标准和平等的晋升机会	0　1　2　3　4　5
	8. 企业有系统完善的员工培训制度	0　1　2　3　4　5
工作满意度	9. 我对企业的目标、价值观和企业文化感到认同	0　1　2　3　4　5
	10. 企业有明确合理的工作制度和工作标准	0　1　2　3　4　5
	11. 企业为我提供富于挑战性和乐趣的工作	0　1　2　3　4　5
	12. 我的才能可以在工作中得到发挥	0　1　2　3　4　5
	13. 我能得到个人绩效有建设性的反馈	0　1　2　3　4　5
	14. 我可以从工作中得到个人成长和发展	0　1　2　3　4　5
	15. 我对目前的工作感到满意	0　1　2　3　4　5
授权	16. 企业为我提供了工作自主权	0　1　2　3　4　5
	17. 我对企业或项目的决策有发言权	0　1　2　3　4　5
	18. 我在团队组建方面有选择权	0　1　2　3　4　5
工作环境	19. 企业为我营造了安全舒适的工作环境和氛围	0　1　2　3　4　5
	20. 企业为我提供稳定的工作保障	0　1　2　3　4　5
	21. 企业为我提供弹性的工作时间和地点	0　1　2　3　4　5
尊重	22. 企业对我充分信任	0　1　2　3　4　5
	23. 我能获得来自企业管理层的支持和认可	0　1　2　3　4　5
	24. 企业关心我的工作成长和必要的个人生活	0　1　2　3　4　5
人际关系	25. 企业形成了公平竞争的环境	0　1　2　3　4　5
	26. 企业员工间团队合作精神强	0　1　2　3　4　5
	27. 员工关系友好和谐，我能获得同事的信任与尊重	0　1　2　3　4　5

Q8 下列哪些方面是您关注的？请按照关注程度由高到低排序（限选三项）。

薪酬福利	职业生涯规划	工作满意度	授权	工作环境	人际关系	尊重
1	2	3	4	5	6	7

问卷至此结束,非常感谢您完成问卷的填写!

第六篇　我国中小出版社网络营销策略研究*

一、绪　论

（一）研究背景

伴随着信息技术的快速发展及互联网的广泛应用，计算机网络给社会的各个方面都带来了深远的影响。在这个信息社会里，充分利用信息工具促进商务贸易活动已成为众多企业赢得竞争优势的手段之一。根据中国电子商务研究中心的调查，中国的电子商务自从1997年诞生以来，不仅自身形成了产业规模庞大、就业人数众多、经济带动性强的电子商务产业，在很大程度上也促进和加速了国民经济产业制造业、流通业与服务业的升级与转型。据CNNIC数据统计，截至2009年6月，中国网络购物用户规模已突破了1亿人。传统企业应用网络的需求也日益高涨，网络营销已成为众多企业的重要营销策略，一些中小企业对网络营销这种成本低廉的营销方式甚至表现出比大企业更大的热情，从而使网络营销的发展呈现出更为迅猛的趋势。这是因为中小企业因自身的资源等条件受限于传统的营销领域，往往很难同大企业进行直接抗衡，众多网络工具的出现给中小企业开展网络营销提供了参考和借鉴，如网络广告、E-mail营销、搜索引擎营销和博客营销等。

进入21世纪后，中国出版产业在制度创新、体制变革等诸多方面取得了实质性的进展。随着全球化、数字化浪潮进一步的发展和推进，中国出版产业不仅要面临全球出版传媒巨头的激烈竞争，还要积极面对信息网络、数字技术对出版产业核心竞争力的全面改造。在这种时代背景下，我国出版业应当怎样选择适合

---

* 作者简介：李艳锋，北京印刷学院企业管理专业2009级硕士研究生，指导教师为曲德森教授。

自身实际的营销方式，对于我们迎接市场考验、参与国际竞争都有着极为重要的意义。伴随着网络经济对传统经济的不断影响和渗透，出版社的竞争环境、营销理念和模式都发生了重大变化，网络营销已成为出版社整体营销战略的重要组成部分。

近年来，图书市场被网上书店大量的吞噬，这些无不深刻地影响和改变着读者的传统购书习惯。面对充满吸引力的网络市场与日益增加的竞争压力，出版社也在陆续开设自己的网站，开展网上营销。然而除了少数大社、名社在网络营销方面取得了不错的销售业绩外，不少出版社的网站却始终处于不温不火的状态，甚至无人问津。出版社经过努力完全可以利用互联网捕捉信息、开展网上经营活动、创造商机，使出版社整体效益进一步最大化。在传统营销活动中，由于中小型出版社自身的资源有限、专业人才比较缺乏等，很难与大型出版社展开平等竞争。但是，在网络营销活动中，中小型出版社可以有效规避自身的劣势，充分发挥潜在的优势，争取在激烈竞争的图书市场中获得与大型出版社较为平等的竞争地位和竞争机会。

目前，已有不少中小出版社建有自己的网站，并且有的还配备了专业人员进行维护和管理，但是在实际开展网络营销过程中，这些出版社不可避免地会遇到这样那样的问题。在我国，电子商务发展的时间毕竟还比较短，对于众多中小出版社来说网络营销依然是处于摸索期的新生事物。再加上中小出版社限于自身的财力物力，在网络营销上的投入及关注还不够充分，因此，网络营销对于这些企业来说既是机遇也是挑战。当前对于出版社网络营销来说面临着几大问题：①网站访问率普遍不高，知名度不够；②出版社网站的图书品种少，难以满足读者货比三家的购书习惯，与云集各种图书的网上书店相比，不具备挑选优势；③出版社网站技术水平不高，网上支付能力偏弱，跟网上书店相比，电子商务应用尚处于初级阶段；④出版社网络销售的图书配送系统落后，速度较慢，很多读者不是万不得已不会直接向出版社网站买书。上述问题严重地阻碍了各出版社的发展，在当前网络环境下，出版社若要紧跟时代步伐，拓展网上营销的空间，实现未来良性发展就必须正视这一网上生存状况。中小出版社怎样提高网站的访问率、满足读者网络购书的挑选习惯、提高网站在线销售技术能力及健全与网络销售相应的图书配送体系；如何突出出版社自身内容运营商的特色，与网上书店电子商务技术特色相区别；如何凭借电子图书版权的拥有，开展电子图书市场；如何构建作者、读者、经销商相互沟通的平台等。这种情况下，更需要广大中小出版社应从战略高度正确认识和开展网络营销，合理地利用网络资源，挖掘蕴藏在网络经济中的无穷潜力，在未来的市场中立于不败之地。这些疑问促使笔者试图通过分析中小出版社的特点、网络营销现状、存在问题等，对中小出版社网络营销进行研究，并尝试提出一些改进完善的建议。

（二）研究目的和意义

互联网的出现给整个人类社会带来了深远而富有意义的影响，通过互联网，人们可以更方便地沟通，可以足不出户就能买到自己中意的商品，互联网还为企业降低经营成本提供了机会，互联网给现代社会带来的便利和高效率已引起了政府和社会各界的重视。我国政府为保证信息化建设的健康发展，特制定并发布了《2006～2020年国家信息化发展战略》、《国民经济和社会发展信息化"十一五"规划》等一系列政策，信息化正在成为促进科学发展的重要手段。

除了编辑、出版管理外，出版社在其运营过程中最头痛的莫过于如何打开图书销路，中小出版社的营销活动所遇到的问题主要表现为几个方面：首先，中小出版社通过何种方式去开发市场，使自己的图书吸引客户的注意力；其次，出版社出版的图书如何才能引起读者的共鸣和认同，并促使其产生购买行为；最后，为了让消费者能够放心购买图书，出版社如何为消费者提供各方面的保障以解其后顾之忧。

如何有效利用互联网成功开展网络营销，是众多中小出版社所面临的现实问题。尽管我国电子商务已有了长足发展，但是同国外发达国家相比仍然差距很大，我国电子商务总体水平和我国在世界经济中的比重是不相称的，我国中小出版社同国外发达国家同类出版企业在网络营销上面的差距尤其明显。为此，本章选择中小出版社的网络营销为研究对象，根据网络营销的相关理论，结合我国中小出版社的发展状况，在分析我国互联网发展现状的基础上，总结出我国中小出版社在开展网络营销过程存在的问题，并通过理论结合实际的方法，提出在当今时代背景下我国中小出版社开展网络营销的策略建议。从理论上讲，通过开展企业网络营销的理论探索，促进有中国特色的现代市场营销理论的发展。另外，通过探讨我国中小出版社当前开展网络营销面临和出现的一些问题，提出较为合理的有针对性的策略建议，对于出版社实际开展网络营销有所启示，从而在一定程度上提升我国中小出版社的竞争力，更好地促进其发展。

（三）国内外研究现状

1. 国内外网络营销的研究现状

（1）国外网络营销研究概况。跟国内相比，国外在网络营销方面的研究和实践起步较早，已经积累了比较丰富的经验，形成了一些较系统的理论成果。

美国在网络营销方面的理论研究和实践都居世界前列。斯坦福大学的 Ward Manson 教授在其《网络营销原理》一书中第一次从系统角度介绍了互联网给营销带来的深刻变革,揭示了网络营销的基本原理,阐述了网络营销的理论框架及网络营销的具体实施策略。

唐·佩伯斯和马莎·罗杰斯博士在20世纪90年代中期写作的《一对一行销》中提出了"一对一"营销理念。这一理念的基本核心是以"客户占有率"为中心,通过和每个客户的互动对话,与客户逐步建立持久、长远的"双嵌"关系,为客户提供定制化的产品,目标是在同一时间内向一个客户推销最多的产品,而不是将一种产品同时推销给更多的客户。Cliff Allen 在其《一对一网络营销》一书中对"一对一网络营销"的基本概念和实施技术、策略进行了深入探讨。美国 Emory 大学 Goizueta 商学院教授贾帝许·N. 谢斯(Jagdish N. Sheth)等在其所著的《网络营销》一书中认为,在今天互联网作为信息和通信媒体而高速发展并被普遍接受,哪一项企业职能也无法像营销职能,能够发生如此深刻的变革。互联网作为产品和服务信息一体化媒体、互动通信工具以及交易的市场,给市场营销实践所带来的影响,远大于工业革命中所诞生的印刷技术等。"网络营销"这一引人注目的名词,因为互联网对人们的强大诱惑力和其自身飞速前进的步伐而受到热捧。内华达大学里诺分校的营销学副教授朱迪·施特劳斯等在其著作《网络营销》(第3版)中阐述了互联网及其技术在营销功能、营销策略、消费者行为方面对传统营销学所产生的影响,及这些影响所促成的增加客户价值并提高公司盈利能力的新商业模式。

欧洲学者 Timmers 提出了基于价值链理论的分类方法,对参与电子商务各方形成的价值链进行解构(Deconstruction)和重构(Reconstruction),从而区分出了11种商业模式类型:电子采购、电子商店、电子商城、虚拟社区、电子拍卖、协作平台、第三方市场、价值链服务供应商、价值链整合商、信息中介、信用服务。

拜瑞·斯瓦斯丁(Barry Slverstein)在《BtoB 营销》一书中指出所有 B2B 营销需要的核心内容,即提示产生、事件营销、回复、订单产生、顾客,不但正在利用而且能通过网络营销得以强化,网络营销将被普遍接受并上升到 B2B 营销的主导地位。

(2)国内网络营销研究概况。国内无论是学术界还是企业界对网络营销的研究总体上还处于起步阶段,相比落后于美国等西方国家。理论基础与内容框架都还不完善,有些方面也表现出与实践的脱节,大量有价值的、新的网络营销方法尚没有得到及时的提炼和总结。但已有一批专家和学者表现出了对网络营销研究的巨大热情,不断地在这一领域内取得新的研究成果。冯英健、平文胜、王海涛、靳丽敏、屈云波是几个较早开始网络营销研究的活跃人物。

中国网络营销当前面临的主要问题是企业网络营销的实际效果和网络营销教

学水平总体来说大多数还处于比较低的水平。国内出版或翻译的网络营销教材已多达几十部，但由于网络营销研究人员的知识背景和研究视角不同，对于网络营销的理解也有较大差异，因此对于网络营销内容体系的构建自然也不尽相同，同样是关于网络营销的书籍，内容相差可能很大。

冯英键先生是国内研究网络营销的著名学者之一，其曾在中国频道、互联网实验室、时代财富等知名企业任职并从事电子商务与网络营销相关的实践和研究。冯英健撰写过数百篇相关文章，他编写的《网络营销基础与实践》体现了网络营销理论与实践的有效结合，是国内不多见的网络营销佳作，在国内网络营销界产生了较大的影响。全面系统地描述了网络营销的职能，揭示了网络营销的实质，系统而清晰地阐述了网络营销的基本框架及方法体系，并提出了经过实践的检验、具有较高应用价值的网络营销方法，尤其对病毒性营销、交换连接、网络营销顾客服务等进行了深刻的论述。另外，其还提出了"步枪加鼠标"的中小网站营销策略。

靳丽敏、屈云波在《网络营销》一书中阐述了网络营销的理论框架，研究并提出了网页策略、网络渠道策略、网络广告策略、网络顾客服务策略、网络公共关系策略等具体的网络营销策略。

崔新健（2001）在《网络营销运作的管理模型》一文中指出，在传统市场营销理论为基础上，基于新经济和网络两个新视角，得出了网络营销信息系统、网络营销虚拟空间和网络营销组织机构三者即时互动的网络营销模型。

韩耀等（2003）在《论网络营销的基本模式》一文中指出，根据传统营销4PS营销组合策略，归纳出对网络营销有重要影响的四个因素：个性、信任、成本和信息，它们的整合构成了网络背景下企业市场营销的营销管理模式。

王岩（2006）的博士学位论文《我国企业网络营销模式及绩效评价研究》，分析了目前企业中存在的模式，并加以适当创新，提出了刺激消费模式、互动式沟通模式、数据库营销模式和以社区为基础的网络营销模式四个类型的模式，该模式试图从营销角度构建，从技术角度展开论述。有很大一部分论述网络营销模式的文章属于此类，很多文章提出了不同的网络营销模式，该论文是比较典型的代表。

此外，邱冬阳、陈氢、应志方、吕本富等也通过相关文章、书籍等对企业的网络营销做出过阐述，为这一领域的研究做出了贡献。

2. 国内外有关中小企业网络营销的研究概况

关于中国中小企业网络营销策略的研究，截至目前，国内尚没有专门的书籍、著作出版，更别说较为细分的出版行业中的中小出版社了。在已经公开出版的关于网络营销的著作、书籍中，只有刘向辉所著的《网络营销导论》（清华大学出版社，2005年版）论及了中小企业开展网络营销的特殊策略。

在中国学术期刊全文数据库中检索，相关的研究文章共能检索到109篇，其中最早的就是浙江大学孔伟成2000年7月发表在《情报科学》上的《中小企业网络营销》一文认为信息化正逐步地从整体上对企业经济和社会发展的进程进行引导，信息技术将成为关键因素影响企业的经济发展，网络营销可以作为企业信息化的开端。通过开展网络营销可使中小企业以市场为导向，收发信息更加快捷，抓住市场机遇，提高自身竞争力。罗哲在2006年第5期的《甘肃理论学刊》上发表的《西部地区中小企业网络营销发展研究》一文立足西部地区中小企业发展的特殊性，在简单分析其网络营销现状、面临主要问题的基础上，提出了促进欠发达区域中小企业如何利用网络营销，促进自身较快健康发展的对策建议。雷婷婷于2006年10月在《江苏商论》上发表的《我国中小企业网络营销现状及模式探析》一文认为伴随着互联网络的快速发展，企业的传统营销理念正在发生改变，网络营销开始成为企业开拓市场的重要营销方式，该文从优势和面临的问题两个方面出发，探讨中小企业在开展网络营销模式上的选择和如何对网络营销技巧进行创新。

尽管这方面的研究专著目前较少，面对快速发展的网络经济、迅速膨胀的网络市场，以及中小出版社网络营销活动中出现的各种新问题、新情况，也迫切需要在中小出版社网络营销领域取得学术和理论上的突破与创新，这不仅是广大中小出版社营销人员的任务，学术界、理论界也应承担起时代赋予的这一责任，积极地去探索和研究。

（四）研究方法与主要内容

1. 研究方法

（1）文献分析法，阅读国内外文献，借鉴及引申的方法，对我国中小出版社网络营销的现状及策略进行剖析。

（2）比较分析法，传统的营销模式与网络营销模式进行比较，中小出版社与大型出版社的网络营销比较。

（3）调查问卷法，通过设计调查问卷以电子邮件、现场发放调查问卷等方式对部分出版社人员样本进行调研，以分析出版社网络营销的状况。

（4）归纳法，中小出版社实施网络营销存在普遍性的困难与问题，通过归纳总结找出原因所在，探究有效的中小出版社网络营销策略。

2. 主要内容

本章中"网络营销"这一概念是指狭义上的互联网营销，不包括通信网络及数字交换媒体网络形式。在分析网络营销基础理论及中国中小出版社现状的基础上,以理论指导研究实际问题,进而给出适合中小出版社发展的策略性建议。还使用了文献分析法,借助 CNKI、维普、万方等数据库,查阅了大量相关期刊和博士、硕士学位论文以及图书。同时还采用比较分析法,分析了中小型出版社与大型出版社在开展网络营销上不同特点,这为我国中小出版社的网络营销策略发展提供了借鉴。

在课题研究过程中,笔者还使用了深度访谈和召开座谈会的方法,主要访谈对象为国内出版业中的典型中小型出版社,借此对当前中小型出版社开展网络营销方面的形势有了更加深刻的了解,并与他们讨论了我国中小出版社现今发展网络营销的现状和可能性。这些调查研究工作,使笔者进一步理清了思路,对实际工作提出了更加实际可行的办法。

本章主要内容为:第一部分为绪论。简述研究背景、研究目的和意义、国内外研究现状、研究方法和研究内容。第二部分为关于网络营销的理论概述。包括网络营销的含义及发展、网络营销与传统营销的比较及网络营销理论的新发展等。第三部分对我国中小出版社开展网络营销现状进行分析。包括对出版业的总体状况、中小出版社的概念界定、中小出版社网络营销的现状及与大型出版社的比较等进行分析。第四部分主要论述了我国中小出版社开展网络营销的策略。通过以上几章的分析和研究,得出第五部分的结论并对中小出版社网络营销研究前景进行展望。

二、网络营销理论概述

(一) 国外与国内网络的发展

随着信息技术的迅速发展,互联网络在全球日益得到应用和普及,逐渐成为众多商家青睐的传播媒体,成为继报纸、广播、杂志、电视之后的第五种媒体——数字媒体,并且成为全球企业竞争的有力武器。世界各地大公司纷纷通过上网发展新的营销管理方法,以搭上这班"世纪之车"。

起源于 1969 年的互联网络,最先在加利福尼亚大学洛杉矶分校的计算机实验室里,6 名科学家与远在千里之外的斯坦福研究所将两台计算机连通。这一小型的通讯网络,被称为 A(ANET)。同一年,美国电话电报公司也推出了应用于网络的 Unix 操作系统。1972 年,在 ARPANET 内,第一个电子邮件(E - mail)被实验人员成功地发送。到了 1974 年,ARPANET 已成为一个拥有 100 个节点的网络,如今其已经发展为拥有数以百万计节点规模的全球互联网络。从 1969 年到90年代初，互联网还只限于军事、学术和极少数公司使用，商业信息和交易被严厉禁止。直到1994年新的互联网干线才被允许商用。后来，在短短5年之内，无论是网络、网络用户的规模还是网络活动，都发生了难以置信的快速增长。

1994年1月至1999年1月，全球的互联网主机数从220万台发展到超过了4300万台。截至2007年1月，全球互联网已经覆盖五大洲的233个国家和地区，网民达到10.93亿，用户普及率为16.6%，宽带接入已成为主要的上网方式。互联网扩大了宣传企业和产品的机会，也改变了企业与客户联系的方式，更新了时间和距离的新概念，开拓了新的市场和销售渠道。越来越多的企业意识到了互联网对企业经营发展的作用，纷纷挤占这一科技制高点，并将之视为未来竞争优势的主要途径。据美国《财富》杂志统计，全球前500家公司几乎全部在网上开展营销业务。在美国一项进行的调查发现，几乎所有的企业都拥有一个站点，在网上列举了产品和服务报价，有40%的企业接受网上订单，28%的企业可以实现网上交易，大部分企业网络营销的前景都很乐观。在英国，93%的企业已经将网络营销的内容不同程度地加在公司发展战略中；43%的企业采用基本的网络技术，设立了企业网站；41%的企业表示，网络营销已对公司的各方面产生了实际影响。21%的企业已经在核心业务中应用了网络技术，包括供货渠道、客户关系管理等。网络蕴藏市场无限，孕育商机万千，网络营销极具发展前景，将会成为21世纪企业营销的主流。

网络应用方面我国比国外要滞后一些，但是发展速度也相当惊人。据CNNIC统计，截至2010年12月，我国网民规模达到4.57亿人，较2009年底增加7330万人；互联网普及率攀升至34.3%，较2009年提高5.4个百分点。全年新增网民7330万，年增幅19.1%。手机网民规模也达到了3.03亿人。引人注目的是，网络购物用户年增长48.6%，预示着更多的经济活动步入互联网时代。我国网民规模已占亚洲网民总数的55.4%，全球网民总数的23.2%。我国网站总数为191万个，通过各种电子商务平台上网的中小企业的数量迅猛增加。许多人通过上网阅读新闻，获取国内外信息；通过收发电子邮件与朋友家人联系；通过QQ等即时通信工具时常与别人聊天；等等。随着入网费用的下降，我国网民的增长势头更加迅猛。1999年"5548网上超市"出现，随后，Soho.eom、Sina.eom、China.com和网易等纷纷上市。2005年网上商店总数已经超过10万家，网上展示的商品总数约为2000万件。

（二）网络营销的产生和发展

1. 网络营销的含义

网络营销（Cyber – marketing）是企业以现代营销理论为基础，利用互联网

（包括企业内部网和企业外部网）技术和功能，最大限度地满足客户需求，以达到开拓市场，增加盈利为目标的经营过程。其实质是利用互联网对产品的售前、售中、售后各环节进行跟踪服务，它自始至终贯穿于企业经营的全过程，包括市场调查、客户分析、产品开发、销售猜略、反馈信息等方面。

网络营销的目的非常明确，就是通过利用网络媒介为企业谋取直接经济效益。有些企业从一开始没有认识到网络对销售的重要意义，只把网站限定为企业的宣传平台，这是非常可惜的。网络营销的目的可以概括为以下两点：一是让企业通过网站宣传获得潜在客户和商业机会；二是与潜在客户实现在线或线下交易。网络营销的产生是消费者价值变革、科技的发展、商业竞争等因素综合促成的。网络营销是计算机网络技术、现代信息通信技术、企业营销实践相结的产物。网络营销的产生有其在特定条件下的技术、观念和现实基础，是多种因素综合作用的结果。信息社会的网络市场上孕育着无限的商机，网络营销将帮助中小企业发掘出在网络市场上的新的商机。

2. 网络营销的产生与发展

（1）飞速发展的网络技术促成了网络营销的产生。20多年前，人们的观念还认为互联网不适于商业用途，从1969年到20世纪90年代初期互联网只限于军事、学术和极少数公司使用，商业交易和信息十严厉禁止的。90代初期，美国政府宣告取消使用限制和资助。1994年，新的互联网干线被允许使用，但由于加入网络的难度和昂贵的费用，此时应用网络的仍是学术团体和军方。其时的网站是静态的，只有少量内容可供个性化的使用。互联网的内容也极其有限，直到1995年初，互联网的全部内容也仅能够存满50张磁盘。

到20世纪90年代，电子互联网呈指数发展的趋势，每一年都有几百万个新的站点连入。现在连入互联网的国家和地区已超过160个，与之相连的站点也由最初几千个增加到9000多万个。到2001年，互联网正式用户达1.1亿人，到2010年增至4.2亿人，互联网普及率达到31.8%，且发展势头方兴未艾。互联网作为信息沟通的渠道越来越多地被大家采用，互联网的商业价值也逐年得到开发，并且显示出了巨大的潜力。在信息网络时代，应用网络技术导致了信息分配和接收方式的改变，它也改变了人们的学习、工作和生活的环境。中小企业也正在利用网络新技术促进自身飞速发展。

而随着计算机硬件与软件技术的飞速发展，使得利用高新技术促使新营销模式的产生成为可能。大众的参与又使得网络技术的进步大大加快，这样的循环过程催生了一波又一波的网络营销潮流。总之，适时地运用网络开展营销活动从成本上讲是经济合理的，从技术上讲是可行的，从效率上讲是高效的。

（2）激烈的市场竞争使得网络营销成为提升企业竞争力的主要手段。市场竞争日益激烈，企业为了在竞争中占有优势，采取各种措施，使出了浑身解数来吸引客户，很难找出什么其他新颖独特的方法出奇制胜。某些促销手段即使可以在一段时间之内吸引顾客，也不见得能使企业赢利增加。市场竞争不再单单是依靠表层营销手段进行，更深一层次上的经营组织形式上的竞争已悄然开始。经营者为了尽可能降低商品从生产到销售的整个供应链上所占的成本及费用比例，迫切需求变革以缩短运作周期。对于经营者求新求变的要求，网络营销可谓一举多得。适时地开展网络营销，可以大量节约昂贵的店面及仓储租金，可以减少储存商品的资金占用，场地无法再限制经营的规模，可便于客户信息的采集等。这些都使得企业运作周期变短，经营成本和费用大大降低，从根本上增强了企业的竞争优势，增加了企业赢利。而最重要的途径便是追求核心竞争力。波特曾经指出，当所有公司都拥抱网络，就使科技本身变得中性化，成为竞争优势的一个来源。过去，竞争优势可以来自独特产品、关系、劳动效率和个人服务，但现在互联网成为更有力的竞争优势。

（3）个性消费的回归促进了网络营销的发展。在过去相当长的一段历史时期内，工商业都是将消费者作为单独个体进行商务的，个性消费在这一时期内是主流。到了近代，由于工业化、标准化的生产方式才使消费者的个性被大量低成本、单一化的产品洪流给淹没了。但当市场经济发展到今天，多数产品无论在数量还是品种上都已极为丰富，消费者能够以个人心理愿望为基础挑选和购买商品或服务。更重要的是，他们不仅能做出选择更重要的是渴望选择，他们的需求更高而且更多了。逐渐地，消费者开始制定新的准则，他们不惧怕向商家提出挑战，而这在过去是不可想象的。从理论上看，并没有一个消费者的心理完全一样，每一个消费者就是一个细分市场。心理上的认同感成为消费者做出购买品牌和产品决策的先决条件，个性化的消费正在也必将再度成为消费主流。这种个性化消费的发展将促使企业不得不重新考虑营销战略，以消费者的个性需求作为提供产品及服务的出发点。而网络营销的出现为这一问题提供了切实可行的解决方案。个性营销的需要大大促进了网络营销的发展。

（三）网络营销与传统营销

网络营销作为传统营销的延伸与发展，与传统营销既有共性的一面，也有相区别的一面。二者的共同点主要表现在它们都是企业的一种经营活动；二者并非单靠某种手段去实现目标，而要开展各种具体的营销活动；都是一切从满足消费者需求出发；对消费者需求的满足，既包括现实需求，也包括潜在需求；二者都要为实现企业总体营销目标服务。

1. 网络营销的特点

作为一种全新的营销方式，网络营销具有一些自己的特点，见表6-1。

表 6-1 网络营销的特点

	网络营销的特点	
1	个性化	网络使传统的大众营销方式发生了改变,使"一对一"的经营方式得以实现,通过网络信息交互企业为每一个消费者销售尽可能多的产品,尽最大努力满足单个顾客的特定需求,最终建立起顾客对产品持久的忠诚度
2	交互式	传统的市场营销大多为单向式的。而在网络营销中,消费者的手中掌握着鼠标,有权自由访问网络站点,直到满意为止,而对不感兴趣的内容则可以置之不理。因此,"消费者是上帝"将在网络营销中得到充分的体现
3	跨时空	互联网可以超越时间约束和空间限制进行信息交换,从而使得即使脱离时空限制也可以达成交易。互联网的发展使地球越来越像小村落,而企业因此可以利用更多的时间及空间开展营销,甚至是全天候全球性营销业务
4	经济型	以互联网为媒介进行的信息交换代替传统的实物交换,不仅可以减少印刷、邮递、店面租金、水电和人工成本,而且还可以减少由于迂回多次交换所带来的损耗
5	整合性	网络营销使生产与营销结合得更为紧密。网络除了向浏览者提供信息,同时也在如实接反馈。消费者可以随时通过网络直接向技术人员咨询并提供建议,甚至可以根据自己的喜好来设计产品,直接参与到生产过程中,因此它是全程的营销渠道
6	高效性	计算机可储存大量信息以便消费者查询,可传送的信息数量和精确度远超其他媒体,并能顺应市场需求及时更新产品或调整价格
7	多媒体	互联网络可传输多种媒体的信息,如文字、声音、图像等信息,因此企业可以通过多种形式与顾客进行交流,可以充分发挥营销人员的创造性和能动性

另外,网络营销还有拟人化、成长性、技术性和超前性等一些特点。人们的生活节奏会越来越快,消费水平也日益提高,同时也会更加需要新颖、快捷、方便的购物方式及服务,以更好地满足自身需求。通过网络营销这一新颖的购物消费形式,消费者真正地实现了"闭门家中坐,货从天上来",最大限度地方便了生活。

2. 网络营销与传统营销的优劣势比较

正如世界上没有十全十美的事物一样,网络营销方法也不可能在每个方面都全面超越传统营销方法。但是,毫无疑问网络营销对于中小出版社来说仍然表现出其特有的价值和吸引力,成为新经济时代中小出版社营销体系的重要组成部分(见表 6-2)。

表6-2 网络营销与传统营销的比较

	网络营销	传统营销
优势/劣势	互动性强,可实现全程营销,即在产品设计阶段开始就充分考虑消费者需求和意愿并进行沟通	互动性弱,实现全程营销沟通渠道缺乏、成本太高
	消费者需求满足便捷,购物效率高,节省大量时间、精力甚至金钱	购物需求满足需要耗费大量时间、精力和金钱
	大大降低出版社的营销成本,节省广告、公关、营销推广及渠道建设等费用	营销费用耗费较大
	大大拓展企业的营销范围,不受企业规模的绝对限制	营销范围的扩展需大量的资源支持
	"一对一"服务关系,利于出版社提高服务质量、效率和层次	个性化服务实现成本较高
	全天候营销,突破了营销活动时间限制	不可能实现全天候营销
劣势/优势	网络开放度高,信息鱼龙混杂,消费者无从识别,信任度低	信息真实,消费者信任度高
	需要强大的技术支持,如出版社资源投入不能到位,效果难以保证	没有技术限制,传统营销体系比较成熟
	安全性低,往往困扰开展网络营销的出版社和消费者	基本不存在安全性问题
	有可能失去一部分以逛实体店购物为乐趣的消费者	无此风险

(四) 网络营销理论的发展

网络营销理论正处于飞速发展阶段,完善的理论体系和内容还需不断地努力和探索。但可以肯定,现有的网络营销理论来源于传统的市场营销理论:整合营销、软营销和直复营销,这些理论从营销战略与互联网技术的结合、消费者心理变化趋势等方面演绎和创新出网络营销的理论框架。

1. 网络直复营销理论

按照美国直复营销协会的定义是:直复营销是为了达到量化的市场目标,公司与顾客或潜在顾客之间进行直接接触,并系统地使用数据信息的沟通过程。网络直复营销是指企业通过网络分销渠道直接销售产品,并由此实现企业和顾客之间的交互。直复营销中的"直"是"直接"(Direct)的缩写,是指不通过中间分级渠道而直接通过媒体连接企业和消费者。用网络销售产品时,顾客可利用网络直接向企业下订单付款,没有中间分销渠道;直复营销中的"复"是"回复"(Response)的缩写,是指企业和顾客之间的交互,顾客对企业这种营销努力有一个明确的答复(买或是不买),企业可以统计到这种明确回复的数据,由此可对以往的营销效果做出评价。

网络作为一种交互式的可以双向沟通的渠道和媒体,使传统意义上的企业与顾客之间随时随地都可建立个人化和精确化的联系成为可能。网络可以很方便地在企业与顾客之间架设起桥梁,顾客可以直接通过网络订货和付款,企业可以通过网络接收订单、安排生产,直接将产品送到顾客手中。

2. 网络软营销理论

网络软营销是指在网络环境下,企业在进行市场营销活动时,必须尊重消费者的感受和体验,让消费者乐意主动接受企业的营销活动。软营销理论是从消费者心理变化方面导出的一种营销理论,导出这个理论基础的原因是网络本身的特点和消费者个性化需求的回归。个性化消费需求的回归使消费者在心理上要求自己成为主动方,而网络的互动性又使他们成为主动方真正有了可能。互联网上,由于信息交流是平等、自由、开放和交互的,它强调的是相互尊重和沟通,用户都比较注重个人的体验和隐私。

若有企业在互联网上采用传统的强势营销方式展开营销活动,则一定会适得其反。消费者不欢迎不请自到的广告,但他们会在某种个性化需求的驱动下自己到网上寻找相关的信息和广告。软营销的特征就体现在遵守网络礼仪的同时通过对网络礼仪的巧妙运用从而获得一种微妙的营销效果。网络营销必须遵循一定的规则,这就是"网络礼仪",网络礼仪是网上一切行为都必须遵守的规则,网络营销也不例外。软营销和强势营销的根本区别就在于软营销的主动方是消费者,而强势营销的主动方是企业。

3. 网络整合营销理论

整合营销理论是以消费者的需求为出发点,且以满足消费者的需求为归宿,使消费者真正参与到整个营销过程中来,在企业与消费者之间形成非常紧密的、不断交互的营销关系的一种营销理论。

网络整合营销是把营销战略与互联网技术结合起来的一种结构性方法。在网络环境下,基于现代信息和通信技术的应用体系结构,企业可以无缝地集成客户关系管理、企业资源规划管理、供应链管理和企业商业智能,高效率地组织、实施、评价和控制企业的各种营销活动,实现整合营销。它指导网络营销对营销策略的研究更加注重互动性和整合性,既要体现消费者参与营销的思想,又要把各类互联网技术与新的营销变量结合起来,达到与广泛利益相关者进行沟通的目的。

网络互动的特性使顾客真正参与到整个营销过程中来，顾客参与和选择的主动性都得到增强，在满足个性化消费需求的驱动下，企业必须严格地执行以消费者需求为出发点、以满足消费者需求为归宿的现代市场营销思想，否则顾客就会选择其他企业的产品。这样，网络营销首先要求把顾客整合到整个营销过程中来，从他们的需求出发开始整个营销过程。它的理论模式是营销过程的起点也是消费者的需求：营销决策4P是在满足4C要求前提下的企业利润最大化，最终实现的是消费者需求的满足和企业利润最大化。而由于消费者个性化需求得到良好满足，该企业的产品、服务形成良好的印象，在他第二次需求该种产品时，会对该公司的产品、服务产生偏好，他会首先选择该公司的产品和服务。随着第二轮的交互，产品和服务可能更好地满足他的需求，如此循环往复，企业和顾客之间的关系就变得非常紧密，形成"一对一"的营销关系。

网络营销是一种全新的营销手段。时至今日，它的内涵仍然在不断地丰富和发展之中。它的整个发展时期，就是人们摸着石头过河的时期，谁的实践成功了，谁就给它添加精彩的一笔。

国际权威营销学者菲利普·科特勒认为，日益注重网上营销是未来的营销趋势，网上营销是21世纪的营销；国内营销权威卢泰宏教授认为，e–Marketing是21世纪营销创新的焦点，充分反映了国内外理论界对网络营销在21世纪对于企业重要意义的肯定。而在当今中国企业经营的实践层面，从三大门户网站，以卓越网、阿里巴巴和易趣网为代表的电子商务网站等网络公司，到联想、TCL等传统企业，无不在从战略到战术，从市场推广活动到品牌建立等各个方面，运用网站、网络广告、电子邮件、消息组和公告牌、论坛等多种形式，积极探索网络营销。

三、我国中小出版社网络营销现状分析

（一）我国出版行业的发展概况

1. 出版行业发展的阶段分析

截至2010年，全国共有出版社581家（包括副牌社33家），其中中央级出版社221家（包括副牌社13家），地方出版社360家（包括副牌社20家）。中央级出版社即中央各部委党政机关所属的出版社，如中国统计出版社直属国家统计

局领导,各民主党派所属出版社如西苑出版社,北京大学出版社直属教育部领导等。地方出版社是直属各省新闻出版局领导的出版社,如河北教育出版社、北京人民出版社、新疆出版社等。地方所属高等院校的出版社如首都师范大学出版社、南开大学出版社、河北大学出版社、内蒙古大学出版社等。从地理分布来看,北京地区占了绝对多数的出版社,达230家,在全国出版区域中占据了绝对优势地位。出版社数量占第二位的是上海市,共有35家。另外还有几个出版大省,其中广东省有19家出版社,辽宁省有18家,山东省有17家,江苏省有16家。总体上说,出版力量主要集中在我国东部地区,西部地区尤其西北西南相对分布较少,除了与经济发展水平有关外,出版社的数量多少还受到多种因素的影响。

从新中国成立后算起,我国出版社的发展大致可以分为四个阶段:第一阶段(1950~1955年),这一时期的出版社既有国营又有私营,性质比较特殊。1950年我国共有211家出版机构,其中184家为私营机构,占据了绝大多数。私营出版机构在1952年达到创纪录的356家,后来随着国家对资本主义工商业的改造和公私合营的进程逐年萎缩,到1955年仅剩下19家私营出版企业。到1956年全部改造为国营。在这些大多数为规模较小的私营机构中,也出现了一些诸如商务印书馆、三联书店、中华书局等大型的出版商。第二阶段(1956~1966年),这一时期相对稳定。1956年全国有97家的出版机构,后来经合并后,到1966年降为87家。第三阶段(1966~1976年),适逢十年动乱时期,出版社数量在1971年降至46家,1976年升到了75家。第四阶段(1977年至今)。随着改革开放,我国出版业也迎来了大发展的黄金时期,出版社的数量逐年递增,仅1985年出版社就增加了76家之多。

同其他国家相比,我国的出版机构数量上是很少的,这主要是因为我国对出版行业的行政管理体制所造成。出版社的设立在我国实行审批制,而不是登记制,出版企业的设立先要由主管部门提出设立申请,然后由新闻出版总署审批。而对主管部门也设定了条件,即必须是党政机关或全面所有制事业单位,办社的资金必须是国拨专项资金。设立申请即使符合办社条件,新闻出版总署对审批的数量控制的也是很严格,这也从客观上限制了出版企业的发展。

2. 出版行业市场竞争分析

出版行业在我国是一个特殊行业,首先这是个垄断行业,竞争者数量受到新闻出版总署的严格控制。另外,出版社在业务开展和运作过程中也受新闻出版总署的控制,如对书号的控制,实际上等于限制了出版社的出书规模和品种。再如,专业分工控制,这就使得出版社在选题内容上也要被限制等。

(1)市场规模。2010年全国新华书店系统、出版社自办发行单位纯销售

64.62亿册、599.88亿元，与2009年相比数量增长2.28%，金额增长3.25%（见表6－3）。

表6－3　2007～2010年全国图书市场规模

年份	2007	2008	2009	2010
销售量（亿册）	63.13	67.09	63.18	64.62
销售额（亿元）	512.62	539.65	580.99	599.88

资料来源：中国出版信息网。

从出版情况来看2010年全国共出版图书71.71亿册，定价总金额936.01亿元（见表6－4）。

表6－4　2007～2010年全国图书出版规模

年份	2007	2008	2009	2010
种数	248283	275668	301719	328387
总印数（亿册）	62.93	69.36	70.37	71.71
总定价（亿元）	676.72	791.43	848.04	936.01

资料来源：中国出版信息网。

（2）市场增长速度（见表6－5）。

表6－5　2007～2010年全国图书销售增长率

年份	2007	2008	2009	2010
销售量增长率（%）	-2.37	6.27	-5.5	2.28
销售额增长率（%）	1.64	5.3	7.7	3.25

资料来源：中国出版信息网。

由表6－5中可以看出图书的销售数量从于2007年、2009年分别出现下降的趋势，而销售额却呈逐年上升的势头，这说明单本图书的定价在提高。

影响市场规模的扩张因素：一是图书的发行渠道问题使图书的销售网络服务等不到位；二是对出版单位种种的限制使得图书的品种结构不合理，图书市场的有效需求往往得不到满足。

（3）竞争角逐范围。我国的出版行业竞争也具有特殊性，虽然理论上出版市场是全国性的，出版业的竞争范围也应该是全国性的竞争，但实际上是无法实现的。主要是由于地方保护主义的存在，每个省的出版社及新华书店都同属省新闻出版局管辖,甚至有的是省出版总社和新闻出版局"一班人马,两块牌子",相互的利益关系极为密切。这样一来,不可避免地出现地方保护主义,使得外地出版社的图书在进入该省市场时受到阻碍。

(4) 竞争者数量及其规模。2009年,全国共有出版社580家,出版图书70.37亿册,定价总金额848.04亿元。但从行业的整体竞争状况来看,还没有形成行业中占统治地位的超大型出版企业,2009年全国出版行业生产规模的前十位出版社的出版情况如表6-6所示。

表6-6 2009年全国出版业生产规模十强

出版社	出版种数	总印数(万册)	定价总额(万元)	占全行业比例(%)
高等教育出版社	8644	14127	281336	3.50
人民教育出版社	3183	19389	172718	2.15
外语教学与研究出版社	2725	9521	160178	1.99
科学出版社	6087	6369	125844	1.56
人民卫生出版社	2517	3532	120921	1.50
北京师范大学出版社	2041	15964	116406	1.45
江苏教育出版社	2201	15520	103315	1.28
机械工业出版社	6467	3545	100364	1.25
教育科学出版社	1080	16211	102700	1.27
电子工业出版社	3698	3144	77624	0.96

由表6-6中可以看出没有绝对的行业领先者,规模最大的高等教育出版社占全行业的份额也仅为3.50%。最大的四家出版社占全行业的比例合计为9.22% (CR4=9.22%),说明出版行业集中度比较低。

(5) 出版社的整合程度。出版社整合大部分是后向整合。规模比较大的出版社大都建有自己的印刷企业,甚至有的还建有自己的连锁书店,将业务扩展延伸到销售这一环节。

(6) 分销渠道。

表6-7是2010年全国发行网点数,全国共有国有书店发行网点、出版社自办发行网点、集体和个体书店等167882个。

表6-7 2010年全国图书发行网点

类别	国有书店	出版社	供销社	集体、个体书店	其他	合计
数量(个)	9985	462	1520	109994	45821	167882
与上年同比(%)	0.32	-9.06	-7.09	5.49	3.93	4.66

资料来源:中国出版信息网。

表6-8 2007~2010年全国图书发行网点变化情况

年份	2007	2008	2009	2010
网点数（个）	167254	161256	160407	167882
与上年同比增长（%）	4.73	-3.59	-0.53	4.66

资料来源：中国出版信息网。

由表6-8可以看到，全国的发行网点数2007~2009年呈逐年减少的趋势，减少最为明显的是供销社售书店，这一现象跟体制相关。图书分销大体上有两种主要这和体制有关。图书主要有两种分销方式：①出版社将图书先交给中盘批发商，然后由批发商再批发给零售书店；②出版社也可以把图书直接批发给零售书店。一般的出版社会综合采用这两种分销方式，另外，图书分销在我国还有比较特殊的一种形式就是业内所称的"二渠道"。新华书店之外的分销渠道称为"二渠道"，这一图书分销网络大部分是由一些民营书商组成，跟新华书店分销网络有区别，但这一力量也不能忽略，除了经营方式、服务方面也有自己的特色。

（7）进入及退出难度。由于国家对出版行业的控制极为严格，因而其进入壁垒非常高。另外，因为政府通过书号来限制出版社的出书品种，致使书号成为稀缺资源，也不可避免地出现了一些不良现象。除了这些，国家对出版社出书内容也会进行控制，按照专业对各个出版社的出版范围进行任务划分，导致在出版业内也不会是一个公平的竞争环境。

（8）规模经济。规模经济在出版行业同样适用，比如，印刷所用纸张进行大规模采购的话就可以使得采购成本下降，运输成本上也是如此，印刷量大的单品种图书业可以降低印装成本。

（9）差异化。采用差异化策略师图书能够立足市场的根本所在，出版经营的目标应该定位人无我有、人有我优。出版每种图书都应该找出她自己的特色，从而适应特定读者群的需求，任何一本图书不可能适合所有人阅读。因此在出版业图书差异化和市场细分极其重要。

（二）我国中小出版社网络营销的现状

1. 中小型出版社与大型出版社概念界定

我国出版社的经营方式和状况有很大不同。有的是依靠上级主管部门拨款，有的是自负盈亏，还有的是事业化管理、企业化经营，并向主管部门上缴一部分利润。如此就使得出版行业形成了规模不一、诸侯割据的状况。

以2009年我国出版社总数580家来看，出版社规模统计数量及比例见表6-9。

表 6-9 2009 年全国出版社出版规模分类

规模	定价总额 3 亿元以上	定价总额 1 亿~3 亿元	定价总额 0.5 亿~1 亿元	定价总额 0.1 亿~0.5 亿元	定价总额 0.1 亿元以下
数量（个）	31	100	109	258	72
比例（%）	5.44	17.54	19.22	45.26	12.63

资料来源：笔者根据相关资料整理。

从规模上界定，若以 1 亿、5000 万元作为划分标准，即定价总额在 1 亿元以上的定义为大型出版社，5000 万元至 1 亿元为中型出版社，5000 万元以下定义为小型出版社，则中型出版社数量为 145 家，约占出版社总数的 25%；小型出版社共 256 家，比例占 44.14%；两者数量合计 401 家，比例达到 69.14%。若以 3 亿元作为划分大型和中小型出版社的标准，那么中小型出版社数量为 526 家，所占比例就更高达 90.7%。

通过以上数据可见，在我国的图书市场上垄断并没有形成，市场是被众多的出版社共同瓜分的，这也给众多的中小出版社提供了发展的机会。

中小出版社的资金相对薄弱，图书市场份额所占比例也较小，出书品种主要依据专业分工范围。市场抗风险能力也有限，一旦市场环境产生比较大的不利变化和影响，生存和发展都会面临严峻考验。

2. 中小型出版社开展网络营销的必要性分析

从开展网络营销的必要性来看，第一，随着网络的快速发展，积累了大量的网络用户，这些都可能是潜在的客户群。2010 年底我国网民规模达到 4.57 亿人，而且这一数字用户还会继续增长。另外，对于网络的使用，网民也逐渐趋于实用和理性。这就表明新的市场形态已建立起来，为开展网络营销提供了很好的市场基础。第二，传统市场营销的市场竞争越来越激烈，随着市场营销的发展，客观上也要求企业要实施全过程营销。这样一来，从营销成本上会大大提高，中小出版社生存会更加艰难，致使出版社不得不选址新的营销方式。借助于网络环境的快速发展出版社正好可以实现营销方式的转变。第三，网络相对于出版社来说同时也是个重要的挑战。因为网络通信能力强大，加上快捷的电子商务系统使得商品交易更加便利，从而在一定程度上对原有的市场营销理论基础做出了改变。时空概念、消费者行为方式、市场的内涵与性质在网络环境下都不可避免地发生了深刻变化。这就促使出版社的市场环境、营销策略以及图书的整个流通领域都在发生变化。而出版社也必须依据这些特点考虑和制定自己的营销策战略。对于中小出版社来说，网络既是催人奋进的新机遇，也是充满变革的新挑战。网络环境将是出版社进行图书经营的基本环境，出版社不单单为了适应网络技术的特点而向网络发展，同时是为了建立一种新的更好的竞争优势。

3. 中小型出版社开展网络营销的可行性分析

一方面，网络营销从营销模式上相比于传统营销实现了一种突破。传统市场营销以物理作为市场载体，这就使得人们必须在一定的时间空间内进行交易，范围上有很大的局限性，从而也限制了出版社充分地利用市场机会。与传统营销所不同的是，网络营销建立在信息技术的基础上，以虚拟空间作为市场载体，这样突破了时空界限，可实现24小时全天候网上交易和服务，改变了原先的时间概念。出版社利用互联网，与几乎所有的消费者和竞争对手实现了面对面，大大扩展了出版社的目标市场的选择范围，为出版社提供了更多机会。这一营销模式以网络化的虚拟空间为基础，自然要以有序、精确的物理时空为基础的传统营销产生非常的挑战与冲击。中小出版社的营销、管理人员，可通过网络营销更加彻底地进行市场细分，甚至将每一个顾客作为一个目标市场，并针对其需求进行定向营销。由于转变了市场交易模式，从而使营销的组织与管理模式也要进行相应的变化，这就需要出版社能够建立一种适应网络环境并具有弹性的营销组织，也就是要建立一个网络化与数字化、智能化与虚拟化兼备的高效组织机构。这一点上，灵活的中小出版社相比于传统的部门相互分割、效率低下的大出版社来讲更具优势。

另一方面，网络营销可以使营销成本大大降低。价格昂贵的传统营销，在电视上做广告通常以秒为单位计价，每秒几千元、几万元家常便饭，中小出版社很少能担负起这么高的费用，利用网络开展营销则费用要低廉得多。首先，网络营销不用支付店面租金、管理费、水电费、销售人员工资等；更不用像电视、报纸、杂志等媒体支付昂贵的广告费。这样的商品直销，在出版社库存上能减轻压力，还能大大缩减图书流通环节，节约成本。而成本的节约对于中小出版社更积极地参与网络营销提供了便利条件。其次，中小出版社可以利用网络营销来加强服务、树立提升品牌形象。中小出版社受限与各种条件难以提供满意的读者服务，通过网络营销，出版社可以突破时空的限制实现服务全天候，在此过程中不断树立在互联网上的品牌形象。在激烈的出版市场竞争中，中小出版社的竞争地位一般是被动的，因而出版社可以通过网络营销这一"十倍速度"的力量对市场进行冲击，发展和壮大自己，改变自己的弱势地位。中小出版社可以充分利用网络的虚拟性，在考虑和制定网络营销策略的过程中整合出版社外部有用的资源为出版社营销目标的实现提供高效的营销活动支持。比如，出版社的图书编审力量不足可以通过网络进行外包，而出版社只需要重点关注新品种开发和品牌的建立维护以及提供增值服务等方面。网络营销对于中小出版社而言更多是一种机遇，对于大型出版社而言更多是一种挑战，这是由于传统营销策略优势在网络时代不再那么明显，削弱了其竞争优势。

4. 中小出版社网络营销现状

(1) 中小出版社网站建设及营销现状调研。通过随机登录百度中搜索到的包括综合性、专业性、高校出版社在内的排名前 30 位的出版社，发现大多都建有网站，70% 以上的出版社通过本社的网站来宣传本社的企业文化和图书信息等，对网站的页面设计业下了一定的功夫，但这都只是网站建设的表面工作，关于其内部状况究竟如何？

本研究以国内出版社为调查区域范围，通过电子邮件向多家中小型出版社网站建设的归属部门及相关部门人员发放问卷，并借出版行业研讨会之际现场发放问卷，开展网上及现场调查 380 份（具体问卷内容见附录），其中网上发放问卷 140 份，回收问卷 96 份，有效问卷 74 份；现场共发放问卷 150 份，回收 150 份，有效问卷 126 份。这次调查共涉及出版社 62 家，样本率 10.69%，共回收问卷 246 份，其中有效问卷 200 份。被访者中男性有 112 人，女性有 88 人，被访者学历、职称情况见表 6-10、表 6-11。

表 6-10　被访者学历统计

学历	人数（人）	百分比（%）
本科	116	58
硕士	78	39
博士	6	3
总计	200	100

表 6-11　被访者职称统计

专业技术人员	人数（人）	百分比（%）
传统图书编辑	74	37
网络编辑	18	9
传统图书发行	38	19
计算机人员	66	33
网络营销员	4	2
总计	200	100

问卷要求被调查者给所在出版社的网站建设情况打分，分值有 1~7 分，1 分表示"完全不同意"，2 分表示"很不同意"，3 分表示"不同意"，4 分表示"一般"，5 分表示"同意"，6 分表示"很同意"，7 分表示"完全同意"。下面是对有关问题回答情况的统计（见表 6-12、表 6-13）。

表6–12 对"出版社网站工作在社里受到重视"问题的回答情况

分数	1分 完全不同意	2分 很不同意	3分 不同意	4分 一般	5分 同意	6分 很同意	7分 完全同意
百分比（%）	6	15	27	30	17	4	1

从统计数据看（见表6–12），被调查者中认为网站建设不够重视的占78%（6%+15%+27%+30%），反映出目前多数中小出版社在网络营销上意识不到位，还没有充分认识到网络营销在将来的市场竞争中扮演的重要角色。

表6–13 对"出版社网站销售对整个出版社的利润贡献大"问题的回答情况

分数	1分 完全不同意	2分 很不同意	3分 不同意	4分 一般	5分 同意	6分 很同意	7分 完全同意
百分比（%）	14.5	21	23	29	10	2	0.5

从统计数据看（见表6–13）被调查者中认为出版社网站销售对出版社整体利润贡献少的占87.5%（14.5%+21%+23%+29%）。认为出版社网站图书销售对整个社的利润贡献很小的人群有普遍的代表性，反映出中小出版社网络营销水平比较低下的现状，还需要充分挖掘这一方面的潜力。

表6–14 对"本社的物流配送能满足网络售书的需求"问题的回答情况

分数	1分 完全不同意	2分 很不同意	3分 不同意	4分 一般	5分 同意	6分 很同意	7分 完全同意
百分比（%）	16.5	20	24	28.5	8.5	2	0.5

从统计数据看（见表6–14）被调查者中选择出版社的物流配送无法满足网络营销需求的占到89%（16.5%+20%+24%+28.5%），表明在中小出版社图书网络营销中，物流和商流的差距较大，自身的配送实力难以跟上供应链上信息流、资金流的时速要求。

表6–15 对"本社的网络营销人才配备充足"问题的回答情况

分数	1分 完全不同意	2分 很不同意	3分 不同意	4分 一般	5分 同意	6分 很同意	7分 完全同意
百分比（%）	18	20	22	25	9	5	1

从统计数据看（见表 6-15）被调查者中对出版社网络营销人才配备情况持否定态度的占到 85%（18%+20%+22%+25%）。网络技术对出版社而言，还处于摸索阶段，懂网络技术的人少，既懂网络营销又懂电子商务的人就更少。相比而言，专业网上书店后面几乎都是一群年轻懂网络技术的职员，他们电脑专业科班出身，他们懂得如何编辑网上信息、懂得网络营销的各种方式方法与技巧。

表 6-16　对"出版社有专门的网络营销部门或网络营销团队"问题的回答情况

分数	1分 完全不同意	2分 很不同意	3分 不同意	4分 一般	5分 同意	6分 很同意	7分 完全同意
百分比（%）	21	15	26	27.5	8	2	0.5

从统计数据看（见表 6-16）被调查者中对出版社建有专门的营销部门或团队这一问题给出否定答案的占到 89.5%（21%+15%+26%+27.5%），说明目前中小出版社还没有把网络营销作为一项独立而重要的工作来看带，并没有为其集中配备资源和条件，导致难以发挥其应有的效果。

(2) 中小出版社开展网络营销的制约因素。

1) 网络营销意识不够强。现阶段，我国绝大多数出版社对网络营销比较重视，网络营销主要集中于建立自己的网站，进行有限的 B2B、B2C、电子商务等活动。但是实际上，许多出版社对网络营销的认识还不够深入。网络营销竞争意识不强，不知道如何管理和开展网络营销，没有真正把网络营销纳入出版社总体营销战略中来。他们以为网络营销只不过是给出版社增加了一种分销渠道而已，没有把长远的规划与相应的网络营销和管理活动相配合。出版社的信息系统和网络营销没有发挥应有的作用和优势，也就没有享受到网络营销带来的诸多好处和方便。大部分出版社的网络营销一般仅仅停留在网络广告的发布与网络宣传促销上，很少有实质性的网络营销。进而也很难产生较高的网络营销收益。

2) 企业网络营销人才匮乏。人力资源始终是企业最重要的无形资产。企业开展网络营销，需要各方面的人才，尤其是具备全新信息观念和新型知识结构的复合型人才，他们是企业实施网络营销的中坚力量。

目前，国内企业在技术人才、管理人才以及复合型人才等方面，与国际企业相比，都及其匮乏。我国中小出版社往往缺少既懂技术又熟悉营销业务流程的综合性人才。大多中小出版社内部缺乏有效的激励机制，除了在物质激励方面，由于现有资源的限制导致国内企业缺乏吸引力外，很重要的一个原因就是大多数企业只会用人，而没有培养人的观念。

3) 中小出版社组织结构的障碍。当前，我国大多数中小出版社，仍然是适应事业体制下的组织结构,是传统组织理论下形成的金字塔式、自上而下控制的管理组织形式即等级组织机构。这种组织结构中包含多个管理层次,并有一套复杂的操作程序来决定报告渠道、权力层次、部门特权和操作规则。等级组织结构形式给工业时代的企业带来许多优势实现规模经济、职责清晰、秩序井然、工作效率提高、组织稳定性较好等。但是,在网络经济下,这种组织结构暴露出越来越多的问题。第一,等级组织结构割裂了部门之间、职能之间的联系,交流与学习,造就的是一个结构化的,充斥着互不信任和互相贬低的文化组织;第二,信息在传递过程中容易逐渐丢失或者被误解;第三,由于管理层次较多,整个组织系统的适应性较差,无法提供激烈市场竞争下所需要的灵活性和快速反应能力。

网络经济下,工业时代所创造的严格等级制组织模式受到了极大的压力和挑战。网络经济要求企业不断创新,这就需要企业的个人、部门之间有效的合作及强有力的团队精神。所以,我国企业开展网络营销,必须依据网络经济的特点,对组织结构进行重新设计,实现管理结构的网络化。

4)物流配送水平低下。物流作为图书网络营销中的重要环节,担负着出版社与读者之间的实物配送服务,高效的物流体系是使电子商务优势得以充分发挥的保证。然而,在我国,与物流重要作用形成鲜明对比的却是其自身管理的滞后。尤其是整体实力较弱的中小出版社,一方面,在物流配送的硬件上,基础设施较差,不配套,现代化水平低。另一方面,在软件上,物流体系自身的信息化程度、社会化程度、组织化程度低,没有形成覆盖面广的社会化的物流网络服务体系。滞后的物流与网络营销商流的快速、低成本不相适应,使得网络营销在信息交流方面的优势受到削弱。

5)法制信用环境不成熟。网络营销是一个全球化的范畴,如何将全球各国的法律制定统一规范,打击网络犯罪,促进网络营销的发展,这是网络营销面临的一个必要问题。我国目前还没有专门的法律或适用于网络营销的法律条款,为交易双方、合同履约过程各方以及仲裁机构提供法律依据。虽然我国新《合同法》已将传统的书面合同形式扩大到数据电文形式,近年来有关部委也先后颁布了一些条例、准则规范网络交易行为,但总体上说我国目前尚无较完整的法律依据。另外,对网络犯罪的定罪和惩罚还没有切实可行的依据、方法和手段,对网络犯罪的防范更缺乏有效措施手段和方法,这也影响了网络安全性。我国企业和个人信用体系更是不健全,除了180万上海市民从2000年6月28日开始拥有由资信评级公司做出的个人信用报告外,我国个人信用制度几乎处于空白,目前仍属于非诚信国家。企业信用体制也亟须建立,以解决企业诚信意识差、三角债较多的问题。

(三) 中小出版社与大型出版社开展网络营销的比较

中小出版社网络营销与大型出版社网络营销的区别在哪里？这个问题也体现着我们研究中国中小出版社网络营销策略的价值所在（见表 6-17）。

表 6-17 中小型出版社与大型出版社网络营销比较

	中小型出版社	大型出版社
资金实力	资金实力薄弱，风险承受力小	资金实力雄厚，风险承受力强
人才支持	网络营销方面优秀人才缺乏，面临"请不来、养不起、留不住"的尴尬局面	招聘及时、培训到位，形成有专业、有技术的人才梯队优势
技术	维护成本较高，技术力量薄弱	技术先进，成本不会过多考虑
品牌	品牌影响力小，网络营销活动公众关注度低	品牌知名度高，带动网络营销传播效应
其他营销资源	销售网络建设等传统营销资源实力弱	传统营销资源多，销售网络完善

从中小出版社网络营销与大型出版社网络营销的比较来看，无论是从资金、技术、品牌上，还是从专业性的网络营销人才队伍建设上，中小出版社与大型出版社存在较大的差距，这就更需要中小出版社采取有效的针对性措施，既要量力而行，又要弥补差距，迎头赶上。从中国互联网的发展现状来看，网络虚拟市场的发展为企业带来巨大的商机与挑战，中小出版社必须通过适当的营销策略抓住机遇，迎接挑战。

四、我国中小出版社网络营销策略

(一) M 出版社网络营销案例

M 出版社成立有十多年的历史，为某部委下属出版社，年定价总额不足 1 亿元，是一家带有专业性的中小型出版社。由于挂靠在部委，拥有一定的系统垄断资源，因此前些年并没有完全参与到市场竞争中就可以生存得很好，基本没有多少竞争压力。虽然建社后不久，就建立了自己的网站以配合营销活动的开展，但实际上只是充当了一个宣传 M 社的窗口和平台，网站模块少，功能单一，没有发挥多少促进图书销售的功能，图书营销主要依靠传统方式进行。

然而，随着近几年出版行业转企改制政策的出台和实施，出版社这一原来体制下的事业单位将面临着颠覆性的变革，改制后将作为自负盈亏的出版企业充分参与到市场竞争当中，没有了体制的依靠和保护，无论是出版社的发展战略还是内部管理，都必须适应新的形势以免被市场淘汰。尤其是图书营销方面，由于很多出版社原来或者依附于中央部委和省市系统，或者有着各级政府的政策性庇护，基本是不愁销路，这就使得各出版社几乎不需在营销上下太大功夫，这也造成了传统出版社的营销能力偏弱、营销实力单一，远远落后于一些做得比较好的民营书业。随着出版行业转企改制进一步深入，绝大多数出版社已经作为充分参与竞争的一分子，面临其他出版社和众多民营书业的竞争挑战。一方面，依靠单一的传统营销方式的潜力挖掘有限；另一方面，由于信息时代数字化、网络化浪潮的冲击，适时地开展和加强网络营销已势在必行。

在此形势下，M 出版社 2008 年下半年开始对出版社网站进行了彻底改版，重新进行了功能定位，启动了网络营销战略计划。从社营销理念的改变，营销组织结构的建立，到网站模块的再设计，进行了一系列的革新。

1. 营销观念的改变

市场营销理念是指导企业营销活动的行为纲领和准则。发展网络营销，首先应从营销理念上进行改革。为此，M 出版社实施了三个营销"转变"，进行营销理念更新。

（1）从传统的同质化大规模营销转向异质化集中性营销。在大规模市场营销年代，中小出版社是无法与财大气粗的大出版社抗衡的，但在网络经济时代，无论多小的出版社都能找到相应的有特殊兴趣的消费者群体。网络的出现加快了从大规模市场向细分市场的过渡，针对小顾客群体的小批量产品正迅速发展。出版社规模不再是唯一优势，中小出版社成功的关键是提供与众不同的图书产品和服务。

（2）从单向的市场营销转向互动的市场营销。传统营销中，消费者始终处于被动的地位，只能被动地接受由媒体广告、展览、产品目录等提供的单向信息输送。而互联网技术恰恰可以帮助读者和出版社之间进行互动交流。潜在的读者可以借助网络与出版社或网络书店服务人员进行对话，了解自己感兴趣的图书和服务，甚至可以直接浏览更具体和更直观的图书介绍。

出版社也可以根据读者的反馈信息对图书产品进行改善，或推出更受读者欢迎的新品种。如果能够充分利用网络高度互动性的新型营销方法，那么营销管理者就可以通过市场调研、图书设计、出版到最终服务的一系列程序和读者保持密切的联系，从而与读者一起共同创造新的市场需求，从而体现了以读者为中心的宗旨。

（3）从分散独立的营销管理转向统一协调的工作过程。网络营销不仅能使读者与出版社互动，而且能使出版社营销各职能部门以及营销和其他部门之间互动。出版社营销的各环节原来通过分工由不同的部门和人员负责，这样做一方面固然可以减少重复劳动带来的资源浪费，但同时也增加了部门间信息的传递和协调成本。网络技术则突破了营销管理分工和合作的相互制约性，使两者得以有效结合。出版社通过网络进行市场调研，寻找为出版社带来最大利益的消费群体，并设计专门的图书产品和服务，保留这些有价值的客户。网络反馈的信息经分析通过出版社内部网传送到编辑部门，图书定价可及时通过网络告知读者，销售人员通过出版社内部网可对出版社的具体项目提供建议。这样，市场调研—图书设计与生产—价格变动—销售—服务融为一体，从而使营销各职能部门、营销与其他出版社部门之间能保持长久的合作和协调，更充分有效地发挥营销的整体功能。

2. 组织调整

中小出版社开展网络营销，绝非办一个网站、发几个联系电话、找上几家网上书店就行了，它要求整个中小出版社的生产、销售、服务、网站等职能部门全面进行改革，需要各相关职能部门的员工转变观念、调整思路、提高素质。

（1）升级网络营销组织。现代化的网上营销部门是经过长期演变而形成的产物，其发展过程大致经历了以下几个阶段：

第一阶段：网上营销部门的萌芽。公司完全处于传统营销阶段，但开始了解互联网，并有部分业务尝试使用网上营销调研和网络广告，这业务也由传统营销经理负责。

第二阶段：传统营销部门属下的网络营销部。这时，出版社不仅仅满足于发布一些信息的"游击战"，有更多的业务需要通过网络来完成，于是成立专门的网络营销部，有了一般功能的网站，其职权归属于传统营销经理。

第三阶段：独立的网络营销部门（Web/Internet Resource Executive，WIRE）。随着网络营销地位攀升，从传统营销部门独立出来，并列直属于公司总裁领导。

第四阶段：现代网络营销部门。由于传统营销和网络营销两部门经理权责分离，部门之间沟通和协调非常困难，公司总裁可能选派传统营销或者网络营销经理负责整个营销活动。

第五阶段：现代网络营销公司。这时，网络营销不只是一个部门的名称，而是始终贯穿于公司的运营的经营哲学，公司几乎所有的业务和活动都可以通过网络快捷高效地运行。

目前，不少中小出版社还处于网络营销组织发展的第一、二阶段，网站的功能大都停留在信息宣传上，很多业务都是通过传统营销方式完成的。这样的情况显然不能适应网络高速发展的社会变化,提升网络营销组织结构水平时不我待。

(2)健全网络营销架构。网络营销要想提高综合效益,必须构建完善的网络营销系统。

首先,构建好两个网络平台,即出版社内部的局域网和外部的互联网。内部局域网实现出版社内部的信息交流。其主要功能有这样几个方面:①发布出版社信息,包括社内政策、信息、各种表单等。②建立出版社内部"社区",以便协同工作。在社区内各团队、员工之间可以实时交流,分享信息。③目录服务。通过内网可以将网络信息资源、社内数据库、文档资料等综合为一个单一集成的目录,方便社内组织查询。外部的互联网就是出版社网站,其最大的功能就是提供图书信息、内部信息共享、数字产品销售、图书网售、营销实时互动等。

其次,编制两张在线营销网,即批发网售和在线零售,构建出版社的连锁超市。

现在,书店和网店的互联网设施将越来越完备,在线零售业务也出现了不断增大的趋势。中小出版社应该首先迈出一步,加大投入,将物流、支付等网络营销的各系统建好,然后积极主动地与书商谋求合作,实现数据同步,逐步将所有的实体书店和网店打造成自己的营销连锁店。

(3)转移组织决策权。技术的进步降低了通信和协调的成本,使整个社会组织的决策结构经历了三个阶段的演变,第一个阶段是独立的分散式决策。通信成本高,一般倾向于由独立的分散决策者做出决定。第二个阶段是集中式决策。通信成本下降,在一个地方的集中决策者做出决定,他们比局部孤立的决策者有更全面的信息。20世纪大型跨国公司的决策机制就是如此。第三个阶段是连接分散式决策。随着互联网的出现,通信成本的进一步降低,详尽的信息可以实时共享,分散的决策者可能比集中的决策更有效。中小出版社的决策机构主要体现在行政决策和图书策划决策上两个方面,在网络背景下,距离读者越近,做出决策更具有优势,因此,网络营销中,中小出版社应该体现谁最了解读者,谁掌握的读者信息最多、最准确,谁就最有发言权,特别是图书策划,要更多地考虑市场前线的信息。

M出版社在综合考虑这些因素的基础上,根据本社的实际运作情况,在总编室专门设立了网络工程师这一岗位,专职负责出版社网站的日常维护和及时更新。同时,在编辑、出版、发行等部门分别制定一名专人负责与网络工程师工作对接,形成一个网络营销团队,由发行副经理负责,共同运作网络营销活动,与传统营销相互协作配合。内部局域网使各部门实现了信息即时共享,通过门户网站接入的互联网为网络营销提供了运作的平台。

3. 推广宣传

宣传是目前中小出版社网络营销活动最主要的功能之一,一般的做法是创建自己的网站，宣传自己的出版社文化、图书信息、图书政策、市场行情、开办网络书评栏目等，除了这些外，M出版社在网络营销宣传策略上还对其他形式进行了尝试和探索。

（1）网络广告。网络广告应该是中小出版社最重的宣传手段之一，因为网络广告与传统广告相比，具有十分明显的优势。首先，它可以与读者进行实时互动。传统广告是单向的，很难实现双向交流，而网络广告的个性化沟通明显能增强读者的热情，提高选择的概率。其次，效果的确定性，点击率比报刊广告的发行量更有说服力。最后，成本的经济性，据统计网络广告的成本只是传统广告的3%。

中小出版社可以利用互联网上一些自由网站和免费的信息空间来做广告，其形式可以选择以下四种：①使用新闻组。新闻组是公众进行讨论和信息分享的自由网站，新闻组成员可以阅读到大量公告，也可以发表自己的广告，或回复他人的公告。②BBS等网络论坛。BBS可以提供新闻讨论、下载软件、玩在线游戏或与他人聊天等服务。③电子邮件。很多出版社网站都有用户注册功能，中小出版社可以根据用户的喜好，以自愿的原则，及时把图书信息和附加产品传给读者。④网站合作。网络广告不仅指出版社利用网络给图书做广告这一个维度，而且还可以实现网站与图书相互广告的形式进行合作。

（2）搜索排名。搜索排名对网络营销起着十分重要的作用，往往排名靠前的出版社和图书更受读者的青睐，因此这也成为众多中小出版社喜欢采用的营销手段之一。

影响搜索引擎排名的因素很多，但提高网站的知名度无疑是很重要的一个。由于互联网上的网站太多，致使读者无所适从，网站的声誉越来越影响到网民的购物取向，网络品牌已成为网络商店最重要的无形资产。我们不仅要利用传统媒体宣传网站，还要在线利用互联网本身，如导航台、新闻组、聊天室及电子邮件等进行宣传，同时让出版社与更多的知名的网站上进行连接，提高网站知名度。

此外，相关的书评、图书介绍、论文、读书笔记、博客评论等在各种网络媒体中转载量也能提高网络搜索的概率，因此出版社要号召员工从这些方面下功夫。

（3）网络推手。网络推手，至今没有一个准确的学术定义，这个名词出现时，是指"最开始把网络明星推出来的人"。后来，推手服务的范围越来越广，并逐渐成为一种社会职业。本书中网络推手是指为了某种目的，利用网络技术来提高特定的人、事、物的关注度的从业人员，他们往往又称网络推客、网络营销策划师。网络推手一般通过网络新闻、论坛、博客、QQ群、搜索引擎、视频及平面媒体整体推广，网络公关与传统公关并驾齐驱。制作相关的策划，团队执行，引导舆论，从而达到推出新人或者出版社产品的目的。网络推手公司的业务也从传媒、影视走向了司法、物权、产品等领域，作为中小出版社，在改制成功后，运作环境越来越宽松，网络营销也开始尝试运用这一新事物。

另外，在营销宣传的途径上，M出版社还与网上书店、读书网站、读书频道以及行业性网站或频道进行了合作，扩大了出版社的图书宣传效果。

4. 图书品牌创建

传统理论认为，品牌的作用是"减少或免除购买前查询某产品的必要"，但现代生活正在发生某些微妙的变化，科学技术的提高和普及使得仿制的现象越来越普及，而且工艺流程和质量也越来越高，读者对商品的认可更多地偏重于价格和试用的质量，很多人明知道该商品不是正规厂家生产的，但经验告诉他这样的东西质量还可以，价格也划算，就逐渐接受了。"在互联网时代，品牌成为实际体验过的价值缩影"，特别是对于图书而言，内容满足需求特别重要，读者不愿被动接受图书的内容，对自己的阅读愿望主动诉求的趋势越来越明显，因此，品牌塑造策略的一个大方向是尽可能地收集读者的阅读需求，集中分析，然后找作者，著作成书。这种方式就像为读者量身定做一样，网络营销背景下，便捷的信息服务和沟通使这样的方案成为可能。

在国外，一些出版商在这方面有所尝试，他们把大中专教材制成电子版，容许教师学生根据自己的理解，添加删改内容，形成个性化的教师用书，出版商再根据这些内容制作出丰富多彩的教材。M出版社在这方面也做出了一些尝试，曾出版过一本有关外贸经济专业类的图书，该类图书市场上不下几百种，推广这类图书可谓困难重重。营销人员在仔细调查了解市场情况后，认为只要我们在服务上下功夫，该书的市场前景还是看好的。为此，营销人员要求编辑提供配套的多媒体课件，因该课件功能全面，为教师教学，学生自学、考试提供了极大的方便，普遍反响不错。该课件使用半年来，营销人员根据教师反馈的建议，及时通知编辑，补充了许多新功能。在编辑与营销人员的共同努力下，这本书已成为该社的一个品牌。

5. 服务策略

服务营销策略是中小出版社网络营销的核心策略，其核心理念是顾客满意和顾客忠诚，通过取得顾客的满意和忠诚来实现营销绩效的增长和出版社的发展。

（1）图书信息服务。图书信息服务主要提供以下几个方面的内容：①图书的出版信息，包括书名、作者、出版者、出版日期、价格、SIBN号、丛书名等。②图书外形的信息，包括封面、页数、装订形式等。③图书的内容信息，包括摘要、目录、精彩片段等。④销售信息，包括图书点击率、销售排名等。在这四个方面中，图书出版信息和图书外形信息各出版社展示情况比较接近，区别最大的是图书内容信息和销售信息。

在图书内容信息上，M 出版社做得很详尽，几乎所有首页上显示封面的图书都有摘要、目录信息，很大一部分还有精彩片段。目录信息在网上图书宣传中占有十分重要的地位，有很多读者在比较选择同类图书时，仅仅依靠书名和主要内容难以确定，而目录信息是浏览者判定该书是否满足他需要的决定因素。M 出版社网站上的图书信息下面还设有读者评级和读者评论，构筑了很好的作者和读者交流平台，但从运行的效果来看，不是很理想，很少看到有哪本书被读者评论过。

在销售信息方面，M 出版社网站在销售排行和关注排行榜栏目中，对图书介绍十分详尽，有图书出版的基本信息、内容提要和目录，特别是详细的折扣价和会员价，图书销售数量和点击率是对图书质量比较客观的量化评价指标，是读者权衡一本书价值的一个标准，对图书的促销作用是不可低估的。

（2）购书咨询服务。购书咨询服务是帮助读者尽快实施购买行为的指导信息。主要内容是解答读者在购书过程中的种种操作性问题。在这方面，M 出版社专门开辟了一个"读者服务"二级菜单，里面又分设三个子栏目：服务指南、读者之声、特约书店。主要内容有邮购方法、在线订购等。中小出版社开展网络营销也必须通过特色服务来吸引和保持读者。现在的读者是一群善于探索的人，对为他们提供产品和服务的出版社表现出他们一定的需求层次性，而且需求层次是由低向高变化的过程，可以简单示意如图 6-1 所示。

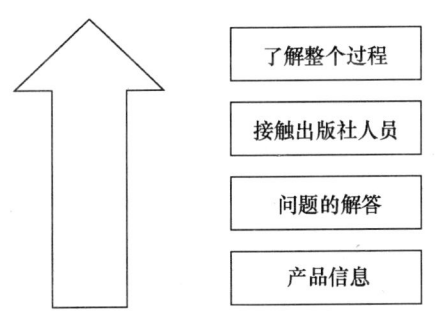

图 6-1 读者的需求层次变化

读者需要了解产品、服务的详细信息，从中寻找能满足他们个性化需求的特定信息。这些要求是传统的营销媒体所难以实现的。网络恰恰对这一问题的解决得心应手，并且能够给顾客以更大的选择余地。由于互联网的高透明度，中小出版社仅仅提供需求层次中的下两个层次服务显然是不够的。必须以上两个层次的特色服务来吸引顾客，留住顾客。

（3）安全结算服务。目前，安全结算服务是中小出版社网络营销与读者之间最尴尬的问题。首先，我国的金融网络建设还处于发展中，具有优良的网络支付业务的银行没有普及，对读者消费造成不便；其次，我国个人消费信用体制和金融货币电子化系统不够完备，金融欺骗的事时有发生，会造成读者和出版社的损失；最后，由于出版社网络零售业务量不大，构建完备的交易系统需要大量的资金，这笔开支效益不大，因此不愿意投入，大多没有真正的开通网上交易服务，而这种设施的缺乏反过来有使读者很自然地放弃了出版社网络购书的想法。这种恶性循环使出版社网络销售业绩几乎没有任何进展。

但是，从长远来看，网络交易的发展趋势是不可怀疑的，随着计算机的普及，国内金融体系和个人消费信用体制以及信息基础设施建设的快速发展，网上交易的低成本运作越来越受到人们欢迎，支付宝的应用使安全问题得到了一定程度的解决。即使出版社零售业务不大，快速建立网上交易平台也是十分迫切的，出版社的批发业务借助网上交易平台来完成也更为便捷。

一个典型的电子支付系统的框架如图6-2所示：

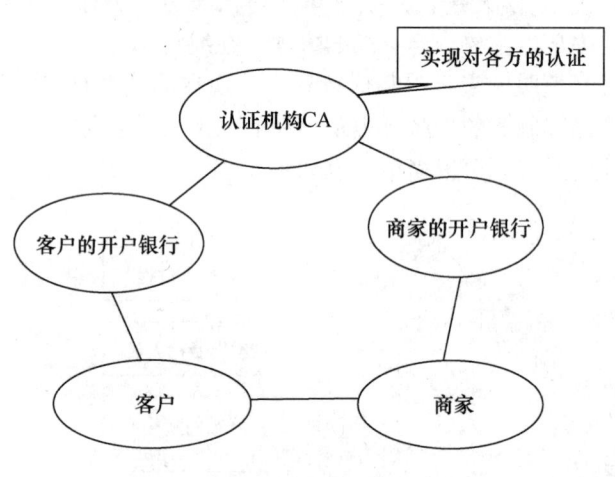

图6-2　电子支付系统

（4）图书延伸服务。读者购买行为能否发生，取决于读者对购买价值的认可，图书产品的价值不仅体现在图书的内在价值，还包括外在价值和延伸价值。图书的延伸价值体现在其延伸产品上，大致包括课件、素材、在线教育服务等几个方面。

在这个方面，M出版社也有所作为。比如，网站的二级菜单中"下载中心"

上就有关于专业资格考试教材课件和练习题可供下载。

但是仅仅做到这些是远远不够的。我们应该注意到，网络使年轻一代人的阅读习惯发生了很大的变化，网上阅读成为一种时尚。中小出版社可以积极利用开展在线阅读，首先是图书数字化，把整本图书，包括相关素材全部制成网络版。对于一些教材类图书，甚至可以聘请教师进行网上教学，网上答疑和网上测试。而且可以把那些必须和选读的材料链接到教材中。出版社可以通过这种增值服务把自己和别的竞争对手区别开来，期待享受了免费信息服务的读者会最终购买该社的产品。

网上书店也可以帮助读者把书籍等作为礼品送给指定的亲友。读者在网上选购好图书并支付书款后，由网上书店送到读者指定的亲友手中。为方便读者，网上书店还可以经常编制礼品书籍菜单供读者选择。

经过该社在图书网络营销方面近两年的努力，已经初见效果。网络售书虽然与出版社整体销售量相比仍然份额极小，但与前几年相比已经有了较大提高。并且在2010年在由中国出版工作者协会、中国出版科学研究所主办的全国出版业年会上，从参评的2000家出版业网站中脱颖而出，荣获全国出版业网站百强。

M出版社改进后的利于网络营销的网站模式如图6-3所示。

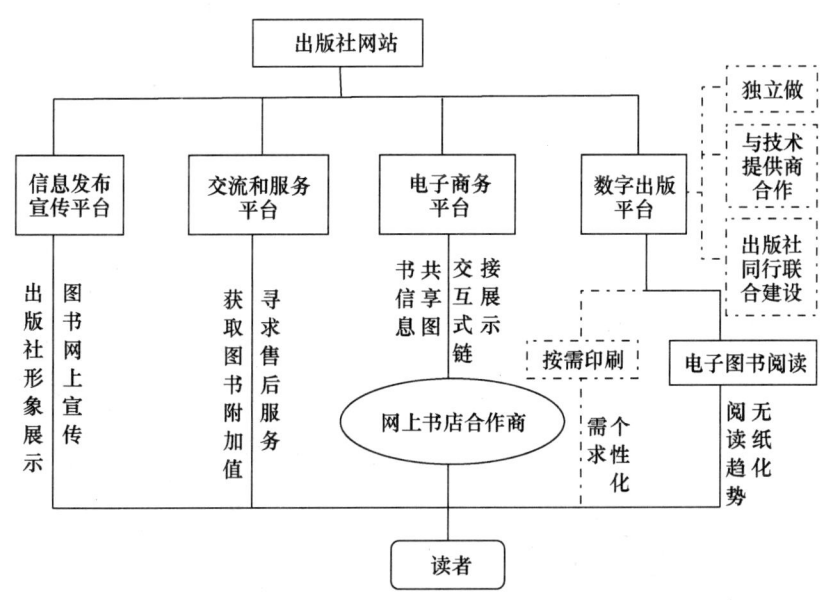

图6-3 M出版社改进后的网络营销模式设计

（二） 网站推广策略

根据中小出版自身的特点，在网站推广方面可采取如下方法和策略：

1. 借助于传统媒体的推广

在分析和讨论中小出版社的网站推广时，不能仅仅把眼光局限于互联网络上，事实上无论对于大型出版社还是中小出版社，传统媒体也都是不可或缺的推广途径。

（1）在传统媒体上发布专门的网站推广广告。这一推广办法能够在公众当中产生很大影响。但是这一方法需要较大的投入，连实力比较强的大型出版社也较少在实践中使用，对于中小出版社来说更为困难。当网站在企业的整个营销体系中可以发挥支配性作用时，这种方法也是出版社的一种选择。在这一策略执行时，同电视、报纸等比较昂贵的大众媒体相比，出版社选择户外、交通媒体等费用较低的媒体更为明智。

（2）往传统广告中附加网站推广类信息。一些主要用来宣传企业、产品、品牌的传统广告比较普遍地用在各类企业的营销活动中，其中就潜藏着一个宣传出版社网站的好机会。比如，在这些广告中标示出网站和网址信息：电视广告可以在屏幕的右下角标示；报纸、杂志、户外媒体具体做法是，在上述广告中标示企业网站及网址的信息：电视广告可以标示在屏幕右下角；报纸、杂志、户外媒体、交通媒体可以与出版社的联系方式等标在一起。

（3）一些可以用于网站推广的其他形式。另外的可用于网站推广的形式有：信封信笺类；出版社员工对外用的名片；出版社印制的各类宣传资料；图书的外包装、标示等；其他可以负载并传播网站、网址信息的各种用品。

2. 借助于互联网的推广

（1）搜索引擎登录。搜索引擎是当前作为重要也是效果最为明显的一种网站推广方式。这一网络营销方法已经很成熟。从我国搜索引擎用户使用量的市场份额来看，根据艾瑞（iResearch）的搜索引擎用户调研数据，在 2011 年第三季度，百度占的份额最高，达到 77.7%，Google 占 19.3%，从数据来看，百度、谷歌无疑是中国市场的统治者。

百度提供一种免费收录企业站点服务，如出版社希望让百度尽快收录自己的站点，可到网站登陆进行网站提交，一旦提交成功，百度就会自动抓取，百度免费自动收录企业站点。而出版社除了应该提高自己网站内容质量外，需要研究相关的技巧和方法以提高百度收录效果。

为提高推广效果，出版社也可以采取百度提供的付费竞价排名的服务方式。这一方式是百度在国内首创的根据效果付费的网络推广方式，该方式是百度在国内首创的一种按效果付费的网络推广方式,出版社通过少量的投入就带来大量潜在客户,有效提升图书销售额。

对于其他搜索引擎,网站推广人员应该认真研究具体的收录和排名规则,以便采取有针对性的推广策略。

(2) 网络广告策略。

1) 门户类网站广告投放。中小出版社可以根据实际需要选择相应的网络门户站点、行业门户站点等进行网络广告的投放。当然,这一推广方式须支付相对较高的费用,出版社应该依据自己可以承受的促销费用和网络业务实际需求进行选择。

2) 交互链接。该方式主要是和相关网站做一些相互链接,其前提是这种合作能够为双方带来一定的访问量、知名度,实现双方对网络访问者的资源共享,互利"双赢"的目的。中小出版社可以选择一些访问者与自己的客户群相似的网站相互提供链接,进行广告交换。

3) 在网络虚拟社区中推广网站。网络虚拟社区是由具有共同兴趣及需要的人们组成,成员可能散布于各地,以兴趣认同、在线聚合的形式存在的网络共同体。

网站推广人员可通过参与 BBS、百度贴吧等虚拟社区讨论、解答疑难、提供帮助和交流,借机在虚拟社区宣传本出版社网站。该方式除了人工费用之外,无须其他投入,较为适合中小出版社进行网站推广。

4) 借助于 E-mail 的网站推广。中小出版社在营销活动中应该注意利用各种方法收集客户的 E-mail 信息。如在业务交往,网站用户登记、促销活动中收集客户邮件地址。当这些邮件地址资源积累到一定程度,就可以成为营销传播的媒介。在征得用户许可的前提下,定期或不定期地向客户发送新产品信息、促销信息等。通过上述途径收集的邮件用户和自己的目标客户基本一致,该营销传播因而具有较强的针对性。目前,一些企业采取购买网络服务商的邮件资源的方式,发送电子邮件推广网站,该做法不仅有违网络礼仪、容易招致反感,而且由于缺乏针对性,效果往往不佳,中小出版社需慎用。

5) 导航网站登录。对于一个知名度不高、流量也不大的中小出版社网站而言,通过利用导航网站给其带来的流量是较为可观的。较著名的导航网站如 Hao123 网址之家。

总之,随着时代的发展,信息技术的进步,建立网站的各类企业越来越多,同时网站推广方式也不断的更新和进步。中小出版社要结合自身业务需要和经济承受能力选择适合自己的网站推广策略和方式,并通过推广实践总结经验和教训,从而提高网站推广效果。

（三）无网站营销策略

1. 行业信息类网站免费信息发布

互联网上行业信息类网站是一个行业的门户网站，因为整合了整个行业的资讯，极大方便了用户了解行业的信息，等于为行业企业和客户提供了一个网上虚拟的专业市场。对于出版行业来说，由于行业网站的访问者和图书的相关程度较高，该类信息跟个容易引起关注和取得较好效果，因此加入行业信息网站已成为中小出版社网络营销的重要手段。

2. 利用网络营销软件开展营销活动

通过运用网络营销软件来开展网络营销是一个简洁、方便、大众化的网络营销方式，这一方法只需要出版社配置上网的计算机，然后购买相应软件即可。通过影响软件出版社可以搜索信息、发布信息，并且有些软件还能提供网上客户关系管理、邮件管理及网上邮件群发等营销功能。

3. 博客营销

企业博客及博客营销的概念和其应用在全球范围内受到极大关注，成为网络营销一个崭新的领域。博客营销是一种基于个人知识资源（包括思想、体验等表现形式）的网络信息传递形式。博客营销的概念在2004年就已受到关注，2005年博客营销走向实用，博客营销的价值也将逐渐体现出来。企博网是目前全球第一的企业博客网站，建立于2005年10月21日，其网站影响力居同类网站之首，截至2011年10月11日，该网站有注册企业博客473300家，产品1866244个，求购信息173735条，涵盖61个行业。

博客在网络营销中的作用突出表现在费用节约方面。这对于像M出版社这样的中小出版社有着特殊的意义。首先，利用博客可以更低成本对读者行为进行研究。一旦你的博客网站比较受欢迎，博客网站也就成为与用户交流的场所。在博客文章中提出问题，读者可以发表评论，这样就可以了解读者对博客内容的看法，而作者或营销人员也可以回复读者的评论，进行良性互动。其次，个人博客可以部分替代广告投入，这样可以降低广告费用。虽然博客无法代替广告，但的确在一定程度上可发挥广告作用，并节省广告费用的开支。你并不用在博客文章中大肆做广告，你的博客文章被搜索引擎收录，由此带来的免费效果可以减少一部分花费在搜索引擎广告中的开支。最后，可以节省保持用户的费用。有一条市场营销学方面的著名规律：获得一个新顾客的成本要远高于维持一个老顾客的成本。同样道理也适用于网站用户的保持上，通过适时不断地更新信息才能使用户长期关注，不至于使已经获得的一些老用户转向他处，而这也成为博客对保持现有客户、间接降低获得新客户成本的贡献之一。

4. 微博营销

如今，微博已成为现代人热衷开辟的"精神家园"，既能实时更新自己的心情，又能与朋友进行无障碍的沟通。不过，微博还有其他"妙用"，安徽出版集团和时代出版传媒股份有限公司就抓住了微博这个全新载体，用微博与读者和作者进行互动，向业内推广图书、期刊、报纸、印刷产品和服务，成为国内首家采用微博进行产品服务推广和品牌宣传营销的出版集团。

充分利用微博具有的成本低、传播快、参与人数多、互动效果好等特点，出版集团向业内推广其图书、期刊、报纸、印刷产品和服务，加强品牌推广和营销力度。并与部分财经作者和青春文学作者、数字出版合作商、电子商务供应商、期刊及图书读者等出版产业链上下游建立了联系，开创了以微博宣传图书的先河。中小出版社也应该抓住这一新颖而实用性强的网络工具。

（四）专业网站合作模式

当前，因中小出版社网络基础设施不够完备、售后配送和服务跟不上等因素，中小型出版社很难做大网络营销。因此，中小型出版社可以有效依托大型专业网站，全面提升服务面和宣传面。出版社可以定期、不定期地及时与大型专业网站联系，并免费为他们提供本社的最新图书，或登录大型专业网站，如当当网、卓越网、中国高校教材图书网、中国科技金书网等，及时有效地把本社新书的详细信息发送到这些专业网站上。

也可以利用网上的电子布告栏、在线讨论广场等，扩大本社图书的服务面、竞争面，以及影响面和宣传面。如在和当当网、卓越网等专业网站的合作中，M出版社不仅扩大了自身的影响力，而且在网站销售数量上平均每年增长40%以上，图书邮购量也在逐年大幅度增长。这些同出版社长期与这些专业网站的良好合作分不开的。

另外，出版社应加强与一些大的电子图书销售商的联系和合作，如北大方正、超星、书生等公司，以进一步扩大出版社图书营销渠道和服务面。

（五）物流配送

中小出版社可通过强化对终端的宣传和服务，实现异地联动配送和销售，以保证图书配送能够满足图书网络营销的时速要求。

随着网络营销的进一步深入和开展，出版社在有效利用网络营销的方便功能进行网上宣传促销的同时，实现网上销售是出版社的最终目标。从网络营销的特性以及出版社图书品质容易识别的特征来看，中小出版社可以在其网站上开设网上书店，并和出版社在全国各地的一些比较大的代理客户实行网上销售联动，共同满足读者需求。这就要求出版社建立一套网络销售和客户服务系统来保障这一目标的顺利实现。当出版社得到读者的需求时，由出版社及时将其需求信息反馈给读者所在地的客户，由当地客户实现配送和销售。这样，不但能降低配送成本，及时满足读者的需求，而且能争取更好的营销效益。

五、结论与展望

（一）结论

2007年12月，全国出版行业首次举行网站建设工作交流会，全国的出版社网站建设者、研究专家及相关人士紧紧围绕"网站建设与出版社发展"这一主题，就出版社网站建设及盈利模式开展广泛讨论，并在会上发布了《中国出版社网站建设现状调查报告》和《全国出版社网站排名》。这次会议标志着出版社网站建设受到了整个业内的重视。说明面对网络时代的到来和电子商务网站的竞争，传统出版社如何成功进入到数字化、网络化，如何向内容提供商转型，急需学者行家共同梳理现状，研究问题，交流经验，探讨发展方向。

本章通过分析我国中小型出版社当前网络营销的现状及目前存在的一些问题，并结合当前的网络环境进行分析，结合实例分析给出了策略性建议，从网络营销意识的培养和提高、出版社营销组织的构建、提升服务能力、品牌建设等方面着力改善，并对当前热点营销方式搜索引擎营销、E-mail营销、博客营销、微博营销等进行了介绍，为中小出版社营销能力的提升提供有益借鉴。中小型出版社应抓住当前出版业数字化、网络化这一趋势提供的机遇，迎接挑战，在激烈的市场竞争中赢得一席之地。

（二）中小出版社网络营销研究展望

出版社网络营销的研究和探讨不是一次研究就能真正完成的，还需不断研究修改与反复实践。对后续研究提出以下建议：

首先，还需继续研究，找出解决出版社与网店、各地实体书店之间的协调和利益分配问题的途径与方法。

其次，在定性分析的基础上，再从定量的角度去研究读者的网络购书行为特点与出版社网站销售量之间的关系。

最后，拓宽研究样本覆盖的范围，从全国范围内采集全国出版社网站销售量、网站建设投入资金、各出版社网站销售额占全社图书销售额的比例等数据。

参考文献

[1] 杨坚争,周昭雄.网络营销教程[M].北京:中国人民大学出版社,2002.

[2] 王耀球,万晓.网络营销[M].北京:北京交通大学出版社,2007.

[3] 吕英斌,储节旺.网络营销案例评析[M].北京:北京交通大学出版社,2006.

[4] 王海玉.中小型企业利用搜索引擎开展营销活动的策略研究[D].电子科技大学硕士学位论文,2005.

[5] 中国互联网发展中心.中国互联网络发展状况统计报告[R].2006.

[6] 冯英健著.网络营销基础与实践(第3版)[M].北京:清华大学出版社,2007.

[7] 郭国庆.市场营销学通论[M].北京:中国人民大学出版社,2007.

[8] 唐缨璋,孙黎.一对一营销——客户关系管理的核心战略[M].北京:中国经济出版社,2002.

[9] 钟楚易.论我国个人信用制度和管理体系的建立[J].中国信用卡,2001(1):25-27.

[10] 乔纳森·伊佐.把公司搬上网[M].北京:中国标准出版社,2001.

[11] 时启亮,金玲慧译.网络营销(第4版)[M].北京:中国人民大学出版社,2007.

[12] 新闻出版署计划财务司.中国新闻出版统计资料汇编[C].北京:中国劳动社会保障出版社,2007.

[13] 新闻出版署计划财务司.中国新闻出版统计资料汇编[C].北京:中国劳动社会保障出版社,2008.

[14] 新闻出版署计划财务司.中国新闻出版统计资料汇编[C].北京:中国劳动社会保障出版社,2009.

[15] 新闻出版署计划财务司.中国新闻出版统计资料汇编[C].北京:中国劳动社会保障出版社,2010.

[16] 卓骏.网络营销的理论与务实[M].杭州:浙江大学出版社,2001.

[17] 孔伟成,陈水芳.网络营销[M].北京:高等教育出版社,2002.

[18] 郭伟华,金朝武,王静.网络中的法律问题及对策[M].北京:法律出版社,2001.

[19] 李友根.网络营销学[M].北京:中国时政经济出版社,2003.

[20] [美]斯蒂芬·P.布雷德利,理查德·L.诺兰.感测与响应——网络营销战略革命[M].北京:新华出版社,2000.

[21] 王小栋.网络营销的秘诀与实例[M].北京:中国国际广播出版社,2001(1).

[22] 刘长安.搜索引擎——互联网的第四桶金[N].人民邮电报,2006-02-23.

[23] 蔺世杰.网络虚拟社区及其文化特征[J].常熟高专学报,2004(5).

[24] 王芬,成秉照.如何利用网络广告提升营销竞争力[J].商业时代,2004(15).

[25] 杜可琦.国内网上书店发展现状及应对策略研究[D].河南大学硕士学位论文,2005.

[26] 肖新兵.我国出版产业的特点[J].出版科学,2004(6):51-53.

[27] 程三国. 理解现代出版业 [N]. 中国图书商报, 2002-10-11.

[28] Monica Perry, Charles D. Bodkin. Fortune 500 Manufacturer Websites Innovative Marketing Strategies or Cbyerbrochures [J]. Industrial Marketing Management, 2002 (31).

[29] Keah Choon Tan. A Frame Work of Supply Chain Management Literature. European [J]. Purchasing & Supply Management, 2001.

[30] Douglas M. Lambert, Martha C. Cooper. Issues in Supply Chain Management, Industrial Marketing Management, 2000.

[31] Ralph F. Wilson. 8 Ways to Learn about Your Site Visitors Web Marketing [J]. Today Issue 63. November 1, 1999 (4): 56-58.

[32] Ian Wilkinson. Marketing Theory in the Next Milliennium Looking Backwards and Forwards [J]. Journal of Business Research, 2002 (55): 81-85.

[33] Kevin L. Web. Managing Channels of Distribution in the Age of Electronic Commerce [J]. Industrial Marketing Management, 2002 (31).

附录：中小出版社网站建设情况调查问卷

说明：
1. 以下问题有的是针对个人的主观愿望，有的是针对个人的客观实际，请注意两者之间的区别。
2. 请依照您的主观印象回答所有问题，所填结果无所谓标准答案。
3. 答题需要花费您5~8分钟宝贵时间。

第一部分：本部分是对个人背景信息的描述，请您根据个人情况，在"[ ]"填写相应的选项。

[   ] 1. 性别：A 男   B 女

[   ] 2. 年龄：A 20~25岁   B 26~35岁   C 36~45岁   D 45岁以上

[   ] 3. 您所在部门的类别：
A 市场营销部门   B 技术部门   C 发行部门   D 编辑部门   E 其他职能部门

[   ] 4. 你的专业技术职务：
A 传统图书编辑   B 网络编辑   C 传统图书发行员
D 计算机员   E 网络营销员

[   ] 5. 您的最高学历：
A 大专及大专以下   B 本科   C 硕士   D 博士

第二部分：本部分是想了解您对本社网站建设情况的了解及满意度状况，选项从完全不同意、很不同意、不同意、一般、同意、很同意到完全同意，依次赋予 1~7 分值,"7"表示"完全同意",数字减少表示同意度降低,"1"表示"完全不同意"。问卷从 9 个方面进行调查,请根据您的真实看法,在每个子项前的"[   ]"给出您的分值。

选项分值	1 分	2 分	3 分	4 分	5 分	6 分	7 分
选项说明	完全不同意	很不同意	不同意	一般	同意	很同意	完全同意

[   ] 1. 出版社网站工作在社里受到重视

[   ] 2. 出版社网站销售对本社利润的贡献大

[   ] 3. 与公司内从事类似工作性质的人相比,网站建设人员的薪资水平是合理的

[   ] 4. 出版社有专门的网络营销部门或网络营销团队

[   ] 5. 出版社网站内容更新及时

[   ] 6. 出版社网站上本社图书信息齐全

[   ] 7. 出版社网站对读者留言咨询答复及时

[   ] 8. 出版社网站有在线支付购买功能

[   ] 9. 邮局汇款是出版社网站销售的唯一支付方式

[   ] 10. 本社的图书物流配送能满足网络售书的需求

[   ] 11. 出版社网站有读者互动板块

[   ] 12. 出版社网站读者互动板块人气高

[   ] 13. 作者经常访问出版社网站

[   ] 14. 图书经销商经常访问出版社网站

[   ] 15. 出版社网站跟网上书店有链接

[   ] 16. 链接的网上书店主页上有我社网站的网址

[   ] 17. 本社的网络营销人才配备充足

[   ] 18. 出版社网站有电子图书在线阅读

[   ] 19. 出版社网站有定制服务

[   ] 20. 出版社网站访问率高

第七篇 我国图书出版业供应链构建与管理研究

一、绪 论

(一) 研究背景与研究意义

1. 研究背景

改革开放以来，我国经济建设取得了巨大的成就，科技创新蓬勃发展，科学技术转变化为生产力的速度日益加快，人们物质生活条件逐渐得到满足。同时，经济快速发展的弊端也不断显现，人类社会与自然环境的矛盾日益尖锐，自然资源日益枯竭，生态环境不断恶化，可持续发展战略受到严重挑战。工业化国家先污染、后治理和重发展、轻生态的老路所带来的一系列环境问题给我们提出了警示，粗放式的发展方式已不再适合我国进一步发展的愿景。转变经济发展方式，坚定不移地走经济、社会、环境全面和可持续发展之路，建设"环境友好型"和"资源节约型"社会是我国走可持续发展道路的必由之路。发展方式的转变离不开管理体制的创新，在市场竞争日趋激烈、资源逐渐紧张的今天，企业的成功离不开供应商等关联企业的支持，供应链管理思想要求企业间紧密联系，优势互补，合作共赢，以联盟的形式参与市场竞争成为备受推崇的管理理念。著名学者 Christopher 认为，21 世纪的市场竞争已经不再是单个企业间或产品间的竞争，而是供应链与供应链的竞争。

进入 21 世纪后，我国图书出版行业取得了突飞猛进的进步，新闻出版工作卓有成效。2010 年，全国共出版图书 32.8 万种；出版期刊 9884 种，35.4 亿册；出版报纸 1939 种，500.2 亿份。目前，我国日报出版规模、图书出版品种与出版

---

* 作者简介：夏雨，北京印刷学院企业管理专业 2009 级硕士研究生，指导教师为王海云教授。

总量居世界第一位,电子出版、网络学术出版总量居世界第二位,印刷业总产值居世界第三位。2010年,新闻出版业总产出达到1.22万亿元,增加值达到3500亿元。国家"十二五"规划中,提出:"深入推进经营性文化单位转企改制,建立现代企业制度。完善统一、开放、竞争、有序的现代文化市场体系,促进文化产品和要素在更大范围内合理流动。加快推进文化管理体制改革。建立健全符合文化企业特点的国有文化资产管理体制和运行机制。""推动文化产业成为国民经济支柱性产业,增强文化产业整体实力和竞争力。"出版产业作为文化产业重要的组成部分,必须为文化产业腾飞承担应有的责任,对图书出版业供应链的要求也会越来越高。但根据调研以及查阅文献得知,目前图书供应链中仍存在着信息沟通不顺畅、资源利用率不足、整体库存量过高等问题,需求信息放大失调产生的"牛鞭效应"尤为严重,直接导致出本社所获得的订单数远远超过读者的实际需求量,从而引出出版社生产能力的盲目放大,无效率的运输产生,库存过高等问题。引用一组数据,2010年全国新华书店系统、出版社自办发行单位年末累计库存为737.80亿元,而同期纯销售额为599.88亿元,库存销售比为1.23。图书库存量远远超过了发行单位的销售能力。从图书业大规模低效率地开展"订货会"的订货模式到大批量的退货以及频繁出现的新书脱销,我们也能窥视到图书供应链的运营成本居高不下。

2. 研究意义

(1) 优化图书供应链。国内出版发行企业原本长期实行事业单位企业管理模式,进入21世纪才开始市场化改革。供应链内的许多企业对自身的竞争优势定位还尚未明确,由此产生了许多节点内企业功能重置,资源浪费的现象。譬如各省新华书店基本都投资筹建了较大规模的物流中心,许多出版社同样自营仓储运输业务,出版社和中盘在仓储配送环节的衔接方面会有一定的功能重叠,资源得不到合理利用。对此本章拟引用相关理论,对图书供应链采用定性加定量分析,对链内各节点功能进行定位,以达到整个供应链总体最优的效果。

(2) 寻求减少图书库存的管理方式,优化图书逆向物流。需求信息逆向传递不准确导致供应链内整体库存增大,图书退货率高居不下。笔者拟通过实地调研等方法,理论联系实际,以寻求减少各节点库存,降低退货率的管理方法。

(二) 国内外研究现状

目前对于供应链管理的研究国内已有多人展开,并取得一定成就,但对国内图书供应链的研究还仅仅停留在理论阶段、措施阶段,而且绝大多数理论集中在国内图书流通体系中的库存、配送、退货等几个突出问题。本章在供应链管理理论研究方面重点收集了最近几年对研究图书供应链有帮助的理论,同时对图书供应链理论研究进行了归类汇总。

1. 国内供应链管理的理论研究

企业边界是指企业在市场竞争过程中形成的企业规模和经营范围，其基础是企业的核心能力，决定因素是企业的经营效率。企业的经营范围，决定了企业与市场的边界，企业通过划定自身的经营范围以确定企业自身可以完成的经营活动以及交由市场完成的经营活动；经营规模则是在企业经营范围划定的基础上，企业发展的规模。企业的经营范围等同于企业的纵向边界，经营规模相当于横向边界。解进强认为供应链管理能够同时降低企业的组织成本、生产成本和交易成本。在供应链管理环境下，其成员企业边界呈现出两种变化趋势：纵向边界收缩，横向边界扩张；企业与市场边界日益模糊。

岳飞宇从委托—代理的角度出发，认为缺乏有效协调机制的供应链管理不会达到预想效果，即便是同一集团的企业，如果缺乏协调机制，也会将自身利益置于集团利益之上。因此供应链管理中的协调机制很重要。并认为核心企业在信息处理中处于劣势，相当于委托—代理机制中的委托人，因此必须通过设立激励契约约束其他参与者的行为。

张文杰运用博弈论分析指出核心企业在合作伙伴的选择过程中要考虑两个因素，个体理性和集体理性，以维持供应链运行的长久稳定。同时，核心企业在建立合作伙伴关系时，为适应变化的市场环境，还应注重灵活机制的设立。

在供应商选择方面，陈长彬、陈功玉利用构建多级模糊评价模型确立以产品因素、组织因素和战略因素为二级指标的三段式战略供应商选择的综合评价指标体系。

刘睿智、谭论构建综合采购模型分析供需双方之间的关系，指出只包含零售商和供应商的供应链的整体效益最高的唯一条件就是零售商的经济订货批量和供应商的经济生产批量相同。所以，零售商在考虑供应商选择时，一个重要的标准就是供应商的经济生产批量是否与己方的经济订货批量相同；当零售商所需商品发生变化时，必须充分考虑供应商对生产装备进行调整时，其生产速率与装配费用成反比的关系，力争降低供应链系统的总成本，并在时间和成本上选择满意的结合点；就供应商企业内部物流和库存控制而言，生产流水线稳定运行可以极大地节约成本。

Sterman利用系统动力学构建了一个通用的库存管理模型。模型由两部分组成：一是状态变量和流率变量；二是各变量运行的决策规则。这个模型提供了一个库存管理的试验平台，在这个平台上，可以根据不同的条件模拟不同的场景。他利用对"啤酒游戏"的模拟试验说明了供应链库存管理系统中各种反馈结构的复杂性会使决策者产生对反馈信息的误解，从而做出错误的决策。在这个模拟试验中，Sterman 考虑了多阶段，多节点以及时间延迟等。

Alonso 与 Frasier 利用系统动力学研究了在面临不同的销售波动时，准时制库存管理模式对公司利润的影响。他们指出，需求的不确定性会导致时间延迟的加剧，而存在于计划和管理上的延迟将会使公司的利润受到影响，从而这种不确定性会导致更多的库存积压及利润下降。

2. 国内图书流通体系整体的研究现状

赵海燕提出对图书储运环节将强管理，将有利于图书的实体流通，对发行企业的效益提升有关键作用，进而促进出版发行行业的发展。潘峰在对图书发行信息分析时将图书发行分析归纳分为两部分，包括内部供应链信息和外部环境信息。李小明从出版物流战略的角度对我国存在的出版物流建设热提出质疑，认为一哄而起的出版物流建设不符合出版物流的内在规律，有可能造成资源浪费，并且过多的出版物流优势横向对比并不突出，缺乏核心竞争力。李小明对这些问题做出"诊断"，最后提出应对措施。刘敬讨论了建设出版物流中心与构建我国出版物流体系之间的关系，认为构建完善的出版物流企业和发展良好的出版发行企业是建设出符合自身需求出版物流中心的基础。高永清分析了我国出版发行业的现状特点和存在的问题，提出要增强现代物流理念，建立现代企业制度，培养高质量的专业人才，拥有与国际接轨的科学技术，开展第三方物流业务，发展现代图书物流。陈御钗、王建洲认为图书业特有的体制引起的低效运作是图书供应链低效运作的主要原因包括供应链各节点企业缺乏契约约束、供应链上各方风险与收益不对等。胥杜鹃、胡贞根据图书配送系统对图书城配送和下属连锁店配送的需要，分析了现有图书城图书配送系统的框架、特点及实现方法，结合实际应用的需要综合考虑图书城的实际配送情况，构建一个适合大型图书城的图书配送系统。

3. 图书库存的研究现状

崔向东总结了造成出版社图书库存积压的原因：一是出版商在市场预测方面工作不到位，印刷数量超标或者重印不及时造成市场断档；二是出版社对图书经销商的要求盲目迎合，过量增加生产能力；三是出版社在选题策划方面失误，出版的产品不符合目标市场的需求，从而导致图书销量不佳，库存积压。高冬成提出对图书库存管理时可采用 ABC 管理模式，对图书进行分类管理，对于积压多年的劣质图书，应当及时报废销毁。郭伟疆、张卫民和曾星将出版社在图书选题的前期市场调研工作不足以及图书市场中盗版现象严重是滞销书库存积压的主要原因，并指出出版社对某些销量火热的图书在成本核算、目标利润分析等方面存在盲目性，也有可能导致畅销书的积压。包卫国认为销售主渠道转嫁经营风险造成出版社库存，自 1988 年新华书店改革营销方式，从"包销"到"经销包退"

到如今的"寄销"为主,不再承担经营中的风险,出版社不得不预先备货,并承担高退货的风险,形成了出版社库存积压;图书生产量与印制费用结算的矛盾形成了图书的库存。黄丽娟归纳我国图书供应链中"牛鞭效应"产生的原因主要有:库存风险失衡、信息孤岛严重、折扣大战云涌、图书链管理行政色彩浓厚。国外有学者认为推广使用按需印刷(POD)技术和扩大电子图书的业务份额是减少图书库存的一个非常有效的方法。刘灿姣、黄立雄将供应商管理库存(Vendor Managed Inventory,VMI)的理念引入图书库存管理中,认为采用VMI模式,将对我国图书供应链整体效率的提高产生巨大的推动作用。

4. 图书逆向物流的研究现状

杨建忠分析了计算机图书退货的原因和步骤,认为日趋激烈的市场竞争、粗放式的市场营销策略是造成图书退货的主要原因。韩耀东运用Cross–Docking方法解决新华书店省店配送中心退书高峰期退货量大且相对集中的问题(主要因教辅图书大批退货造成)。丁伟妃用供应链管理理论分析我国的图书逆向物流问题,指出我国图书逆向物流主要表现在:退货率高,库存量大;供应链不稳定;上下游企业缺乏紧密协作;行业整体信息化和标准化水平低;逆向物流程序烦琐、运作成本高、效率低下。并提出几点优化策略:增强供应链意识,建立供应链管理机构;做大中盘,建立核心企业型供应链;加快信息标准化建设,实现信息资源共享;加强供应链各节点的协作,建立快速反应机制;应用先进的物流设备,提高逆向物流的处理能力;设计退书处理系统,应用电子化退书流程。

从收集到有关图书供应链的研究理论来看,国内图书供应链的问题主要集中在库存负担重、退货率高、需求信息不准确这几个方面。产生这些问题的主要原因在于国内出版产业市场化改革较晚,出版企业和发行企业之间的合作还停留在以往计划经济的体制中,供应链内各节点企业对自身优势定位不准确,做不到信息有效传递或共享,阻碍了市场需求信息向上游的快速反馈,信息的不确定放大了市场需求,从而导致了链内的高库存和高退货率。

(三) 研究方法和研究思路

1. 研究方法

(1) 文献分析法。利用学校便捷的文献资料电子资源查询系统,通过查阅来自学术期刊、学位论文、学术专著、国家权威统计文献、网络资源上的相关文献资料,收集、鉴别、整理和辩证分析文献,广泛深入地了解、掌握和论证图书出版业供应链理论知识和实际应用情况等相关问题,形成国内图书出版业供应链系统的科学认识。

(2) 比较研究法。依据一定的标准,对不同国家的图书供应链进行总结和比较，找出图书出版业供应链系统构建的一般规律和存在的特殊性。结合我国图书供应链的基本情况，力求从符合我国实际情况、发挥优势的角度出发，找出符合国内图书出版业供应链构建之路。

2. 研究思路

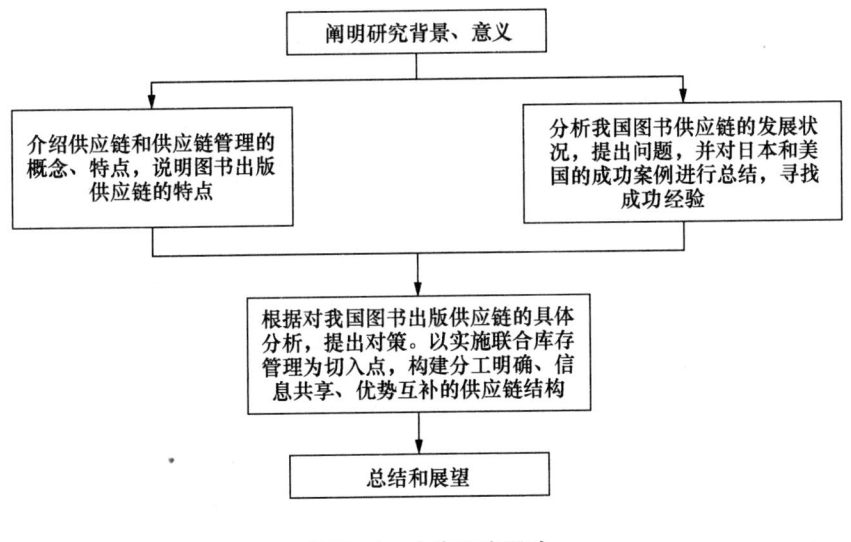

图7-1 本章研究思路

二、供应链管理的基本理论

(一) 供应链和供应链管理的基本概念

1. 供应链定义和基本特征

早期供应链概念并不统一，不同学者从多种角度分析，提出许多不同的定义。早期有学者认为供应链只作为企业内部的一个过程，对企业自身的经营利益负责，从这种观点出发提出供应链是企业内部原材料或零部件采购、生产、加工、销售过程的整合，最终目的是将产成品传递给消费者或零售商以获取利润。后期学者在研究供应链是愈加关注企业的外部环境和企业间的合作博弈。现如今供应链的概念则重点关注以核心企业为中心构建的网链结构。

我国在2001年发布实施的《物流术语》国家标准（GB/T18354—2001）对

供应链的定义是:"在生产及流通过程中,涉及将产品或服务提供给最终用户活动的上游与下游企业所形成的网络结构。"

我国学者马士华认为:"供应链是围绕核心企业,通过对信息流、物流、资金流的控制,从采购原材料开始,制成中间产品以及最终产品,最后由销售网络把产品送到消费者手中的将供应商、制造商、分销商、零售商直到最终用户连成一个整体的功能网链结构。"

简单地说,供应链就是以某个核心企业为中心,将供应商、制造商、分销商、零售商连为一个整体的功能网状结构,通过对整个结构的信息流、物流、资金流的控制,对采购原材料、制造加工、最后通过销售网络将产品或服务提供给最终使用者这些过程的整合,实现以最低的成本向最终消费者提供最优质的服务或提供最好的产品的目标。可以说,供应链是一个涉及范围更广,对企业之间合作要求更高的一体化内外部结合的结构模式。从提供原材料的供应商开始,到中间加工制造、组装的不同企业,以至于最后分销、零售的批发商、零售商,所有的节点企业都包含在供应链这一概念中。从这个角度来看,供应链更应该说是一条价值增值链,原材料在供应链上流动,经过加工、包装、运输等过程,最后实现增值,链中各节点企业都从中获得收益。普通的供应链的基本结构如图7-2所示:

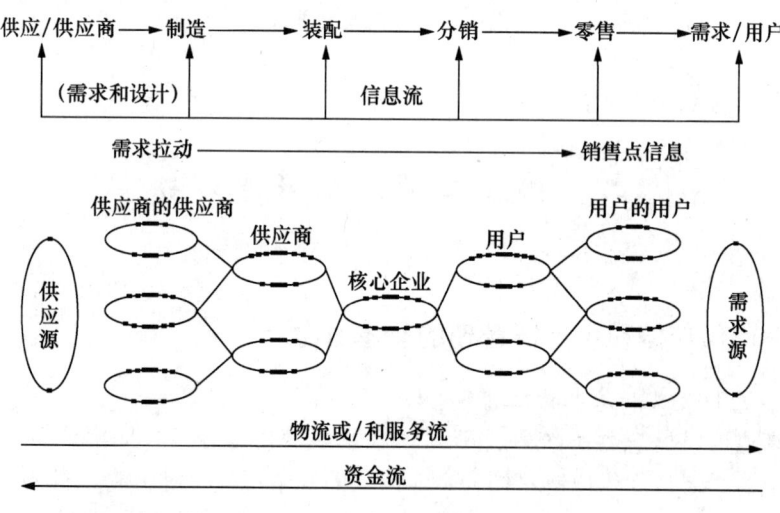

图7-2 供应链结构

2. 供应链管理概念

伴随着供应链概念的提出和发展,供应链管理相继被学者提出。供应链的复杂的特质，要求需要一种与之配套的可行的管理方法，使其能够高效有序地进行，进而为链中的节点企业带来更大的价值增值，供应链管理的理论就是在这种大环境下产生的。自20世纪90年代开始，供应链系统理论和供应链管理思想已成为商业界和学术界的研究热点。

美国经济学家伊文斯认为"供应链管理是通过反馈的信息流和反馈的物流及信息流，将供应商、制造商、分销商、零售商，直到最终用户连成一个整体的模式"。特纳提出"供应链管理是市场渠道各层之间的一个联接，是控制供应链中从原材料通过各制造和分销层直到最终用户的一种技术"。菲利普（Philip）则认为"供应链管理不是供应商管理的别称，而是一种新的管理策略，它把不同企业集成起来以增加整个供应链的效率，注重企业之间的合作"。

马士华认为供应链的管理要素主要有：①物质与技术的管理要素，如计划与控制方法、活动流程结构、组织结构、信息沟通的基础设施结构、物流的基础设施结构等；②行为管理要素，如管理方式、权力分配与领导结构、风险承担与奖励结构、文化与态度等。

我国发布实施的《物流术语》国家标准（GB/T18354—2001）将供应链管理定义为："利用计算机网络技术全面规划供应链的商流、物流、信息流、资金流等，并进行计划、组织、协调与控制等。"

在供应链管理影响下企业传统的经营活动发生了巨大的变化，见表7-1。

表7-1 供应链管理与传统管理对企业经营活动的影响比较分析

		一般环境下	供应链管理环境下
企业经营活动的特点	经营观念	局部观念	系统观念
	竞争观念	对抗竞争	合作共赢
	管理方式	静态相对封闭式管理	动态开放式管理
	经营目标	个体最优、满足下游客户	整体最优、满足最终消费者
	发展方向	多元化发展、纵向一体化	专业化发展、横向一体化
	战略决策	独立决策、内部重构	协调决策、集成优化
	企业间风险、利润分配	独担风险、独享利润	共担风险、分享利润
	信息管理	信息保密	信息共享
	订立契约	短期合约	长期合约
	库存管理	安全库存	追求"零库存"

供应链管理主要包括以下四个方面的内容：
（1）信息沟通。信息是企业应对竞争做出决策最关键的要素，直接影响着

企业的竞争力。在供应链管理思想中，信息能否快速准确地的在各节点企业间传递，是衡量供应链构建是否成功的关键评测指标。作为链内各节点的沟通载体，信息对供应链整体运作效率的提升有关键作用。各节点企业可以根据及时精确的信息做出正确决策，对企业外部环境的变化做出快速反应，对企业自身运行的不稳定性进行及时控制或降低。信息沟通或者说信息平台的搭建是供应链管理思想的核心和主线。完美情况下，无障碍的信息共享是供应链最大效率运行的首要前提。

传统形式的供应链间的信息沟通比较简单，如图7-3所示。

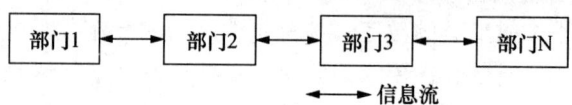

图7-3　传统供应链信息沟通简图

随着科学技术的更新和全球化进程的加快，所形成的市场比早期的市场范围更大，节点企业间的距离可能会是国与国之间的距离，所以如今的企业所面临的市场更加复杂多变，供应链管理更加注重企业的外部环境和企业间的合作联系，对资金流、物流、信息流的控制一直贯穿供应链的全部过程，其信息沟通的形式相应产生新的变化。新的信息流流动模式如图7-4所示。

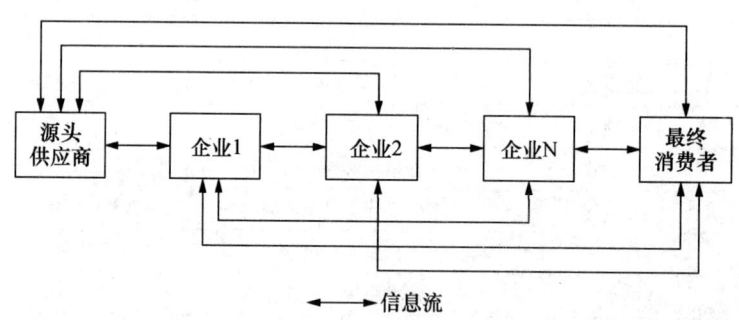

图7-4　新环境下供应链信息流传输简图

（2）降低库存。库存关系企业的运营情况，库存过多或过少都有可能对企业的运营造成不利影响。库存过少，当产生新的顾客需求时不能及时满足，企业会失去增加利润的好机会，更有可能会失去一个潜在的大客户，对企业将来发展造成不利影响。库存过多，产品堆积，引发库存成本增加，进而增加了企业的运营成本,同样会降低企业的最终利润,还可能会因为技术更新或者消费理念变化造成库存淘汰,造成产品损失。同时,库存过多必然会占用一部分资金,影响企业资金的流动性,降低企业资金的周转,对企业扩大再生产产生不利影响。日本曾针对库存管理提出 JIT 管理理念,提出零库存的目标,其最重要的一点就是以客户需求拉动生产,用信息取代库存。因此,降低库存是供应链管理中的关键部分,但库存的降低是以信息快速准确沟通为必要条件的。利用先进的信息技术,企业会及时掌握市场的需求动态变化,和供应链各节点企业及时进行沟通,达到降低库存的目标。

(3) 成本控制。供应链管理的目标是以最小的成本实现最大化的效益。德国学者 Stefan Seuring 对供应链成本在直接成本和间接成本的传统划分及作业成本法的基础上从 3 个层次将供应链成本划分为直接成本、作业成本和交易成本,如图 7-5 所示。追求供应链整体的成本最小,不断消除各节点企业中不能创造价值增值的作业,增强整体链条的竞争优势,这就是供应链管理的精髓所在。

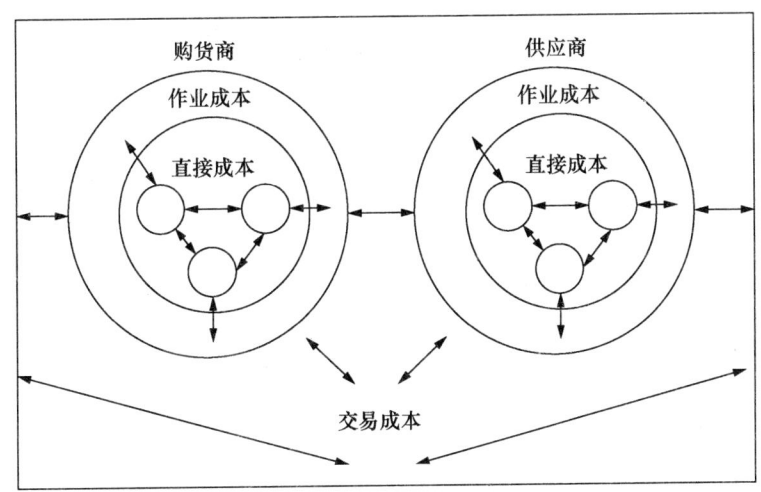

图 7-5 供应链节点企业成本控制

(4) 关系管理。关系管理包括客户关系管理和链条内各节点企业间的关系管理。随着经济的发展,早期的卖方市场已经转变为买方市场。客户是企业必争的资源。满足客户需求是实施供应链管理的出发点和落脚点。

现代的供应链管理理念更加注重企业间的合作关系,可以说现代企业间的关系已不再是简单的竞争关系,而是合作与竞争并存的一种情况。各节点企业不仅可以和上下游企业合作,同一类型的企业也可能会找到互补的区域。通过构建供应链,加强链内企业间的合作,以实现信息共享,降低成本的目标,进而提升整条供应链的竞争优势,相应地各个企业的利益也会增加。

3. 供应链管理中的企业边界观点

企业边界是指企业在市场竞争过程中形成的企业规模和经营范围,其基础是企业的核心能力,决定因素是企业的经营效率。企业的经营范围,决定了企业与市场的边界,企业通过划定自身的经营范围以确定企业自身可以完成的经营活动以及交由市场完成的经营活动;经营规模则是在企业经营范围划定的基础上,企业发展的规模。企业的经营范围等同于企业的纵向边界,经营规模相当于横向边界。

(1) 交易成本理论。交易成本分析法是由科斯创建的以交易成本的角度对企业边界进行分析的方法。科斯认为交易成本决定企业边界,市场和企业组织是可以相互替代的两种机制,当企业组织生产的边际成本大于市场提供的边际成本,则企业倾向于市场采购,企业规模会下降;当企业的边际组织成本小于边际交易成本,规模会上升。企业组织成本与市场交易成本的均衡点就是企业的最佳边界。

如图7-6所示,C代表边际成本,S代表企业规模,C_1代表边际交易成本,C_2代表边际组织成本。企业的最佳边界位于C_1和C_2交点处的S_0,市场的交易成本与企业组织成本相等,均为C_0。

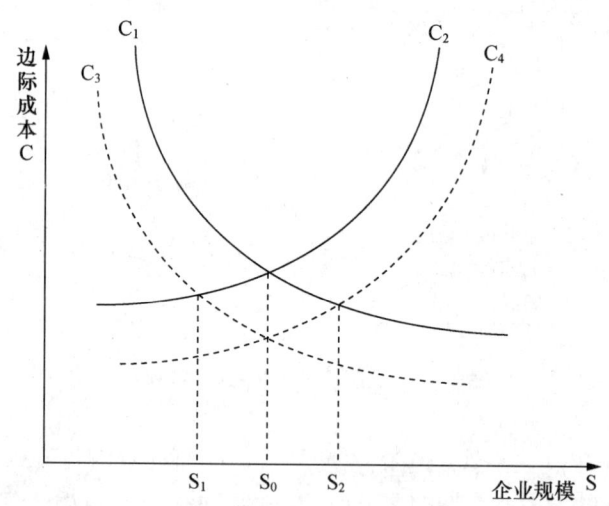

图7-6 边际交易成本与边际组织成本对企业规模的影响

当外界某些经济环境因素发生变化促使企业交易成本降低,而组织成本不变时,曲线C_1向下移动到C_3,产生新的最优边界S_1,企业边界收缩,市场的边界不断扩大；当外界某些经济环境因素发生变化促使企业组织成本降低，而交易成本不变时，C_2 便向下移动到 C_4，又会产生新的最优边界 S_2，使得企业能够进一步扩大自己的规模。

（2）新古典经济理论。新古典经济理论又被称为专业化理论，在理论中企业是以技术上的生产函数的形式存在的，是专门服务无与外部的专业生产单位。新古典经济理论以企业生产功能为理论基础，着重于提高生产效率。其认为企业存在的基础在于企业在专业领域的生产方面是具有比较优势的，这种比较优势包括企业的专业化、规模经济等方面。

（3）企业能力理论。美国经济学家契斯认为应该采用一种整体的视角，涵盖与企业能力建立相关的整个过程、整个企业内部知识和产品的生产过程和外部交易过程。他将企业动态能力定义为"企业整合、塑造和重组内部和外部竞争力以应对不断变化环境的整体能力"，并以企业动态能力为切入点对企业边界进行研究，认为"企业的边界在于能力的使用边界"。

效率决定着企业边界的最终变化。上诉的三种企业边界分析理论是可以互补的。交易成本理论以对不同时期、不同阶段的企业组织和市场结构做比较为基础，确定企业边界的变动方向，侧重于静态分析；新古典理论以专业化生产的角度对企业边界的形成进行解释，分析了包括生产技术变革在内的专业化分工体系建立过程对企业组织发展变化的影响，侧重于动态分析；企业能力理论认为必须依照企业自身的条件和市场经济的规律对企业边界进行分析，企业的内部生产功能必须和企业的外部交易功能协调一致，以保证企业在市场竞争中发展壮大。

（二）图书出版业供应链的概念和特点

在不同的出版法规案例和工具书中，"出版"有几种不同的定义：

《辞海》认为现代出版概念包括三方面的内容：①印刷图书，复制录音、录像盘带，利用微缩技术将书籍、报刊、文章等，复制成微缩胶片，以及利用电子技术制作计算机可读磁带、软磁盘、只读光盘等。②泛指出版事业中编辑、印刷、发行三方面的工作。③专指出版社内部负责管理书稿印刷、生产方面的工作。

《中国大百科全书·新闻出版》认为：出版是通过一定的物质载体，将著作制成各种形式的出版物，以传播科学文化、信息和进行思想交流的一种社会活动。

2002年2月颁布的《出版管理条例》指出，出版活动包括出版物的出版、印刷或者复制、进口、发行。

由此不难归纳出，出版内涵包含三个方面：第一是对作品进行挑选、策划、编辑等作业使之成为正式的出版物;第二是利用各种载体工具复制已编辑好的出版作品,对其进行批量出版;第三是公开发行,利用各种方式或途径将出版作品转移到公众手中。出版活动主要包括三个方面的内容:

(1)出版是一个对已完成作品进行选择,对现有的知识信息进行优化整合的过程。这个过程可以被概括为编辑过程,编辑是产生优秀出版物的基础和关键。

(2)出版是将已有产品进行加工,将加工好的作品复制使之成为面向大众的出版作品的过程。这个过程可以被概括为印刷。

(3)出版就是把成品出版物传递给大众,通过不同的方式或者途径使群众获得已编辑印刷好的出版物的过程,这就是发行,发行是出版活动极为关键的组成部分,是出版活动盈利的根本手段,是出版活动的出发点和落脚点。

出版业是各个出版单位、发行单位、印刷单位为生产传播出版产品而进行的各种活动及其设施设备的总称。结合供应链的基本概念,可以得出以下定义:出版行业供应链是由内容及传播载体供应、编辑加工、发行、仓储运输等环节组成的,向读者提供出版物的一条功能结构网链。简要图书出版业供应链如图7-7所示:

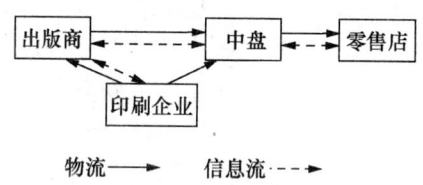

图7-7 图书出版业供应链简图

出版业供应链起点是内容的作者,包括印刷企业,油墨、纸张等原材料的供应商,对原创内容进行加工编辑的出版企业,最后经由图书批发商,零售商连接到最终消费者,这其中或者还包括提供仓储、运输、配送等第三方物流服务的物流企业。本书所研究的出版业供应链着重点在于出版企业、发行企业、零售企业、包括提供第三方物流服务的物流企业,涉及最上游的内容提供者和印刷企业的内容较少。

出版行业的供应链特点比较明显,主要包括:

(1)出版业供应链已经由传统的线性结构发展为网状结构。供应链中的出版企业、中盘的批发商、零售企业纷纷做大,各自向对方的领地渗透。比如出版企业自办发行系统,最终消费者可以直接从出版社中拿货;中盘加大对零售环节的控制;零售企业通过发行企业直接和出版社交流;等等。这都增添了出版业供应链的复杂性。

（2）出版业供应链既有拉式供应链的特征，又有推式供应链的特征。出版社在选题策划，推出新产品的初始，是出版社中的编辑人员或凭经验或凭数据对市场需求进行预测，出版物首版印刷再到发行体现了推式供应链的特点。但当出版产品进行再版或者重印，又是根据市场反应进行的，这又有拉式供应链的特点。

（3）出版供应链不仅要满足经济效益的最大化，更要最求最优的社会效益，国家的"十二五"规划在推动文化大发展大繁荣，提升国家文化软实力部分指出要"坚持一手抓公益性文化事业、一手抓经营性文化产业，始终把社会效益放在首位，实现经济效益和社会效益的有机统一"。这为出版业供应链的管理和发展提出了更深层次的要求。

三、我国图书出版业供应链现状分析

（一）我国图书出版行业发展概述

1997 年，《中国出版业发展的三个阶段与新的出版组织的培育》一文认为，1978~1994 年底中国出版业共经历了两个阶段，并开始步入第三阶段。第一阶段（1978~1985 年），中国图书市场总量经历了一个井喷式的超常规增长阶段。第二阶段（1986~1994 年），中国出版业高速增长的势头不复存在，经历了长达 9 年的调整与徘徊阶段。第三阶段（1995 年以后），进入一个新的增长阶段。如今，15 年的时间过去了，中国出版业经历了深刻的变革，图书行业市场逐渐走向成熟。到 2010 年全国共出版图书 328387 种，其中新版图书 189295 种，重版、重印图书 139092 种，总印数 71.71 亿册，总印张 606.33 亿印张，折合用纸量 142.52 万吨，定价总金额 936.01 亿元。

出版供应链内国有单位纷纷转企改制，各大出版集团、发行集团纷纷组建，集团化、规模化的运营模式初显；电子商务模式对传统的经营模式产生巨大冲击，当当网、卓越网成为零售新星；数字出版技术升级加快，纸质出版物存在形式险峻等。同时一系列新的运营问题接踵而来，如图书结款期战线拉长，信用问题凸显；图书策划跟风现象严重，品种增多，优质书难寻；成本增多，利润率走低；图书销售大打折扣战，竞争环境持续恶化；图书库存高居不下，退货率高，资金周转速度减缓等。这些问题伴随着出版市场逐步开放，竞争机制越发成熟而越发明显,新的挑战意味着新的机遇,如何看待这些问题,怎样应对这些问题,采用何种方法措施加以解决,成为出版业供应链发展壮大,走向成熟所必须面对和攻克的难关。

(二)我国图书出版行业供应链现状

1. 我国图书出版业供应链基本形态

由于计划经济的长期保护,我国图书出版业供应链早期一直保持着简单的"链状"结构,简单概括为:作者—出版社—发货店(新华书店)—零售书店—读者。

早期的发行单位主要是指各省级的新华书店以及京、津、沪、渝四个直辖市的发行所,在零售过程中,新华书店系统掌控着绝大多数的零售点。

后来随着计划经济逐步转化为市场经济,图书行业也发生了明显的变化。新的所有制主体如民营书店在零售环节的分量越来越重。市场需求趋于多样化,但是图书出版业供应链的主体发展并不均衡,出版企业因为政策的限制只在数量上有少许增加;中盘企业却根据市场变化迅速发展,衍生出了批发和代理的等级体系,对系统功能进行了自我完善;零售市场逐渐开放,吸引社会资本进入其中,形成了以新华书店为主,民营书店、网上书店、外资或者合资书店、专业书店并存的多元化形式。与此同时,出版业中的出版企业、中盘、零售企业开始向对方领域扩张,这期间有相互间的功能互补,也有功能重叠。出版单位自办发行系统,组建专业图书发行代理、开办直营书店等,以各种不同的形式向下游渗透;原本一些辐射能力较强的、功能比较齐全、面向的市场潜力巨大的省级新华书店和地市级新华书店也开始组建大型物流中心或者是图书批销中心,向中盘领域进军。所以现阶段的国内图书出版业供应链呈现为更加复杂的"网链"结构,对管理要求更高。

从组织特征的角度分类,供应链可以分为如下三种类型:

(1)核心企业型。整条供应链以某一核心企业为中心进行构建,这个核心企业必须在经济实力、产品研发等各方面具有压倒性的优势。

(2)寡头垄断型。供应链中存在着两个或者两个以上的具备相当实力的节点企业,他们共同主导着整条供应链的运行。

(3)均衡型。供应链内的各节点企业的实力均衡,不存在某一企业的实力超出其他企业一大截的情况,这样供应链与供应链之间,企业与企业之间交错融合,竞争与合作共存,组成动态的功能网络结构。

国内的图书出版业供应链基本属于第三种形式。在出版体制改革的背景下,出版供应链内有实力的企业纷纷走上规模化、集团化的道路,一些区域内有规模实力的出版社、省级新华发行系统或纵向或横向兼并重组,组成功能完备的省级出版集团或者发行集团。在出版企业中存在着教育出版集团、中国出版集团等实力较强的出版企业,批发零售环节中也存在着北京发行集团、当当网等讨价还价能力较强的企业,并且每一个企业都有可能同时参与几条供应链,整个书业链的形式错综复杂,加之企业间缺乏约束机制,没有统一的行业标准,呈现出的是更加不稳定的状态。

2. 我国图书出版业图书流通渠道

这里的出版业图书流通链渠道主要是指代的发行的渠道。图书发行在整个图书出版业供应链中起着决定性的作用,是出版社和市场的桥梁,图书价值的实现主要依靠图书发行这个环节来实现的。并且图书出版业目前存在的挑战,比如图书库存问题,图书成本问题,退货问题,信息沟通等很多方面都是和图书发行有密切的关系,解决目前我国存在的图书发行问题,对于图书出版业供应链的优化起到了决定性的作用。我国图书发行渠道仍保留几分20世纪80年代的计划经济的色彩,主要表现为各省的图书发行渠道大部分仍是以本地的新华书店系统为主,区域分割的现象仍然存在。目前我国存在的发行渠道主要有:

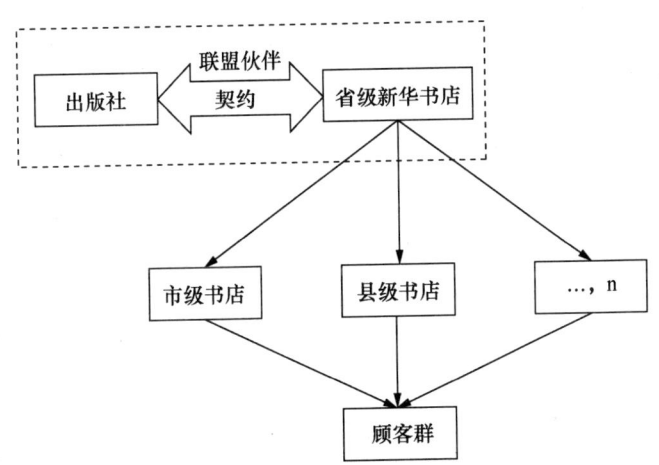

图7-8 新华书店分工形式

(1) 新华书店系统。新华书店诞生于1937年的延安,是我国图书业中资格最老、历史最悠久的单位。自1951年与人民出版社正式分开后,新华书店就专门从事图书发行的工作。刚创建时期的新华书店是比照苏联的计划经济模式组建的,主要分为四级新华书店体系,分别是中央、省(直辖市)、地市、县。各新华书店负责本区域的图书批发零售工作。其中,4个直辖市的发行所和省级店不涉及零售业务，专职搞批发业务。计划经济时代，全国的图书市场只有一个声音，就是新华书店。改革开放以来，随着出版社自组发行系统以及民间资本的介入，新华书店在图书发行市场所占的比重不断下降。

目前，新华书店发行系统只在中小学教材教辅批发分销方面占据绝对优势。虽然如此，新华书店发行系统仍具备其他发行力量无法比拟的优势：

第一，新华书店系统拥有覆盖面广，分布均匀的发行网络。新华书店发行网点基本与我国行政区划配套搭建，分布广泛且均匀，向下延伸到县乃至乡镇，这是任何一个其他发行力量所不能搭建并且延伸到的。并且新华书店的网点大多地处闹市区，地理位置好，中转分发网点也大多安置在各地的交通枢纽。

第二，省级新华书店已经建设起庞大而且完善的图书物流系统。省级新华书店因为先天具备总发资格，一直以来在图书物流系统设施完善方面不遗余力，长期以来，形成了以图书储存设备、运输机械、物流信息网络建设、物流人才队伍建设为主的现代化物流网络。

第三，与出版社长期合作形成的品牌优势。借体制经济的便利，我国新华书店系统和出版社仍存在藕断丝连的关系，相较民营书店，新华书店更容易和出版社达成协议，优先获得图书资源。相较其他形式的发行渠道，新华书店发行系统网络搭建更加完善，所以出版社也更愿意经由新华书店发行新书。此外，新华书店一直有各级政府的大力支持，比如关键领域额政府审批，提供税收优惠。

作为发行系统老大的新华书店系统也存在着弊端，在竞争越发激烈的图书发行市场中同样面临着挑战。主要表现在：计划经济色彩浓厚，体制落后，管理观念落后，竞争服务意识差。因为历史原因，新华书店系统一直没有形成完善灵活的体制，企业内部仍残留着浓厚的官商作风，产权不清晰，人力资源管理落后，缺乏活力。加之长期对教材教辅形成垄断，有固定的利润源，企业竞争服务意识差，与上游出版社信息沟通不及时；寄销模式将压力完全转嫁给出版社，经常出现拖欠货款的现象。不注重市场维护和开发。另外，市场竞争越发激烈，新华书店所占份额日益萎缩，这对新华书店发展增添了难度。

伴随着我国出版发行系统体制改革，新华书店也进行了体制变化，北京、江苏、四川、湖南等地纷纷组建了新华发行集团，走向规模化、集团化经营方式。同时新华书店大力发展连锁经营，吸引社会资本流入，进行股份制改革。这些措施为新华书店系统注入了新的活力，有效地提升了新华书店的市场竞争力。

（2）出版社自办发行体系。国家出版局在 1982 年在图书发行体制改革问题中曾提出要建立"一主三多一少"的体制改革目标，目的是建立"以新华书店为主，多种经济成分、多种购销形势、多条流通渠道、少流通环节"的发行渠道。并指出要"大力支持出版社自办图书发行业务"。出版社自办发行被正式肯定是在1988年中宣部和新闻出版署联合颁布的《关于当前出版社改革的若干意见》。新闻出版署和工商行政管理局在1991年联合颁发《关于出版社自办发行图书的暂行规定》，为出版社自办发行提供专门指导法规。

早期出版社组建发行科、读者服务部作为自办发行机构。经过长期的改革和探索，出版社组建起一批专业化程度高，现代化设施配套齐全，规模较大的图书分销公司。如法律出版社组建成立的中国法律图书公司，就是将原社的市场发行部门、仓储运输部门、配套的财务结算部门重组整合形成的。如今，中国法律图书公司逐渐成为全国最专业的法律图书销售中心，信息服务中心以及物流中心。中国建筑工业出版社、高等教育出版社等许多出版单位都组建了自办发行系统，但大多数出版社的自办发行无法达到中国法律图书公司那种规模，多数的出版社自办发行系统的销售额仅能占到全社的30%~50%，市场份额不大。

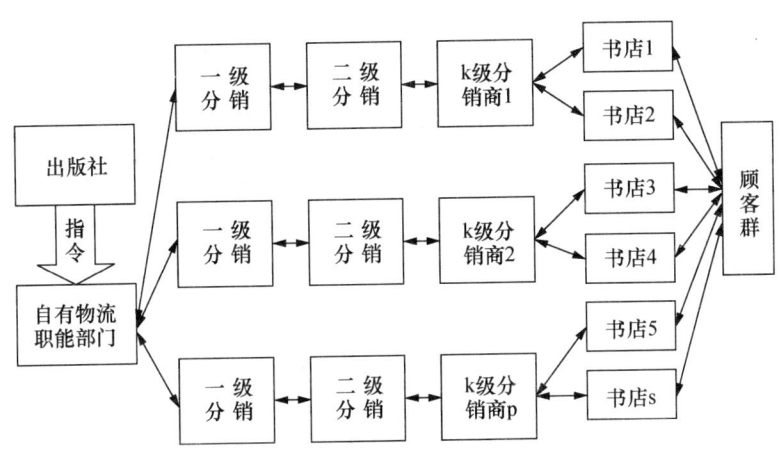

图7-9 出版社自办发行模式

相较于新华书店系统而言，出版社自行组建的分销发行系统有独特的优势，主要有以下几点：

第一，更加专业。专业类图书如法律类、医学类、计算机类、建筑类、财务类等，在发行环节更需要专业知识做背景，这一点是和大众类图书发行不同的。如中国法律图书公司可以根据图书题材、市场特点等法律类图书独有的特点设计专业的发行渠道和营销活动，可以聘请具备一定法律知识的专业人才为零售书店、读者提供更深层次的交流和服务。

第二，更加便利。大部分出版社在组建分销公司的时候，都直接将原出版社的市场部人员分离出去。因此组建好的分销公司在与原社进行信息沟通时更加便利，开展工作时更容易得到原社编辑人员或管理人员的帮助。

第三，更有动力。相比新华书店发行系统，自组的发行系统在身份上更像是自己人，经营利益是一致的，因此在经营环节更有动力。

第四，流通环节更少。经由自组的发行系统发货时，可以直接从出版社的仓库提货，在物流环节少了很多工作。商流环节也少了中盘这一环节，对市场的反应无疑更加快捷，在信息收集传递反应方面也更加迅速，更有利于信息平台的搭建。

出版社自办发行系统的缺点也很明显：

第一，经营品种不多。出版社自组发行渠道，最根本的目的是为自身出版的图书服务的，但是渠道支撑完善必须要有丰富的图书品种进行不断填充，除了少数几家出版社外，一家出版社的产品规模很难支撑起渠道。

第二，销售渠道不完善。相较新华书店系统而言，出版社铺设的发行网络有先天的不足。出版社自办的发行系统很难能形成全国性的规模，能做到省一级就算做得很不错的发行渠道了，更不用考虑将渠道向下延伸到县城、农村。

第三，容易引发市场竞争混乱。跳过中盘这一环节直接供货，对于出版社和零售店来说都是有利的，因为利润率上升了。但是出版社在发行环节毕竟不如专业中盘如新华书店那样专业，在供货的品种、时间、折扣方面很容易产生不一致。一旦和新华书店发行不同步，很容易引发贸易争端，形成不规范市场竞争，不利于整个行业的健康发展。

（3）民营图书发行体系。国家从1980年开始推行图书发行体制改革，国家出版局1982年提出的《关于图书发行体制改革问题的报告》中提出了要"积极发展集体书店，适当发展个体书店"，提出"一主三多一少"的目标，第一次提出让民营资本进入书业，但仅限于零售，可就在当时，一些地区的民营资本即以"假零售真批发"的手段开始介入了图书批发。

2003年，民营书业迎来了发展的转机，2003年9月1日新闻出版总署颁布了《出版物市场管理规定》，民营批销公司可以正式参与总批发环节，不用再像之前那样挂靠在国营单位下进行经营。民营书店的力量多集中在大众类图书的发行，其优点和缺点都极有特色。

民营批销公司的优势主要有：首先，机制灵活，对市场需求的变化极为敏感，善于发现市场的蓝海，容易根据市场的变化随时做出调整，在折扣方面也比较灵活。其次，民营批销公司机构设置简单，工作效率高。民营批销公司内的激励机制更加灵活实际，收入和效益直接挂钩，因此民营批销公司的经营者和下属人员工作态度更加认真，工作热情高，动力足，办事效率高。最后，民营批销公司基本没有退休人员负担，这也是民营批销公司的优势。

民营批销公司的缺点同样明显。首先是起步晚、实力弱、规模小。虽然有的民营批销公司自 1982 年就开始涉足图书批发行业，但因为当时政策没有放开，民营资本并没有一个合法的身份，而是采用"假零售真批发"的手段，也就是俗称的"二渠道"。自 2003 年新闻出版总署颁布了《出版市场管理规定》后，民营资本才算有了真正涉足图书批发业的身份。民营批销公司多是以小作坊式家族企业为主，资本少、规模小，虽然也有船小好掉头的优势，但在发行渠道铺设等方面肯定比不上新华书店。需要大量资本投入的物流基础建设，信息建设就更有心无力了。此外，优质的图书发行渠道要求渠道中的图书品种要多，这点资金少的民营批销公司是很难实现的，品种不丰富，整体的利润很有限。其次是经营管理不规范。民营批销公司往往达到一定规模后就会遇到"瓶颈"，很难发展壮大，这其中有资本少的原因，但还有一个原因就是民营批销公司的管理模式不规范，人才匮乏。民营批销公司成立的起始往往走的是"家族化管理"的个体经商户的模式，也存在一些原本在新华书店或者出版社做发行或者对发行有一定了解的人下海建立的。他们往往对市场敏感，同时又对某类图书有较深的了解，能够看到市场需求。建立起始阶段或许会因为其敏锐的嗅觉获得一定利润，一旦形成一定规模，想继续发展壮大就会后继无力。在人力资源方面，民营批销公司往往注重人员使用价值，不注重人员的开发培训，这也制约了企业长远发展。

自 2003 年至今，民营力量也认识到了自己的不足，并一直在积极主动地探索符合自身的道路。其最主要的方法有三种：第一是建立联盟。1995 年 7 家做教辅教材类图书批发的民营企业联合成立了"全国教育书刊发行联合体"，到 2003 年已经发展到了 26 个会员的规模。他们还共同出资组建了一个公司，主要做市场信息采集，联盟内信息共享的支持工作。第二是专注某一领域或某一区域的图书批销工作，形成区域化或者是专业化的中盘。第三是吸收外来资本，寻求和外资合作。

（4）外资图书公司。外资在改革开放后涌入中国，对图书行业也有浓厚的兴趣。外资在中国图书行业的发展以 2003 年为界。2003 年前国家的文化保护政策阻止外资进入这个行业，外资公司只能采取变通的方法涉足这一行业。1997 年德国出版巨头的贝塔斯曼采取书友会的形式进入图书分销领域，在这之前他曾与中国科技图书公司成立上海贝塔斯曼文化实业有限公司。英国的剑桥大学出版社（Cambridge University Press）借着与外研社联合出版图书的机会也随便做发行。外资正式进入图书分销行业是在中国加入世界贸易组织后，中国加入世界贸易组织后承诺正式开放图书分销领域。2003 年《外商投资图书、报纸、期刊分销企业管理办法》出台，规定中国图书零售业自 2003 年 5 月 1 日对外开放，批发业自 2004 年 12 月 1 日对外开放。一时间国内图书业界"狼来了"呼声不断。

外资进入图书分销领域多集中在北京、上海、广州等几个经济发达的地区。

外资图书企业资本雄厚,经营理念成熟,管理方式先进,运行机制灵活,产品研发能力强,对市场需求把握准确,具备很强的投资能力。他们都是全球图书市场竞争的胜出者,积累的经验是国内书业的企业所不能比拟的。但是外资公司同样有他的劣势。

第一,外资缺乏本土化人才的支持。外资实行本土化战略需要有人才的支持,但中国图书行业是一个"圈子"很小的行业。整体规模小,因为体制改革的原因有很大一部分人保留着体制内的身份,这部分人几乎囊括的这个行业的全部佼佼者,人才流动率低,流向民营企业、外资企业这些体制外的企业更少。如此一来外资企业想寻找本土化人才极不容易。

第二,外资缺乏对中国市场行业的了解。中国图书行业的市场发展不成熟,法规也不健全。国内的出版企业、发行企业很多仍保留着计划经济时期的官商作风,"潜规则"多,加之中国图书市场的盗版现象严重,这种情况在一定形式下也会对外资企业的发展造成障碍。

第三,外资涉足文化行业容易遇到政策壁垒。虽然中国已经承诺正式开放图书分销市场,但从维护意识形态、保护民族文化的目标出发,政府仍会或明或暗地为国内图书市场的外资企业设置一些障碍。

但是外资企业在经营理念等很多方面是值得国内的企业学习的。以德国出版商贝塔斯曼为例,在分销网络建设方面,贝塔斯曼并没有因为资本雄厚就盲目的投资铺设网络,而是谨慎寻找合作伙伴,尽量利用国内已有的分销渠道,注重物流和信息流等基础设施的跟进。在物流建设方面,贝塔斯曼投资组建自己的建物流配送体系,包括在上海的图书仓库,面积达 4500 平方米,日均配送能力达 1000~1200 件;面积达 5000 平方米的新建仓库;信息网络支撑平台 BAE Web logic Server。在金融服务方面,为方便会员购书后网上支付,贝塔斯曼和招商银行合作,打造专门的电子商务支付渠道,联合发行"招行贝塔斯曼一卡通"。在人才培养方面,贝塔斯曼每年都在人才选拔和人才培训方面花费大量的时间和投入大量资金。

3. 我国图书出版业供应链中的"牛鞭效应"问题

"牛鞭效应"是指来自供应链下游的供应商的订货量的波动程度(方差)沿着供应链向上逐级失真扭曲放大,最终导致供应链最上游的供应商所获的订货量的波动程度远远大于最下游的顾客的实际需求量的波动程度的现象,如图 7-10 所示。

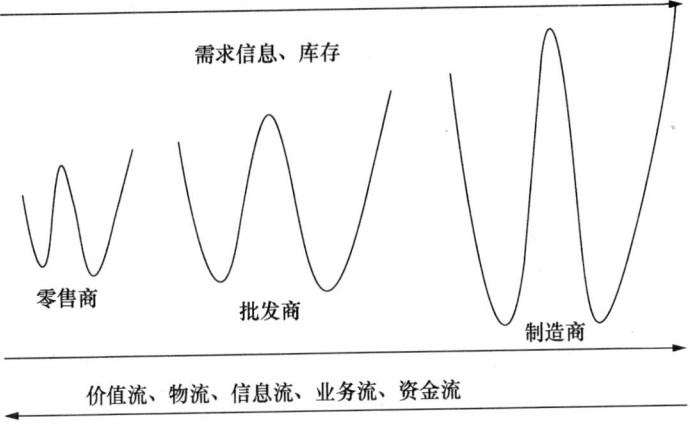

图 7-10 "牛鞭效应"

北京旌旗席殊书屋有限公司董事长兼总裁席殊先生在 2004 年全国首届出版业物流研讨会上所说：图书出版业供应链中的"牛鞭效应"现象比任何其他行业都要严重。"牛鞭效应"会导致在供应链逆流向上的订单是客户端的需求的几倍甚至几十倍，企业库存增多，产品积压，生产能力过剩，退货率上升，资金流、信息流、物流不畅，进而导致客户服务质量下降，甚至有可能引发供应链崩溃。"牛鞭效应"对我国图书出版业供应链的危害尤为严重和突出。

表 7-2 2008~2010 年我国新华书店系统、出版社自办发行单位出版物销售概况

年份	2008	2009	2010
全国新华书店系统、出版社自办发行单位出版物总销售（亿元）	1456.39	1556.95	1754.16
全国新华书店系统、出版社自办发行单位纯销售（亿元）	539.65	580.99	599.88
全国新华书店系统、出版社自办发行单位年末库存（亿元）	672.78	658.21	737.8
全国新华书店系统、出版社自办发行单位年末库存与销售额比	0.46	0.42	0.42
全国新华书店系统、出版社自办发行单位年末库存与纯销售额比	1.25	1.13	1.23

从表 7-2 中可以看出，2008~2010 年全国新华书店系统、出版社自办发行单位年末库存与纯销售额比都在 1.10 以上，全国新华书店系统、出版社自办发行单位纯销售额代表的是新华书店系统、出版社自办发行单位去除政治读物等政

策扶助部分的销售额,代表新华书店系统、出版社自办发行单位在市场竞争环境下的生存经营能力,新华书店系统、出版社自办发行单位的年末库存是其每年所能实现的销售额的一倍以上,对新华书店系统、出版社自办发行单位的资金周转、日常经营带来极大的压力。

"牛鞭效应"是我国图书出版业供应链中一系列顽疾的集中体现,涉及链中各个方面。产生"牛鞭效应"的主要原因有:

(1) 供应链由多层级企业构成,市场需求信息向上游传递时逐级传递。出版社做市场预测时所基于的市场需求信息,是由各级分销商提供。出版社凭借经验或者以往信息的储备,决定未来市场的需求以进行选题。各区域分销商则是根据区域内零售店的订单量再加上自己的安全库存进行本地区图书需求的预测。零售书店多是根据安全库存量和凭经验对读者的最终需求进行预测以确定向分销商的最终订货量。这个过程中,各个节点的需求信息的产生有基于预测的部分,加之各个节点都要准备安全库存,导致向上游传递的需求信息逐步放大,到达出版社时的订单需求可能要比实际需求大得多。

我国图书出版业供应链是一个复杂的网状结构,每个企业都会同时参与好几条不同的供应链,从多个渠道反馈过来的需求信息的加和所包含的水分会更大,再加上企业往往都会准备一定量的安全库存以避免缺货损失。需求信息到达最上游的出版社时早已像滚雪球一样积累放大,上游出版商无法及时地了解市场的实际需求,对市场的反应迟钝,服务质量下降,库存积压。图书出版业供应链层级越复杂,链条越长,"牛鞭效应"越明显。特别是当市场某种图书供小于求时,需求信息放大的想象可能会更加严重。当供应链中分销商估计某类图书可能会畅销时,为了能保证自身利益,降低缺货损失,往往会扭曲实际需求,加大订单量,出版社进而会加强生产能力,最后供给大于需求。此类书籍生命周期一过,残余的库存被退回出版社,层层累积下来,"牛鞭效应"的不良后果极为明显。

(2) 国内没有形成统一的图书信息格式标准,图书出版业供应链内各节点企业信息系统对接有障碍,信息孤岛现象严重。目前,我国政府特别重视社会信息化的建设和信息技术的创新,图书业的信心化也不例外。在中央或者地方政府的推动支持下,图书出版业供应链内各节点企业在信息系统建设方面开展的较好。目前,国内70%的以上出版社都拥有信息管理平台。但是在供应链内图书信息系统对接方面,各节点企业做得并不好。其原因主要有三个:一是各节点企业搭建信息平台的进度不一样。有的才刚起步,有的已经趋于完善;采用的硬件设备、软件技术存在差距;信息平台更新换代、产品升级的时间、速率也不会相同。二是国内图书行业还缺乏统一的信息标准。特别是当同一条供应链内上下游节点企业采用的信息管理系统信息标准不同时,在信息同步、传输等方面会产生巨大的延迟。三是各节点企业对供应链管理思想认知仍存在差距，对信息资源共享仍有疑虑。加之各省市图书出版、发行领域行政色彩浓厚，或多或少地会存在地方保护主义的影响。这些原因导致供应链内节点企业的信息很难共享和开发再利用，造成信息资源的浪费，加剧需求预测的扭曲，加大"牛鞭效应"。

（3）我国图书发行体制改革滞后，"寄销式"发行体制加重上游企业压力，加剧"牛鞭效应"的形成。"寄销式"图书发行体制要求出版社接受所有没卖出的图书。图书在由出版社向分销商流动时是由出版社负全责的，出版社或自营物流或外包第三方物流企业将图书运输到分销商仓储地点，并要在结算前保证订货配送环节的及时准确，当图书出现卖不出去的情况时，还要负责退货。当分销商将已经放大的订货信息反馈到出版社，出版社会对订货量的"泡沫"假象产生误判，从而加大生产量。这也是导致很多图书首版销量很好，再版后却卖不动的一个重要原因。在这种发行体制情况下，下游销售企业将大部分的退货责任和压力通过合同转移给出版社，在没有有效约束的情况下，供应链的下游企业往往会有加大订货量的冲动，导致"牛鞭效应"的产生。

（三）国外图书出版业流通系统特点研究

1. 日本图书出版业供应链的特点

（1）信息化的普及。从20世纪80年代开始，日本图书行业开始全面推行信息化，使用计算机处理图书编辑出版、发行流通等业务，最后行业内计算机逐步取代人力处理企业的全部业务。而图书出版业供应链各节点企业的信息系统交换平台开始出现在90年代中期。当时日本出版行业以讲谈社和小学馆两大集团为主，发行中盘则是以东贩和日贩为"领头羊"，信息平台建设也是围绕这4家企业为中心搭建运行的。到2001年，小学馆已经实现了将日本较大的18家出版社的图书库存全部录入网上订货系统的目标，与4000多家零售店进行销售数据传输和交换，其中600家规模较大的零售店可以实现每天进行一次数据传输。信息传递工作委托给了一家专门的信息处理中介完成。这套信息系统完成后，整条供应链运行的效率得到较大提升，整体库存储量下降。日本图书行业信息化普及得益于日本图书行业信息标准化的规范和推广。日本图书上有两个标准化的条形码，记录了图书的全部信息，一个是ISBN码，另一个是避免再版图书条码不唯一的情况而专门设立的分类和定价条码。

（2）出版社和图书代销公司形成的互相参股、利益均沾的关系。日本的出版社基本不做图书实体流通工作，图书的流通基本靠东贩和日贩两大中盘来实现，中盘可以说是日本出版流通体系的基础，而占全部图书分销业务70%的东贩和日贩又是中盘的支柱。日本的出版社和分销商之间普遍存在互相参股的关系。例如，东贩公司的股份构成为，讲谈社、小学馆等360家出版社股东占有52.8%的股份，书店占有9.3%，东贩内部占有23.8%，其他股东占有14%的股份；而在日贩的股份构成中，以讲谈社和小学馆为首的321家出版社占有58.8%的股份，书店及其他占有32.6%，日贩内部占有8.6%。日本图书出版业供应链内的节点企业通过互相参股这种形式，有效地将图书行业的产销活动连为一个整体，双方在订立图书销售协议时更容易达成一致，降低了企业的市场交易成本。电子商务兴起后，日本出现的网上书店并没有被传统供应链内的节点企业所排斥，日本最大的网上书商纪伊国屋书店倡导发行商和出版商共同出资建立了配送中心，并自建图书配送体系，帮助配送中心高效运行。

2. 美国图书出版业供应链的特点

目前，美国图书行业的分销领域正逐步形成是以贝克·泰勒和英格拉姆为两大分销商为主的垄断格局。贝克·泰勒和英格拉姆的成功经验比较相似，都得益于运用先进的数据发掘技术对客户提供优质服务，并且在网上图书订购、物流服务，信息增值服务等领域发展的都趋于成熟。贝克·泰勒和英格拉姆的价值观也极为相似，他们都将为图书出版业供应链内各节点企业实现价值增值作为提升客户服务质量的出发点，图书在供应链流通的过程中，信息流、物流、资金流能够做到紧密配合，上下游企业间配合默契，实现共赢。贝克·泰勒和英格拉姆还特别注重信息增值服务的积累，为上下游企业提供成熟的产品分析服务。

美国的发行商和批发商是两个不同的群体，在图书出版业供应链中行使不同的职能。批发商负责采用代销形式从出版社取货并分销给零售商。发行在美国的概念和我们国家不太一样，美国的发行更注重图书在形式内容上的宣传推广，吸引消费者的购买欲望，美国的发行商负责做图书营销工作，同时为多家出版社服务，向出版社收取宣传经费，对其出版的图书的内容种类选择不同的销售渠道推向不同的客户。美国中盘的批发商与发行商发行代理并存的模式值得国内借鉴。

四、国内图书出版业供应链模型优化与管理探讨

（一）图书出版业供应链内各节点企业边界界定

在供应链管理环境下，由于合作关系的存在，企业间的交易成本降低，企业

会更倾向于"采购",放弃"纵向一体化"的生产模式,调整企业的组织结构和生产能力,专注企业核心竞争能力的发展壮大,为降低组织成本,许多和核心业务无关的作业会被剥离出来,以业务外包的形式进行市场采购。同时,企业更倾向于"横向一体化"的生产模式,发展与核心能力相关的经营活动,追求内部经营的协同优势,追求范围经济和规模经济,使得企业专业化水平提升,核心竞争力加强。图书出版业供应链中各节点企业中,出版企业、分销中盘、零售企业的核心业务已进行定位(见图7-11)。

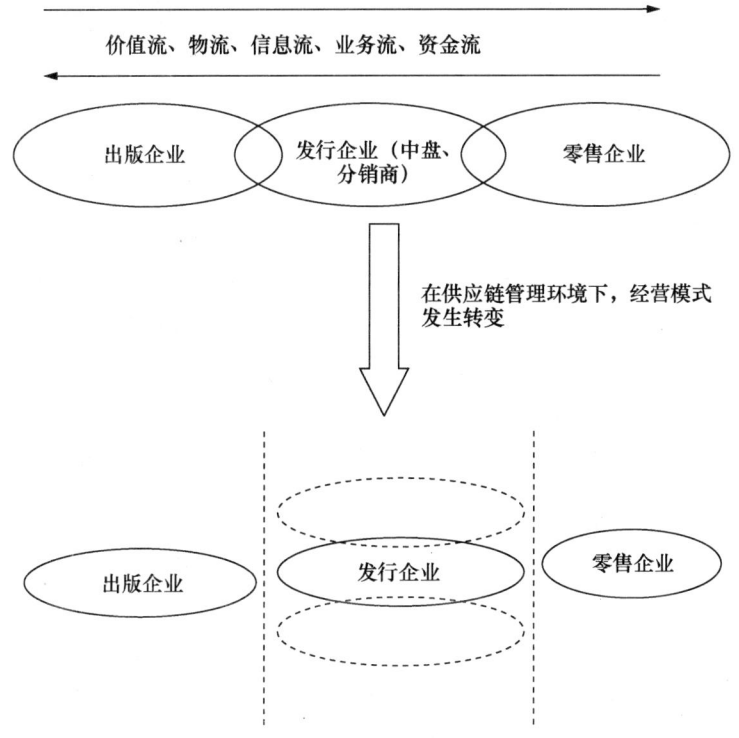

图7-11 供应链管理思想对图书行业企业边界的影响

出版产业中三个最主要的环节出版、印刷、发行都是在计划经济体制下形成的。伴随着经济体制改革,出版产业体制改革愈演愈烈。印刷可以说是最早面向社会资本开放的领域,同时也是目前出版产业中市场化最为彻底、竞争最为激烈的区域。出版、发行环节开放得都比较晚,尤其是出版环节,因为国家文化保护战略的需要,至今仍有较高的进入门槛和浓厚的政策保护色彩。

印刷领域是出版供应链中竞争比较激烈的区域之一。长期的激烈竞争已经使印刷企业早早确立的自身的核心优势，通过技术创新或者规模化经营以建立自身在这个领域的优势，印刷企业在出版供应链中很难做到纵向延伸。

出版企业目前存在两极分化的趋势。一部分经营效益较好出版社或者受政策扶植力度较大的企业走上了集团化发展道路，以资产为纽带进行股份制改革。横向上区域内多家出版社强强联手，以省级为单位组成跨内容、跨媒体、跨部门的大型出版企业，纵向上出版集团对印刷企业、发行企业采取兼并重组的形式，形成供产销一体化的集团。而一些经营效益不怎么样的中小出版社在管理、生产等环节未适应市场化的节奏，在竞争中逐渐没落，惨淡经营。但是，出版企业的核心竞争优势一直未变，那就是对内容资源的优化整合。每个出版社都会有编辑部门、版权部门、发行部门或市场部门，这几个部门所承担的工作如版权买卖、图书选题策划、市场信息调研、图书审核校队编辑、图书营销等正是出版社长久经营形成的核心部门。很明显，图书从选题策划到审核编辑，再到最后成书，这几个环节是必不可少的，也是我国出版供应链内其他节点企业无法涉及的，更是整个图书出版业供应链得以形成的基础。对内容资源的整合和掌握，是出版社的核心价值，不管今后图书以何种形式面世，不管图书出版业供应链会以为技术的革新发生怎样的变化，内容资源一直会是图书出版业供应链得以存在的价值所在。出版企业应专注内容资源的选择编辑和整合，关注出版物文化价值的转变和提升，注重内容资源的储备和展现，寻求利用长尾理论实现已出版产品再次增值的方法。在计算机技术普及的今天，计算机技术成为出版社进行内容资源的生产整合存储的主要方式，出版社应剥离与内容生产无关的业务，如仓储、运输等物流活动。剥离物流活动并不意味着出版社取消自营发行渠道，在这点上可以借鉴美国发行商和分销商共存的模式，出版社仍可发展出版产品的推广营销的经营活动，而与分销相关的实体物流活动则可以寻求业务外包，采购第三方物流企业的服务或者将物流活动向供应链下游转移。

发行环节分为两个部分：一部分是中盘所代表的批发分销环节；另一部分是零售环节。发行企业很多都在同时涉足中盘批发和零售两个环节，比如新华书店发行系统，省级新华书店发行系统负责区域内批发分销，各地市级、县级新华书店则主要做零售。目前，在图书批发这一领域，新华书店系统仍拥有较大优势，较为完善的发行渠道和销售网络，使其仍是大部分出版企业新书发行渠道的第一选择。在图书零售环节，以当当网、卓越网为代表的网上书店异军突起，正逐步蚕食市级新华书店的市场份额。不难得出，图书中盘的竞争优势在于销售渠道的铺建以及提供更为便捷的物流服务。而零售企业因为直接面向消费者，则应集中注意力在客户体验环节，以合适的价格、完善的图书品种为基础向顾客提供更为优质的服务。

分销中盘应专注区域销售渠道的建设，完善自身的物流服务功能，向专业化、区域化物流服务提供商转型。分销中盘尤其是各省、直辖市的省级新华书店或新华发行集团一直是当地政府政策扶植的重点，在政策的支持以及自身的积累下，省级新华书店或者改组后成立的新华发行集团纷纷投资兴建区域性的大型图书物流中心，建立了先进的物流体系和信息平台。但目前存在的问题是新建立的图书物流中心存在着物流资源利用不充足的情况。在理想状态下，分销中盘应该承担起区域内图书出版业供应链内图书实体流通、需求信息反馈的重任，是图书从生产环节推向市场的最为重要的衔接环节。

零售企业应当专注客户服务，注重客户体验。同出版环节垄断保护、发行环节的省级新华发行系统一支独大相比，零售环节是竞争比较激烈的。零售领域既存在着国有成分的企业，如地市级、县级新华书店，也存在民营资本和外资组建的零售企业。特别是网上书店的崛起，更是加剧了零售市场的竞争。进行市场细分，对目标客户进行准确定位，是各种零售企业完善客户服务体系的首要前提。

出版企业、发行中盘、零售企业在图书流通这一环节存在功能重叠，资源浪费的问题。主要体现在三个方面：

（1）信息资源浪费。出版企业、发行中盘、零售企业往往都建立自己的信息系统，却因为对接问题形成信息资源的浪费。

（2）物流资源浪费。以省级新华书店为代表的发行发行中盘大多拥有先进的物流设备，却不能主动承接区域内图书运输、配送、仓储功能。出版企业向发行中盘发书或者接受退货仍要依靠第三方物流系统或者使用自营配送系统，并且供应链内各节点企业大多自营库存，库存信息不流畅，区域间发行中盘的图书库存信息不对接，无法做到缺货时就近补货。

（3）竞争资源浪费。在零售环节，网上书店往往会借助其成本优势向消费者提供折扣更低的图书，抢占实体书店市场份额。这容易导致实体书店的敌视，催生折扣大战或者对上游图书资源额不正当争夺。形成竞争资源的浪费。尤其以新华书店系统和民营网上书店的竞争最为激烈。仔细分析一下，在一些经济发展较快、物流系统建设完善的城市，网上书店因为没有门店限制，在经营管理方面无疑比实体书店更具成本优势，这些城市的新华书店也因为竞争压力被迫转变经营方式，小规模实体店被撤销或转为专业化经营，规模较大或者地段较好的实体店则像多元化、规模化的图书城方向发展。而在经济并不发达的地区，受物流基础建设的限制，网上书店并不能提供优质的服务，新华书店仍是当地图书销售的主要渠道。

（二）出版企业和发行企业实施联合库存管理模式分析

1. 图书出版业供应链内实施联合库存管理模式

联合库存管理是为了规避传统库存控制中的"牛鞭效应"，在供应商管理库存（Vendor Managed Inventor，VMI）的基础上发展起来的上游企业和下游企业共担风险，共享信息，权责平衡的共同管理库存的模式。联合库存管理强调供应链中各个节点企业共同参与，共同制定库存计划，供应链中每个库存管理者在制定库存计划时不仅要考虑外部需求因素，还要考虑相互之间的协调性，使供应链内每个节点企业的库存管理者保持对需求预期的协调一致，各节点企业风险共担、信息共享、消除需求信息扭曲放大现象。实施联合库存管理对解决我国图书出版业供应链的难题有很好的借鉴作用，我国图书出版业供应链可以借实施联合库存管理为契机，完善我国图书出版业供应链的管理机制。

加入世界贸易组织后，为了支撑和保障出版业的持续快速发展和积极参与国际竞争，国家新闻出版总署等主管部门提出"要大力推进连锁经营，加快图书流通体系建设"，"加强信息化、网络化和物流配送设施的建设"。尤其是近几年来，我国图书业加快了产业的资源整合力度，加大了对信息基础设施的建设力度。一些省级行政区域在政府的引导下，以区域内新华书店的发行网络为基础，纷纷组建了一批大型图书发行集团，并投资建设了区域性的、规模化的现代图书物流中心。这都为我国图书出版业供应链引入联合库存管理模式提供物质基础。

在某一区域我国传统图书出版业供应链如图7-12所示：

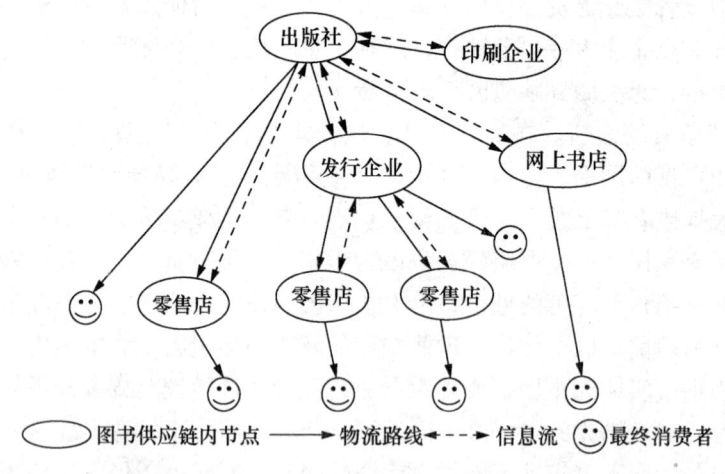

图 7-12 传统图书出版业供应链

可以看到，在传统供应链中，出版社在对市场需求进行分析预测时，其主要依据是各发行企业提供的需求信息，再通过对历史信息的掌握，进而做出未来的图书市场需求预测；各地区发行企业则是结合各零售门店的订货量以及订立的安全库存策略来预测本区域内的图书需求；零售书店则是根据最终读者的需求预测和安全库存策略来预测订货量。链内各节点企业的库存各自为政，为避免缺货带来的损失，都会设置安全库存和进行需求预测，制定自己的库存控制策略。因此不可避免地会产生需求信息在多层次供应链内向上游传输过程中产生逐级放大扭曲的现象，即"牛鞭效应"。

实行联合库存管理后的图书出版业供应链如图7-13所示：

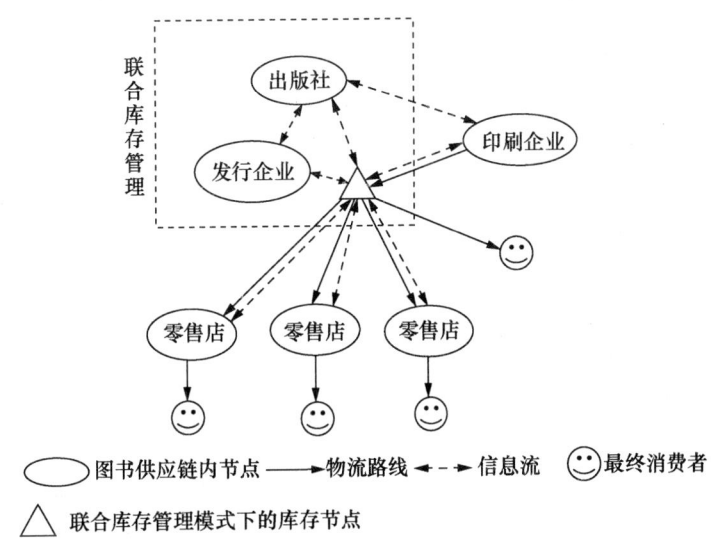

图7-13 实施联合库存管理后图书出版业供应链简图

出版企业和发行企业实施联合库存管理，出版企业物流业务完全剥离，外包给第三方物流公司或转移给分销中盘。发行中盘负责整条供应链库存的掌控，相关物流服务的提供，以及市场信息的收集整理，为供应链上下游企业提供专业的物流服务和信息服务。零售商自身不再设立库存或者只保留少许在架库存，中盘随时跟进零售店的图书销售情况，及时补货，同时获得更加准确的市场信息。出版企业将配送、仓储等物流管理环节完全剥离，集中精力在内容资源整合方面；发行中盘向专业物流提供商和信息服务商转型，专注于销售渠道铺设、物流基础设施建设、信息系统升级，负责整条供应链内图书运输、仓储等物流服务，以及市场信息的收集整合；零售店则同样将仓储、配送等物流环节交托发行中盘或是第三方物流提供商,降低管理成本。

出版社的核心竞争优势在于其对图书资源、作者资源、编辑资源和出版资质资源的掌握。相较而言,发行集团在基础设施建设、物流管理等方面更为专业。特别是现在新投资建设的大型现代化图书物流中心在信息化、机械化、现代化方面程度更高,出版社和发行企业采用联合库存管理应采用以拥有一定图书储运能力的发行企业为主处理物流业务,出版社以降低对发行企业折扣的形式或者其他方式予以补偿,双方共同制定库存策略,需求信息共享的模式。

2. 在图书出版业供应链内实施联合库存管理的推广

如前面分析,我国图书出版业供应链是个极为复杂的网链结构,每个节点企业有可能同时参加好几条不同的供应链。因此,必须在某一区域内实施联合库存管理模式的图书出版业供应链进行延伸,论述其在多个区域的运用状况。设立的联合库存点是多种形式的,有可能是利用大型区域中盘自营的物流中心,也有可能是由出版企业和发行中盘等节点企业合资共建的,也有可能外包给了第三方企业,但是不管怎么说,联合库存管理的责任仍是以中盘为主,这里的中盘并不是指目前供应链内存在的分销商,而是指谁在图书出版业供应链中提供了联合库存管理所必需的物流服务和信息服务,谁就是真正意义上的发行中盘。

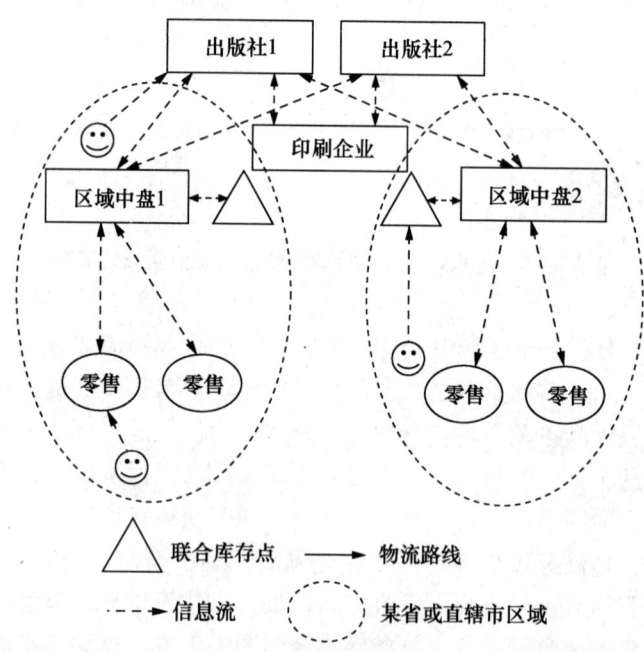

图 7-14 多区域图书出版业供应链信息传输简图

在实际情况中,每个省或直辖市的图书市场中的图书种类不仅仅包括本省或直辖市的出版社出版的图书,还包括其他省市出版社的产品,所以在做简图时没有将图书生产过程中的出版社和印刷企业细致地划分到具体区域;并且因为行政区域的限制,各省市都存在有实力的发行中盘,发行中盘的发展方向多为专业化、区域化,出版社会同时和各省或直辖市的大型发行中盘合作,分别设立联合库存管理点;各省市大型发行中盘相互之间也在建立联盟关系,实现强强联合,优势互补。图7-14和图7-15主要展示了有实体图书零售店时的供应链模式。在契约约束的条件下,出版社和印刷企业只进行图书生产方面的信息沟通,产成品在经过出版社质量审查后直接运输到各省市设立的库存点,出版社不再经手图书物流方面的业务。读者买到书主要会通过两种方式:一种是直接到零售书店买;另一种是向出版社订,当出版社接到读者的订书信息时,可以根据读者所在地址,通过信息交流,直接委托读者所在区域的库存点向读者配送。图7-14和图7-15还展示了一种情况,那就是某一区域的某类图书出现短缺,而邻近区域的库存存在富裕,出版社在进行成本核算后,当跨区域配送成本低于再版印刷的成本时,可以通过信息平台交流,进行资源调配,减少不必要的库存。

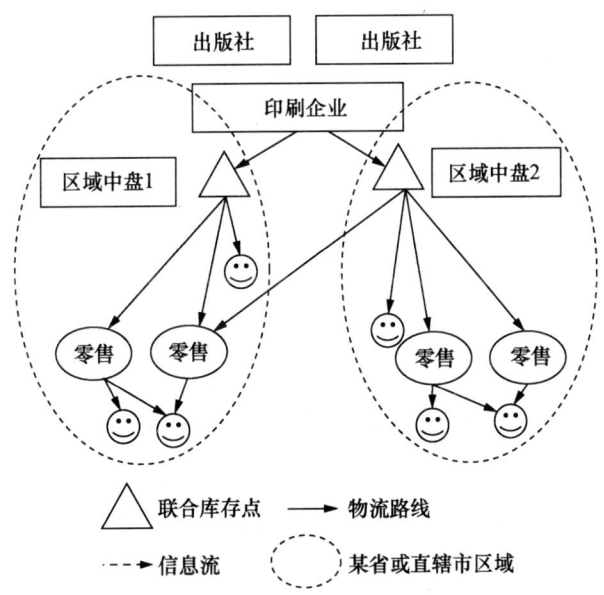

图7-15 多区域图书出版业供应链物流简图

图7-16为加入了网上书店后的图书出版业供应链。网上书店不受地域的限制,读者在网上书店订书,根据读者的地址由当地的联合库存点发货,网上书店

将销售信息向中盘的信息处理中心和出版社反馈。网上书店是电子商务发展到一定程度后的必然产物,但其发展受到物流基础建设的制约,如若网上书店有建设完善的物流网络和销售渠道的支持,那么其发展必然有飞跃式的提升。省级新华书店大多具备成为区域核心发行中盘的实力,目前新华书店系统也认识到了这一优势,并利用这种优势开展电子商务,如北京发行集团新组建成立了电子商务子公司。实体图书出版业供应链中,出版、发行、零售之间的合作关系不会变,变得只是各个环节的参与者。在本部分分析中,并不考虑网上书店的所有制形式所带来的影响,因为,如当当网和新华书店这种竞争关系会随着图书市场的发展成熟而趋向于合作共存,当然也不排除当当会被其他网上书店所取代的可能,网上书店和发行中盘的合作关系不会变。

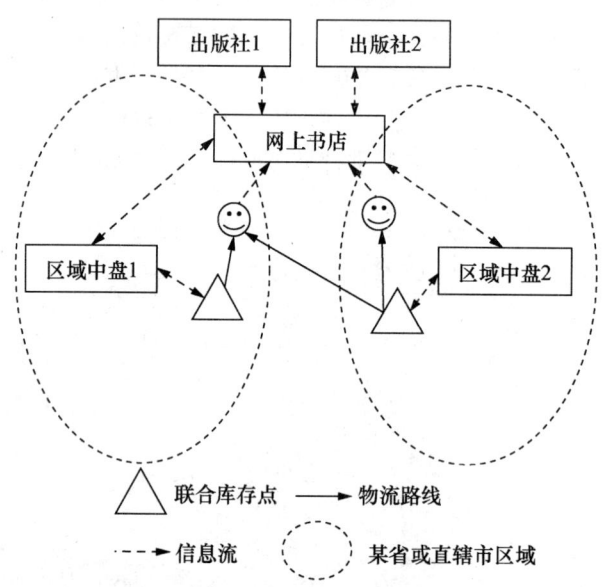

图7-16 加入网上书店后的图书出版业供应链

(三) 实施联合库存管理的必要性分析

(1) 采用联合库存管理模式后,供应链内各节点企业实现了优势互补,资源得到了充分利用。剥离物流业务后的出版社可以将注意力集中在与内容生产密切相关的经营业务中;发行中盘可以集中资源发展"横向一体化",形成规模经济和范围经济;零售商也可以充分发挥其销售网络的优势,发展连锁经营或者是开拓电子商务。物流资源被充分利用,信息资源不再重复浪费,零售环节的竞争不再以价格战为主要手段,有利于整条供应链的合作维持,更有利于图书行业安定有序地发展。

(2)采用联合库存管理模式后,供应链内各节点企业之间的合作更加紧密,更有益于发挥供应链的整体优势,形成战略联盟。实施联合库存管理模式的前提是供应链上的节点企业可以做到相互信任、合作共赢,如果想成功地实施联合库存管理,供应链内的出版商、发行中盘、零售商缺一不可,每个企业都要调整以前的经营观念,做好信息对接、作业同步的工作。当然,成功采用联合库存管理模式对各个企业的好处也是显而易见的,各节点企业在联系合作中会更加紧密,对外竞争是以供应链的形式进行的,更能体现供应链的优势。

(3)采用联合库存管理模式后,供应链内各节点企业以信息流为主要衔接纽带,企业间实现信息共享,避免"信息孤岛"现象出现。信息共享是实施联合库存管理模式的关键,信息流是连接供应链上下游企业的支撑。信息是市场竞争中一项重要的资源,企业在信息资源的开发利用过程中一定要全面而又有深度地发掘。实施联合库存管理模式后,供应链上下游企业实现信息共享,打破了原先各节点企业在信息管理系统建设中各自为政的"信息孤岛"的现象,供应链上游的出版企业可以快速准确地获得市场需求信息,可以迅速地对市场信息进行深度挖掘,寻求潜在市场需求;零售商可以根据市场信息调整产品结构,迅速向发行中盘进行反馈;发行中盘同样可以根据零售商反馈的信息调整供货方式、时间,并对库存进行调整,保证了供应链各节点企业的经营活动都是围绕消费者需求变化而进行的。

(4)采用联合库存管理模式后,一条供应链内只设立一个库存点,可以提高物流效率,降低整体库存,减少成本。采用联合库存管理后出版社和发行企业对库存进行联合管理,共同制订库存计划,能够有效降低库存,消除"牛鞭效应"。并且采用联合库存管理后,图书直接从印刷厂运到库存节点,然后依据各门店需求信息转运到零售店,运输环节减少,整个流通过程更有效率。

(5)采用联合库存管理模式后,出版社对市场需求信息的把握更加准确;供应链内整体库存量下降,客户服务水平上升,可以有效降低退货率。加之一条供应链内只存在一个库存点,图书运输环节减少。当发生图书退货时,被退回的图书回流到联合库存点就截止,如果出现已被退货的图书二次利用的情况,图书可以及时被配送,如果没有二次利用的机会,在进行图书销毁时也会更加方便。

图 7-17 为一般情况下图书退货时的情况,在联合库存管理模式下图书退货物流环节减少,物流成本下降(见图 7-18)。

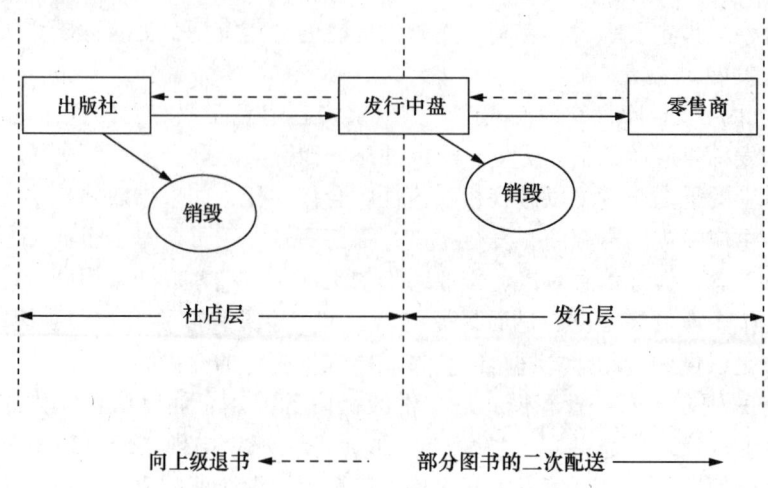

图 7-17 传统环境下图书退货流程

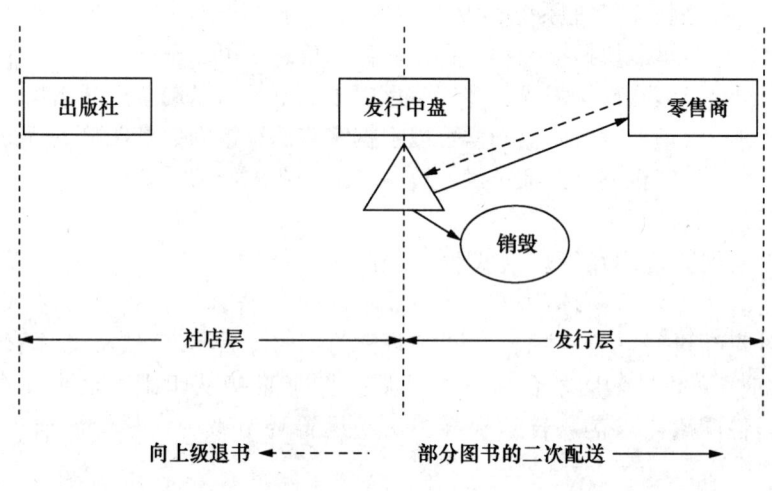

图 7-18 实施联合库存管理后图书退货流程

（四）联合库存管理模式的实施步骤

建立联合库存管理模式，需要供应链内的节点企业明确各自的竞争优势和经营目标，合理定位，建立完善的沟通平台和合作机制。具体步骤如图 7-19 所示。

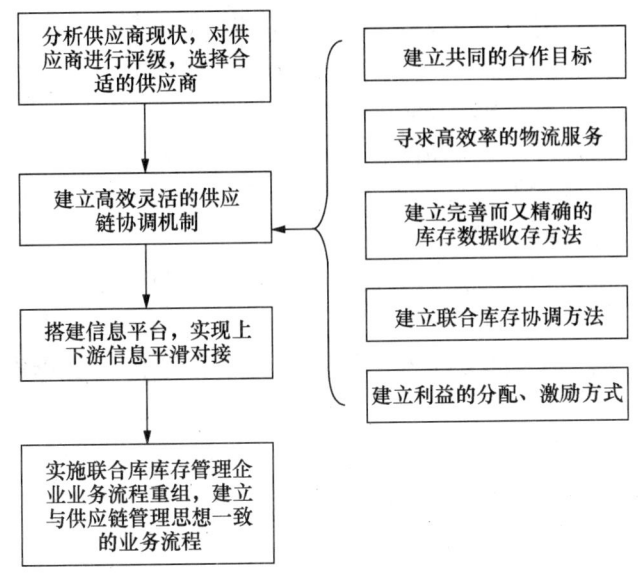

图7-19 联合库存管理模式的实施步骤流程

我国图书出版业供应链在实施联合库存管理模式时存在以下几个重点：

（1）对合作伙伴进行评测选择，建立长远的联盟关系。在供应链环境下实施联合库存管理，企业与企业之间实现信息共享，需要企业间互相信任，因此建立长远的合作伙伴关系是实施联合库存管理的关键。我国图书行业市场机制形成较晚，特别是出版领域，各出版社发展有好有坏，既存在着市场化较好、发展较为成熟的出版集团，也存在着惨淡经营、靠书号为生的小型出版社。大型出版集团一般有自己的发行系统，在图书发行时同各省的发行中盘的讨价还价能力强。但是中型出版社或者规模较小的出版社如果单独同发行中盘订立合作契约时，往往会存在"客大欺店"的现象，很难为自己争取到同大型出版集团同样的利润，长此以往，势必会形成强者更强，弱者更弱的"马太效应"。这不利于在文化领域中形成"百花齐放、百家争鸣"的局面。有实力的出版社可考虑同重点利润源的省市的发行中盘共同出资建立联合库存点；中小出版社可考虑以联盟的形式抱团与发行中盘谈判，以维护自己的利益。

发行中盘在供应商选择方面同样要谨慎，目前图书市场一大弊端就是同质书泛滥、跟风现象严重，发行中盘在对新书推介发行时要设定质量检查标准，对于同种类型的书有选择地发行，从流通渠道环节把关，制止跟风现象的泛滥。

在零售环节，目前竞争最激烈的就是以新华书店系统为主的实体书店和以当当网为代表的网上书店，在物流支持的基础下，网上书店对小规模的实体书店的取代是不可避免的,但在物流基础设施并不完善的地级市、县城、乡镇,实体店仍是当地人购书的主要渠道,在经济较为发达的大城市,实体店则以多元化经营的图书城的形式存在着。网上书店的出现改变的是零售环节面向顾客服务的形式方法,并不改变零售这一环节在图书出版业供应链的地位,现在新华书店系统也组建了自己的电子商务部,提供网上购书的服务。发行中盘在和零售企业合作时,要处理好实体店和虚拟店之间的关系。

(2) 建立有利于长期合作的利益分配机制。假设图书出版业供应链内只有两个企业——出版社和发行企业,并且只有一种图书在流通。退货成本包含在物流成本中,物流成本独立于企业运营成本核算。开展联合库存管理后主要由发行企业负责库存的管理,所发生的物流成本由出版社以降低折扣形式予以补偿。构建简单模型。用 c_1、Δc_1、π_1、r、P、Q 分别表示出版社的非物流成本、物流成本、利润、对发行企业的折扣、图书定价、印刷量。用 c_2、Δc_2、π_2 分别表示发行企业的非物流成本、物流成本、利润。开展联合库存管理后的折扣率为 r^*,供应链内发生的物流成本为 Δc^*,出版社与发行企业新的利润为 π'_1、π'_2。前面分析,联合库存管理可以带来成本优势,因此 $\Delta c^* < \Delta c_1 + \Delta c_2$,进而 $\pi'_1 + \pi'_2 > \pi_1 + \pi_2$,既采用联合库存管理后链内企业总利润要大于未采用联合库存管理时的链内企业总利润。为使这一模式继续采用下去,必须使 $\pi'_1 \geq \pi_1$、$\pi'_2 \geq \pi_2$ 同时成立。可以推导出 $r - \dfrac{\Delta c_1}{PQ} \leq r^* \leq r - \dfrac{\Delta c^* - \Delta c_2}{PQ}$。通过这个公式可以看到采用联合库存管理模式后出版社对发行企业新的折扣是有上下限的,如何在这个上下限的范围内选择一个让双方都满意的折扣率,即建立一个有效的利益分配、激励机制是整个模式得以维持的关键。

当零售企业参与进来后,零售企业并不参与供应链上游联合库存管理系统的构建和管理,但是零售企业掌握着市场第一手的信息,因此,必须对零售企业提供一定的激励措施,以保证零售企业积极的参信息共享,比如对积极参与信息共享的零售企业提供更低的批发价格。

(3) 搭建透明的信息沟通平台,实现信息共享。信息共享是实现风险共担的基础条件,因此建立和完善出版社和发行企业合作过程中信息共享机制也是联合库存管理模式得以实施的关键。为了提高整个供应链的需求信息的一致性和稳定性,减少由于多重预测导致的需求信息扭曲,应增加供应链各方对需求信息获得的及时性和透明性。整个供应链通过构建库存管理网络系统,使所有的供应链信息与供应处的管理信息同步。为此,应建立一种信息沟通的渠道或系统,以保证需求信息在供应链中的畅通和准确性。实施联合库存管理后,发行中盘成为信息整合传输的核心企业,市场信息从零售环节汇集到发行中盘,发行中盘要负责对市场信息进行汇总分类,并进行深层次的发掘,将处理好的信息反馈给出版企业。在信息流传输的过程中,上游企业无疑处在弱势的地位,因此必须要运用一定手段,通过合适的激励措施和契约约束确保下游企业能够及时准确地将市场销售信息、需求信息向上游传递。供应链中各节点企业的收益并不是根据参与企业的数量平均分配,而是根据企业对联盟边际贡献率为基础进行分配的。在信息共享这一环节尤为明显,北京的西单图书大厦和北京大兴区的新华书店掌握的销售信息量明显是不一样的,网上书店因为没有地域的限制,对信息的归集同样也不是单个的实体书店所能比拟的。因此,实施信息共享激励措施,必须要以合理的供应价格歧视为基础,以确保参与供应链的零售店都能积极地进行信息反馈。

(五) 北京发行集团案例分析

北京出版发行物流中心是由北京发行集团在北京市委宣传部领导下投资兴建的目前国内规模最大的出版物集散中心。出版发行物流中心位于北京市通州区台湖图书城,出门就是京沈高速,交通极为便捷。该中心占地近460亩,总建筑面积达30万平方米,具有批发、零售、储运、展销、馆配等多种功能,目前北京国际文化创意产业博览会都在台湖图书城设立图书分会场。出版发行物流中心集聚了国内几乎所有的出版社、300余家国际出版社的各类产品。北京出版发行物流中心的目标是打造图书出版业供应链"集"和"散"与一体的国内一流多功能平台。目前物流中心具备80亿码洋的出版物配送能力,配送中心配置最先进的自动化存储传输设备,库存图书有30余万种、1500万册,配送网络可以覆盖到整个华北地区。

北京出版发行物流中心的母公司北京发行集团是由北京市政府以原北京市新华书店为主组建的国有独资公司。北京发行集团下属企业包括北京新华文化有限责任公司、北京市图书进出口有限公司、中国书店等。北京发行集团下属的图书销售网点可分为三部分:第一种是如北京西单图书大厦、中关村图书大厦、王府井书店、亚运村图书大厦等在内的大型综合图书城;第二种是各个区规模较小的新华书店;第三种则是网上书店。北京发行集团组建了北发图书网,正式涉足B2B、B2C的电子商务模式,借助集团平台资源,北发图书网在图书品种、图书配送方面很快就能形成优势。但与当当、卓越相比,北发图书网的缺点在于它不能打价格战,因为目前对于北发集团来说,实体渠道仍是其主要的利润来源。北京发行集团是北京市图书发行的主渠道,其既有发行中盘的功能,又有行使实体渠道零售的功能。

北京发行集团具备雄厚的物流资源储备,并且有着完善的销售渠道网络,特别是出版发行物流中心建成后,北京发行集团完全有成为供应链内物流服务提供商和信息服务提供商的物资基础。特别是北京发行集团还拥有北京市最主要的图书销售实体店，在图书实体流通、信息采集、发行和零售业务衔接方面更具优势。但在发行和出版环节衔接方面，仍存在一些问题。首先就是物流资源的浪费。集团建设的出版物流中心原计划建设有A、B两个专业化的图书仓库，但实际情况只有一个仓库在满状态负荷运转，如果两个仓库完全利用起来，北京地区的出版社完全可以将这两个仓库作为联合库存点，实现物流业务由出版环节向发行环节的转移。发行集团实现规模经济和范围经济，出版社经营成本降低。其次就是信息衔接不顺畅。发行集团的信息系统很先进，在采购总部可以清晰地看到各零售店的销售情况，发行中盘和零售环节的信息沟通没有太大问题。但是在发行和出版社信息衔接方面，仍存在一定的"信息孤岛"问题，出版社和发行集团无法做到信息快速准确沟通，出版社没有办法第一时间拿到图书销售的反馈，有的时候还要靠北发图书网上公布的畅销书排行榜来了解自己产品的销售情况。再次就是对网上书店的发展力度不够。虽然北发图书网在价格方面不具备优势，但如同前面所提到的，在北京这种经济发达、基础设施建设较好的城市，网上书店对实体店的挤占是不可避免的。集团既然组建了网上书店，就要对网店和实体渠道进行权衡，寻找其平衡点，力保网店在不影响实体店的销售的前提下，以发行集团完善的渠道网络为支撑，实现更大的发展。

为实现北京地区图书出版业供应链的整体最优，实现资源合理利用，节点企业优势互补，北京发行集团必须行使起与其资源相符的作用，承担更大的责任，与出版社建立更加密切的合作关系。

五、总结与展望

国家"十二五"规划中提出要社会主义繁荣文化市场，推动文化产业成为国民经济支柱性产业。这对我国的文化产业是一个很好的机遇，出版业作为文化产业的重要组成部分，将迎来崭新的发展前景。改革开放以来，我国在文化体制改革方面已经取得了重大的成就。出版社转企改制，完成了由计划经济体制向市场经济体制的完美转型；图书分销领域对社会资本开放，市场对社会资源的调节配置作用正日益体现。但是同贝塔斯曼等外资出版集团相比，我国的出版企业、发行企业仍显稚嫩。21世纪的竞争是供应链与供应链之间的竞争，我国图书出版业供应链在合作方面仍存在着问题，这需要图书出版业供应链的节点企业尤其是以出版社和新华书店为首的国有企业认清现实，摒弃计划经济体制下残余的官商作风，以积极的心态组建合作联盟，实施供应链管理。

本章首先介绍了供应链和供应链管理的基本理论，比较分析供应链思想下企业活动与传统环境下企业活动的不同，阐明供应链管理的特点。结合出版的含义，提出出版供应链的定义和特点。出版供应链参与者包括作者、印刷企业、出版商、分销商（发行中盘）、零售商，本章研究重点主要集中在出版商、分销商（发行中盘）、零售商三个领域。其次，本章以图书流通渠道的建设为切入点，结合对日本和美国图书出版业供应链的主要特点，对我国图书出版业供应链的现状进行了分析，并着重描述了我国出版行业存在的"牛鞭效应"问题。最后，在对图书出版业供应链各节点企业核心竞争力进行分析定位的基础上，提出对我国图书出版业供应链优化的方法：出版企业只保留内容资源整合业务相关的经营活动，将物流环节外包或者向下游转移；出版企业和发行中盘之间设立联合库存管理点，发行中盘承担图书出版业供应链企业流通渠道服务的任务，向专业化的区域物流服务提供商和信息资源整合商的角色转变，负责整条图书出版业供应链的库存管理、图书运输配送、信息收集整合的任务；零售商同样降低库存，专注顾客服务质量的提升，注重市场信息的反馈；整条图书出版业供应链实现信息一体化，上下游企业紧密合作，根据市场需求的变化共同制定经营策略。

图书出版业供应链是一个非常贴近图书行业的课题。因为研究时间有限，本章仍存在很多不足，首先是对图书出版业供应链上游企业，如印刷、装订、油墨供应等企业涉及较少；其次是本章缺乏广泛的案例支持，文中的量化研究较少；再次，本章仅对我国图书实体流通渠道进行了分析，并没有涉及数字出版，数字出版是一个新兴产业，发展尚未成熟，行业内并没有形成清晰的盈利模式，其进一步发展仍受信息技术的制约，并且数字出版涉及的企业完全不同于图书实体流通涉及的企业，但是如同电子商务在图书零售行业的应用，数字出版如若因科技创新产生质的飞跃时，必然会对实体书市场产生巨大的冲击。在今后的研究与工作中，笔者将会广泛阅读国际国内有关方面的研究动态，不断补充和充实研究内容，也希望该领域的专家们更关注于此课题的研究。

参考文献

[1] 解进强. 供应链管理下企业边界问题研究 [J]. 经济体制改革, 2005 (5): 62-65.

[2] 岳飞宇. 供应链管理中的协调机制研究 [J]. 科技进步与对策, 2003 (增刊): 51-53.

[3] 张文杰. 供应链企业合作的博弈分析 [J]. 价值工程, 2002 (6): 21-23.

[4] 陈长彬, 陈功玉. 供应链中战略供应商选择的多级模糊综合评价 [J]. 武汉科技大学学报（自然科学版）, 2007 (4): 220-224.

[5] 刘睿智，谭论. 基于供应链的零售商——供应商协同管理库存策略［J］. 武汉科技学院学报，2005（3）：54－56.

[6] Sterman J. D.. Modeling Managerial Behavior: Misperceptions of Feedback in a Dynamic Decision Making Experiment. Management Science，1989（35）：321－339.

[7] Alonso R. L., Frasier C W. J.. IT Hits Home: a Case Studying Reducing Management Delays. Sloan Management Review，1991（4）：59－67.

[8] 赵海燕. 图书储运与发行企业经济效益关系初探［J］. 出版经济，2000（5）：22－24.

[9] 潘峰. 浅谈图书发行信息反馈［J］. 出版科学，2003（4）：56－57.

[10] 李小明. 中国出版物流建设研究［D］. 武汉理工大学博士学位论文，2005.

[11] 刘敬. 图书出版发行行业物流系统建设［J］. 物流技术与应用，2006（9）：52－56.

[12] 高永清. 发展我国现代图书物流之管见［J］. 企业经济，2006（8）：107－109.

[13] 陈御钗，王建洲. 我国图书供应链低效运作问题研究［J］. 科技与理论，2007（6）：148－150.

[14] 胥杜鹃，胡贞. 大型图书城图书配送系统的设计与研究［J］. 九江学院学报，2009（6）：26－29.

[15] 崔向东. 辩证看待图书库存［J］. 出版发行研究，2001（11）：49－51.

[16] 高冬成. 关于图书库存的几点思考［J］. 大学出版，2001（2）：36－37.

[17] 郭伟疆. 图书选题策划需要"逆向思维"——运用库存管理指导选题策划［J］. 出版经济，2004（6）：45－47.

[18] 包卫国. 关于图书库存的几点异议［J］. 出版参考，2005（10）：17.

[19] 黄丽娟. 供应链管理中的牛鞭效应现象研究——以图书供应链为例［J］. 科技进步与对策，2005（4）：143－145.

[20] 刘灿姣，黄立雄. 图书零售企业实施VMI的理论研究［J］. 科技与出版，2007（11）：41－44.

[21] 杨建忠. 计算机图书退货原因及减少退货的对策［N］. 中华读书报，2001（13）.

[22] 韩耀东. 新华书店省店配送中心图书退货问题研究［D］. 北京交通大学，2007.

[23] 丁伟妃. 基于供应链管理的图书逆向物流对策［J］. 中国出版，2009（2）：47－49.

[24] 施先亮，李伊松. 供应链管理原理及应用［M］. 北京：清华大学出版社，2006.

[25] 马士华，林勇，陈志祥. 供应链管理［M］. 北京：机械工业出版社，2000.

[26] Stevens, Graham. Integrating the Supply Chain, International Journal of Physical Distribution and Material Management，1989（19）：5.

[27] 林勇. 供应链管理［M］. 北京：机械工业出版社，2000.

[28] 阎子刚，李亚军. 供应链管理［M］. 北京：机械工业出版社，2003.

[29] 王道平，鲍新中. 供应链管理教程——理论与方法［M］. 北京：经济管理出版社，2009.

[30] 崔青峰. 我国出版业现状与发展对策研究 [D]. 郑州大学硕士学位论文, 2007.

[31] 刘益, 梁娟. 出版行业供应链优化策略 [J]. 科技与出版, 2008 (5): 56-59.

[32] 肖新兵. 我国出版产业的特点 [J]. 出版科学, 2004 (6): 51-53.

[33] 程三国. 理解现代出版业 [N]. 中国图书商报, 2002-10-11.

[34] 陈锦涛, 邱建华. 对我国出版发行体制的思考 [N]. 中国图书商报, 1997-11-14.

[35] 殷鸣. 供应链中"牛鞭效应"成因及弱化的对策研究 [D]. 贵州大学硕士学位论文, 2008.

[36] 中国出版年鉴编辑委员会. 中国出版年鉴2003年 [M]. 北京: 中国年鉴出版社, 2003.

[37] 石宗源. 推进连锁经营, 加快现代出版物流流通体系建设 [J]. 出版发行研究, 2002 (1).

[38] Keah Choon Tan. A Frame Work of Supply Chain Management Literature. European J. Purchasing & Supply Management, 2001.

[39] Douglas M. Lambert, Martha C. Cooper. Issues in Supply Chain Management, Industrial Marketing Management, 2000.

[40] Charles Poirier. Advanced Supply Chain Management: How to Build a Sustained Competitive Advantage, Berrett Koehler Publishers, Inc., 1999: 68-96.

[41] McClelland D. C. Testing for Competence Rather Than for Intelligence [J]. Journal of American Psychologist, 1973 (1).

第八篇 数字出版管理人才胜任素质研究*

一、绪　论

(一) 研究背景

近年来，数字出版备受国际关注，全球出版界的目光已从传统出版向数字出版大转移。2010年德国法兰克福国际书展开幕当天，在一个聚集数位欧美大出版集团负责人的研讨会上，数字化出版成为这些业界巨头们特别关注的领域，对其现状和未来进行广泛的交流与研讨；美国南加州大学安南堡通信学院发布的最新调查报告也显示，由于很容易在互联网上找到各种新闻内容，22%的美国网民已不再进行任何报纸订阅活动；继2002年和2006年国际期刊业涌起的两波数字化浪潮后，2010年中，国际期刊业集体"数字控"，第三次期刊数字化浪潮一触即发；同时，世界范围内传统图书阅读率下降、阅读需求方式也开始发生显著变化。在这种趋势下，国际知名出版社纷纷尝试通过新技术新媒体来满足新的阅读需求。

在国内，数字出版及其人才战略已被全面纳入国家规划。《新闻出版业"十二五"时期发展规划》提出："鼓励和支持新闻出版企业开发拥有自主知识产权的关键技术，发展以内容生产数字化、管理过程数字化、产品形态数字化、传播渠道网络化为主要特征，以网络出版、手机出版为主要代表的数字出版等新兴业态，推动数字内容加工、存储、传输、阅读等技术和装备的研发与制造……加强新闻出版公共服务项目的数字化建设，加快国家数字出版重大工程建设和国家数字出版基地建设。"《2005~2010年全国新闻出版（版权）人才工作纲要》（以下简称《纲要》）提出的总体目标之一是"大力实施素质工程……使人才队伍建

---

* 作者简介：赵海君，北京印刷学院企业管理专业2009级硕士研究生，指导教师为刘益教授。

设与新闻出版事业繁荣和产业发展相互适应,共同提升"。同时,《纲要》指出,经营管理领军人才是当前所急需的,数字出版业尤为如此。新闻出版总署副署长孙寿山在第三次全国新闻出版人才工作会议上指出:"加大数字出版人才的培养力度。积极实施战略性新兴出版产业专门人才开发计划,通过数字出版项目带动传统出版人才向数字出版人才的转化,从高校毕业生中积极引进数字出版人才,对数字出版人才进行专项培训。"

高素质数字出版管理人才队伍建设工作已成为当务之急。数字化已渗透到新闻出版业的每个环节,成为新闻出版业发展的必然趋势和新的经济增长点。数字出版的发展要靠数字出版产业规模的扩大,数字出版产业链的完善,数字出版观念的确立,数字出版流程的再造和出版形态的丰富,信息技术的应用等,但所有这些的实现,仅靠传统出版人才和部分相关产业人才的简单融入很难胜任,急需大量具备全面胜任素质的数字出版管理人才作为支撑。汉王科技董事长刘迎建深有体会:"在数字出版领域,中国与欧美发达国家处在同一个起跑线上,这个行业市场规模达上百亿元。涉及数字加工、知识标准转化、新型显示、3G 通信等技术、谁掌握了这个技术谁就领跑行业,而这个核心就是人才。"高素质数字出版人才队伍的建设已经成为摆在学术研究者和行业工作者面前的非常重要和紧迫的战略课题,如何培养、选拔、使用和评测数字出版人才,从而构建与保持企业的核心竞争力,更是问题的关键。

鉴于此,本章拟运用管理学中人力资源开发与管理的胜任素质理论,对企业数字出版管理人才素质进行研究,以期探索适合我国出版企业的数字出版管理人才的胜任素质模型,也是尽自己所见、所学、所能,对管理学理论服务于出版产业发展,进行一点有限的尝试。

(二) 研究目的及方法

1. 研究目的

胜任素质从 20 世纪 50 年代初便开始广泛应用起来,在人力资源管理系统中,胜任素质模型成为系统支点的趋势日益明显。人员选拔、人员培训、绩效考核、薪酬管理以及员工职业生涯的管理都可以以胜任素质为基石来进行策划和设计,不仅对整个系统起到统率作用,还可以从细处改善和优化企业的人力资源系统。胜任素质已经得到越来越多的组织和企业的认可,使之为自己的组织、企业建立胜任素质模型。实践证明,胜任素质模型这一管理模式在企业中的采用,虽然没有统一的条件,但在通常情况下,技术型、创新型的企业或企业中技术含量高的部门更适合这一管理模式,而劳动密集型企业则不宜引用这种管理模式。

同时,人才战略将是专业出版社破解目前的数字化困境的必要手段之一。电子工业出版社社长敖然认为:"不管是体制创新还是流程再造,人才因素永远是体制创新和流程再造的决定性力量。"但是,现在对数字出版人才的研究尚不充分、不系统、不全面。

全面系统研究数字出版人才素质的理论成果尚不多见,对数字出版管理人才的研究几乎还是空白。笔者在检索有关数字出版人才胜任素质研究的文献后,尚未发现国内对数字出版人才的胜任素质模型进行系统探索研究的成果,更多的是专注于数字出版人才培养策略和模式的探究,虽有对数字出版人才的知识技能结构的研究文章,但尚未有深入到从业者个性特征等素质问题的、全方位地考量数字出版人才的研究内容。

因此,本章希望以一个典型事件为研究案例,将胜任素质理论应用于数字出版管理人才的研究,期待能为数字出版人才及人才管理的相关人士提供一点新的思路和资料。并希望该研究工作可为数字出版单位进行数字出版人才的培养、选拔、使用和激励,以及高校相关人才教育的实践提供一些新的研究资料和有益参考。

2. 研究方法与思路

本章在系统地把握胜任特征理论和数字出版产业及任职者特征的基础上,运用定性分析、实证分析、定量分析、问卷调查、演绎分析相结合的方法进行研究,通过演绎法对某企业的战略和文化及其数字出版管理者岗位职责的分析,提炼胜任素质,再通过问卷调查,对过渡模型素质项目进行定量分析,最终确立数字出版人才胜任模型。

(三) 主要创新点

(1) 以新的视角,将胜任特征理论运用于企业数字出版管理人才分析研究方面,并结合具体出版企业进行理论联系实践的探索,创新性地构建了数字出版管理人才胜任素质模型。

从当前能获取的资料来看,目前国内对数字出版人才胜任特征的研究几乎没有,仅有的成果也只侧重于人才知识技能结构等显性特征的研究,而非系统地提炼包括冰山上下两部分的胜任特征。针对于数字出版管理岗位构建的胜任模型是本章的一个贡献。此外,本章分析提炼胜任特征时参考了普遍使用的权威的胜任素质词典,并结合具体的出版企业,进行了修改和调整,具有实际的应用价值。

(2) 对构建胜任模型的方法选择进行创新。行为事件访谈法是构建胜任素质模型过程中普遍采用的一种方法,而本章针对数字出版行业特点及任职者状况,并考虑到实际人力、财力和时间成本,设计出了一个切合实际、适合某公司现实需要的研究思路。本章先采用演绎法,从企业战略文化和岗位具体职责中分析提炼胜任素质,形成过渡素质模型,再通过调查问卷和数据分析,调整、添加、剔除与描述过渡模型素质项目，保证了模型的有效性，最终确立胜任模型。

（3）分析创立新的胜任素质项目。通过实证分析，问卷调查，在现有素质词典基础上提出了新的素质项目，并结合实际情况对该素质项目进行解释和描述，丰富并扩充了现有素质词典，能为胜任素质理论的发展提供新的素材。

二、胜任素质理论综述

（一）胜任素质

1. 胜任素质起源及概念

1973年，国际著名心理学家、组织行为研究者戴维·麦克里兰（David McClelland）在《美国心理学家》（*American Psychologist*）杂志上发表了《测量胜任力而不是智力》（*Testing for Competence Rather Than for Intelligence*）一文。从而为素质模型理论的诞生奠定了基础。他在文中首先提到"胜任素质"一词，他认为胜任素质包括动机、个性特点、自我概念、态度或价值观、具体知识和技能——也就是可以被准确测量或计算的某些个体特性，这些特性能够明确区别出优秀绩效执行者和一般绩效执行者。

国内人力资源专家彭剑锋认为，素质又称"能力"、"资质"、"才干"等，是驱动员工产生优秀工作绩效的各种个性特征的集合，它反映的是可以通过不同方式表现出来的员工的知识、技能、个性与内驱力等。素质是判断一个人能否胜任某项工作的起点，是决定并区别绩效差异的个人特征。

帕特里夏·麦克拉根从不同方面解释了胜任素质。她把胜任素质定义为：包含了知识、技能和能力（KSAs）、任务、项目活动、产出和结果的属性集合。特别指出，胜任素质的定义比专业知识技能更宽泛，个人将其从一种工作或任务转换到另外一种工作或任务的能力。

Lyle M. Spencer 和 Signe M. Spencer 在其所著的《工作素质：高绩效模型》一书中也对素质做出说明，他们指出：素质是在工作或情境中，产生高效率或高绩效所必需的人的潜在特征，只有当这种特征能够在现实中带来可衡量的成果时，才能称作为胜任素质。

2. 胜任素质词典

素质词典（Competency Dictionary）是运用规范化的文字描述和说明每一项胜任素质条目的定义和行为指标，是分析和建立胜任素质模型的唯一核心。

自 1989 年起，美国心理学家麦克利兰开始对 200 多项工作所涉及的素质进行研究（通过观察从事某项工作的绩优人员的行为及其结果，发掘导致其绩优的明显特征）。经过逐步发展与完善，总共提炼并形成了 21 项通用素质要项，构成素质词典（Competency Dictionary）的基本内容。这 21 项素质要项主要概括了任职者在日常工作与行为中，特别是从事某些关键事件时所表现出来的动机、个性特征、自我形象、社会角色、知识与技能等特点。

学术界与业界都根据各自的特点和实际基础，经过丰富、细化、调整，发展出了新的素质词典，例如，Hay 咨询公司的 18 项胜任素质词典和邦咨询公司在核心素质模型框架基础上建立的四大类素质模型库等。这些素质要项都是在经历大量绩优工作者的验证，以及多种经验式素质模型的确认基础上提炼并总结出来的，大多具有广泛的适用性和有效性。尤其在对素质级别的界定上，也进一步发展了麦克利兰小组对 21 项素质的研究，使各素质变得更清晰、更有效。彭剑锋等根据科学维度将上文所阐述的 21 项素质要项划分为 6 个基本的素质族，每个素质族中，又依据对行为与绩效差异产生影响的重要性划分为 2~5 项具体的素质，而相对于每一项具体的素质都有一个具体的释义与至少 1~5 级的分级说明。

3. 胜任素质模型

素质模型（Competency Model）指为了完成某项工作，达成某一绩效目标，要求任职者具备的一系列不同素质要素的有机组合。每项素质都会有具体的定义和行为描述以及行为要达到的程度，素质所描述的行为、知识技能等是可衡量、可观察、可指导的。素质模型通常由 4~6 组与工作绩效和工作表现紧密相关的素质要素构成。

麦克利兰提出了一个著名的胜任素质冰山模型，把人的素质模型形象地描绘成一座冰山（见图 8-1）。

由此可看出，胜任特征的构成是有层次的。水面以上的冰山部分——知识与技能，是显性能力，容易被评价，是胜任工作和形成工作绩效的基本保证，这些很容易通过培训来培养。水面以下的冰山部分——潜在能力，是社会角色，自我形象，个性特点，内在驱动力。冰山从上到下深度不同，被挖掘与评价的难易程度不同。本研究的目标正是通过挖掘培养员工个人深层特征，以提高员工综合素质，实现员工与企业的"双赢"。

Manus 认为，胜任能力模型应该包括天生的能力及后天获得的能力。这种胜任能力模型基本上形成了一个金字塔（见图 8-2），这个金字塔以天赋为基础，上面是通过后天学习、努力以及亲身体验所获得的各种技能与知识。而位于金字塔顶端的则是一些具体的行为表现，它们是前面讲到的所有内在以及后天获得的能力的外在体现。

图8-1　胜任素质冰山模型

资料来源：彭剑锋，荆小娟. 员工素质模型设计［M］. 北京：中国人民大学出版社，2004.

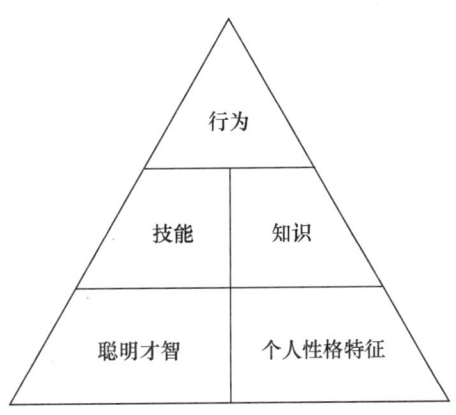

图8-2　胜任能力金字塔

资料来源：Anntoinette Lucia, Richards Lepsinger. 员工胜任能力模型应用手册［M］. 北京：北京大学出版社，2004.

在麦克里兰博士素质模型理论基础上提出了"才能模型"（Competency Model M. Spencer 和 Signe M. Spencerodel）。他强调，较高层次的尺度并不表示必然是较佳的层级。尺度是针对才能，用来反映对此才能的强度、完整性或复杂性的描述。一些人显现出较高的尺度，同时也应该会符合较低的层级，每一项工作有尺度的最适点。Lyle M. Spencer 和 Signe M. Spencer 提出的"最适点"原则，即不只看综合素质,还要看综合素质与岗位的匹配性。而国内学者彭剑锋将此模型命名为素质洋葱模型,如图 8-3 所示。

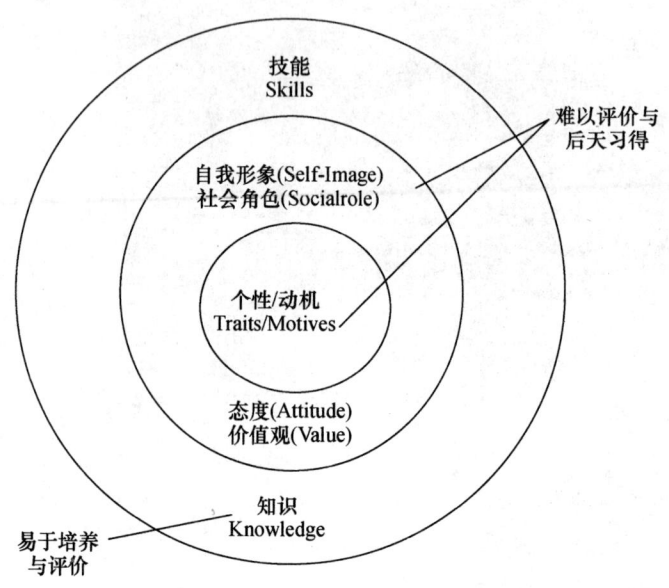

图 8-3 素质洋葱模型

资料来源:彭剑锋,荆小娟. 员工素质模型设计 [M]. 北京:中国人民大学出版社,2004.

素质作为基本构成单元与衡量标尺,符合某一岗位要求的素质要项的组合就形成了企业特定岗位的素质模型。作为组织细胞的岗位,其存在的意义就在于通过岗位任职者完成岗位工作,创造岗位价值,进而实现组织绩效,体现组织价值。要有效发挥岗位的功能,关键在于岗位任职者要能够高质高效地完成岗位工作,而岗位任职者能够完成岗位工作是有条件的,这个条件就是要具备岗位胜任素质。所谓岗位素质模型就是指岗位任职者为了顺利地完成岗位工作,实现岗位价值,所必须具备的素质的综合,包括知识、技能、能力与特质,即岗位胜任素质的综合。通过岗位素质模型可以判断并发现导致任职者绩效优劣的关键驱动因素,从而成为改进与提高绩效的基点。

(二)素质模型构建方法

(1)战略核心能力推导:分析战略核心能力实现所需要的能力,推导胜任素质模型。建立和发展素质模型,其最终目的是为了企业发展,更好地实现企业战略,素质模型必须为实现企业战略目标服务,因此素质模型要符合企业战略要求。

该方法是将战略目标与胜任素质词典结合使用的一种方法。使用该方法，主要通过分析、推导为了实现战略目标或履行岗位职责必须具备哪些能力素质要求，根据企业战略来研究对员工的胜任特征要求。它强调企业战略对员工胜任特征的要求，可能这些胜任特征在目前的员工队伍中并不普遍，但对企业未来的发展具有关键意义，这种思路具有未来导向性。

(2) 企业文化元素提炼：从企业文化（尤其是核心文化）中提炼核心元素，转化为员工能力素质模型（主要指价值观）。

该方法也是员工能力素质模型建模的一个常用方法。企业文化是企业解决如何在外部生存以及如何在内部共同生活的一套哲学，回答企业和企业人一切行为"是什么、为什么、怎么做"，这种价值观决定了企业对各种事物的偏好，也是企业文化个性化的根本原因。企业文化建设，一方面要实现文化对企业战略的支撑，即形成战略支持型企业文化；另一方面要避免"墙头文化"现象的发生。企业文化必须转化为员工心中真正的价值和理念，转化为企业评价员工能力素质是否合格的标准之一，才能称得上是真正的企业文化。因此在构建企业核心能力素质的时候，必须考虑企业文化对员工能力素质的要求。

企业文化元素提炼能力素质模型，主要是将核心文化转化为能力素质模型冰山下面的部分，即职业素养。如果企业倡导"诚信"的价值观，那么在能力素质模型建模时必须设计出衡量员工"诚信"意识的能力素质指标，同时在招聘、培训、评估时运用"诚信"这一能力素质模型指标，去对照员工的行为有没有达到相应的要求。只有这样，才能真正把企业文化对员工能力素质的要求落到实处。

(3) 行为事件访谈：该方法被广泛地运用于能力素质模型建设，它主要是采用结构化问卷对比较杰出任职者与业绩平平任职者进行访谈，查找导致二者绩效差异的能力素质上的差异，以此来建立能力素质模型。

行为事件访谈法，最早是心理学家用以进行心理测评的一种方法，后来被运用于人力资源管理。在能力素质模型建模中，行为事件访谈法通过一系列问题，如"您是怎么对他说的、您采取了什么措施、这样做的结果怎样、为什么"等，收集被访者在样本事件中的具体行为和心理活动信息。通过分析对比所收集信息，可以发现杰出者普遍具备而业绩平平者普遍缺乏的能力素质，尤其是隐藏在冰山以下的部分。行为事件访谈法实施的门槛较高，它对访谈者的专业能力要求比较高，他们一般是经过专业的培训，能够对一个问题层层深入剖析，并能掌握和运用访谈提问的技巧，以获取行为事件的完整且详细的信息。

行为事件访谈法在能力素质模型建模中的作用是显而易见的。该方法收集的有效、可靠的性能明确反映出任职者处理具体工作与问题的过程，告诉人们哪些是有效和无效的工作行为，对如何获得高绩效具有指引作用。

(4) 问卷调查：该法是通过对有关人员进行问卷调查收集资料，用于构建素质模型。其最大的优点是收集数据最有效、最简单，易于展开并且对被调查者日常工作干扰最小。常用的问卷调查方式是360度问卷调查，向尽可能多的知情者收集目标岗位的胜任素质要项及行为表现。采用这种方法在前期的问卷设计上需要投入很多的精力，问卷编制和设计较复杂，对设计人员专业性要求高，问卷设计的好坏直接影响到所收集数据的质量，进而影响素质模型的构建和应用，但操作起来比较省时省力。

(5) 改造通用模型法：能力素质模型建模是一项比较复杂的技术，它要求操作人员精通心理学知识。参考相同行业内被人们普遍采用的权威胜任能力模型（如管理者胜任素质通用模型），对其稍加改动调整，将其直接应用于一种特定的职能中，可以为我们进行能力素质模型的开发提供帮助，节省素质模型开发中的大量人力、物力与财力。

事实上，在实际的能力素质模型建模中，上述几种方法往往是结合在一起进行操作的，同时还可以辅以专家小组法、建模头脑风暴会等方法。

（三）胜任素质模型作用

(1) 能雇用到最适合的员工。在今天竞争激烈的劳动力市场里，要找到合适的员工越来越难，而且所需的费用也越来越高。因此，企业都希望花在人力资源方面的资金能够物有所值。胜任能力模型是选拔优秀员工极其有效的工具，并可以确保人力资源系统促进并支持企业战略目标的实现。通过阐明什么样的具体行为能够使员工有效地工作，胜任能力模型使花费预期的招聘成本开支，能够达到雇用正确的人做正确的事这一目的。在高露洁公司，人力资源部会同全世界各个事业部，为每一种工作职能制定胜任能力的指导方针。依据这些指导方针，企业提出了一系列的面试问题来确定申请者是否掌握了取得高绩效所要求的技能和素质。负责人 Robert Joy 解释说，"高露洁"通过观察每一个事业部里具有高潜力的员工的数量来检验基于胜任能力的员工甄选流程是否成功："我们在全球范围内跟踪具有潜力的员工。例如，如果我们雇用了一定数量的员工，我们跟踪他们的具体业绩。在决策层，我们通过继任计划来了解我们雇用的人中有多少属于高潜力一类。"这一流程成功地帮助公司在全球范围内寻求到顶尖级人才。

(2) 使员工行为符合组织战略及其价值观。胜任能力模型有利于员工理解高层管理的战略决策和公司的价值观，从而使他们明白该如何把握各自的绩效工作的重点。员工很明白，公司对员工评价考核什么，公司就是倡导什么。比如，基于胜任素质的评估考核系统有助于把那些能够建立并且支持企业文化价值观（如诚信、创新或团队合作）的员工同那些在工作中表现得与企业文化或战略目标不相符，甚至相悖的员工区别开来。这样一来，胜任素质模型就让员工明白企业的战略决策和文化的有关信息，并付诸行动。

（3）使员工适应变革。在这个变化无常的时代，企业经营环境和员工工作性质经常发生变化，因此员工就越来越需要掌握新的技能和调整自己状态以适应新的角色。胜任素质模型可以清晰地界定目前工作所需素质和将来可能需要的素质。使员工能够对各自岗位要求的胜任素质和绩效行为有一个更清楚的认识，有素质技能差距的员工可以借助有针对性培训改变自己的行为和习惯，从而树立更强的信心，产生对变革更为积极的看法。

（四）国内外研究现状

1. 国外胜任素质研究现状

根据目前所掌握的文献资料，目前尚未查阅到国外关于数字出版人才的有关研究。但是国外关于胜任素质的研究已经很成熟，有关研究成果也很丰富。每一个素质模型都会对应一个特定的职位类别，而国外专家们研究素质模型最多的职种就是管理者一职，本章数字出版人才素质模型的研究也选取数字出版管理者为关键职位进行研究，希望能从现有研究成果中获得一些借鉴参考。

McClelland教授将胜任素质理论应用于美国政府选拔驻外机构的外交人员（FSIO），使用工作分析法、行为事件访谈的系统方法，经过多年的研究和实践建立了第一个管理人员胜任素质。McClelland教授的研究结果表明，对管理人员而言，有两类素质是他们共同需要的：一类是个体内部的优秀特质，如主动性、成就动机和概括性思维；另一类是为工作群体进行团队组织的特质，如群体领导、形成团体意识和影响他人。

美国学者莱尔·M. 斯潘塞（Lyle M. Spenser）和塞尼·M. 斯潘塞（Signe M. Spencer）等总结了20多年胜任素质研究成果，构建了5个通用胜任素质特征模型，包括专业技术人员、销售人员、社区服务人员、管理人员和企业家，其中，在36种不同的管理职务模式基础上，包括不同等级（从第一线主管至总经理）、不同部门（制造、业务、行销、人力资源、教育等），以及各种环境（教育、军事、工业、保健、金融服务等），提出了管理者素质模型。该模型凸显所有管理类工作的相似性，同时显示出不同等级、部门与环境工作下的特质，但并不适用于任何一个特定的管理工作。该素质模型包括：冲击与影响力、成就倾向、团队合作精神、分析式思考、主动积极性、培育他人、自信心、果断性、信息收集、团队领导力、概念式思考、专门知识、专门技术。

1970年，美国管理协会（AMA）开始了第一次大规模的管理者胜任素质特征研究，研究的关键是强调区分优秀管理者和一般管理者的胜任素质，美国管理协会花了 5 年时间研究了 2800 名管理者，第一次通过比较优秀管理者和一般管理者的表现，提取出个性特征来定义工作胜任特征，研究结果辨识出优秀管理者成功的五项关键胜任素质特征：专业知识、个人成熟度、职业成熟度、企业家成熟度、人际成熟度。

Boyatzis 对 12 个工业行业的公共事业和私营企业的 41 个不同的管理岗位 2000 多名管理者分析评价，提出了管理者通用胜任素质特征模型。模型从目标和行为管理、领导、人力资源管理、指导下级的能力、特殊知识、其他 6 大类别提炼胜任素质特征，其中包括效率定向、关注影响力、主动性、自信、判断性地使用概念、概念化、口才、逻辑思维、使用社会权力、积极的观点、管理团队、准确的自我评价、发展他人、使用单向的权力、自发性、自控、自觉的客观性、精力和适应性、关注亲密的关系等。

美国普林斯顿大学 Baumol 教授从满足实际工作需要方面提出了关于优秀的管理者应该具备的胜任素质特征的研究结果：合作精神、尊重他人、决策胜任素质、组织能力、精于授权、善于应变、敢于求新、敢担风险、勇于负责、品德高尚。

Yuki 把管理者胜任素质特征分为三类：技术、人际和概念。其中技术技能包括方法、程序、方法和操作设备能力、人际能力包括人际行为和人际过程、同情和敏感性、交流能力和合作能力、概念能力包括分析能力、问题解决能力、创造力、发现问题和掌握机会的能力，总之这种分类主要是从个人处理人、事、物的角度考虑管理者的能力。

Bray 等根据评价中心技术，在美国电话电报公司（AT&T）进行了为期 8 年的研究，从能力、个性特征及态度等角度出发，总结出 25 项经理人员工作成功的关键因素，包括人际关系、言语表达能力、社会敏感性、创造性、组织能力、计划能力决策能力等。

2. 国内胜任素质特征研究成果

随着国外胜任素质特征研究的不断深入与扩展，并在实践中不断取得成功，从 20 世纪 80 年代开始胜任素质也引起了我国高校学者、研究人员的重视，国内研究在对国外胜任素质研究成果进行借鉴参考的基础上，结合国内企业员工的实际状况进行本土化创新，取得了不小的成果。

从 20 世纪 80 年代开始，中国科学院心理研究所俞文钊教授出于胜任素质评价和培训的目的，经过研究调查，提出了管理人员胜任素质的四个维度：智力、能力、修养和知识，其重要性由大到小依次为：修养、能力、知识、智力。

彭剑锋教授根据管理者素质上的相似性以及与下属之间的差异性，在大量的理论研究和实践研究的基础上提炼建立了管理者的通用素质模型。包括 5 类共计 13 项胜任素质。它们是管理族：团队合作、培养人才、监控能力、领导能力；

认知族：演绎思维、归纳思维、专业知识技能；自我概念族：自信；影响力族：影响力、关系建立；目标与行动族：成就导向、主动性、信息搜寻。

中国科学院心理研究所时勘教授的课题小组的《企业高层管理者胜任特征模型评价研究》获国家自然基金资助，他们主要是采用关键行为事件访谈技术探讨了我国通信业高层管理者的胜任特征，通过比较优秀组与普通组人选得出我国通信业管理干部胜任特征模型，包括：影响力、社会责任感、调研能力、成就欲、领导驾驭能力、人际洞察力、主动性、市场意识、自信、识人用人能力。通过对26名家族企业高层管理人员的行为事件访谈，建立了我国家族企业高层管理人员的胜任素质，包括自信、信息收集、自我控制、影响他人、主动性、关怀、组织意识、权威导向、指挥、自主学习、捕捉机遇等11项胜任素质特征。发现关怀与权威导向是我国家族企业高层管理人员独有的胜任素质特征。

浙江大学王重鸣教授带队进行管理胜任特征研究。研究结果表明管理胜任特征由管理胜任素质和管理技能两个维度构成，但在具体要素上，不同层次的管理者具有不同的结构要素。对正职管理者和副职管理者在两个维度上分别进行了不同的胜任素质的提取。

此外，王重鸣教授还提出在跨文化背景下，基于胜任力的管理发展模型包含四个维度：文化胜任力，包括文化调节和关系管理；成就胜任力，包括组织和控制能力和成就管理；决策胜任力，包括风险和责任承担和复杂的决策；团队胜任力，包括群体相容性和团队资源的使用。他认为，可以通过开发跨文化团队领导胜任力模型来设计管理培训项目。

三、我国数字出版人才现状分析

经过了20年数字化浪潮的推动，我国出版业正在从传统的、单一纸介质的出版业，向以数字技术为依托的、多媒体的出版业转型。数字出版成为我国出版业的新业态，这个产业的基本特征是内容与信息技术的融合。以信息技术起家的IT软硬件厂商、电信运营商、互联网公司，都在积极向这个新的产业领域渗透，于是这三个产业与出版传媒行业混一起，四个产业不断地融合、变化，形成了一个新的信息服务领域，这就是出版业所谓的数字出版领域。新闻出版改制后，没有了传统体制下的保护，为了能在激烈的开放市场中生存发展，各出版单位纷纷把数字出版提到企业的发展战略高度，投身数字出版。另外，传统出版与数字出版的界限越来越模糊，出版传媒及相关领域也都出现了大量新型的、名称各异的媒体形态和业务类型。数字出版企业面临着崭新的经营环境、读者市场和重塑后的产业链，产业链上各环节的数字出版单位各自的业务范围不断拓展，出版机构涉足技术研发，技术公司及网络运营商千方百计获取内容资源。为了更准确更充分地理解数字出版人才及其工作，分析数字出版人才胜任素质，有必要对数字出版企业及数字出版人力资源状况进行一个总体把握。

（一）数字出版人才及数字出版管理人才界定

在探讨数字出版人才状况之前，首先应对数字出版人才的概念有个清楚的把握。本章所要讨论的数字出版人才为在数字出版企业或部门中，从事数字内容创意与策划、经营与管理、数字产品设计与制作等产业相关方面的专门人才。

斯蒂芬·P.罗宾斯认为管理者是通过别人来完成工作的人，他们做决策，指导别人的行为以达到工作的目标。依据组织的层级结构可以把管理人员分为基层、中层和高层管理者。本章胜任素质模型的研究对象是数字出版管理一职，即某企业数字出版部的部门经理，属于中层管理者。中层管理者处于组织中间位置，彭剑锋把中层管理者定义为确立每个单位的营运绩效目标；根据绩效目标分配资源；与其他管理层和单位交流信息；参与有关重要客户及客户关系等的决策；开发重要的管理及专业技术人才。

（二）数字出版企业特征

（1）技术优势助推数字出版企业成功。在读者阅读习惯、手段和方式多元化的今天，如何把各种内容资源以适合各类读者不同的产品形态呈现出来，这是数字出版时代需要考虑的主要问题之一，而解决该问题的关键便是技术。数字技术的发展使新闻出版产业的核心从内容和劳动密集型转向技术和资本密集型，技术已成为重要的生产经营要素，成功的数字出版企业正是凭借其自身的技术优势在读者市场中抢占了先机。拥有自主知识产权的技术优势是他们成功的关键所在。高技术资本的投入大大降低了原材料成本的比例，数字出版物的高附加值大大增加了企业的收益，同时也吸引和留住了一些优秀技术人才。

北大方正自主开发的 Apabi 数字版权保护系统、印捷数码印刷系统、报业数字资产管理系统、方正无忧数字播控系统等多项先进技术，获得了国家多项科技大奖。北大方正就是凭借其强大的技术开发能力使提供的技术和产品具有更强的市场竞争力，成为国内数字出版领域比较成功的企业。

（2）数字出版人才保持企业核心竞争力。数字出版企业经营环境的一个突出特点就是读者客户越来越挑剔，经营环境变化越来越快，同时数字出版企业自身的成长也越来越快。今天的领先技术到明天就有可能变得没有竞争力，甚至成为过期技术，要获得持续发展，数字出版单位就要不断追踪前沿数字技术动态。若要真正掌握永葆生命力的技术，能创造前沿技术的核心人才才是企业发展的根。吸引选拔优秀员工并充分挖掘员工的创新潜力才是数字出版单位的首要任务。新闻出版总署署长柳斌杰指出："新闻出版业是一个把人类精神创造物质化、社会化、扩大化的过程，所以也是一个依靠人才、需要人才、造就人才的行业。人力资源开发在这里有特殊的重要意义。"对数字出版业而言尤其如此。数字出版行业领军人才不足，既懂出版又懂技术的经营管理人才更是奇缺。企业拥有领军人才，才能对数字出版行业有很好的前瞻性眼光，较早地认识到数字出版行业广阔的市场前景。

童之磊对于中国的互联网领域和媒体领域有着广泛和丰富的经验。他率领的中文在线在近5年的时间里取得了长足的发展，在数字图书馆领域尤其是中小学数字图书馆领域有了较高的企业知名度和市场份额。

（3）创新思想贯穿数字出版企业。数字化出版不单指传统出版流程融入数字技术元素后，改变出版物形态，研发新技术，同时也是一种基于数字技术发展新出现的出版理念和出版行为。在编辑行为、消费群多重细分、市场份额、利益重新分配、产业链重组等都产生了本质改变的环境下，数字出版企业更需要创新管理的新思想。技术创新、盈利模式创新和市场创新是数字出版企业生存和发展的动力，没有创新或者创新缓慢，传统出版单位就会在数字出版的浪潮中被淘汰，这就要求数字出版企业员工必须不断学习，积极追踪和掌握专业领域的新动态，并能够识别和解决在其经营业务中出现的问题。

值得一提的是，数字出版企业需要寻求适应其新经营模式和新业务的新管理模式。数字出版企业需要提高对环境的快速应对能力，因此在组织设计上更加强调横向沟通的扁平化组织结构；数字出版人才是主导数字出版企业发展核心，分析他们本身所具有的素质和工作特征是研究适合数字出版企业人力资源管理的新方法的基础。在此基础上，开发新环境下的人才培养、选拔、使用和激烈的系统方法，为企业的发展与创新注入活力。

（三）数字出版人力资源基本状况

目前，我国数字出版产业进入了一个前所未有的发展时期。根据《2009～2010中国出版业发展报告》（中国出版蓝皮书）披露，截至2009年底，我国数字出版总产值达到799.4亿元，比2008年增长50%左右，是2006年产值的4倍，数字出版在今后几年内还将保持高速增长态势。

但是，在这样一个规模不断扩大、发展速度不断加快的产业背后，相应的人才储备和人才培养尚未做好充足的准备。《2005～2010年全国新闻出版（版权）人才工作纲要》指出："新闻出版业在人才队伍和工作机制方面远不能适应形势发展的需要。"对数字出版业这种新兴业态而言，人才队伍与产业发展匹配情况尤为如此。据业内专家预测，在未来 3～5 年内，中国数字媒体人才的缺口将达 60 万人之多。出版社开展数字出版对技术研发人才、经营管理等人才、营销人才需求量比较大，具体比例详见图 8-4。中国出版集团、华东师范大学出版社、汉王科技等单位纷纷启动人才梯队建设、数字出版人才"蓄水池"计划、数字出版人才招募计划等。数字出版业求贤若渴的情况由此可略见一斑。

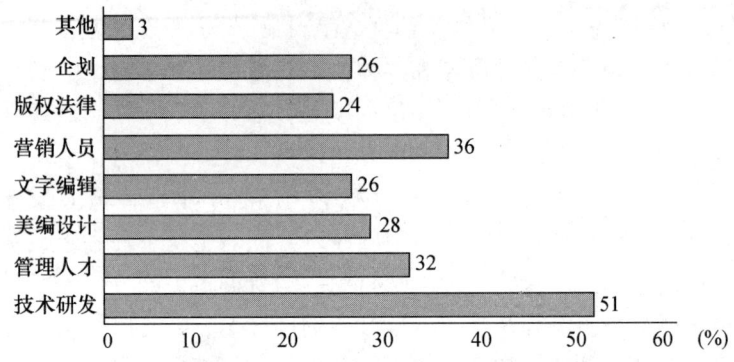

图 8-4　出版社开展跨媒体出版对人才的需求

资料来源：郝振省．跨媒体出版调查预测报告 [R]．北京：中国书籍出版社，2009．

各出版单位现有的人才队伍整体素质不能满足数字出版对人才的全面要求。以网络编辑人员为例，网络出版的编发量已占全国出版编发总量的 40% 左右，从事网络编辑业务的人员约为 600 万人，而其中大多数人没有接受过系统职业培训，只有传统出版知识与经验，对新媒体的运用亟待培训。传统出版从业人员尤其是传统图书编辑对数字出版的整体认知度不高。已经很成熟的图书出版编印发环节的运作模式显然不能适用于数字出版。甚至有相当部分传统出版从业人排斥数字出版。数字出版时代，出版从业人的数字出版素养较为缺乏。目前，热衷数字出版的往往是一些有数字技术优势的互联网和新媒体公司的 IT 专业人才。此外，对在职出版人员的继续培养力度也不够。

（四）数字出版人才发展态势

随着数字技术的深入，出版单位对人才能力提出了比传统出版人才更高的要求，复合型人才目前最需要，尤其是掌握数字出版技术又熟悉出版物制作和商业化运作的专业管理人员。这表现在既要掌握数字出版规律，又要谙熟出版流程，并善于市场化运作。但是目前，数字出版人驾驭市场的能力、发展数字出版业的能力、推进文化体制改革的能力还有很大的欠缺。具体而言，对市场规律、数字出版媒介经营管理的规律、数字出版规律的认识还不到位。

随着产业的不断发展和经营管理的完善，我国数字出版人才将会不断增加，素质与数量均会不同程度增加。数字出版单位将青睐于既有深厚的文化底蕴，又掌握数字出版规律，善于市场化运营和资本运作，具有分析和解决数字出版运营和管理中的实际问题的基本能力和创新精神的复合型高级人才。具体来讲数字出版产业的发展需要以下人才：

（1）能够驾驭全局的数字出版领军人才。具有敏锐洞察力，捕捉行业前沿动态，高度的战略眼光，这样的数字出版家能带动一个数字出版单位甚至出版集团的发展，从而引领数字出版产业的发展。

（2）能够驾驭市场经营的职业经理人。这是当前最急需的人才，只懂市场不了解数字出版的经理人不行，只会做数字出版产品不善经营的人也不行，二者结合起来，在市场竞争的体制下，进行管理沟通和运用服务，推广经营数字媒介产品，占领市场，把文化内容通过数字化形式转换成可衡量的经济效益。

（3）技术创新的专业人才。因数字技术而产生和发展的数字出版产业对技术人才的需求最大，需要对计算机技术、网络技术以及信息技术的应用能力的技术人才，获取技术优势，抢占市场先机。此外，对于网络编辑人才的需求，也是不可或缺，信息选择加工和选题策划能力决定了通过数字媒介形式呈现给受众的内容质量的好坏。

四、某公司数字出版管理人才胜任素质模型构建

笔者的实习单位某公司在业界享有较高的知名度，而且其传统出版业务在传统出版领域内处于国际或者国内的领先位置，拥有雄厚的数字内容资源，数字出版战略是该企业的主要发展战略之一，并拥有先进的信息化基础设施和网络平台，也已形成成熟的商业运行模式。同时，某公司对数字出版人才的需求很旺盛。所以本文选取某公司为所要研究分析的典型企业。本章从某公司战略、文化和岗位职责出发，以优化数字出版人才管理为目的，建立了该公司数字出版管理者胜任素质模型。

（一）研究思路设计

由于数字出版人才培养的刚性，人才培养的速度远不及产业的发展速度和数

字网络媒体环境下出版物形态的变化速度,高校系统框架下培养的数字出版专业人才尚未"出炉",现有人员所具备的素质和技能又不适合新产业、新技术、新产品的要求,导致数字出版人才青黄不接的尴尬。目前的数字出版工作者所从事的大部分工作任务尚不稳定,绩效优秀者和绩效较差者之间的绩效差别不是很分明,同时,也没有太多的任职者可以提供优秀甚至一般的工作绩效的样本。

目前胜任素质的分析提炼,大部分是沿用麦克里兰所使用的行为事件访谈法。根据以上对数字出版及其人力资源特征的分析,数字出版人员胜任素质的分析同时考虑到处于快速变化发展环境中的数字出版企业,人力成本、时间成本和专业化程度都较高的情况下,不可能调用或聘请更多的专业人士组成专家小组耗用大量的时间专门从事这项工作的实际情况,本章结合胜任素质理论,提出适用于数字出版企业胜任素质模型建立的方法。为提高模型的效度,在构建数字出版人员胜任素质模型时,采用了战略目标推导法、企业文化元素提炼法、岗位职责提炼法和调查问卷验证法等多种方法相结合的构建方式。

本章数字出版人才胜任素质模型开发的基本思路是查阅有关文献,甄选整理出一套经过验证的有效性高的胜任素质词典,作为素质项目提炼时的理论参考;然后采用演绎法,从企业战略规划、企业文化、岗位职责三个方面推导出数字出版人才所应具备的素质项目,从而建立胜任能力的过渡模型;之后通过发放问卷,调查过渡模型的素质项目的频数,分析调查结果,对过渡模型进行调整修改,最后,结合数字出版特征,补充个性化定义和行为描述,确立并完成数字出版人才胜任素质模型。

(二) 胜任素质分析

为了保证素质项目提炼的科学性和有效性,笔者事先理解并熟悉了前文所提到的 HAY 公司创建的胜任特征词典、彭剑锋和荆小娟对通用胜任要素划分成的6个胜任特征族以及其他学者关于胜任素质的研究成果进行深入研究和学习,并经过反复比较,最终结合上述三者的胜任特征词典研究成果,根据某公司有关岗位的实际情况对其进一步分析和修正,最后形成了比较适合本章研究的胜任特征词典,以作为素质提炼的参考依据。

1. 由企业战略分析胜任素质

某公司的发展愿景是:发展成为国际知名、国内一流、具有国际竞争力的以知识内容资源为核心的现代知识服务集团。

某公司目前正处在转型的关键期,体制创新、机制创新、业态创新、产品创新是其改革发展中的必然选择,公司将不断适应时代的变化,以进取的精神、开放的心态、务实的作风,吸纳资源、优化结构,提升质量,不断提高综合出版能力，逐步构建导向正确、主业突出、实力雄厚、核心竞争力强的大型出版传媒集团公司。公司所应具备的核心能力为：开拓创新能力，市场开拓能力，选用育人的能力。由这三种核心能力进一步分析出公司数字出版人员所需的胜任素质是：创新、市场导向、以人为本。

2. 由企业文化分析胜任素质

"诚信、创新、合作、共享"是某公司秉承的价值观，某公司正是在这种隐形文化的指导和牵引下为读者服务，为国家工业和信息化建设服务，为社会进步输送知识和思想。在该企业中从事数字出版工作的所有合格的员工的内在文化都应该符合公司的文化价值观。由公司的价值观可以明确数字出版人才所需的胜任素质有诚信，创新，团队合作、经验开放性。

3. 通用胜任素质的确立

以上两种方法通过企业战略和文化分析的胜任素质是数字出版人才所应具备的通用胜任素质。通用胜任素质是企业所有员工必备的基础素质，体现着公司发展使命和价值观的基本素质要求，是根据公司对员工的基本素质要求结合企业文化、战略目标以及公司的核心能力来确定的。将其稍加合并，可总结出某公司数字出版人才所应具备的通用胜任素质是创新、市场导向、以人为本、诚信、团队合作、经验开放性。

表8-1 某公司员工通用胜任素质

序号	通用素质	定义	行为指标
1	开拓创新	不受陈规和以往经验的束缚，不断改进工作学习方法，以适应新观念、新形势发展的要求	开放性、挑战传统、敢于冒险、危机意识、鼓励创新
2	市场导向	以市场的发展变化作为自己工作的行动指南	关注市场、把握市场、寻求商机、因市场而动、引导市场
3	以人为本	尊重人性，追求员工、客户、自我与组织的共同发展	共赢理念、个性化、管理及服务人性化
4	诚信	随时随地以诚信开展业务，遵守公司制度规定和社会道德规范，对工作具有较强的责任心	正直、尊重他人、遵守规范、社会公德
5	团队合作	愿意与他人合作，作为某团体的一分子去共同完成一项任务，并密切配合同事完成工作任务与那种喜欢独立、竞争工作的人相反。	建立信任、善于沟通、角色调适、集体荣誉感
6	经验开放性	拥有开放的心态，勇于尝试，并乐于与人分享	信息获取、开放的知识结构、乐于分享、勇于尝试

虽然这6种通用胜任素质是各职级各职种的员工都应该具备的，但并不是意味着它们在不同岗位人员的胜任素质中所占的权重完全相同。例如，对管理类人员而言，以人为本、创新和市场导向等的重要性就超过了对其他素质的要求，而服务支持类人员在团队合作和经验开放性维度上要求更高一些，研发类人员在团队合作、创新、市场导向能力上有着比其他素质更高的要求。这种差别主要是由于不同的岗位要求所致，其中，管理类和服务支持类岗位素质要求差别如图8-5所示。

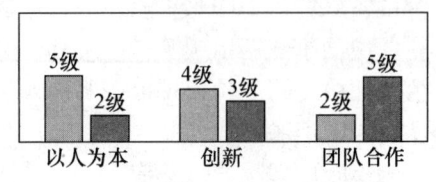

图8-5　不同职种之间的素质分级差别

4. 由岗位职责分析胜任素质

由岗位职责分析胜任素质则是针对具体岗位而言。数字出版管理人才是行业现在和将来最需要的人才，很多急于开展数字出版项目的出版单位希望能在社会上招聘到高素质的管理人才。管理者作为联系企业决策层与操作层的纽带，对企业的发展起着至关重要的作用，尤其是对转型期的出版单位，数字出版已经升级到企业战略决策的高度，大趋势已定，接下来如何把战略目标落实为企业的绩效，主要工作便落到管理者肩上，因此，数字出版的管理岗位为关键岗位，本章选取某公司数字出版中层管理岗位为研究对象，以分析提炼该职位的专业胜任素质。根据工作职责提炼胜任素质的情况如表8-2所示。

表8-2　某公司数字出版中层管理岗位胜任素质分析

序号	主要工作职责	胜任素质提炼
1	整合出版图书资源，开展对数字出版服务及经营，并探索建立适合我司发展道路的数字出版模式	专业知识、主动性、信息收集、资源整合、专业化、前沿追踪、以客户为中心、战略思考、分析判断
2	在原有业务的基础上，注意整合内外部资源，着眼需求，构建平台，研发产品，尽快推进数字出版产品	专业知识、以客户为中心、全局观念、成就导向、业务知识、资源整合、专业化、分析判断
3	不断组织员工加强业务学习，快速适应新的开发要求，同时加快符合数字出版需要的人员培养和引进	专业知识技能、前沿追踪、沟通协调、成就导向、人员发展

续表

序号	主要工作职责	胜任素质提炼
4	全面加强数字内容管理建设,完成适合数字出版经营的纸质图示内容资源转化工作,尽快达到提供数字内容经营服务的要求,形成一定的数字化内容经营收入	成就导向、全局观念、专业化、市场导向、资源整合、绩效导向、战略思考、信息收集
5	依托科研工作站开展数字出版的研究工作,尽快找到公司数字化转型的路径,实现公司在网络时代知识服务提供商的角色功能	前沿追踪、专业化、成就导向、全局观念、战略思考、信息收集
6	进一步强化为出版行业信息化建设提供支撑与服务的职能,继续推进出版管理信息系统的商品化进程	市场导向、以客户为中心、专业知识技能
7	加强与公司内其他部门的资源共享与合作,实现跨部门的资源复用与深度开发	组织认同、团队合作、经验开放性、沟通协调
8	认真落实定岗定编工作,严格控制计划外用人,做好部门骨干梯队建设和人员结构优化工作	计划制订、团队整合、人员发展
9	在公司总体考核方针下,制定中心内部的分类考核细则,落实岗位职责,提高人均生产经营效率和效益	组织认同、团队整合、激励、人员发展、计划制订、沟通协调

专业层胜任素质是企业核心竞争力的支柱环节,由特定岗位的具体职责而决定。结合履行这些职能所需承担的主要职责,每项职责涵盖的主要工作内容,每项主要工作内容中体现的具体行为,总结分类形成相关素质。将由岗位职责提炼的胜任素质按照彭剑锋和荆小娟对素质的划分方法整理归类后得到4类素质族13项胜任素质:

(1) 管理族:人员发展、团队整合、资源整合、全局观、战略思考。
(2) 认知族:专业知识技能、前沿追踪、分析判断。
(3) 帮助与服务族:以客户为中心、沟通协调。
(4) 目标与行动族:成就导向、信息收集、计划制订。

5. 某公司数字出版管理者胜任素质过渡模型确立

以包含核心胜任素质和专业胜任素质为指导而建立的胜任素质模型,避免因员工流动而改变模型,为以胜任素质为支点的人力资源管理各项职能搭建稳固的平台。在企业战略和价值观所需的通用胜任素质和管理岗位的职责所需的胜任素质确定之后,就可以建立胜任素质过渡模型了。某公司数字出版管理者胜任素质过渡模型为:

(1) 通用素质：创新、市场导向、以人为本、诚信、团队合作、经验开放性。

(2) 专业素质：①管理族：人员发展、团队整合、资源整合、全局观、战略思考；②认知族：专业知识技能、前沿追踪、分析判断；③帮助与服务族：以客户为中心、沟通协调；④目标与行动族：成就导向、信息收集、计划制订。

（三）胜任素质过渡模型的调查与论证

1. 问卷设计与发放

为了能有效利用这一胜任素质模型，该模型必须具有表面效度（即模型所描述的能力对该职位任职者是有意义的）。保证表面效度，对赢得管理层的支持是关键。为此，应该对该模型进行修正。本章参考相关胜任素质模型的资料和文献设计调查问卷，本着易理解、易填写，不占用被调查者过多的时间，适用于企业一般数字出版任职者的原则而设计。调查问卷将一系列素质书面列出，为了便于被调查者理解各胜任素质，对每项素质稍加解释，要求被调查者对模型中的素质项目进行评级测定项目的必要性和重要程度，并补充认为优秀数字出版管理人所应具备的素质。这对于修正素质模型，提高模型的有效性十分有效。本章将通过问卷调查的方法来统计各专业素质的选择频度和均值，以此对过渡模型进行调整。调查问卷详见附录。

本次问卷发放对象包括数字出版管理岗位的任职者及其下属、上司、同事和合作商，将模型调查对象扩大到更广泛的受众中，能使所有相关的素质项目都尽可能多地被包括进来，而不仅仅是通过实例资料分析中提到的胜任素质。此外，让这些人参与进来，还有助于获取他们的支持，从而可以成功地将胜任素质模型纳入人力资源管理系统。

2. 调查问卷数据统计

对来自调查问卷的数据进行整理分析，可以判断过渡模型胜任素质是否与任职者和大多知情观察者了解的一致。这样，通过剔除不必要的素质或增加一些更相关的素质，使素质模型更清晰、准确。

本次问卷以电子邮件的形式发放，共发放57份，回收有效问卷45份，问卷回收率为79%。在被调查者中直接从事数字出版工作的人有30个，占全部被调查者的67%，其中按与本研究对象岗位任职者的关系分类，×公司数字出版管理者的下属、合作商和客户（数字内容的使用者）占全部被调查者的比例分别是31%、22%和11%。另外不直接从事数字出版的15名被调查者中，有3人是该数字出版管理岗的上司，占总人数的6%。有12人是与数字出版部合作的企业内部其他部门的同事，占总人数的27%。下属、上司、同事、客户和合作者的分布较均匀，基本符合360度问卷中全面调查的要求。对回收的调查问卷中所提及的胜任素质进行汇总，汇总统计结果如表8-3所示。

表8-3 数字出版管理者胜任素质调查数据：平均值和频次

评定等级：
4 非常需要；3 需要；2 比较需要；1 不需要

						过渡胜任素质					
素质项目	平均值	频次				素质项目	平均值	频次			
		4	3	2	1			4	3	2	1
专业知识技能	3.96	43	2	0	0	战略思考	3.96	43	2	0	0
前沿追踪	3.31	16	27	2	0	以客户为中心	3.2	13	27	5	0
分析判断	3.62	28	17	0	0	沟通协调	3.64	29	16	0	0
人员发展	3.67	30	15	0	0	成就导向	3.4	18	17	0	0
团队整合	3.88	40	5	0	0	信息收集	2.44	5	10	25	5
资源整合	3.91	41	4	0	0	计划制定	3.8	36	9	0	0
全局观	3.91	41	4	0	0	组织认同	3.38	17	28	0	0
*补充的胜任素质											
素质项目	频次					素质项目	频次				
学习发展	27					激励	18				
*新出现的素质											
素质项目	频次										
文化冲突化解	5										

注：*补充的胜任素质是过渡模型中没有的，但在胜任素质词典中却能出现。
　　*新出现的素质是过渡模型和胜任素质词典中没有的新创立的素质。

本研究中的频次代表所有被调查者提及的素质项目的次数：
平均值 = （4×频次 + 3×频次 + 2×频次 + 1×频次）/45
由均值大小判断素质项目的重要性，对问卷调查所得数据进行整理统计后发现，排在前5位的分别是专业知识技能、战略思考、资源整合、全局观、团队整合。重要性排最后的是信息收集。被调查者补充的胜任素质为学习发展、文化冲突化解、激励。此外，通过素质项目的"需要程度"可判断出素质的有效性，如表8-4所示。

表8-4中，"非常需要、需要"栏中的百分数代表素质项目的需要程度，即认为对应项目非常需要和需要的频次在总频次中所占的比例。除了"信息收集"一项，其他素质项目的需要程度都很高或较高，因此，本研究认为过渡模型中"信息收集"以外的素质项目有效性较高。

表8-4 过渡素质项目频次分布   单位:%

素质项目	非常需要、需要	素质项目	非常需要、需要
专业知识技能	100	战略思考	100
前沿追踪	96	以客户为中心	89
分析判断	100	沟通协调	100
人员发展	100	成就导向	100
团队整合	100	信息收集	33
资源整合	100	计划制订	100
全局观	100	组织认同	100

3. 调查问卷数据分析

上述项胜任素质评测的结果说明了当前某企业数字出版管理人才胜任素质的理想状况。这表明各出版单位企业对数字出版管理人才的价值认识非常清楚。现阶段各有关企业将数字出版提到事关企业乃至行业建设与发展的战略高度来规划和推进，同时面对出版行业数字出版的出现与蓬勃发展这样巨大的变革，有相当多的出版从业人员包括管理者对数字出版缺乏深入研究甚至缺乏基础知识了解。而某企业目前对数字出版管理人才胜任素质排在前三位的要求就是战略思考、专业知识技能、资源整合和全局观，正体现了在当前大背景下出版单位对数字出版人才的要求，符合数字出版企业的长远发展利益要求及数字出版行业发展阶段的要求。

"信息收集"这一项素质并没有像预期一样得到大部分人员的肯定，其均值最小，仅为2.44，与其他素质的均值相差甚远。询问数字出版管理岗位的任职者及下属后得知，他们认为信息收集能力确实很重要，但大部分信息收集任务都由其助理或者下属收集整理完成，而管理人员只需要根据过滤后的有效信息做出决策判断即可。

在统计调查问卷过程中，研究发现被调查人员对学习发展和激励两项素质格外重视，分别被提到了27次和18次，频数较大。虽然被调查人员对这两项的解释不尽相同，但经过分析与询问后都可统一为学习发展和激励。这主要是由于数字出版发展之快超出现有出版从业人员的想象，以数字技术为代表的新兴科技出现、演进和变革速度更是始料未及，这使我们有理由相信学习发展能力对以数字技术为支撑的数字出版行业从业者而言有多重要。由于数字出版战略的出现和调整，企业组织结构、考评、人事制度等都会有相应的变革，变革环境中的员工压力尤其大，这时对自身和下属的激励则显得尤为重要。

值得一提的是，本书中的"文化冲突化解"素质，虽然在被调查者中提及的频次只有5次,但对于涉及数字出版项目不是很成熟的出版单位的影响很大。在掌握的现有素质词典资料中尚未搜索到该项素质,本研究针对被调查的数字出版管理层提到的情况进行分析总结,把它概括为"文化冲突化解"。在数字出版工作中,决策层会发现诸多简单的决策都涉及新旧两种文化的冲突。这主要表现在出版企业部门之间的差异。通常,负责数字内容管理平台建设的部门总是新成立的,新进人员融入企业原先稳定的人员队伍中难免会有心理隔阂,传统出版与数字技术两个团队间的合作和沟通会耗费较多的精力。而且,数字出版在起步研发阶段往往投资大于收益,短期内还需要公司的补贴进行维持,这也会造成很多人员的不满。因此,为了数字出版项目的顺利开展,数字出版管理者需要具备解决和化解这种新旧文化冲突的素质。

为了尊重调查事实,本书在接下来的研究中就剔除了得分较低的"信息收集"项目,补充了"学习发展"、"激励"和"文化冲突化解"项目。

(四)某公司数字出版管理人才素质模型的确立

1. 素质模型框架

从以上调查统计中得出,过渡模型中除了"信息收集"素质,其他素质项目符合岗位的要求,可以用来构建岗位胜任素质模型,同时对过渡模型素质项目加以补充,并根据平均值大小按重要性排序,最终确立的数字出版管理岗位的胜任素质模型框架如表8-5所示。

表8-5 数字出版管理岗位的胜任素质模型框架

通用素质	创新、市场导向、以人为本、诚信、团队合作、经验开放性
专业素质	帮助与服务族:沟通协调、以客户为中心、文化冲突化解 认知族:专业知识技能、分析判断、前沿追踪、学习发展 管理族:战略思考、资源整合、全局观、团队整合、人员发展、激励 目标与行动族:计划制订、成就导向

2. 素质项目的个性化描述

当素质项目确定后,便要考虑什么样的行为特征才符合胜任素质要求,这与任职者所面对的行业企业特征以及任职的工作岗位有密切关系。虽然大部分情况下胜任素质在不同的企业可能会采用相同的文字来表述,但它们的内涵却不尽相同,具体到行为的描述上更是千差万别。本章通过参考上文提到的胜任特征词典内容,结合数字出版工作内容和数字出版行为特征的分析,对数字出版管理岗位胜任模型的专业胜任素质进行了个性化的描述,如表8-6所示。

表8-6　数字出版管理者胜任素质行为描述

帮助与服务族	以客户为中心	行为指标：关注客户、追求客户满意、发展客户关系
		行为描述：有非常强烈的读者意识，把"读者的满意度与忠诚是企业重要的无形资产"的理念作为企业的价值观，把读者看作重要的合作伙伴，力求实现双方的共赢，以读者为中心
	沟通协调	行为指标：及时反馈、机制保证、换位思考、积极沟通
		行为描述：与企业内部传统出版部门及外部技术合作商等产业内外各方保持密切联系与良好关系；能体谅他人，愿意就具体情况做出调整与妥协；愿意就对方疑问做出及时的回应，确保信息的准确表达；倾向于以制度的形式明确沟通职责；懂得倾听的艺术
	文化冲突化解	行为指标：文化差异识别、改善人际环境、理解他人、目标说服
		行为描述：能够分析识别不同群体间文化差异，在工作中考虑他人的感受，获得周围大部分的支持与信赖；能灵活采用工作岗位交换、项目团队组合等方式改变人际环境，增强合作意识；转换角色和调整心理位置，打破员工心理束缚，并用行动说服他人，从而加强每个员工对创新文化的理解和适应性
认知族	专业知识技能	行为指标：技能娴熟、专业敏感性
		行为描述：熟悉数字版权管理技术、云出版技术、基于网络数据库的出版服务新功能等数字出版新技术；了解出版专业知识、数字媒体经营管理知识、数字出版技术应用知识、新媒体技术的相关知识等专业知识，并关注数字出版的最前沿知识
	前沿追踪	行为指标：知识面广博、行业动态、专业灵敏度
		行为描述：能够了解产业内外各竞争对手与合作者；不断钻研新技术、新数字出版物，在雄厚内容资源基础上打造企业竞争优势；提倡理论与实践相结合，关注数字出版前沿
	分析判断	行为指标：理解能力、判断能力、推理能力、决断力
		行为描述：能较快认清和把握事物的本质；有自己的看法，能够较深入的分析事物的各种特征，并做出判断；有一定的综合分析能力、推理能力，会在大量的工作后从众多方案中找到一个合适的方案
	学习发展	行为指标：学习意识、经验总结、缺口分析、学习目标、学习过程
		行为描述：对新知识，新技术、新领域保持关注，并乐于尝试新方法；以学习为乐，愿意就自己不了解得问题向合作伙伴、同事和下属请教；定期对工作做阶段性的总结；在制订业务发展计划时，考虑业务内容对员工知识技能要求的变化，并考虑相关应对措施；当工作内容发生变化时，积极主动弥补自己缺乏的知识与技术；将工作视为重要的学习过程

续表

管理族	员工发展	行为指标：鼓励成长、经验传授、积极引导、建议与反馈
		行为描述：筹备长期培养数字出版人才的计划；支持员工继续培养，落实员工职业生涯管理方案；给下属提供在数字出版项目中学习和实践机会，并鼓励他们不要害怕错误
	资源整合	行为指标：洞察资源、资源集成、成本/效益分析
		行为描述：在工作中高度重视读者资源、作者资源、运营商资源、软件资源和硬件资源的开发与配置；尝试使用外包的方式解决企业内部资源不足的问题；注重内容资源与技术资源的整合；与企业内其他部门共享客户资源；将零散的、企业内部和外部等资源一起进行综合考虑，分配利用
	全局观	行为指标：认清局势、尊重规则、团结协作
		行为描述：工作思路清晰，重点突出；按照企业制度办事，对企业的战略目标有准确的理解，并以此为出发点，安排各项工作；将企业传统出版部门与数字出版部门看作一个有机整体，决策时能通盘考虑；在顾全大局，勇于奉献上，起带头表率作用
	团队整合	行为指标：慧眼识人、优势互补、建立信任、团队导向
		行为描述：组建适合数字出版项目的团队；帮助下属找准自己的位置，令他们发挥所长；能够有效地识别下属的优势、劣势，对他们的工作表现和风格有一定的预见力；努力营造团队协作的气氛
	激励	行为指标：激励意识、尊重与认可、鼓励参与、提升与发展
		行为描述：经常鼓励和赞扬员工在工作中取得的成就和进步；企业变革时能为员工减压排忧；不抢功诿过，在遇到问题时，总是先从自己身上找问题；将功劳归于团队，把荣誉分给下属，而不是将功能都揽到自己头上；鼓励员工为公司创新与发展献计献策，并以制度等形式推动员工参与企业运作
目标与行动族	成就导向	行为指标：自我愿景、内激励、行动性、挑战性目标
		行为描述：把探索企业转型策略和数字出版发展路径和模式、搞好经营管理作为自己的奋斗目标；渴望成功，喜欢迎接挑战，不断追求卓越；不满足于现状，总是希望把事情做得更好、更漂亮
	计划制订	行为指标：战略领会、资源组织、方案设计、执行监控
		行为描述：对于企业战略领悟较好，能较好地把握方案计划的初衷与方向；在计划制订时能考虑到企业现实，并征求各方面的意见，对于资源有一定的统筹能力，并能制定出较合理的工作流程

以上 6 个通用素质和 4 类专业素质共同构成某公司数字出版管理人才胜任素质模型。这是某公司战略、文化及数字出版管理类岗位的职责对其任职者所提出

的要求。该模型相对于其他管理类的胜任素质模型有着有很大的创新。

当然,胜任素质模型的建立不是一劳永逸的事情,而是一个持续的动态的过程。每个模型及其对应的行为描述针对的只是企业的某一发展阶段而言的。相信,随着数字出版技术的不断创新和数字出版潜在市场的不断开发,数字出版行业发展态势还很旺盛,企业数字出版战略也会不断变化,当企业的发展战略发生变化时,各个部门乃至员工的角色和岗位职责也发生相应变化。相应地,由企业战略和岗位职责决定的胜任素质要求也会发生变化,此时,原有的胜任素质模型已不能完全体现在新的战略思想指导下组织在胜任素质方面的要求。因此,必须重新审视企业的战略目标和业务重点,对能力素质模型进行调整。

五、数字出版管理人才胜任素质模型的应用

建立胜任素质模型的最终目的是在工作中推广和应用,从而保证员工改善行为、提高绩效、达成企业目标。然而有很多企业完成建立胜任素质模型的工作后,不能推广到实际工作中,有的只用在绩效考核等部分职能中,但由于没有相应培训的支持,没有相应的胜任素质测评方法,而导致模型没有从根本上起到指导员工行为的作用,员工在不了解的状况下也无从谈起改善自己的行为。

(一)通过人力资源体系达成企业战略

能力素质模型产生于组织整体战略和人力资源战略,同时又贯穿于人力资源管理的日常业务中,因此,能力素质模型是企业战略、人力资源战略及人力资源管理的日常事务的连接器。

当组织的战略目标发生变化时,各个部门乃至员工的角色和工作职责也发生相应变化,此时,组织对于个人的能力素质要求也可能有所不同,此时,原有能力素质模型已不能完全体现在新的战略思想指导下组织在能力素质方面的要求,因此,必须重新审视组织的战略目标和业务重点,对能力素质模型进行调整。

修正了的能力素质模型,又重新定义了员工所需具备的能力,在考核时,评估者衡量被评估者在日常工作中的各项能力素质表现,得出现有能力素质评估的结果。

将评估得到的现有能力素质水平与员工要求的能力素质水平进行比较,分析确认差距。针对差距,设计员工能力素质的发展计划,并根据能力发展计划,制订、完善相应的培训计划。在工作过程中,督促员工积极参与培训,并且指导员

工在工作中根据能力素质的要求不断进行自我提高,最终达到期望的能力表现。

如果现有能力素质评估的结果已经达到所在岗位或者上一级的要求;或者经过培训与发展,员工的能力素质提高到了所在岗位或者上一级的要求,那么根据上一级岗位的能力素质模型,与员工现有能力素质水平进行匹配,以决定员工是否继续留任原岗位还是晋升。以公司战略为指导,能力素质匹配结果为基础制定继任计划和晋升计划,并且为员工继任该职位或晋升确定新的能力素质要求。在下次考评时以新的能力素质要求为依据。

以上各项工作内容和能力素质模型随着企业战略的变化而不断调整改变,确保人力资源战略规划和业务活动始终与战略目标保持一致。

(二) 应用策略

因此,为了更好地发挥胜任素质模型的作用,应该建立以胜任素质模型为核心的人力资源管理系统,在人才选拔上,提供科学的衡量指标;在职业培训上,依据素质特征确定培训需求,实施培训;在绩效薪酬上,以胜任素质为基础的绩效考核和薪酬模式符合未来的岗位要求,更具有竞争力。系统的每个职能模块都应遵循胜任素质模型的原则,保持员工行为与战略和价值观的统一,以素质模型作为引导员工行为和努力的向导,从而实现企业的战略目标,对组织发展和个人成功都有积极作用。若想真正发挥素质模型的作用,在应用胜任素质模型的过程中须注意以下所提到的几个方面。

1. 管理者招聘选拔

让合适的人做合适的事,是人力资源管理的基本要求,但现实情况是一些企业的招聘比较随意,往往忽视岗位能力素质的要求,仅凭学历或工作经验决定应聘者是否被录用。企业在建立胜任素质模型后,应重新建立招聘流程(见图8-6),首先,发布的招聘信息内容应包括岗位职责和岗位胜任素质要求,然后在面试的过程中重点评估应聘者目前所具有的素质能力与岗位要求的素质能力的吻合度,根据应聘者在每项胜任素质上的表现给其打分,根据各项素质的权重最终确定该应聘者的面试分数以此决定是否录用应聘人。这样的人才选拔比仅凭经验的招聘更具有可操作性和科学性。

在面试过程中,数字出版企业可以根据素质要求,设计不同的面试方法。比如,对应聘者专业知识的评估可以采用笔试的方法,对应聘者管理族的素质要求可以通过专业的测评工具进行评测,对目标行动族的素质可以通过行为面试、小组讨论等的方法来评估。也许企业认为这样的面试过于复杂,成本高,但只有这样企业才能招到适合岗位的人才。过于简单的招聘看似成本很低,但实际上,由于招聘人与岗位的不吻合造成的淘汰和腾出流失成本反而更高。所以,通过素质模型完善招聘流程，实际上是帮企业节约了成本。

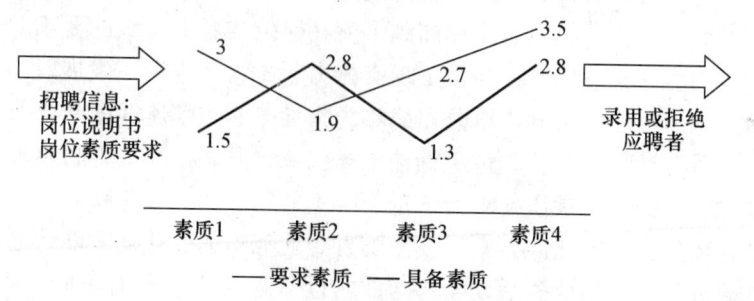

图8-6 以胜任素质为基础的招聘流程

2. 职位晋升

如果要选拔优秀的数字出版人才晋升到数字出版管理者的职位，他的能力能否胜任该岗位，是企业必须考虑的问题。在绩效优异者的晋升中，常会碰到"彼得原理"的困境，即人们在某一岗位取得一定成就后，就会倾向于被晋升到更高一级的职位，直到升到自己不能胜任的岗位为止，这样可能导致大部分岗位都被不能胜任其职的人占据。而基于胜任素质模型的晋升在一定程度上能避免"彼得原理"现象，保证晋升的准确性。

首先，人力资源部可以根据数字出版管理者素质模型以职位要求的个性特征和知识能力为考核重点，有针对性地开发面试或笔试题，或采用现代科学素质测评工具（如评价中心），来考察候选人是否具备在该岗位任职所需要的关键素质。其次，根据测评结果，对于不符合通用素质/基本素质（如团队合作）的候选人及弱项素质很难通过培训的方式来提升的候选人可直接淘汰，比如，某位数字技术研发人员的工作业绩很好，但不善沟通协调，就不能把他提拔为数字出版管理者；对可以通过培训而弥补的弱项素质，应对达到所要求的素质水平所投入的培训成本大小进行判断，结合企业情况依此做出客观的选拔决定。然后，对弱项素质安排培训课程，进行培训，并在培训结束后进行培训效果考核。最后，将培训考核结果与素质要求进行对比，做出晋升或留任的决策。

3. 管理者的培训

数字出版是一个朝阳行业，发展前景很广阔，员工现有的素质能力会随着行业的发展而变得陈旧甚至与要求的素质相悖，数字出版管理者的素质能力需要像其他生产要素一样不断补充、更新和发展。但在有的出版单位中很流行"跟风培训"，企业外部流行什么培训，企业就实施什么培训，毫无针对性，对员工工作业绩的改善没有任何作用。

培训的一个重要目的是缩短员工现有能力素质与岗位胜任素质要求的差距，以更好地履行职责，提升绩效。基于胜任素质的数字出版人才培训，针对不同岗位的胜任素质要求，结合员工现有的素质状况，为每一位员工量身定制培训计划，使培训有的放矢，突出重点，实现企业与员工的"双赢"发展。

通过胜任素质可以评价并发现导致数字出版管理者绩效好坏差异的关键驱动因素，使企业数字出版人才培训更具有针对性；也为管理人员的职业发展提供科学依据。培训开发人员可以按照能力素质模型中确定的能力素质要求设置各种培训课程，和有针对性的数字出版项目合作。作为内容提供商及未来的内容服务商的传统出版单位在尝试和探索数字出版时与数字技术提供商有不同程度的合作。在二者的合作实践中，互补有无和长短，锻炼、培养和融合各项胜任素质，综合提高人才的数字出版素养，对人才和企业自身的成长会有所帮助。

4. 管理者的绩效考核

某公司目前的绩效考核趋向于结果导向，从长远可持续发展的角度看，企业绩效考核更应多关注过程管理，管理者行为与绩效产出并重。素质模型对其每一项胜任素质都进行了定义、行为描述，以此为基础的绩效考核指标体系是一套科学的、完整的、系统化的考核体系。

根据管理者在各方面的行为表现是否达到预设的目标对其做出较客观的评估，当管理者的行为表现与其相符时，就可认为该管理者已经达到相应的能力素质要求或完成了某方面的绩效目标，并以此为基础，决定其薪酬调整的幅度、岗位的晋升或其他激励措施的实施。对于工作绩效不够理想的管理者，根据考核结果以及胜任特征要求通过培训或其他方式帮助员工改善工作绩效，或进行轮岗锻炼，让其到素质要求与现有素质最接近的岗位工作，实现人力资源效益最大化。

5. 宽带薪酬的设计

与传统的基于职位的薪酬体系相比，基于素质模型的宽带薪酬模式薪酬等级较少，但薪酬变动范围很大，更适合于具有流程再造、能力导向等新管理思维特点的数字出版企业，它把员工的素质能力作为付薪的依据，薪酬政策向员工素质能力的提升倾斜，在不晋升职位的前提下，能让具备卓越素质的员工得到较大幅度的工资奖励，从而提升员工个人素质和能力，有利于企业核心能力的培养，更有利于企业吸引保留更多高素质高潜质的人才。

基于素质的薪酬体系的开发需要以下步骤：第一，数字出版管理人才素质分级。把通用素质为基本素质，专业素质为差异素质。此外，每项素质按要求高低分3~4个级别。第二，素质评价。由高级主管、员工、业务专家等组成的评价小组根据胜任素质模型对任职者的素质进行评价，确定被评者的素质等级。第三，创建薪酬宽带。参考市场平均薪酬水平确定宽带薪酬水平，将每级素质转化成对应的薪资额。通常每个素质级别分别对应一个薪酬宽带，如图 8-7 所示。

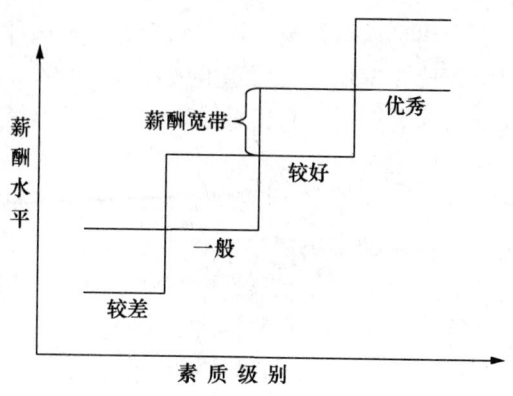

图 8-7 薪酬水平与素质级别的对应关系

（三）素质模型应用注意事项

基于胜任素质模型的人力资源体系能够起到有效激励数字出版人才的作用，有助于企业更好地关注其发展战略和员工的成长，对人力资源管理者工作的实施也有较强的可操作性。但需要注意的是，基于胜任素质模型的人力资源整套工作的成功实施，需要企业建立配套的制度和文化，使以素质模型为基点的工作的实施得到更大更广的支持。一方面需要企业培养起基于能力的企业文化，这种文化能鼓励员工最大限度地为组织做贡献，能够促进员工发展，能为员工开辟施展才华的途径；另一方面要建立起科学合理的岗位胜任素质测评体系，使企业能够比较客观地评估员工胜任素质的相对价值。基于胜任素质模型的数字出版人力资源的每项工作都是以人才素质测评工作为开端，测评工作的公正合理能为全部人力资源工作奠定稳固的基础。

六、研究局限与展望

（一）研究局限

数字出版人才胜任特征模型的开发是以个案研究为基础，并局限于国内企业的资料,其他出版单位的适应性、应用范围和推广价值有待实践检验。同时,在进行素质提炼分析时,主要是根据理论的逻辑推理和个人实习中的体会进行的,主观和偏颇在一定程度上在所难免。

另外,本书对国外资料的占有不足,一方面是由于国内外文化的差异,国外出版单位的特点与国内有很大不同,可借鉴的内容受到局限;另一方面是国外针对这一问题的研究多融于信息产业等高新技术领域,具体参考数据和资料缺乏相应的统计口径。

(二) 未来展望

本章构建的数字出版管理者的胜任素质模型,仅是将胜任素质理论与数字出版人才队伍建设相结合所做的基础性探索,还只是数字出版人才胜任素质研究的初步尝试,有关数字出版人才胜任素质的问题还需要有关部门专设课题进行多样本、全方位地进行系统的调查研究。我们有理由相信,为了我国数字出版业的大发展、大繁荣,这一层面的研究工作一定会受到出版业相关部门的高度重视。

本章研究的主要是数字出版管理者的胜任素质,对数字技术研发人员及数字出版服务人员的胜任素质模型,以及胜任素质模型与人力资源管理相融合的其他方面还有待深入研究、逐步拓展。例如,如何开发以胜任素质为基础的数字出版人才的培训课程,如何对数字出版人员现有素质进行科学、准确的测评等,这将是笔者今后进一步关注和研究的课题。

数字出版仍然呈现出强劲的发展势头,当行业发展到更高层次的阶段时,数字出版管理岗位对应的胜任素质模型也需重新调整或变革。随着行业的发展和从业人员的逐步成熟与增多,数字出版人才胜任素质模型可以采用更有效的开发方法。可以期待,届时将会有更多、更好的数字出版人力资源开发研究成果为实践服务。

附录:某公司数字出版管理者胜任素质调查问卷

尊敬的先生/女士:

您好!为了建立数字出版管理岗位胜任素质模型,促进数字出版单位做好人才发展战略,特向您进行此次调查。本次调查采用无记名调查,调查结果最终仅作为确立岗位胜任素质模型的参考资料,绝不用于其他目的。

胜任素质是指能出色完成本职工作所具有的知识、技能、个性特征、工作态度、专业素质、价值观等。请将问卷信息填写完整,感谢您的支持与合作!

工作单位： 部门：
职位： 与数字中心经理的关系：（下属/上司/合作者/客户）

一、附表1是关于优秀的数字出版管理者所应具备的胜任素质，请您用以下等级评定每项胜任能力的重要性：

4=非常需要；3=需要；2=比较需要；1=不需要。

附表1 数字出版管理者胜任素质模型调查

评定项目		级别评定
发展	促进自身与他人在组织内的职业生涯发展	4 3 2 1
团队整合	协调团队内部关系，优化人员配置，使组织高效率地运转	4 3 2 1
资源整合	将各种资源（人力、物力和财力）合理组织起来，尽可能地提高资源利用效率，促进资源的增值和发展	4 3 2 1
全局观	从组织整体和长期的角度，进行考虑决策、开展工作，保证企业健康发展	4 3 2 1
战略思考	深刻理解公司战略思想，根据本企业实际将战略落到实处，并采取相应的措施保证战略的实现	4 3 2 1
专业知识技能	对专业领域内涉及的知识、原理、方法和流程等有良好的领悟力与驾驭能力	4 3 2 1
前沿追踪	密切关注理论与实践前沿，追踪本组织所在行业发展的热点	4 3 2 1
分析判断	对已知的事实进行分析推理，把握事情的本质	4 3 2 1
以客户为中心	关注客户需求和利益，以追求客户满意为组织工作的中心任务	4 3 2 1
沟通协调	妥善处理与上级、平级以及下级之间的关系，促成相互理解，获得支持与配合的能力	4 3 2 1
成就导向	对成功具有强烈的渴求，总是设定较高目标，要求自己克服障碍，完成具有挑战性的任务	4 3 2 1
信息收集	收集信息并进行汇总分析、归纳演绎，从而得出基于客观事实的结论	4 3 2 1
计划制订	能够迅速理解上级意图，形成目标，整合资源，制定具体的、可操作的行动方案，并监督计划实施的能力	4 3 2 1

二、除此之外,您认为优秀数字出版管理者还应具备哪些胜任素质,请您补充(可作具体解释):_____

参考文献

[1] 郝振省. 2009~2010 中国出版业发展报告 [M]. 北京:中国书籍出版社,2010.
[2] 王关义. 现代企业管理 [M]. 北京:清华大学出版社,2007.
[3] 刘益. 出版社经营管理 [M]. 北京:中国书籍出版社,2009.
[4] 李治堂. 信息技术投资与公司绩效 [M]. 北京:社会科学文献出版社,2009.
[5] 彭剑锋,荆小娟. 员工素质模型设计 [M]. 北京:中国人民大学出版社,2004.
[6] 萧鸣政. 人员测评与选拔 [M]. 上海:复旦大学出版社,2005.
[7] 秦杨勇. 能力素质模型设计五步法 [M]. 厦门:鹭江出版社,2009.
[8] 国际人力资源管理研究院(IHRI)编委会. 人力资源经理胜任素质模型 从胜任到卓越 [M]. 北京:机械工业出版社,2005.
[9] 胡八一. 能力素质模型构建与应用案例精选 [M]. 广东:广东经济出版社,2007.
[10] 黄孝章,张志林,陈丹. 数字出版产业发展研究 [M]. 北京:知识产权出版社,2011.
[11] 郝振省. 跨媒体出版调查预测报告 [M]. 北京:中国书籍出版社,2009.
[12] Anntoinette Lucia, Richards Lepsinger. 员工胜任能力模型应用手册 [M]. 北京:北京大学出版社,2004.
[13] 柳斌杰. 新闻出版业人力资源开发的机遇与挑战 [J]. 编辑之友,2005(3):10-13.
[14] 刘华. 国外报业的数字化自救 [J]. 传媒观察,2009(9):61.
[15] 陈洁. 数字出版人才培育的多维度探索 [J]. 中国出版,2009(3):67-68.
[16] 窦林卿. 数字出版出版社的最后一次机会 [J]. 编辑之友,2009(12).
[17] 张淑芳. 传统出版单位如何解决数字出版人才匮乏问题 [J]. 中国出版,2009(6):42-44.
[18] 张维娣,张志林,黄孝章. 数字出版人才知识能力构成特征分析 [J]. 北京印刷学院学报,2010(2):11-13.
[19] 潘文. 胜任力研究的回顾与展望 [J]. 社会科学家,2005(5):602-603.
[20] 时勘,王继承,李超平. 企业高层管理者胜任特征模型评价的研究 [J]. 心理学报,2002,34(3):306-311.
[21] 王重鸣,陈民科. 管理胜任力特征分析:结构方程模型检验 [J]. 心理科学,2002,25(5):513-516.
[22] 孟红艳. 高新技术企业员工胜任素质模型研究 [D]. 合肥工业大学硕士学位论文,2006.
[23] 庞晓玲. 素质模型在企业员工职业生涯管理中的应用 [D]. 华北电力大学硕士学位论文,2009.
[24] 徐志花. 能源企业管理人员胜任素质研究 [D]. 重庆大学硕士学位论文,2010.

[25] 孙微巍. 数字出版企业成功因素及发展对策研究 [D]. 中国科学技术信息研究所硕士学位论文, 2006.

[26] 盛玲丽. 基于胜任特征的高校辅导员培训研究 [D]. 华中科技大学硕士学位论文, 2009.

[27] 李杰. 项目经理胜任素质模型构建及应用 [D]. 山东大学硕士学位论文, 2008.

[28] 杨义清. 管理人员胜任素质模型研究 [D]. 天津商学院硕士学位论文, 2006.

[29] S. Goad T. W.. The First – Time Trainer. Washington DC: AMA, 2005.

[30] Patricia Mclagan. Competencies, Training and Development, 1997.

[31] Parry, S. R.. The Quest for Competencies, Training, July 1996: 48 – 56.

[32] Manus and MOHR. Sales Competencies for the Twenty – First Century. Report published Using Research Conducted by Manus and MOHR. Stamford/Ridgefield, Conn.: Manus and MOHR, 1997.

[33] Spencer Jr. L. M.. Spencer S. M., Competence at Work: Models for Superior Performance, New York: John Wiley & Sons, Inc., 1993.

[34] Spencer & Spencer. Competence At Work [M]. 汕头市: 汕头大学出版社, 2003.

[35] McClelland. D. C.. Identifying Competencies with Behavioral Event Interviews [J]. Psychological Science, 1998 (9).

[36] McClelland. D. C.. Testing for Competence Rather Than for Intelligence [J]. Journal of American Psychologist, 1973 (1).

图书在版编目（CIP）数据

传媒管理论道之企业·流程·员工/王关义，李治堂主编.—北京：经济管理出版社，2013.9
ISBN 978-7-5096-2650-4

Ⅰ.①传… Ⅱ.①王… ②李… Ⅲ.①社会科学—文集 Ⅳ.①C53

中国版本图书馆 CIP 数据核字（2013）第 223073 号

组稿编辑：申桂萍
责任编辑：孙　宇
责任印制：黄章平
责任校对：超　凡

出版发行：经济管理出版社
　　　　　（北京市海淀区北蜂窝 8 号中雅大厦 A 座 11 层　100038）
网　　址：www.E-mp.com.cn
电　　话：(010) 51915602
印　　刷：三河市延风印装厂
经　　销：新华书店
开　　本：720mm×1000mm/16
印　　张：23.5
字　　数：448 千字
版　　次：2014 年 3 月第 1 版　2014 年 3 月第 1 次印刷
书　　号：ISBN 978-7-5096-2650-4
定　　价：59.00 元

·版权所有　翻印必究·
凡购本社图书，如有印装错误，由本社读者服务部负责调换。
联系地址：北京阜外月坛北小街 2 号
电话：(010) 68022974　　邮编：100836